宏观视角的中央银行政策

苗文龙　编著

格致出版社 ⬛ 上海人民出版社

前言

现代中央银行制度是信用货币和金融稳定的"定海神针",是一国宏观经济治理的核心内容之一,是国家治理体系和治理能力现代化建设不可或缺的构成部分。制度好坏决定了政府部门与企业、居民、金融机构等其他经济部门之间的利益关系是协调还是冲突,影响着一国经济的发展状态。现代中央银行政策是现代中央银行制度的核心内容,是现代中央银行功能的主要体现。本书从宏观视角出发,透析中央银行政策及其研究前沿,有助于完善宏观经济治理、推进国家治理体系和治理能力现代化建设。

自 2008 年金融危机以来,宏观金融研究发展迅速,体现在货币政策、宏观审慎政策、国际金融政策等三个方面。一是在货币政策方面,许多国家的中央银行构建使用基于新凯恩斯模型的动态随机一般均衡模型(DSGE),不仅发展了货币搜寻均衡、黏性信息、适应性学习、状态依存定价等前沿内容,而且探讨了名义利率有效下限、前瞻性指引政策、量化宽松政策等最新议题。二是在宏观审慎政策方面,许多国家中央银行,以及全球金融稳定委员会(FSB)、国际货币基金组织(IMF)、国际清算银行(BIS)等国际金融组织设计并完善了宏观审慎政策目标,设计家庭部门工具、企业部门工具、流动性工具、外汇工具、非银行部门工具、结构性工具等,验证防范系统性金融风险的宏观审慎政策与货币政策、财政政策等政策之间的配合。三是将宏观审慎政策变量纳入新凯恩斯动态随机一般均衡模型,构建中央银行政策理论与规则。近年来,一些国家的中央银行和政策研究部门探索将宏观审慎政策变量和货币政策变量共同引入动态随机一般均衡模型和可计算一般均衡模型,以此判断两者的协调程度及其对一国国民经济的影响。

这些方面的研究进展,使宏观经济学方面(特别是中央银行政策方面)的研究生参考书亟须完善,在校经济类研究生也亟须提高对研究前沿的系统把握和对实际经济政策的清晰认识。同时,在市场于资源配置中起决定性作用、中国进入高质量发展的新时代、国家治理体系和治理能力现代化建设等背景下,中央银行的货币政策、宏观审慎政策、国际金融政策在政策目标整合,以及政策工具数量精准与协调等方面亟待优化和改进,需要更多的优秀人才加盟相关研究。

本书的建设目标为:根据国内外相关的经典理论、前沿理论、最新经验,构建系统的中央银行政策知识体系,提出有待研究解决的问题,帮助经济学专业硕士和博士研究生迅速了解研究前沿,服务于新时代中国特色社会主义的宏观经济治理体系建设。本书的主要内容包含中央银行的货币政策、宏观审慎政策、国际金融政策等领域的一些前沿研究及方法,并将中央银行的宏观经济政策进行组合介绍。与现有的国内外同类专著或教材的较大不同是,本书以中央银行主要功能和政策为主线,将经典成果、前沿研究、代表性中央银行的政策体系和操作实践、国际金融组织的研究报告、中国的经济实证等资料整合归纳,基本涵盖了宏观金融层面的主体研究内容。本书既可以作为中央银行政策研究的工具书,又可以作为相关专业研究生的教学参考书。

本书得到了国家社会科学基金重点项目(20FJYA002)的资助,是其阶段性成果,亦是陕西师范大学研究生教育教学改革研究项目(GERP—21—57)的建设成果。在本书编写过程中,作者参考了很多经典著作和高质量文献,力图站在巨人的肩膀上,同时尽力标出所引的每一个文献。在此,作者对本书引用的每一项研究成果的作者表示衷心的感谢,对本书遗漏而未标识的引用文献的作者表示诚挚的歉意,对每位读者的提醒和建议表示感谢。

Contents

目 录

第四篇　国际金融政策

第五篇　中央银行政策与宏观经济治理

扩展篇　其他政策

第一篇
基 础 理 论

中央银行制度与中央银行政策体系

现代中央银行制度是一国宏观经济治理的重要内容,现代中央银行政策是现代中央银行制度及其功能的主要体现。中央银行在演变过程中逐渐具备了给政府提供贷款、垄断货币发行、作为最后贷款人、制定货币政策和宏观审慎政策、提供金融基础设施服务等现代中央银行功能。

现代中央银行政策是现代中央银行制度的核心构成和直接体现,其理论框架构成要素主要包括最终目标、操作目标、政策工具、传导机制等。由于现代中央银行政策存在多元的目标、复杂的工具、工具到目标的间接传导等影响因素,提高政策精准度至关重要。

中国构建了较为完整的现代中央银行政策框架,当前面临的主要挑战是:提高政策基准变量计算的准确程度,提高货币政策工具和宏观审慎政策工具的精准性,提高"双支柱"政策与财政政策、产业政策、国际金融政策等政策工具组合的精准性。

1.1 现代中央银行制度演变与政策功能拓展

准确理解中央银行制度,需要从其演变出发,并基于中国新时代经济高质量发展要求,明确现代中央银行的功能和职责。现代中央银行制度与(非现代)中央银行制度区别的关键在于"现代"二字所包含的内容。现代中央银行制度的主要标志是:从服务于政府融资向服务于国家经济调控和经济治理的定位转变。根据中央银行制度的演变,这里主要列举具有里程碑意义的事件,从中捕捉现代中央银行制度的特征及其在宏观经济治理中的政策功能。

1.1.1 服务于政府融资

不同国家建立中央银行的时间先后存在差别,其动机也因具体时期经济发展需求的不同而不同。概括来说,建立中央银行的动机主要有三种:一是财政融资动机。一些国家建立中央银行主要为了贷款给政府。二是金融稳定动机。一些国家建立中央银行是出于稳定现存银行制度的目的。三是效仿动机。一些国家建立中央银行是为了效仿诸如英国或美国等现代国家(Schuler,1992;凯文·多德,2004)。以此来看,英美国家中央银行建立的动机具有较大代表性。

一般公认的第一家中央银行——英格兰银行,在1694年设立之初,是一家给政府提供贷款以支持欧洲大陆战争的商业银行。此时的英国政府由于以前的债务拖欠不能借入新的资金,其通过立法赋予英格兰银行法定特权来偿还贷款,英格兰银行通过为政府提供贷款获得更多的特权(Smith,1936;凯文·多德,2004)。①显而易见,中央银行不是规模经济的产物,而是立法的结果,是外部力量强加的结果或者是政府偏好的结果(劳伦斯·H.怀特,2004),主要定位是服务于政府的融资需求和管理政府的财政资金。在后期交易过程中,英格兰银行从开始的政府贷款提供机构,逐渐演化成为成熟的、具有支持和管理金融制度以及管理法定货币责任的中央银行。中央银行的政府融资业务为其后期承担经理国库、代理发行政府债券、管理外汇储备等"政府的银行"职能奠定了基础。

1.1.2　垄断货币发行

中央银行随着自身地位的巩固和增强,具备了影响全国信用货币制造的能力和管理各商业银行储备的实力。各商业银行也愿意采用中央银行发行的货币作为自身日常储备,并在头寸短缺时向它寻求贷款,从而使它逐渐在事实上垄断了货币的发行权,成为真正的中央银行。除英格兰银行在1897年垄断英国的货币发行权外,法兰西银行在1848年垄断法国的货币发行权,普鲁士银行于1875年独享本国货币发行权,美国联邦储备系统于1913年集中美国货币发行权。在19世纪到第一次世界大战爆发前的这段时间,世界上约29家中央银行相继设立,其主要标志就是垄断本国货币发行(黄达,2003)。垄断货币发行为中央银行履行最后贷款人角色、调控基础货币等现代职能奠定了基础。

1.1.3　最后贷款人

许多学者认为,现代中央银行的一个关键特征是,中央银行作为最后贷款人,支持了银行体系的发展(劳伦斯·H.怀特,2004)。银行体系在以较低市场利率为产业资本提供融资的同时,也存在由期限错配、支付体系和存款合约不稳定等引发的流动性风险,需要一个为银行体系提供最后流动性支持的保障机构。中央银行的实力使其逐渐承担起最后贷款人这一角色。商业银行遭遇流动性困难时既可以向中央银行借款,也可以进行同业拆借(中央银行提供清

---

①　这些特权包括:引入六个合伙人规则,限制除英格兰银行以外的所有其他英国银行和威尔士银行的资产规模,使英格兰银行的竞争对手保持在小规模资产及弱势地位;规定只有英格兰银行发行的银行券具有无限清偿资格,并且其发行和流通范围不用限制在距伦敦65英里内;给予英格兰银行对英国银行制度极大的垄断权力,其他银行逐渐人为地依赖于英格兰银行的支持;英格兰银行最终被迫接受银行制度守护人的角色,并自然而然地履行监管者职责。

算服务）。

最后贷款人角色使中央银行通过控制再贷款及再贴现的利率和条件,实现了货币的弹性供给,这既能为陷入流动性困境但具有一定清偿能力的商业银行提供短期融资,又能制定惩戒性利率约束商业银行主动防控流动性风险,并向社会公众提供一个关键信号——商业银行在流动性短缺时有中央银行的支持。最后贷款人制度中的许多政策工具,例如再贷款、再贴现、金融救助等,既是货币政策工具,也是宏观审慎政策的主要工具。最后贷款人角色为中央银行后期履行制定货币政策和宏观审慎政策等现代职能奠定了基础。美国联邦储备委员会在移植和改进欧洲中央银行制度的同时,强化了最后贷款人功能,弱化了政府融资功能,建立了信用货币体制,从而成为第一家现代中央银行。

最后贷款人在维护银行体系稳定的同时,也削弱了银行管理者维持银行健康稳健的积极性,降低了银行面临的处罚,鼓励了银行的信用贬值(凯文·多德,2004)。其主要表现形式包括:(1)商业银行资本比率降低。在联邦存款保险制度的前十年,银行资本比率超过了50%,后来从1934年的14.1%下降到1945年的6.2%(Salsman,1990)。(2)商业银行承担更多的贷款风险。商业银行管理者认为,如果承担了额外的风险且项目成功了,会获得额外利润;如果承担了风险且项目失败了,能转移一些预期损失给存款保险机构或最后贷款人。这种边际诱因使银行承担了比社会最优水平更多的风险(White,1989;Grossman,1992)。(3)削弱了那些试图维持高标准的"优良"银行的竞争优势,使"优良"银行为了维持较高的充足资本必须承担额外的竞争负担——对其吸收的存款支付更多利息,对其发放的贷款接受更少利息。这加剧了银行体系的脆弱性。

1.1.4 货币政策

货币政策是信用货币体系和银行金融体系稳定的重要实现途径。信用货币制度和最后贷款人使现代中央银行既要支持陷入资金周转困境的商业银行及其他金融机构,以免银行挤兑风潮扩大而最终导致整个银行体系的崩溃,要在爆发金融危机时进行金融救助、维护金融稳定;又要在可能超发信用货币的同时,防止超发信用货币造成货币贬值、宏观调控意图传导错误和政府信誉受损。作为平衡这两方面因素的重要制度和工具,货币政策的作用越来越重要。制定货币政策、调控宏观经济成为现代中央银行的主要职责。

在平常时期,货币供给处于合理区间是货币政策的首要目标,学术研究人员和政策制定者甚至将其简化为通货膨胀目标制。为了实现这一目标,在现代中央银行制度中,以国家短期债券和中央银行票据为买卖标的的公开市场操作,既可以主动灵活地决定买卖数量,又可以相机决定买卖价格——利率,从而成为最重要的常用工具。其他的直接信用控制、间接信用指导、窗口指导、道义劝告等,则是经典货币政策工具的延伸和补充。

现金的发行和管理是货币政策的重要内容。由于法定存款准备金、再贷款、公开市场操作等工具直接影响基础货币数量,人们往往忽略现金的发行和投放。这至少包括两个方面的重要内容:一是通常所说的现金从中央银行发行库到商业银行业务库的发行渠道;二是中央银行经理国库的现金管理。这两者在很大程度上影响货币政策的执行效果,影响财政政策和货币政策的协调程度。

此外,一些文献从政治因素角度研究了货币政策行为特征及其对不同群体和集团利益分配的影响(凯文·多德,2004),从财政及税收政策角度研究了货币政策的时间不一致问题和不连续问题(Keynes,1971;Barro and Gordon,1983)。

1.1.5　宏观审慎政策

金融监管是金融稳定承诺、管理商业银行道德风险的必要方法。在最后贷款人和存款保险制度下,经营管理不善的银行与业绩良好的银行一起同等享受平价贴现率的流动性支持,这降低了各商业银行尽职管理风险的压力,增加了商业银行发生道德风险的概率。为监测商业银行经营状况和风险状况,各商业银行在中央银行开立准备金账户,中央银行借此实时监测商业银行的储备资产,提高银行间结算效率;同时,中央银行要求商业银行定期报送重要的金融统计数据并实时报送重大事件,从而掌握各银行经营状况和潜在金融风险(何德旭,2019)。

宏观审慎政策是中央银行制度的最新设计。经验事实证明,防范单个银行风险的日常审慎监管并不一定能防范整个银行体系和金融体系的系统性风险,为此人们探索设计出宏观审慎监管制度,并多将其赋予中央银行(IMF,2018)。宏观审慎政策利用多种工具来防范系统性金融风险,从而降低金融危机发生的频率及其影响程度。宏观审慎监管就是一系列为了防范系统性金融风险而开展的面向金融系统的监管政策和改革措施的总和。中央银行由于自身的货币稳定、金融稳定、金融基础设施建设等功能,在宏观审慎监管方面具有独厚优势,成为宏观审慎政策的执行者和完善者(何德旭,2019)。

因此,现代中央银行制度的重要标志是,服务于政府融资的功能弱化,服务于国家经济调控和宏观经济治理的功能凸显。现代中央银行制度是中央银行为实现币值稳定、充分就业、金融稳定和国际收支平衡这四大任务而设计和实施的现代货币政策框架、金融基础设施服务体系、系统性金融风险防控体系和国际金融协调合作治理机制的总和(易纲,2020)。随着各国经济的平稳发展,政府的税收能力和信用能力得到改善和巩固,中央银行不再局限于解决政府融资和管理财政资金的单一功能,而是向以金融经济调控为主的多功能转化。[①]

1.2　现代中央银行政策的理论框架

现代中央银行政策是现代中央银行制度的核心构成和直接体现。现代中央银行政策理

---

① 国际清算银行总结现代中央银行具有货币政策、金融稳定和支付系统等三大职能,以及为了履行这些职能所产生的现代中央银行五大功能:货币稳定功能(货币政策、汇率政策、外汇干预、流动性管理)、金融稳定功能(最后贷款人、宏观审慎监管和日常监管)、金融基础设施(账户管理、支付系统、中央银行货币清算系统、其他清算系统)建设功能、服务政府功能(经理国库、代理发行政府债券、为政府提供信用支持)、其他公共品功能(管理国际储备、研究统计、金融消费者保护等)。

论框架的构成要素主要包括：最终目标、操作目标、政策工具、传导机制等。在介绍现代中央银行政策理论框架的过程中，本节将进一步比较它与传统中央银行政策的区别。

1.2.1 多元化的政策目标

现代中央银行相对于古典中央银行，政策目标不再是单纯地解决政府融资困难、控制政府道德风险，但由于"现代"的程度不同，政策目标也存在一定的区别。以 2008 年金融危机为界，前期的现代中央银行政策目标大多锁定为货币稳定，并主要通过货币政策来实现。因此，有文献认为，现代意义的中央银行是通过实施货币政策和金融监管进行金融宏观调控，实现货币稳定和金融制度稳健运行，促进经济增长的政策性银行，中央银行的作用也由 19 世纪集中发行钞票和进行国家黄金储备管理，逐步转化为实施货币政策，保持货币稳定（对内和对外），实现国际收支平衡，促进经济增长（钱小安，2000）。同时，由于金融稳定政策工具不够明确，甚至与货币政策合二为一，有关中央银行能否兼顾货币稳定与金融稳定的质疑也时常出现（苗文龙，2007），导致在现实中，现代中央银行政策目标多为货币稳定。2008 年金融危机后，现代中央银行进一步明确维护金融稳定的职责，并丰富完善了宏观审慎政策体系、跨境金融宏观审慎监管等内容，使其政策目标至少包括货币稳定、充分就业产出、金融稳定、国际收支平衡等。

1. 货币稳定

货币稳定（或币值稳定）是中央银行政策毋庸置疑的首要目标。其原因在于：

（1）中央银行垄断货币发行且使其具有无限法偿能力的主要目的和责任就是保持货币购买力平稳，防止私人货币过度发行、扰乱货币秩序，从而增强信用货币的公信力，增强政府信誉。如果中央银行对货币管理得不好，不是出现货币超发，导致通货膨胀和资产泡沫，就是发生信用收缩，甚至造成金融危机（易纲，2019）。

（2）中央银行在币值稳定方面更能有所作为。币值稳定主要体现在通货膨胀率和汇率上。经验表明，货币供给增长率和通货膨胀率之间的相关系数几乎是唯一确定的（卡尔·E.瓦什，2001）。以弗里德曼为代表的货币学派主张，货币政策的目标只有一个，那就是稳定货币，从而保证经济的稳定。因此，经过长期实践，许多国家[①]的中央银行奉行通货膨胀目标制（苗文龙，2010）。

（3）《中华人民共和国中国人民银行法》明确规定："货币政策的目标是保持货币币值的稳定，并以此促进经济增长。"其含义就在于，货币政策的目标是保持货币币值稳定（首要目标），通过实现"保持货币币值稳定"这一条件，为经济增长提供有利的政策环境（何德旭，2019）。

---

① 包括新西兰、加拿大、英国、瑞典、澳大利亚、冰岛、挪威、日本等工业化国家和以色列、捷克、波兰、巴西、智利、哥伦比亚、南非、泰国、韩国、墨西哥、匈牙利、秘鲁、菲律宾、斯洛伐克、印度尼西亚、罗马尼亚、乌克兰和土耳其等新兴市场国家。IMF（2006）对 88 个非工业化国家的调查表明，其中超过半数的国家表达了采用显性或隐性通货膨胀目标制的意向，有大约四分之三的国家计划在 2010 年之前正式采用通货膨胀目标制。

2. 充分就业产出

充分就业产出是对中央银行原来的经济增长和充分就业这两个货币政策目标的统一，并且更具可行性。其原因在于：

（1）不同国家在不同时期所面对的具体经济矛盾不同，中央银行的政策目标可能存在一定差别。美国联邦储备系统的政策目标曾经是经济增长、充分就业、稳定物价和国际收支平衡，核心是就业和稳定两项（黄达，2003）；其于2020年12月在官方网站披露的政策目标是充分就业、价格稳定、温和的长期利率。日本银行在1998年新银行法实施前，货币政策目标是物价稳定、国际收支平衡、维持对资本设备的适当需求。英格兰银行的货币政策目标是充分就业、实际收入的合理增长率、低通货膨胀率、国际收支平衡。

（2）由于政策多目标之间存在冲突，中央银行常常难以同时实现多个政策目标。传统上货币政策目标包括经济增长、充分就业、通货膨胀、国际收支平衡等四个方面（钱小安，2002），再加上金融稳定目标，中央银行政策目标更加多元化。不仅长期持续的经济增长目标对于货币政策来说难以实现，甚至通货膨胀和充分就业也难以兼顾。此时，根据中央银行实施政策的能力，寻求政策目标变量之间的融合性，成为解决问题的关键。

（3）将实体经济维护在充分就业产出（潜在产出），使实际产出和潜在产出之间的缺口最小，这一政策目标具有一定的可行性。在具体实现方法上：首先，中央银行政策不再追求最大限度的经济增长率（这可能导致疯狂货币扩张和恶性通货膨胀），而是探测和计算长期充分就业的潜在产出、自然利率及相应的温和物价，并以此为基准统筹设计基础货币量、基准利率、跨周期风险管理工具等。其次，最大就业目标与价格稳定作为政策目标具有同等地位，但人口规模及构成的变化趋势、劳动力所需工作类型，以及技能变化等很多政策以外的因素在很大程度上决定了（在不导致更高通胀的情况下）能够维持的最大就业水平。在现实中，这一目标并非零失业率的固定目标，而是根据一定经济形势考虑一系列指标，以使中央银行对劳动力市场状况的评估与最大限度就业水平保持一致，并联合有关部门定期讨论，消除评估的不确定性。

3. 金融稳定

金融稳定是中央银行政策自始至终的目标。中央银行在形成过程中就承担着维护国家金融稳定的职责，例如担任最后贷款人、组织全国银行清算等。在2008年金融危机之后，这一方面的责任更加明确和重大。研究文献对"金融稳定"一词尚未有清晰的界定，但在金融稳定的对立面——系统性金融风险方面——逐渐取得共识。

文献关于系统性金融风险界定的研究角度和侧重点各有不同，但每一侧重点都涉及了金融稳定。概括而言，可主要归纳为以下四种：一是基于危害范围将系统性金融风险定义为威胁整个金融体系和宏观经济稳定性的事件（Bernanke，2009）。二是基于风险传染角度，将其定义为一系列（或某个）会影响公众对整个金融系统信心的系统性事件（Benoit et al.，2017），通过经济和金融体系存在的关联结构不断传导并扩大，最终导致整个金融系统瘫痪（巴曙松等，2013；Smaga，2014）。三是基于影响金融市场功能的角度，将其定义为引发金融市场信息中断、扰乱市场运行秩序，从而导致金融调节功能丧失的事件（明斯基，2015；Billio et al.，2012）。四是基于对实体经济的影响，将其定义为金融体系部分或全部遭受损失时所导致的大范围金融服务中断,进而给实体经济造成严重影响的风险。总的来讲,系统性金融风险至少涉及金融系统的共同风险、金融机构间的传染风险(Giglio et al.,2016)和特定金融机构(例如系统重要性金融机构或影子银行)的风险等三个不同而又相互作用的方面(苗文龙、闫娟娟,2020)。

中央银行作为金融体系的最后贷款人,必须在事前事中事后全过程切实履行防控系统性金融风险的责任,事前要健全宏观审慎政策、应对金融机构顺周期行为和金融风险跨机构跨市场传染,事中要压实股东、各类债权人、地方政府和金融监管部门责任,事后要对重大金融风险的形成过程中金融机构、监管部门、地方政府的责任进行严肃追究和惩戒(易纲,2020)。

4. 国际收支平衡

国际收支平衡及国际金融治理是中央银行政策的重要目标。在开放型经济或双循环经济下,国际收支平衡天然与中央银行政策存在密切关系:

一是中央银行在制定政策工具实现充分就业产出和控制物价时,必然通过价格机制、收入机制等对本国经常项目平衡产生影响。

二是中央银行采取的再贷款利率、法定存款准备金率、全口径跨境存款准备金率等政策工具会实时影响国际金融市场预期、国内外利差,以及本国资本与金融项目平衡。

三是全球金融风险通过金融市场、金融机构进行跨国传染,中央银行为防控系统性金融风险、维护金融稳定,必然要监测跨境资金流动和国际收支状况,防控全球系统性金融风险对本国金融体系的冲击。

四是随着中国国际经济地位提升,中国经济有很强的溢出效应和溢入效应,人民币会以市场化方式逐渐成为国际货币,这涉及更广泛的影响国际经济往来的因素。在此背景下建设现代中央银行政策体系,必须基于国际收支状况,从完善国际金融合作机制的高站位出发,推动国际货币体系和金融监管改革,积极参与全球金融治理。

1.2.2 复杂交叉的政策工具

现代中央银行相对于古典中央银行,政策工具从单一的信用贷款或抵押贷款,发展为包括法定存款准备金、公开市场操作、再贴现、直接信用控制、间接信用指导等多元工具。特别是在 2008 年金融危机之后,现代中央银行进一步扩展了宏观审慎政策的五类数十种工具,从而使现代中央银行政策工具丰富为货币政策工具、宏观审慎政策工具、金融服务及基础设施工具等三大类。

1. 货币政策工具

货币政策工具是中央银行政策工具中最为成熟和完善的工具。尽管在政策工具的数量精度和传导精确性方面还有一定的争议,但相对而言,货币政策工具已经系统化、常态化。例如,法定存款准备金率、公开市场业务等工具都是众多国家中央银行调节本国利率水平和货币供给量必不可少的工具。人们甚至在这些工具和政策目标之间建立了较为精确的数量方程。很多成熟教材和研究报告对此进行了比较系统的论述,这里仅列出主要的货币政策工具(见表 1.1)。

表 1.1 货币政策工具

类　别	影响货币因素	指　标
一般性政策工具	影响货币乘数 限制商业银行创造派生存款 影响超额准备金	法定存款准备金率
	再贴现规模	再贴现工具(再贴现利率、再贴现资格)
	直接影响准备金和货币供给量	公开市场业务 (回购及逆回购、常备借贷便利、中期借贷便利、长期借贷便利)
选择性政策工具	首次付款额、信贷期限、商品种类	消费者信用控制
	证券保证金率	证券市场信用控制
	贷款限额、最长期限、首付款比例、分期最低额	不动产信用控制
	重点经济行业或产业	优惠利率
	进口商预缴商品价值一定比例存款	预缴进口保证金
直接信用控制	存贷款利率	存贷款利率限制
	商业银行信用规模	信用配额
	商业银行流动性比率	规定商业银行流动性比率
	干预银行的信贷业务、放款范围	直接干预
间接信用控制	商业银行对政策的贯彻和执行	道义劝告(通告、指示、面谈)
	商业银行经营行为	窗口指导

资料来源:根据黄达《金融学》、米什金《货币金融学》相关内容整理。

现实讨论:中国人民银行公开市场操作简介

1. 概述

在多数发达国家,公开市场操作是中央银行吞吐基础货币、调节市场流动性的主要货币政策工具,通过中央银行与市场交易对手进行有价证券和外汇交易,实现货币政策调控目标。中国的公开市场操作包括人民币操作和外汇操作两部分。外汇公开市场操作于 1994 年 3 月启动,人民币公开市场操作于 1998 年 5 月 26 日恢复交易,规模逐步扩大。1999 年以来,公开市场操作发展较快,目前已成为中国人民银行货币政策日常操作的主要工具之一,对于调节银行体系流动性水平、引导货币市场利率走势、促进货币供应量合理增长发挥了积极的作用。

中国人民银行从 1998 年开始建立公开市场业务一级交易商制度,选择了一批能够承担大额债券交易的商业银行作为公开市场业务的交易对象。近年来,公开市场业务一级交易商制度不断完善,先后建立了一级交易商考评调整机制、信息报告制度等相关管理制度,一级交易商的机构类别也从商业银行扩展至证券公司等其他金融机构。

从交易品种看,中国人民银行公开市场业务债券交易主要包括回购交易、现券交易和发行中央银行票据。其中,回购交易分为正回购和逆回购两种,正回购为中国人民银行向一级交易商卖出有价证券,并约定在未来特定日期买回有价证券的交易行为,是央行从市场收回流动性的操作,正回购到期则为央行向市场投放流动性的操作;逆回购为中国人民银行向一级交易商购买有价证券,并约定在未来特定日期将有价证券卖给一级交易商的交易行为,是央行向市场上投放流动性的操作,逆回购到期则为央行从市场收回流动性的操作。现券交易分为现券买断和现券卖断两种,前者为央行直接从二级市场买入债券,一次性地投放基础货币;后者为央行直接卖出持有债券,一次性地回笼基础货币。中央银行票据即中国人民银行发行的短期债券,央行通过发行央行票据可以回笼基础货币,央行票据到期则体现为投放基础货币。

根据货币调控需要,近年来中国人民银行不断开展公开市场业务工具创新。2013年1月,立足现有货币政策操作框架并借鉴国际经验,中国人民银行创设了"短期流动性调节工具"(short-term liquidity operations,SLO),作为公开市场常规操作的必要补充,在银行体系流动性出现临时性波动时相机使用。这一工具的及时创设,既有利于央行有效调节市场短期资金供给,熨平突发性、临时性因素导致的市场资金供求大幅波动,促进金融市场平稳运行,也有助于稳定市场预期和有效防范金融风险。

2. 公开市场业务操作机制

2013年1月,中国人民银行为进一步完善公开市场操作机制,提高公开市场操作的灵活性和主动性,促进银行体系流动性和货币市场利率平稳运行,决定从即日起启用公开市场短期流动性调节工具,作为公开市场常规操作的必要补充,在银行体系流动性出现临时性波动时相机使用。

公开市场短期流动性调节工具以7天期以内短期回购为主,遇节假日可适当延长操作期限,采用市场化利率招标方式开展操作。中国人民银行根据货币调控需要,综合考虑银行体系流动性供求状况、货币市场利率水平等多种因素,灵活决定该工具的操作时机、操作规模及期限品种等。该工具原则上在公开市场常规操作的间歇期使用,操作对象为公开市场业务一级交易商中具有系统重要性、资产状况良好、政策传导能力强的部分金融机构,操作结果滞后一个月通过《公开市场业务交易公告》对外披露。

2016年1月,为做好春节前后流动性管理工作,保持流动性合理充裕,一是增加春节前后公开市场操作场次。从2016年1月29日起至2月19日,除了周二、周四常规操作外,其他工作日均正常开展公开市场操作,操作流程保持不变。二是从2016年1月29日起,将政府支持机构债券和商业银行债券纳入公开市场操作和短期流动性调节工具质押品范围。三是从2016年1月29日起,扩大短期流动性调节工具参与机构范围,增加邮储银行、平安银行、广发银行、北京银行、上海银行、江苏银行和恒丰银行为短期流动性调节工具交易商。

为加强预期管理,促进公开市场操作时间与金融市场运行时间更好衔接,中国人民银行决定自 2020 年 6 月 12 日起,将每日开展公开市场操作的时间从工作日上午 9:15—9:45 调整为 9:00—9:20,9:20 发布《公开市场业务交易公告》披露操作结果。如当日不开展操作,则将在上午 9:00 发布《公开市场业务交易公告》说明相关情况。

3. 公开市场业务一级交易商

中国人民银行于 2004 年建立了公开市场业务一级交易商年度考评调整机制,为择优筛选央行合格交易对手和平稳开展公开市场操作提供了制度保障。为适应市场发展,进一步增强一级交易商筛选的有效性和针对性,2018 年 3 月起,中国人民银行将考评指标体系调整为"传导货币政策""发挥市场稳定器作用""市场活跃度及影响力""依法合规稳健经营""流动性管理能力""操作实务""配合操作室有关工作"等七个方面,具体见表 1.2。2021 年度公开市场业务一级交易商名单如表 1.3 所示。

表 1.2　公开市场业务一级交易商考评指标体系

一级指标	二级指标
一、传导货币政策	1. 参与公开市场操作情况
	2. 流动性分层传导情况
二、发挥市场稳定器作用	3. 货币市场利率合理定价
	4. 持续平稳融通资金
三、市场活跃度及影响力	5. 货币市场影响力
	6. 债券一级市场活跃度
	7. 债券二级市场活跃度
四、依法合规稳健经营	8. MPA 情况
	9. 其他监管指标达标情况
五、流动性管理能力	10. 流动性缺口管理情况
	11. 央行资金依存度
六、操作实务	12. 操作流程执行情况
	13. 信息报送情况
七、配合操作室有关工作	14. 研究工作
	15. 其他工作

表 1.3　2021 年度公开市场业务一级交易商名单

1	中国农业银行	14	中国工商银行	27	长沙银行	39	杭州银行
2	中国建设银行	15	交通银行	28	贵阳银行	40	中原银行
3	中国银行股份	16	中国邮政储蓄银行	29	广州银行	41	青岛银行
4	国家开发银行	17	中国进出口银行	30	郑州银行	42	河北银行
5	招商银行	18	上海浦东发展银行	31	西安银行	43	厦门国际银行
6	兴业银行	19	平安银行	32	上海农村商业银行	44	重庆农村商业银行
7	中信银行	20	广发银行	33	广东顺德农村商业银行	45	北京农村商业银行
8	华夏银行	21	浙商银行	34	广州农村商业银行	46	成都农村商业银行
9	中国民生银行	22	中国光大银行	35	三菱日联银行(中国)有限公司	47	德意志银行(中国)有限公司
10	恒丰银行	23	渤海银行	36	汇丰银行(中国)有限公司	48	渣打银行(中国)有限公司
11	北京银行	24	宁波银行	37	花旗银行(中国)有限公司	49	中信证券
12	江苏银行	25	南京银行	38	中国国际金融		
13	上海银行	26	徽商银行				

资料来源:《公开市场业务公告》(2012—2022 年),中国人民银行网站(http://www.pbc.gov.cn/rmyh/105145/index.html)。

现实讨论:中国人民银行常备借贷便利简介

1. 概述

从国际经验看,中央银行通常综合运用常备借贷便利和公开市场操作两大类货币政策工具管理流动性。常备借贷便利的主要特点如下:一是由金融机构主动发起,金融机构可根据自身流动性需求申请常备借贷便利;二是常备借贷便利是中央银行与金融机构"一对一"交易,针对性强;三是常备借贷便利的交易对手覆盖面广,通常覆盖存款金融机构。

全球大多数中央银行具备借贷便利类的货币政策工具,但名称各异。如,美联储的贴现窗口(discount window)、欧洲央行的边际贷款便利(marginal lending facility)、英格兰银行的操作性常备便利(operational standing facility)、日本银行的补充贷款便利(complementary lending facility)、加拿大央行的常备流动性便利(standing liquidity facility)、新加坡金管局的常备贷款便利(standing loan facility),以及新兴市场经济体中俄罗斯央行的担保贷款(secured loans)、印度储备银行的边际常备便利(marginal standing facility)、韩国央行的流动性调整贷款(liquidity adjustment loans)、马来西亚央行的抵押贷款(collateralized lending)等。

借鉴国际经验,中国人民银行于 2013 年初创设了常备借贷便利(standing lending facility,SLF)。常备借贷便利是中国人民银行正常的流动性供给渠道,主要功能是满足金融机构期限较长的大额流动性需求。对象主要为政策性银行和全国性商业银行。期限为 1—3 个月。利率水平根据货币政策调控、引导市场利率的需要等综合确定。常备借贷便利以抵押方式发放,合格抵押品包括高信用评级的债券类资产及优质信贷资产等。

2. 基本操作及利率

2014 年以来,中国人民银行的常备借贷便利操作及利率如表 1.4、表 1.5 所示。

表 1.4　中国人民银行的常备借贷便利操作利率　　　　　　　　（单位:%）

指标名称	常备借贷便利(SLF)利率:隔夜	常备借贷便利(SLF)利率:7 天	常备借贷便利(SLF)利率:1 个月
2014-01-20	5.00	7.00	
2015-03-04	4.50	5.50	
2015-11-20	2.75	3.25	
2016-02-01			3.60
2017-02-03	3.10	3.35	3.70
2017-03-16	3.30	3.45	3.80
2017-12-14	3.35	3.50	3.85
2018-03-22	3.40	3.55	3.90
2019-12-31	3.35	3.50	3.85
2020-04-10	3.05	3.20	3.55
2022-01-17	2.95	3.10	3.45

资料来源:Wind 数据库。

表 1.5　中国人民银行的常备借贷便利操作　　　　　　　　（单位:亿元）

指标名称	常备借贷便利(SLF)操作	常备借贷便利(SLF)操作:隔夜	常备借贷便利(SLF)操作:7 天	常备借贷便利(SLF)操作:1 个月
2015-11	0.50	0.50		
2015-12	1.35	1.35		
2016-01	5 209.10	3 065.30	2 143.70	0.10
2016-02	34.20	18.40	14.10	1.70
2016-03	166.70	96.50	70.20	
2016-04	7.60	7.50	0.10	
2016-05	5.70	5.70		
2016-06	27.20	27.10	0.10	
2016-07	9.00	5.00		4.00
2016-08	8.00	8.00		
2016-09	5.52	1.06	0.46	4.00
2016-10	7.12	2.12	5.00	
2016-11	284.69	54.49	211.17	19.03
2016-12	1 357.47	15.59	449.36	892.52

续表

指标名称	常备借贷便利 (SLF)操作	常备借贷便利 (SLF)操作:隔夜	常备借贷便利 (SLF)操作:7 天	常备借贷便利 (SLF)操作:1 个月
2017-01	876.75	82.65	455.60	338.50
2017-02	203.53	0.20	159.27	44.06
2017-03	1 219.86	45.30	754.62	419.94
2017-04	108.87	0.10	58.94	49.83
2017-05	192.19	6.57	97.62	88.00
2017-06	467.66	9.31	184.85	273.50
2017-07	139.81	6.80	74.01	59.00
2017-08	340.40	28.03	227.07	85.30
2017-09	688.45	2.61	313.14	372.70
2017-10	249.50	13.31	221.10	15.09
2017-11	241.76	6.30	158.46	77.00
2017-12	1 340.60	7.20	839.60	493.80
2018-01	254.50		31.80	222.70
2018-02	273.80	1.50	105.00	167.30
2018-03	540.60		217.20	323.40
2018-04	467.00	10.00	355.00	102.00
2018-05	347.60	120.00	121.60	106.00
2018-06	610.30		288.80	321.50
2018-07	36.90	5.00	15.10	16.80
2018-08	7.90	1.00	6.90	
2018-09	474.70	0.20	134.50	340.00
2018-10	292.00	2.00		290.00
2018-11	153.00	2.00	1.00	150.00
2018-12	928.80	1.00	643.80	284.00
2019-01	160.00			160.00
2019-02	265.50	33.50		232.00
2019-03	327.20		95.20	232.00
2019-04	140.50		3.50	137.00
2019-05	256.20	0.20	44.00	212.00
2019-06	842.50	1.50	234.00	607.00
2019-07	355.10	1.10	24.00	330.00
2019-08	224.00		9.00	215.00
2019-09	611.00		29.00	582.00

续表

指标名称	常备借贷便利(SLF)操作	常备借贷便利(SLF)操作:隔夜	常备借贷便利(SLF)操作:7 天	常备借贷便利(SLF)操作:1 个月
2019-10	600.90		28.00	572.90
2019-11	622.50		38.00	584.50
2019-12	1 060.20	19.00	214.10	827.10
2020-01	360.50	0.10	68.00	292.40
2020-02	360.00		30.00	330.00
2020-03	306.30			306.30
2020-04	272.00			272.00
2020-05	141.80		6.80	135.00
2020-06	73.00		47.00	26.00
2020-07	26.30	0.70	0.10	25.50
2020-08	9.50			9.50
2020-09	24.50		21.50	3.00
2020-10	7.00			7.00
2020-11	81.50	0.50	36.00	45.00
2020-12	199.90	1.50	135.00	63.40
2021-01	376.70	110.00	215.00	51.70
2021-02	34.00		34.00	
2021-03	64.40		35.00	29.40
2021-04	0			
2021-05	30.00		30.00	
2021-06	85.50	3.00	37.50	45.00
2021-07	2.32	0.02	2.30	
2021-08	0.60	0.60		
2021-09	24.60	0.30	23.30	1.00
2021-10	2.92	2.92		
2021-11	6.86	6.45	0.41	
2021-12	132.39	8.08	121.51	2.80
2022-01	23.50	0.50	23.00	
2022-02	27.12	2.62		24.50
2022-03	13.64	13.64		
2022-04	3.06	0.51	2.55	
2022-05	2.38	2.33	0.05	
2022-06	14.14	12.14	2.00	

资料来源:Wind 数据库。

2. 宏观审慎政策工具

"宏观审慎"理念提出较早。例如,库克委员会(Cooke Committee,巴塞尔委员会的前身)在 1979 年 6 月就提出了宏观审慎的监管概念(Clement,2010),BIS 也提出了宏观审慎政策,对宏观审慎政策比较准确且权威的界定是 IMF、FSB 和 BIS 在 2016 年的研究报告(IMF,FSB and BIS,2016)。

为了实现政策目标,宏观审慎政策工具及其作用机制成为重点关注内容。人们围绕一些原则设计了系统性风险早期预警指标。例如,明确提出要跟踪的风险(或风险元素);所选指标是否能很好地跟踪这种风险;所选指标是否受其他因素影响,如果受影响,是否需要包括其他指标以支持所选指标;可用数据的频率和质量是否足以导出或支持这些指标。早期系统性风险预警指标体系的建立为后期宏观审慎政策工具设计简化奠定了基础,有一些指标现在还在沿用。

自 2008 年全球金融危机之后,宏观审慎政策工具不断丰富和发展,其分类标准也存在多个。根据防范的系统性金融风险种类不同,宏观审慎政策工具分为时间维度(time dimension)工具和跨横截面维度(cross-sectional dimension)工具(IMF,2011)。根据政策工具的影响目标不同,分为基于借款人的工具和基于贷款人的工具,前者以借款人杠杆和金融机构头寸为目标,后者以金融机构的资产或负债为目标。根据政策工具的用途和方式不同,可分为信贷类、资本类和流动性类(Claessens et al.,2013),或分为银行业工具和房地产业工具等(Akinci and Olmstead-Rumsey,2018)。

根据政策工具关注重点的不同,宏观审慎政策工具分为三类:第一类是与信贷相关的,如贷款价值比率(loan-to-value,LTV)上限、债务收入比率(debt-to-income,DTI)上限、外汇贷款上限、信贷量或者信贷增长上限等。第二类是与资本相关的,比如逆周期动态资本要求、动态拨备以及对利润分配进行限制等。第三类是与流动性相关的,包括限制净外汇头寸敞口(net open position in foreign currency,NOP)或者货币错配,限制期限错配以及准备金等(Claessens,2014)。

根据 2018 年 IMF 的调查报告,141 个国家采取了 1 313 项宏观审慎措施,每个国家平均采取 9.3 项措施,分为家庭部门工具、企业部门工具、流动性及外汇工具、非银行部门工具、结构性工具等(IMF,2018)。这与世界银行 2014 年提出的工具体系(Krishnamurti and Lee,2014)具有一定的相似性(见表 1.6)。

表 1.6　宏观审慎政策工具概述

工　具	具体工具措施		
	横截面措施	逆周期措施	适用于两个方面
资本金	更高质量的资本要求 对系统重要性金融机构更高的资本要求 留存缓冲 交叉持股的限制	风险权重 逆周期缓冲	股利分配限制 杠杆率
准备金		动态规定 标准资产规定	高风险敞口的差异准备金

续表

工 具	具体工具措施		
	横截面措施	逆周期措施	适用于两个方面
流动性和基金	流动性覆盖比率 净稳定资金比率 期限错配的限制		流动资产比率 存款准备金率 贷存比 外币借款限制 净未持仓限制 对非核心资金征税
资产方		对特定行业的贷款限制 贷款价值比/贷款收入比/ 抵押品(保证金)率 抵押品 信贷增长限制	对无套期保值借款人的外币贷款的限制
结构性工具	银行间风险敞口限制 对非银行金融机构或不受监管金融实体的风险敞口限制 对集团实体的风险敞口限制 规模限制、范围和组织结构 附属化、网络架构风险敞口 场外交易报告,中央结算所和清算所 恢复计划和可解决性评估 大型复杂机构的改进解决框架 担保融资的保证金要求 加强信息披露,更密集的监督 对系统性实体更严格的审慎要求	资本控制	

资料来源:根据世界银行研究报告《宏观审慎政策框架》(Macroprudential Policy Framework)整理。

3. 金融服务及基础设施工具

金融基础设施有两种范式:一种是目前占主导地位的账户范式,另一种是区块链Token范式。分布式账本在现有经济体系的支付、清算和结算中有着最为广泛的应用,例如支付系统、中央证券登记系统、证券结算系统等。法定货币的二级账户体系(个人、企业、政府在银行开设存款账户,银行在中央银行开设存款准备金账户)、支付系统(包括金融机构之间的批发支付、消费者与商业机构之间的零售支付)、票据交换清算等事关整个社会资金运行的金融基础设施,一般都由中央银行建设、维护和管理。例如,中国社会资金流动的"大动脉"是中国现代化支付系统(CNAPS),它由中国人民银行建设、运行、维护和管理,处理金融机构之间及金融机构与中国人民银行之间的支付业务,CNAPS以清算账户管理系统(SAPS)为核心,主要包括大额实时支付系统(HVPS)、小额批量支付系统(BEPS)、支票影响交换系统和网上支付跨行清算系统等四个业务应用系统(徐忠、邹传伟,2021)。区块链Token范式在未来中央银行数字货币、支付系统、证券交易等方面将会有广泛的应用。中央银行通过金融基础设施为金融体系和社会提供最基础的金融服务,为实现四大目标提供重要支撑(易纲,2020)。

1.2.3 客观要求且不断提高的政策精准度

现代中央银行政策由于存在多元的目标、复杂的工具、工具到目标的间接传导等影响因素,相对于传统中央银行,对政策精准度方面的要求格外严格,否则政策会成为空中楼阁。现代中央银行政策精准度尚无公认或权威的界定,综合各方研究,本章将其定义为:现代中央银行通过实施某项或某种组合的政策工具,在一定统计显著水平上实现政策目标的精确程度,包括可具体量化和可实现的政策目标、具有针对性的可行的政策工具、清晰且测算准确的政策传导途径、能够准确计算的政策时滞等内容。因此,完整的现代中央银行政策还包括操作目标、传导机制、政策时滞等方面,每一方面及整个政策体系的复杂程度都与传统中央银行政策显著不同。关于政策精准度的分析,本章在第三节论述,这里仅概括出部分政策传导机制。

货币政策的操作目标一般为基础货币和基准利率,中间目标为货币供给量和市场利率,传导机制包括货币供给调节机制和利率传导机制,可概括为图1.1。

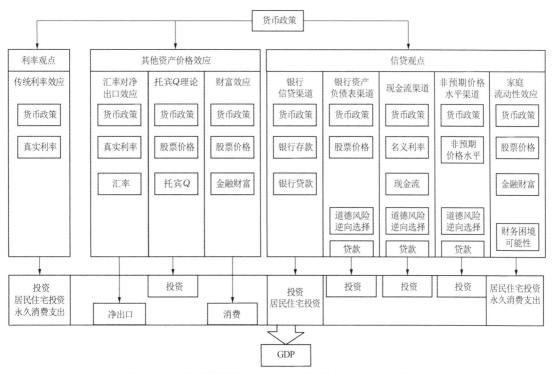

图 1.1 货币政策传导机制——货币政策与 GDP 之间的连接

资料来源:弗里德里克·S.米什金,《货币金融学》,中国人民大学出版社 2014 年版,第 551—559 页。

对《中华人民共和国国民经济和社会发展第十四个五年规划和 2035 年远景目标纲要》(以下简称《纲要》)中有关货币政策传导机制的解读如下:

一是货币供给调控机制。首先,完善中央银行调节银行货币创造的流动性、资本和利率约束的长效机制,保持货币供应量和社会融资规模增速与反映潜在产出的名义国内生产总值(GDP)增速基本匹配。其次,稳妥推进数字货币研发,有序开展可控试点,健全法定数字货币法律框架。

二是利率传导机制。首先,完善以公开市场操作利率为短期政策利率和以中期借贷便利利率为中期政策利率的中央银行政策利率体系,健全利率走廊机制,引导市场利率以中央银行政策利率为中枢波动。其次,深化贷款市场报价利率改革,带动存款利率逐步走向市场化,使中央银行政策利率通过市场利率向贷款利率和存款利率顺畅传导。最后,破除贷款利率隐形下限,引导金融资源更多配置至小微企业、民营企业,提高小微企业、民营企业信贷市场的竞争性,从制度上解决小微企业、民营企业融资难融资贵问题(易纲,2020)。

值得关注的是,宏观审慎政策的操作目标及中间目标尚需进一步深入研究,部分文献主张操作目标为留存资本和风险拨备,但仍存在一定争议。宏观审慎政策的传导机制也需分析和系统梳理,本章在第三节将进一步研究。关于中央银行金融服务及基础设施政策,由于其在经济体系和金融体系中服务作用的直接性,一般无须再确定操作目标、中间目标和传导机制等内容,本章在此也不再进行分析。

1.3 现代中央银行政策面临的挑战

如何提升现代中央银行政策的精准度,是当前中央银行面临的主要挑战。具体又可分为以下几个方面。

1.3.1 政策基准变量计算的准确程度

根据现代中央银行政策目标,实施和实现精准调控的前提条件是能对政策基准变量进行较为准确的计算。这些基准变量包括潜在产出、最优通货膨胀率、系统性金融风险阈值、国际收支平衡量化值等。

1. 潜在产出与产出缺口

为了实现充分就业和经济平稳发展的潜在产出,就需要对本国现有资本、资源、人力、技术等要素充分利用时的潜在产出进行准确计算,对实际产出和潜在产出的偏离程度进行计算。产出缺口度量了实际产出与潜在产出的偏离程度,反映了现有资源的充分利用程度,从而在制定宏观经济政策、调节未来经济走势中发挥着重要作用(郑挺国、王霞,2010)。如果对潜在产出计算不准确,那么对产出缺口的估计就不可靠,政策制定者就可能无法对实际经济状况作出正确判断,甚至可能作出错误的决策(Nelson and Nikolov, 2003)。鉴于此,国内外许多学者进行了周密的估计探索(Orphanides, 2003; Marcellino and Musso, 2010;郑挺国、王霞,2010; Roberts, 2014;徐忠、贾彦东,2019)。

目前,准确计算潜在产出面临的困难是:(1)潜在产出属于不可观测的状态变量,无法直接得到,只能通过不同方法或模型进行估算,涉及方法包括单变量模型(QT 滤波、HP 滤波、BK 滤波、CF 滤波、基于不可观测成分的 CL 模型和 HJ 模型等)和多变量模型(多变量 PC 滤波、扩展菲利普斯曲线的 PC 滤波、扩展奥肯定律的 PC 滤波、包含资本利用率的 PC 滤波、VAR 模型、多变量结构状态空间模型、美联储"供给方"模型、英格兰银行总供给和产出缺口模型等),使用的估计方法或模型结构不同,得到的结果也不尽相同(徐忠、贾彦东,2019)。(2)不同的模型或方法,涉及不同的关键变量,其数据可得性和估计准确性又进一步影响潜在产出估计的准确性。例如,生产法中人力资本数量的确定、动态随机一般均衡(DSGE)模型中稳态参数的校准和估计等。

2. 系统性金融风险缺口

系统性金融风险是指由于金融体系的全部或部分受损而导致金融服务(包括信贷中介、风险管理和支付服务)中断,并对实体经济造成严重负面后果的风险。随着时间的推移,经济周期、金融周期以及金融机构和市场相互关联的程度,都成为系统性金融风险的驱动因素。系统性金融风险这个术语被广泛使用,但其很难被量化(Krishnamurti and Lee,2014)。有效的宏观审慎政策需要政策当局有能力评估系统风险,整合和部署工具,监测和弥合监管差距,以及弥合数据和信息差距(IMF,2020)。参见图1.2。

图 1.2 宏观审慎政策五步法

资料来源:IMF,2020,"Key Aspects of Macroprudential Policy",IMF Working Paper。

准确计算系统性金融风险的难点在于:(1)建立有效的系统性金融风险监测框架,包括识别信贷总量增长和宏观经济失衡的驱动因素,计算金融与国内实体经济部门之间以及每个部门与世界其他部门之间的金融联系,计算金融系统的结构及其关键金融中介机构与金融市场基础设施的链接。(2)在结构方面,计算分析金融系统内部的联系及其在多大程度上构成威胁。2008 年金融危机表明,信用违约互换等创新产品可能导致整个金融行业的风险集中度迅速发生变化,并增加一些机构对系统性尾部风险的敞口,反过来这又使这些机构"太重要而不能倒";另外,它还凸显了金融体系结构的变化,货币市场共同基金等非银行机构成为银行重要的资金来源,其流动性错配可能削弱金融体系的稳定性。(3)需要计算出明确而可靠的阈值,确定在阈值为多少时需要警觉系统性金融风险,在阈值为多少时需要采用一定范围内的行动,并监测这种行动的数量影响(IMF,2020)。

此外,需要准确计算的基准变量还有最优通货膨胀率和国际收支平衡量化值。最优通货膨胀率需要综合本国潜在产出和金融稳定情况进行确定。实施通货膨胀目标制的国家对此进行了较为充分的研究,本章不再赘述。国际收支平衡量化值也是在本国充分就业产出和金融稳定发展的基础上进行计算得出的,难点在于其量化值与一国宏观经济规模及结构相关,需要具有经济合理性和可维持性,并非简单的经常账户平衡或金融账户平衡,而这两个标准与本国不同发展阶段的时间偏好、资本边际生产率、跨境资本流动、债务比率等密切相关(姜波克,2002)。

1.3.2 政策工具的精准性

为了提升现代中央银行政策的精准度,须提高政策工具的精准性,具体包括工具的针对性、可行性和计算的准确性等内容。按照现有工具分类标准,本章从货币政策工具和宏观审慎政策工具两个方面进行分析。

1. 货币政策工具的精准性

(1) 利率工具的精准性。这涉及两个重要难题:

一是自然利率的准确计算。自然利率是指与经济的长期潜在产出和稳定的通货膨胀相符的短期实际利率(Yellen,2015;Brainard,2015)。当实际利率等于自然利率时,实际产出等于潜在产出,实际投资等于意愿投资,产出市场和资本市场分别达到长期均衡,进而中央银行实现了物价稳定、产出增长等货币政策最终目标。因此,自然利率可以作为价格型货币政策调控的实际利率之"锚",在设定市场目标利率、衡量当前货币政策松紧程度,以及评价货币政策执行效果等方面发挥重要作用。但自然利率为不可观测变量,需要被合理估计,才能发挥货币政策之"锚"的作用。受限于经济学理论发展和研究方法尚不完善,学术界对如何有效估计自然利率未形成共识。首先,潜在产出计算不够准确。这在前文已经进行过讨论。其次,多种估计方法在不同程度上存在缺点,影响自然利率估计的准确性。在估算方法上,主要分为时间序列模型(多元周期趋势分解方法和时变向量自回归)(Fiorentini et al.,2018)、半结构化状态空间模型(Holston et al.,2017),以及 DSGE 模型(徐忠、贾彦东,2019)。时间序列模型未考虑到背后的经济含义,缺乏相应的理论基础,对自然利率的估计缺乏稳健性;半结构化状态空间模型需要更全面的信息数据;DSGE 模型结构参数仍存在前文所分析的准确性问题。

二是基准利率的准确界定。国内基准利率未公布,不同文献在具体计算自然利率时,选择的利率种类、利率期限、具体利率指标存在较大差异,导致计算结果千差万别,甚至出现明显违背现实的错误。

(2) 货币供给量工具的精准性。这亦涉及两个重要难题:

一是政策工具在多大程度上能够控制货币量,这涉及"货币究竟是内生还是外生"的命题争议。如果货币是外生的,中央银行则可以有效控制货币供给量(凯恩斯,1983;Friedman and Schwartz,1963);如果货币是内生的,货币量由经济体系内生决定,中央银行无法有效控制货币供给量(Tobin,1971);后续研究逐渐认为货币是内外共生的(劳伦斯·哈里斯,2004),而这进一步需要中央银行能够准确计算货币量中外生的占比及内生程度。

二是货币供给量在多大程度上能够影响最终目标,这涉及"货币中性还是非中性"的命题争议。如果货币对经济目标是中性的(威廉·配第,1984;亚当·斯密,1972;萨伊,1963;黄达,2003),那么调控增加货币供给量不能促进充分就业和经济增长;如果货币是非中性的(约翰·罗,1986;马克思,1975;凯恩斯,1983;崔建军,2006),中央银行需要精确计算货币供给量和各政策目标的数量关系。实证研究表明,货币供给增长率和通货膨胀之间的相关系数几乎是唯一确定的,根据货币供给口径的不同,其数值在0.92—0.96波动;不论是通货膨胀还是货币增长,与实际产出增长率之间都没有相关关系(George and Weber,1995)。货币供给增长率同就业率、系统性金融风险的关系还需要进一步研究。

影响货币供给量工具精准性的因素如图1.3所示。

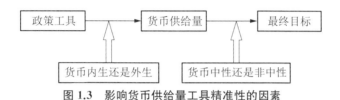

图 1.3　影响货币供给量工具精准性的因素

2. 宏观审慎政策工具的精准性

宏观审慎政策工具旨在通过时间维度和横截面维度降低系统性金融风险。从研究文献和各国中央银行实施经验分析,宏观审慎政策工具针对性和可行性的提高面临以下难题:

(1) 政策工具多样复杂,各有优缺点,不同种类的工具可能解决特定类型的风险(参见图12.2、图12.3),不存在"包打天下"的工具,还应根据具体国家的因素来决定工具的选择,以取得最佳结果(Krishnamurti and Lee,2014)。

(2) 尽管政策当局关于识别和评估系统风险的能力以及建立前瞻性模型的能力有所提高,在发展评估和监测系统性金融风险的工具方面也取得了较大进展,但仍然没有建立一套健全的指标体系来监测系统性风险(IMF,2011)。

(3) 量化特定的关键环节存在较大难度。这主要包括:要选择并组合一套宏观审慎工具来解决系统性风险的关键来源和维度,而这一套工具的数量结构、力度、权重都需要精确计算。在时间维度上应考虑反周期资本缓冲和拨备、部门性工具、流动性工具等三套工具,如何进行数量分配以提高金融体系应对冲击的弹性,控制特定部门风险的累积并遏制融资风险;在结构维度上应考虑强化资本要求、限制风险暴露、实施流动性工具和改变市场基础设施等工具,如何进行数量分配以提高全球及国内系统重要性金融机构的韧性,控制此类机构失败时的传染效应(Arregui et al.,2013)。

(4) 不同政策工具的外部时滞存在较大差别,这也是影响政策工具精准性的主要因素。预防和管理系统性金融风险需要运用一系列指标和方法,并与定性判断相结合,才能决定何时采取行动。在这一系列指标中,缓慢变化的指标有助于发现风险的累积,基于市场波动的高频指标有助于当局及时预测即将发生的系统性金融风险并采取应对措施(Blancher et al.,2013;Ivailo et al.,2013)。如何进一步准确计算政策组合中不同工具的时滞和强度,确定各种工具的介入时机和退出时机,在最后环节上决定着政策工具的精准程度。

此外,还可以改变支付、结算和清算安排等金融基础设施工具,减少金融系统内交易导致的信用风险敞口。衍生品交易中对手方日益增长的信用风险一直是 2008 年金融危机之后的主要隐患,G20 集团倡议各方通过努力促使中央银行对手方引入衍生品清算机制。

1.3.3 政策工具组合的精准性

无论从一国政策部门的职能分析,还是从一国实现多目标的政策组合分析,宏观经济治理都需要多种政策工具的配套实施。货币政策会通过影响代理人的事前风险承担激励、杠杆水平、短期借款、外币借款(Dell'Ariccia and Marquez,2013),或者通过影响事后借贷约束、加剧资产价格和杠杆周期,影响金融稳定;宏观审慎政策可以通过限制一个或多个部门的借贷来限制支出并影响总产出。同时,财政政策通过税收鼓励杠杆或影响资产价格时,可能会助长系统性金融风险(Keen and Mooji,2012),影响宏观审慎政策的执行;房地产税可以被资本化为房价,使得(未来)税收政策可能与金融稳定相关;庇古税又可以解决金融系统外部性问题(IMF,2010)。这些因素使财政政策可以成为逆周期调控工具,也可以成为顺周期因素。IMF 提出,宏观审慎政策必须辅之以适当的货币政策、财政政策和其他金融部门政策;有效的宏观审慎政策也可以帮助其他政策实现其目标(IMF,2014)。并且,在现实世界中,宏观审慎政策或货币政策运行往往并不完美,两项政策都不可避免地存在政治压力和时间不一致的问题。各种工具及其组合的经济效应都需要进一步准确计算。

1. 尚未找到有力的理论支撑

比较具有代表性的开放经济政策组合理论主要是政策搭配的丁伯根法则和政策指派的有效市场分类原则。丁伯根法则指出,实现几种独立的政策目标,至少需要几种相互独立的有效政策工具。现实中,不仅政策目标相互关联,政策工具也相互影响,丁伯根法则很难得到满足。蒙代尔基于不同政策决策部门掌握不同的政策工具提出了有效市场分类原则,即每一政策目标指派给对这一目标有相对最大的影响力、在实现政策目标上有相对优势的工具。围绕这一原则,货币政策实现外部均衡,财政政策实现内部均衡。斯旺进而提出,支出转换政策实现外部均衡,支出增减政策实现内部均衡(姜波克,2002)。即使如此,财政政策与货币政策、支出增减政策与支出转换政策也常常出现冲突。再纳入防范国内系统性金融风险和全球系统性金融风险目标,以及数十种相互联系的宏观审慎政策工具,并进行组合排列,使政策工具之间、政策目标之间,以及政策工具与政策目标之间的数量关系更为复杂。目前尚无有力的理论对此进行描述和阐述。

2. 政策部门制定政策时的局限性

在现实中,尽管人们已经对政策组合协调达成共识,但一国各政策部门之间尚未实现数量上的精确配合,甚至在政策方向上也常常会出现矛盾。一国不同部门具有不同的职责,在解决经济发展问题时,主要立足于降低本部门政策成本、提高本部门政策效率的角度,未从国家战略和经济高质量发展的长远角度出发设计政策,导致不同部门制定的政策可能出现冲突,到执行层面要么停留在纸面上、要么对其理解不一,施行政策即使解了燃眉之急,也埋下了更大的隐患。因此,不但中央银行与金融监管部门之间的信息沟通成本和协调处理成本较高、信息不对称问题进一步恶化(苗文龙,2016),而且货币政策与金融稳定政策出现冲突(何德旭等,2013)。

　　3. 工具对目标影响数量程度的计算能力较低

　　不同部门制定的政策在定性层面尚未完全达成一致,其组合的权重、经济作用的力度、不同部门政策工具的实施和退出时间等数量精确程度方面的计算,则更多地停留在坐而论道层面,或者直接套用国外公式计算其实用性。因此,学术讨论的文献较早、较丰富(Hicks,1937;Hallett and Piscitelli,1999;Tarawalie et al.,2013;贾俊雪等,2014;Demid,2018),而且这些文献多讨论财政政策和货币政策的配合,但能进入更为全面和更为精确的执行层面的研究较少、较短缺。现在还要纳入宏观审慎政策一起进行精确计算,工具对目标影响数量精度的计算相对于现实调控需求显得更为捉襟见肘。

　　此外,如果现代中央银行政策能准确计算目标,精准设计操作工具,准确控制政策工具对政策目标的数量影响,也就能够准确计算政策偏差成本和社会福利影响。现代中央银行制度的其他问题,例如政策独立性和披露透明度等问题,都将迎刃而解。

1.4　小结

　　现代中央银行制度是一国宏观经济治理的核心内容之一,是国家治理体系和治理能力现代化建设不可或缺的构成部分。现代中央银行政策是现代中央银行制度的核心,是现代中央银行功能的主要体现。

　　中央银行建立之初主要是给政府提供融资,随着自身地位的巩固和增强,中央银行具备了影响全国信用货币制造的能力和管理各商业银行储备的实力,逐渐垄断了货币的发行权,承担起最后贷款人角色,并制定货币政策来平衡维护金融稳定可能超发信用货币与防止超发信用货币造成经济波动两方面内容,以及制定宏观审慎政策防范系统性金融风险。在此过程中,它从服务于政府融资的古典中央银行逐步演变为服务于国家经济调控和经济治理的现代中央银行。

　　现代中央银行制度是中央银行为实现币值稳定、充分就业、金融稳定和国际收支平衡这四大任务而设计和实施的现代货币政策框架、金融基础实施服务体系、系统性金融风险防控体系和国际金融协调合作治理机制的总和。现代中央银行政策是现代中央银行制度的核心构成和直接体现,其理论框架主要包括最终目标、操作目标、政策工具、传导机制等。现代中央银行政策的最终目标应包括币值稳定、充分就业产出、金融稳定、国际收支平衡等;政策工具主要包括货币政策工具、宏观审慎政策工具、金融服务及基础设施工具等;此外,还包括操作目标、中间目标、传导机制、政策时滞等内容。

　　现代中央银行政策由于多元的目标、复杂的工具、工具到目标的间接传导等影响因素,相对于传统中央银行,对政策精准度方面的要求格外严格。现代中央银行政策精准度是指,现代中央银行通过实施某项或某种组合的政策工具,在一定统计显著水平上实现政策目标的精确程度,包括可具体量化和可实现的政策目标、具有针对性的可行政策工具、清晰且测算准确的政策传导途径、能够准确计算的政策时滞等内容。中国基本上构建了较为完整的现代中央银行政策框架,当前面临的主要挑战是:提高潜在产出、自然利率、系统性金融风险阈值等基准变量计算的准确性,提高货币政策工具和宏观审慎政策工具的精准性,提高货币政策与宏观审慎政策、财政政策等政策工具组合的精准性。

思考题

---

1. 现代中央银行的标志性功能是什么?
2. 现代中央银行政策主要有哪些? 各有什么分工?
2. 怎样构建现代中央银行政策体系的函数模型?

第二篇
货 币 政 策

2

货币理论

近年来,人们对货币的本质及其定义出现了较大的争议,主要存在商品论和债务论两个方面的界定。同时,伴随大数据、加密、网络计算机等技术的发展,出现了电子货币和数字货币。货币的本质及其定义影响着人们对数字货币的界定和经济分析。本章将从货币本质的角度出发,介绍货币的本质、数字货币的本质、数字货币的"两难"问题及其他相关理论。

2.1 货币的本质

准确界定货币的本质对清晰认识货币政策的原理和财政政策的本质具有根本性意义。当前,学术界关于货币本质的观点主要有"商品货币论"(或"交易货币论")和"债务货币论"两种。

2.1.1 "商品货币论"下货币的本质

主流经济学教材一般采用"商品货币论"的说法。"实物交换存在不便利性和低效率,为了促进交换的发展,除了原始社会以外,人们的交换都需要货币作为媒介,继而出现了诸如牲畜、烟草、皮革、奴隶或妻妾、金银铜铁、钻石等商品充当交易媒介的情况。随着时间的推移,实物货币让位于纸币,继而出现了银行货币或者支票存单"(萨缪尔森、诺德豪斯,2013)。张亦春(1994)分析认为,"货币是固定充当一般等价物的特殊商品。它作为表现、衡量和实现商品价值的工具及体现的商品生产者之间等价交换的平等关系,具有共同性;它体现的具有社会形态的深度生产关系,又具有特殊性",在此基础上,描述货币具有价值尺度、流通手段、贮藏手段、支付手段、世界货币等职能。随着经济的发展,人们发现金银具有便携性、分割性、价值稳定等特征,从而金银在一定时期成为最重要的商品货币;当经济规模和信用创新到一定阶段,为便利交易、提高市场效率,货币向更简单抽象的形式转化,成为一种"制度无涉"的交易媒介(刘新华、线文,2010)。同时,由于货币成色、货币数量等问题,政府逐渐垄断可兑换货币的发行和不可兑换货币的发行,并为中央银行控制货币供给奠定了基础。

"商品货币论"难以解释的问题是:既然货币是特殊的商品,应当具有一定的价值,为什么几乎没有价值的纸币或电子货币能够广泛流通? 此外,"商品货币论"因缺少确凿的历史记载而广受诟病。

2.1.2 "债务货币论"下货币的本质

"债务货币论"从货币起源的有关记载来质疑货币作为特殊商品的交易便利性,认为货币是债务关系的反映和度量。货币可以交换商品,商品也可以交换货币,但是,商品不能直接交换商品,推论出货币不可能是商品。"债务货币论"的支持者常举出一些具有史料记载的实例。太平洋加罗林群岛西端雅浦岛的大石轮货币(弗里德曼,2006)、欧洲早期交易活动中的"符木"棒记账(Innes,1913)、中国古代出现的"傅别""质剂"缔结债务关系(段颖龙,2015)、早期苏美尔的神庙管理者采用以"锡克尔"和"米那斯"为单位的白银记账等实例,都说明了货币起源于债务的表示与流通。货币作为债务的表现形式所蕴含的最初债务人的承诺或义务,于货币持有者而言,即象征着可实现的特定权利。

从现代银行制度产生以来,货币创造过程也是债务关系扩展的过程。例如,中央银行发行基础货币,在中央银行的资产负债表上记为负债,并且没有必然稳定数量的金银作为保障,也没有确定的数量商品作为保障,而只是国家负债的信用凭证,社会公众通过劳动或出让产品和禀赋获得国家信用凭证。社会公众将现金等存放在银行,此时银行作为负债人给出债务关系凭证,持有凭证的人可根据凭证的约定让银行履行偿还责任,在银行的资产负债表上也记录为负债,银行存单、银行支票、银行汇票都是货币这一属性的体现。对于微信、支付宝等第三方支付而言,社会公众将货币转移到第三方支付账户,第三方支付必须在托管银行有100%的准备金,社会公众在第三方支付账户的金额对应托管银行准备金账户的金额。此时,准备金账户实际上是一个不记各个公众名的大资金池,能够实现记账功能。社会公众用第三方支付工具支付时,如果发生资金从第三方支付账户转出的情况,实质上是公众银行账户之间正在进行资金划转;如果仅仅是公众第三方支付账户之间进行资金划转,此时第三方支付实质上是准备金账户内部的一个转移。综合来看,第三方支付是实现银行账户资金划转的工具,第三方支付账户不能直接提取现金,必须从第三方支付账户转到银行账户才能提取现金。

从记账职能的角度来看,货币债务的内涵在于人们对其背后的比价关系进而对初始债务人的承诺的信任。从清偿职能的角度来看,货币债务的内涵又体现为初始债务人的信用在各经济主体之间的传递与扩展,根本而言也即人们对初始债务人的普遍信任(刘新华、郝杰,2019)。

"债务货币论"难以解释的问题是:第一,既然货币只是债务关系的符号,当人们对初始债务人普遍信任时就会履行记账和清偿职能,那么同一初始债务人发行的相同数量不同币材的货币,人们应当将其看作相等数量的债务,但实际上却出现"劣币驱逐良币"的格雷欣法则规律。解释这一问题,必然要回到货币币材的价值区别上。第二,货币起源实例凌乱,有的实例之间难以共用一种理论解释。例如,雅浦岛的大石轮货币的初始债务人是谁?

2.1.3 货币本质的再认识

"商品货币论"可以成功解释具有一定价值的实物形式的货币(例如羊、布匹、金、银)存在的原因,却难以解释不具有任何价值的符号形式的货币存在的原因。"债务货币论"可以成功解释不具有任何价值的符号形式的货币(例如石轮标记、结绳、电子货币、数字货币)存在的原因,这体现了货币持有人拥有的索取权,但难以解释格雷欣法则,而且不能否认曾经出现的物物交换及交换媒介现象。①两者或许从不同的角度揭示了货币的本质。

综合两种理论的根本性观点,这里可以概括得出:货币本质是在一定范围内人们达成共识或一致认同的用来衡量经济往来数量的规则或方法的代表,具有一种公众共同接受的未来价值索取权,在不同时期这种代表的具体形态有所不同,由制度和技术共同决定。这包含着三层含义:

一是货币是一种经济往来规则或方法的代表。其形式可以是实物,也可以是一种符号。当货币是抽象符号时,此时货币主要是"意念货币",即经公众一致同意后的未来价值索取权,若仅停留在社会公众的"意念"上,无需依赖有形的物体,则可与之分离,仅存储在社会个体的记忆中。社会个体的记忆相当于分布式数据库,不断更新和存储公众达成的货币"共识"。"意念货币"附着在有形的物体上,如雅浦岛的石轮,此时有形的物体代表了这一广泛接受的权力,从而成为"物质货币",在商品交易和支付中扮演一般等价物。物质货币相当于统一数据库,为分布式数据库的货币"共识"更新提供辅助作用(姚前,2018a)。

二是这种规则或方法及其代表形式得到人们的认可。这种认可可以是非正规制度的约定俗成,也可以是正规制度的法律规定。Menger(1892)认为,货币本身是人类社会自然演化发展出的"每个人的意念的社会秩序",就如同道德标准、风俗、爱好、语言一样,是一种社会习惯、一种社会共识。譬如银行存单、银行汇票,甚至具有某些支付功能的支付工具等,这些形式都是国家法律规定的,并与明确的相应数量的法定货币相挂钩,因此得到人们的认可。

三是参与人的范围存在一定的弹性,这个范围主要由达成共识的制度成本来决定。研究表明,小范围内的熟人社会集体容易达成行动一致(奥尔森,1999),此时非正规制度在发挥作用,表现为民间自发发行货币。经济往来范围扩大到陌生人市场时,不同集体难以达成共识,

---

① 即使在当前社会也存在物物交换现象,例如华北农村地区经常出现的黄豆换油、黄豆换大米、黄豆换白面、黄豆换水果等,此时黄豆便是一种公认的交易媒介。

只能依靠国家法律规定来达成共识秩序,此时表现为主权国家发行货币。所以,随着市场经济的发展,主权国家货币成为人们一致认同的规则。

2.1.4 市场经济中货币的条件

市场经济中人们随时与陌生人发生经济关系,而且积极开拓市场与陌生人发生经济关系。此时,情况与小范围内的熟人社会不同,后者中人们已经熟知各人的经济能力和信用风险。例如,之所以就大石轮达成共识可能是因为大石轮的数量和体量本身就证明了其主人或存放地主人具有正常的经济能力,能够兑现交易。当交易范围扩大到信息不对称风险难以被忽略、人们难以真实掌握经济主体的信用风险时,没有价值的符号或物品必须满足一定的条件才能成为真正的货币。

1. 一致认同与共识

货币必须得到经济体系内人们对其度量规则和未来价值索取权的一致认同,即达到共识。这种共识包括了货币技术形式的共识、货币制度规则的共识、货币安全(风险)性的共识。货币技术形式的共识意味着人们一致认同货币符号和流通方式。例如,在现实当中,人们对纸币、银行存单等货币技术形式有认同。货币制度规则的共识意味着人们一致认同其运行规则及利益分配规则。例如,中央银行发行法定货币,银行体系进行货币创造,中央银行获得铸币税,等等。货币安全(风险)性的共识意味着人们一致认同和信任货币度量尺度稳定、货币代表的价值索取权随时能够得到不受明显损失的兑现。在信用经济中,经济主体的道德风险、信用风险随时发生,能够得到人们一致认同的有效力量就是法律,即法律赋予这种货币所代表的身份、地位、作用。所以,法定货币成为人们的共识,而不管货币的具体形式。无论是"商品货币论"还是"债务货币论",在这一方面都具有共同点。

2. 最终保证人

这种特定符号或物品背后包含的共识达成的权利,随持有人意愿随时能兑换为一定数量的所需物品,不论是现货兑换,还是未来兑换。在市场经济中,之所以人们对这种价值索取权的代表性物品或符号达成共识,是因为通过两种方法有效保证了其权利的实现,即保证必要时能将手中持有的货币兑换为一定数量的所需物品。一是法律强制该经济体系中的任何主体在经济交易和债务清偿时都必须无条件接受这个法定符号或物品,否则将面临远远高于相关数量符号或物品所代表的经济利益的损失。这种法律强制的社会各经济主体行为的合力保证了符号或物品的货币性。二是法律明确即使所有非发行货币的微观经济主体没有能力来兑现货币的权利,货币发行者(中央银行)也会无条件兑现货币代表的权利。这种最终保证人制度保证了货币安全性、制度公平性,即保证了持币人的权利,从而有效促进人们达成共识。

3. 交易费用

一种特定符号或物品成为货币必须具备低交易费用的特点。这里的低交易费用包括:第一,货币的使用成本非常低。例如法定纸币,中央银行为了保证它的流通使用,持币的成本几乎为零,当其破损时,在满足一定的条件下(防止人为分割、以少换多)持有人都可以在银行换成新币。第二,货币的真伪成本非常低。例如针对法定纸币,中央银行有提升纸币防伪技术、不断更新新币、设密货币冠字号等措施。在数字货币方面,必然涉及数字货币加密。这些成本都由货币发行方承担,持币人承担的货币真伪成本非常低。第三,货币双花成本极低。这主要保障了持币人对持有货币的绝对所有权和支配权。例如,数字加密货币由于采用分布式记账,这时可能存在同一数字货币被两个不同的人同时支配使用的情况,实质上相当于两个人同时拥有一张纸币的所有权和支配权,这引起持币人成本的上升。此时,需要数字货币发行者提升计算技术和加密技术,以降低或防止双花成本。

2.2 数字货币

2.2.1 数字货币的范畴与要义

人们对于数字货币的讨论较多,但具体定义千差万别,有的定义甚至将借记卡、信用卡、磁条卡、芯片卡、计算机或网络服务器等电子设备中的数字方式的价值载体都归为数字货币。按照这一逻辑,纸币也是数字方式的价值载体,也应是数字货币,这混淆了近年来数字经济发展背景下数字货币的本质。王永红(2016)认为,数字货币是指由货币当局发行,存储于电子设备,具有现金特性,并能够逐步替代现金和银行账户相关联的记账式货币的价值载体,即法定电子现金。这一定义把市场主体发行的数字货币排除在外,而且没有明确指出近年来数字货币的核心特征。欧洲央行则将数字货币区分为三类:一是以虚拟货币为代表的不受监管的数字货币,二是以电子货币为代表的受监管的数字货币,三是加密数字货币。这一定义的分类在现实中存在一定的交叉,例如,加密数字货币也可能是不受监管的虚拟货币。英格兰银行明确表示,以分布式记账技术作为数字货币的分类标准,运用分布式账本技术的数字货币是加密数字货币;广义的数字货币为依靠密码学、区块链和分布式账本等技术产生的以数据形式表现的记账单位、交易媒介,既包括中央银行发行的法定数字货币,也包括私企发行的非法定数字货币(范云朋、尹振涛,2020)。数字货币的数字特征就体现在密码学、区块链、分布式账本等数字技术方面。数字货币实际上是数字加密货币,其产生原理包括两种:一种是目前占主导地位的"中心化"模式(银行账户范式),另一种是分布式账户(区块链 Token 范式)。

1."中心化"模式

目前占主导地位的中心化模式由单一的中央机构或系统完成相关交易并进行记载。例如,如前所述的法定货币的二级账户体系、支付系统、票据交换清算等事关社会资金整体运行的金融基础设施,一般都是由中央银行建设、维护和管理的。再如,中国社会资金流动的"大动脉"是中国现代化支付系统,由中国人民银行建设、运行维护和管理,用以处理金融机构之间及其与中国人民银行之间的支付业务。中国现代化支付系统以清算账户管理系统为核心,主要包括大额实时支付系统、小额批量支付系统、支票影响交换系统和网上支付跨行清算系统等四个业务应用子系统(徐忠、邹传伟,2021)。

2. 分布式账户

分布式账户尚无统一权威定义。英国金融行为监管局将分布式账户定义为一种技术模式方案,在网络中实现对参与者交易活动的同步记载(李文红、蒋则沈,2018)。数据记载需要满足以下条件:一是唯一性,交易与记录一一对应;二是记录连续不间断;三是记录格式标准统一;四是加密不可篡改。这些数据同步分发给网络中所有参与者进行存储、调取和比对(李文红、蒋则沈,2018)。区块链 Token 范式是分布式账户的代表性技术,具体为:网络中的所有参与者同步记录某一交易活动信息,并互相验证信息真实性,防范信息被篡改。根据邹传伟(2019)的研究,概括而言,Token 技术及其交易具有七个方面主要性质:一是按同一规则定义的 Token 是同质的,可拆分成数量更多的较小单位。二是 Token 的非对称加密技术可以在较高程度上保证其持有者匿名性。三是单位 Token 可以在不同的 IP 地址之间进行转让。四是区块链的共识算法和不可篡改特点可以保证 Token 不会被双花。五是 Token 转让过程中总量不变——甲地址之所得就是乙地址之所失。六是状态(账本)更新与交易确认同时完成,没有结算风险,并且已确认的交易是全网公开、不可篡改的。七是区块链内的 Token 交易无须依赖中心化信任机构。进一步可概括为表 2.1。

表 2.1　Token 技术及其交易性质

Token 的性质	与银行账户及其支付的比较
区块链内不同地址对应着不同用户	类似于银行账户
密码学技术保证了地址的匿名性,只有具备相应权限的用户才能操作地址,类似于银行账户密码	类似于银行账户密码
Token 同质且可拆分成数量更多的较小的单位	类似于银行存款账户余额
分布式账本记录区块链内每个地址内的 Token 数量	类似于银行账户报表
分布式账本由多个"矿工"或"验证节点"共同更新和存储,以确保一致	在金融交易后处理中,区块链被用于缩短托管链条、优化交易流程和简化对账工作
Token 可以在区块链内不同地址之间转移,Token 转移过程中总量是不变的,甲地址之所得就是乙地址之所失	类似于银行转账
区块链共识算法和不可篡改特点,使得在不依赖中心化受信任机构的情况下,可以保证 Token 不会被多次支付。Token 交易确认与分布式账本更新同时完成,没有结算风险	替代对中心化受信任机构(例如银行)的依赖
区块链在互联网上运行,Token 在区块链内不同地址之间的转移天然是跨国界的	用于跨境支付

Token 是一段计算机代码,本质上是区块链内定义的状态变量,类似于电子数据,本身并不具有任何价值。Token 的价值来自它所承载的现实世界的资产,而这需要中心化受信任机构通过一定的制度规则来实现。主要规则包括四个:一是发行规则。中心化受信任机构基于标的资产按 1∶1 关系发行 Token。二是双向兑换规则。中心化受信任机构确保

Token 与标的资产之间的双向 1∶1 兑换。三是可信规则。中心化受信任机构必须定期接受第三方审计并充分披露信息,确保作为 Token 发行储备的标的资产的真实性和充足性。四是无套利规则。Token 的二级交易市场的套利交易机制保证其价格向所代表的资产价值回归。在这四个规则的约束下,一单位 Token 代表了一单位标的资产的价值(邹传伟,2019)。

基于此,数字货币与现有支付工具相比较具有明显的不同。例如,Libra、第三方支付、比特币(bitcoin)的相同点与不同点可概括为表 2.2(徐忠、邹传伟,2018)。

表 2.2 Libra、第三方支付、比特币结算等的特征比较

特　征	Libra	第三方支付	比特币
参与交易验证以获得奖励	部分	否	是
用户抗审查性	部分	否	是
交易抗审查性	是	否	是
用户独立确认网络状态以及拥有的货币	是	否	是
双花预防	BFT	中央账本	PoW
信任的机构	Libra 协会与记账节点	中心化金融机构	数字算法
低资金转账成本	是	是(跨境不低)	否
广泛的用户群	是	是	否
存款保险制度	部分	是	否
对抗通胀的能力	不确定(稳定币储备投资能力)	否	初衷是(波动性较大)

资料来源:根据徐忠和邹传伟(2018)整理。

根据这一数字货币的这一性质,可以将传统的借记卡、信用卡、支付宝、微信钱包等排除在数字货币范畴之外。

2.2.2　数字货币的经济原理

1. 防控总量,防止政府扩张铸币税

数字货币的雏形是比特币,其经济理念在于限制政府滥发货币的权力。哈耶克从经济自由主义角度出发,认为竞争才是市场机制发挥作用的关键,而政府对于货币发行进行垄断控制,致使均衡遭到破坏。因此,他主张"如果这个世界上出现了一种健全的货币,那么这个货币的发行人不是政府,而是私人企业"(哈耶克,2007)。由于每个国家发行的货币都由中央政府垄断以及管控,哈耶克关于私人企业发行货币的设想难以实现。在此情形下,政府具有货币扩张、多收铸币税的倾向。代表性经济理论是 Bailey 曲线。

假设卡甘模型基础货币需求函数为 $h^d = e^{\beta - aE}$,实际铸币税则可以描述为函数:

$$T = Ee^{\beta - aE} \tag{2.1}$$

其中，T 为铸币税，E 为货币扩张率，β 为货币存量规模参数，α 为价格敏感性参数，并且都大于零。若 α 越大，通货膨胀对货币扩张越敏感，给定 β 时，曲线在极值点后回落越快，而且趋向于横轴的数值越小，离横轴越近；β 越大，实际基础货币需求越大，给定 α 时，曲线初始上升阶段越快，曲线越陡峭。具体刻画为图 2.1 中的 AB 曲线。

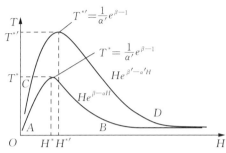

图 2.1　货币化路径 Bailey 曲线及其比较

对函数式(2.1)求一阶导数并令之为零有 $\dfrac{\mathrm{d}T}{\mathrm{d}E}=e^{\beta-\alpha E}-E\alpha e^{\beta-\alpha E}=e^{\beta-\alpha E}(1-E\alpha)=0$，进而

得出 $E^{*}=\dfrac{1}{\alpha}$，$T^{*}=\dfrac{1}{\alpha}e^{\beta-1}$。所以，在极值点 $\left(\dfrac{1}{\alpha},\dfrac{1}{\alpha}e^{\beta-1}\right)$ 时基础货币发行达到最大值。

当政府具有货币扩张倾向时，Bailey 曲线变为 CD，铸币税最大化时的货币扩张率为 $H^{*'}$，与标准的 Bailey 曲线及其铸币税最大化时的货币扩张率 H^{*} 相比，明显升高。

数字货币初始设计的主要理念之一便是，通过一定的算法规则和市场个体共同参与，在一定程度上设置货币供给规模的极限，从而限制政府的铸币税扩张行为。

2. 交易便捷，降低交易成本

数字货币的核心技术是区块链加密。区块链其实是由数据集组成的，数据集又是由很多数据块链组成的，其中块是由多个事物组成的，区块链被每个额外的块扩展，因此代表了一个完整的事务历史分类账。这些块是通过网络加密方式验证的。

网络加密常选择用哈希值来衡量是否真实有效，哈希值是唯一的，可以有效防止欺诈，因为改变链中的一个块会立即改变各自的哈希值。这种共识机制是大多数（或在某些情况下是所有的）网络验证者就账本状态达成一致的过程。它是一组规则和过程，允许在多个参与节点之间保持一致的事实集。因此，新的交易不会自动添加到分类账中。相反，共识过程确保这些交易在转移到分类账之前被存储在一个区块中一段时间（例如，比特币区块链中 10 分钟）。之后，区块链中的信息不能再被修改。就比特币而言，区块是由所谓的"矿工"创建的，他们通过验证区块得到比特币奖励。比特币的例子说明了区块链原理不仅仅能改变货币交易的过程。使用密码学，世界各地的人们可以相互信任，并通过互联网点对点传输不同类型的资产。

区块链可以被视为一个公共账本，所有提交的交易都被存储在一个区块列表中。随着新区块的不断添加，这条链也在不断增长。非对称密码和分布式共识算法已经实现了用户安全和账本一致性。区块链技术通常具有去中心化、持久性、匿名性和可审计性等关键特征。利用这些特征,区块链可以节省成本、提高效率。

2.2.3 两难问题

私人发行的数字货币由于偿付能力无法保障而面临价值不稳定风险。因此,中央银行数字货币被提上日程。此时,又可能面临背离数字货币当初设计时去中心化、限制铸币税扩张的初衷。从而,形成偿付能力保障与去中心化的两难问题。

1. 私人发行数字货币面临价值不稳定问题

私人发行数字货币面临价值不稳定问题的原因主要涉及以下几个方面:社会共识和最终偿付能力保障。

(1) 社会共识的弹性空间较大。

在社会共识方面,由于社会共识的弹性空间较大,私人发行的数字货币在陌生人形成的市场经济中,存在显著的信息不对称风险和经济主体信用风险,没有价值的私人数字货币符号必须得到经济体系中人们对其度量规则和未来价值索取权的共识,即具体对私人数字货币技术形式的共识、私人数字货币制度规则的共识、私人数字货币安全性的共识,从而取得人们对该种私人数字货币的稳定性、便携性、易拆分性的认可,对其流通规则、利益分配规则、数量衍生及繁殖规则的认可,以及对其价值尺度稳定、最终清偿保障、偿付能力稳定等安全性的认可。

在最终保证人方面,私人数字货币缺少可信任的关于货币购买力的最终保证人,这也成为风险冲击下私人数字货币价值不稳定的主要原因。私人数字货币虽然有明确的发行人,但缺少明确的统一的最终保证人,既无前面提到的法律强制该经济体系中的任何主体在经济交易和债务清偿时都必须无条件接受这个法定符号或物品(否则将面临远远高于相关数量符号或物品所代表的经济利益的损失)从而形成法律强制下的社会经济合力,也无法律明确的当所有非发行货币的微观经济主体没有能力兑现货币时的货币发行者(中央银行)无条件兑现该货币代表的权利,这使得长期持币人面临巨大的风险,在必要时难以将手中货币兑换为一定数量的所需物品。

在交易费用方面,私人数字货币发行者必须具有足够的技术降低持币成本、流通成本、真伪成本、双花成本等,否则任何成本的突然上升都会影响私人数字货币的币值稳定。在现实中,私人数字货币大都面临这一问题,不是制造成本过高并影响使用成本过高,就是数字货币加密及安全性存在风险,再就是黑客入侵造成货币权属不清晰和双花成本。

(2) 最终偿付能力缺少保障,价格波动风险巨大。

首先,数字货币挂钩主权货币亦面临较大的信用风险和市场风险。银行存款、支付账户等之所以被称为货币,是因为它们实质上是在记录和管理人们持有的法定货币,银行存款、支付账户自身并没有产生一个独立于法定货币数量的中间工具。数字货币最大的偿付能力保障就是与主权货币挂钩。例如,Libra 通过 100% 挂钩一篮子法定货币,实质上试图以 Libra 形式记录和管理人们所持有的几个国家的法定货币,间接获得这些国家的兑换保证权利。即便如此,Libra 的最后保证仍存在明显的不确性问题:一是 Libra 与法币之间的兑换方式不确定,二是加权平均汇率的权重不确定,三是 Libra 投资的政府债券发生信用风险或者法币储备池实施激进投资策略时难以及时兑换。此外,还有货币篮子的再平衡机制、法币储备池管理机制,以及数字货币与成分货币之间的双向兑换机制等(何德旭、苗文龙,2020)。

其次,数字货币价格波动风险巨大。比特币是比较具有代表性的准数字货币,计算比特币价格波动风险可以把握数字货币的波动风险。

这里选取雅虎财经网站 2014 年 9 月 17 日—2021 年 5 月 20 日比特币价格的日数据,取对数后进行一阶差分平稳处理,对其进行 ADF 检验,检验结果 t 统计量为 $-49.123\,34$,对应的 P 值为 $0.000\,1$,表明序列平稳。这时数据所表示的含义是比特币的收益率:$p_t = p_{t-1}e^r$,$\ln p_t = \ln p_{t-1} + r$,$r = \ln p_t - \ln p_{t-1}$。比特币收益率 r 的均值为 $0.001\,8$,标准差为 $0.039\,5$,偏度为 $-1.095\,4$,峰值为 $17.597\,7$,具有尖峰厚尾的特征,不服从正态分布。

经序列相关性的检验得出比特币收益率不存在显著相关性,将均值方程设定为白噪声。设立模型为:$r_t = c + \varepsilon_t$。其中,r_t 表示 t 时期的收益率,ε_t 表示 t 时期的残差。将 r_t 去均值化,得到 w,即 $w = r - 0.039\,546$,然后对 w 进行 ARCH 检验。这里分别建立 GARCH 模型、T-GARCH 模型和 E-GARCH 模型,根据 AIC、SC 和 HQ 准则来判定滞后阶数,结果得到:比特币收益率存在显著的非对称效应,"负面消息"比"正面消息"产生的波动要大,非对称效应使波动风险加剧;T-GARCH(1, 1)检验表明,"正面信息"的出现会给比特币的收益指数带来 0.128 倍的冲击,"负面信息"的出现会给比特币的收益指数带来 0.183 倍的冲击;EGARCH(1, 1)检验表明,"正面消息"的出现会给条件方差的对数带来 0.217 倍的冲击,而"负面消息"的出现会给条件方差的对数带来 0.287 倍的冲击。因此,当比特币价格下跌时,会出现断崖式恐慌下挫。

2. 政府发行数字货币难以实现防范通货膨胀的初衷

中央银行代表政府统一发行数字货币,保证了其法定偿付能力,此时可能并非分布式账户,难以预防政府多征收铸币税、制造通货膨胀的行为。区块链是一个通过多方存储、多方计算的方式来实现数据不可篡改、计算结果可信的分布式系统,是集分布式记账、点对点传输、共识机制、加密算法等多项成熟技术为一体的技术创新。根据参与方是否需要授权,区块链分为公有链和许可链(姚前、汤莹玮,2017)。[①]目前,人民币数字货币处于试点投放阶段。其货币持有人根据 App 界面难以清晰把握其运行原理,其功能与微信钱包、支付宝区别不大,而且缺少了诸多理财、消费、投资等选择。

---

① 公有链的特征是参与方无需授权即可自由加入或退出,如比特币系统即公有链。公有链由众多节点构成的无中心分式系统来记录交易信息,任意节点都可以完整获取所有的交易记录,这保证了信息的公开性、安全性、可信赖性。但由于节点数量庞大,数据被广播到全网耗时也会较长。许可链的参与方则需要获得授权,授权可以来自链上的某一特殊节点,也可以来自链上部分节点的共同确认。在许可链中,如果所有节点由单一主体维护,则被称为私有链;如果所有节点由不同参与方联合部署,各自独立维护,则被称为联盟链。由于许可链节点可控,数量较少,节点可以使用大型服务器、高速网络,因此其性能上限要超过公有链。

根据前期研究设计(姚前、汤莹玮,2017),我们可以初步把握数字人民币的核心要素:"一币、两库、三中心"。(1)"一币"即由中央银行担保并签名发行的代表具体金额的加密数字串,不是电子货币表示的账户余额,而是携带全量信息的密码货币。(2)"两库"即数字货币发行库和数字货币商业银行库。数字货币发行库是指中央银行在中央银行数字货币私有云上存放中央银行数字货币发行基金的数据库。数字货币商业银行库是指商业银行存放中央银行数字货币的数据库(金库),可以在本地也可以在中央银行数字货币私有云上。(3)认证中心,中央银行对主权数字货币机构及用户身份信息进行集中管理。(4)登记中心,记录中央银行数字货币及对应用户身份,完成权属登记;记录流水,完成中央银行数字货币产生、流通、清点核对及消亡全过程登记。(5)大数据分析中心,进行反洗钱、支付行为分析、监管调控指标分析等。

以此来分析,法定数字货币的设计仍可能遵循基于现行"中央银行—商业银行"二元体系完成数字货币发行和回笼的管理方式,在此过程中运用一定的密码技术和区块链技术,对产生、流通、清点核对及消亡全过程进行登记,可满足安全性、监控性等方面的需求。值得思考的是,此时的货币规模是否有区块链技术上的硬性限制,数字现金发行规模是否主要取决于发行者。如果存在硬性限制,这可能导致货币发行者自缚手脚,从而影响货币政策调控;如果不存在硬性限制,这可能导致背离数字货币的设计初衷。

2.3 小结

货币是在一定范围内人们达成共识或一致认同的、用来衡量经济往来数量的规则或方法的代表,具有一种公众共同接受的未来价值索取权。在不同时期,这种代表的具体形态有所不同,由制度和技术共同决定,包含了货币的技术共识、货币的规则共识和货币的安全共识。

货币具有价值尺度、流通手段、贮藏手段、支付手段、世界货币等主要职能,需要人们在技术、规则和安全上达成共识。随着技术的发展,货币形态从商品货币过渡到纸币、电子货币,以及加密网络货币等虚拟形式的数字货币。当前,非法定的数字货币,在技术共识、规则共识和安全共识方面仍然面临较大的差距。

为维护世界经济秩序的平稳发展和人民币的国际地位,中国可探索并采取应对策略:设计推出中央银行数字货币并在与现有周边国家和地区的经济往来中推进使用,与经济关系密切的国家合作设计多国区域数字货币,形成数字货币联盟,建议 IMF 协调成员方联合开发成员方之间的结算平台、设计推出基于特别提款权的数字货币,积极参加国际数字货币监管的活动。

思考题

1. 货币理论主要包括什么内容?
2. 货币形式变化对货币履行货币职能有什么影响?
3. 怎样将一国货币发展成为国际货币?

3

货币供求理论

货币需求和货币供给是货币政策的实施基础,从需求行为和供给传导两个方面决定着货币政策效果。本章基于经典货币需求理论和最新发展,描述货币需求特征及其函数性质;结合支付技术和数字货币发展情况,分析货币供给机制变化及其函数特征。

3.1 货币需求理论

3.1.1 货币数量理论与货币需求理论

货币数量理论中,代表性理论是弗里德曼货币需求函数。根据弗里德曼货币需求函数,可以归纳出货币需求的影响因素。

个体 i 的货币需求表示为:$M_{dit} = P_t f\left(y_{pit}, w_{it}; r_{mt}, r_{bt}, r_{st}; \frac{1}{P} \cdot \frac{\mathrm{d}P}{\mathrm{d}t}; u\right)$。其中,$y_{pit}$ 表示个体的永久性收入,w_{it} 表示非人力财富占个人总财富的比重,r_{mt} 表示 t 时期货币收益率 r_m,r_{bt} 表示 t 时期债券收益率 r_b,r_{st} 表示 t 时期股票收益率,$\frac{1}{P} \cdot \frac{\mathrm{d}P}{\mathrm{d}t}$ 表示物价波动率,u 表示制度因素。本国货币总需求为个体货币需求累计和,可表示为:$M_{dt} = P_t f(\sum_{i=1}^{N} y_{pit}, w_{it}; r_{mt}, r_{bt}, r_{st}; \pi_t; u) = P_t f(Y_{pt}, w_t; r_{mt}, r_{bt}, r_{st}; \pi_t; u)$。$Y_{pt}$ 表示在一定发展水平下本国居民的永久性收入,w_t 表示本国非人力财富占总财富的比重。因此,货币需求的影响因素主要有:收入、财富结构、货币收益率、债券收益率、股票收益率及其他资产收益率、通货膨胀率、金融制度、金融基础设施等。这些影响因素如何设计为具体形式的函数并纳入宏观经济模型是接下来重点考虑的问题。

3.1.2　包含货币需求的一般均衡模型

将货币纳入一般均衡模型,通常有三种方法:一是假定货币直接产生某种效用,将货币余额纳入人们的效用函数模型中。二是施加某些形式的交易成本,从而产生货币需求,使资产交易需要一定的成本,要求货币必须用于某些特定类型的交易,假定时间和货币可以组合在一起生产交易服务,而交易服务又是获得消费品所不可或缺的。三是将货币视为与其他资产一样,用来进行资产的跨期转移。

1. 货币需求与居民效用

(1) 基本的货币效应函数。

假设代表性家庭的效用函数形式为:$U_t = u(c_t, z_t)$。其中,z_t 是持有货币产生的服务流,c_t 是时期 t 的人均消费。假定效用对两个变量都是递增的、严格凹的,且连续可微;对于所有的 c 存在 $\lim_{z\to0} u_z(c_t, z_t) = \infty$(其中,$u_z = \partial u/\partial z$),则对货币服务的需求总会为正。

货币需求主要由以下因素决定和影响:进入个人效用函数的货币(人民币)持有数量及其表示的对商品和服务的掌控权。因此,z 是类似于人民币的数量(M)与以商品表示的其价格($1/P$)的乘积 M/P 的。若服务流与货币存量的实际值成比例,N_t 是总人口,z 可以表示为实际人均货币持有量:$z_t = \dfrac{M_t}{P_t N_t}$。为了确保货币均衡存在,通常假定对所有的 c,存在一个有限的 $\bar{m} > 0$,使对所有 $m > \bar{m}$,有 $u_t(c_t, m_t) \leqslant 0$。其经济含义为,当持有的货币余额足够多时,货币的边际效用最终会变为非正值。

代表性家庭在特定预算约束下选择消费与实际货币余额的时间路径,其总效用函数为:$W = \sum_{t=0}^{\infty} \beta^t u_t(c_t, m_t)$。其中,$0 < \beta < 1$ 为主观贴现率。此时,若货币的边际效用为正,则在所有时期 t,实际消费路径是恒定的,家庭个人的效用会随着持有货币量的增加而递增。即使持有的货币从来不被用于购买消费品,它们也会产生效用。

家庭持有货币、债券(名义利率为 i_t)和物质资本。物质资本根据标准新古典生产函数生产产出。给定当期收入、资产、从政府那里得到的净转移支付(τ_t),家庭在消费、总物质资本投资、总实际货币余额和债券积累之间分配其资源。总体经济中家庭部门的预算约束为:$Y_t + \tau_t N_t + (1-\delta)K_{t-1} + \dfrac{(1+i_{t-1})B_{t-1}}{P_t} + \dfrac{M_{t-1}}{P_t} = C_t + K_t + \dfrac{M_t}{P_t} + \dfrac{B_t}{P_t}$。其中,$Y_t$ 为 t 期总产出,δ 为物质资本折旧率,K_{t-1} 为 t 期起初的资本存量,$\tau_t N_t$ 为 t 期一次性转移支付或税收的实际价值。

生产函数表示为:$Y_t = F(K_{t-1}, N_t)$。其中,Y_t 表示产出,K_{t-1} 表示可用资本存量,N_t 表示劳动就业数量。假定生产函数是线性齐次的,且具有不变规模报酬,则第 t 期人均产出 y_t 可表示为:$y_t = f\left(\dfrac{k_{t-1}}{1+n}\right)$。其中,$n$ 为人口增长率。假定生产函数连续可微,满足通常的稻田条件 $[f_k \geqslant 0, f_{kk} \leqslant 0, \lim_{k\to0} f_k(k) = \infty, \lim_{k\to\infty} f_k(k) = 0]$。此时,预算约束式两边同除以 N_t,

人均预算约束为：$\omega_t=f\left(\dfrac{k_{t-1}}{1+n}\right)+\tau_t+\left(\dfrac{1-\delta}{1+n}\right)k_{t-1}+\dfrac{(1+i_{t-1})b_{t-1}+m_{t-1}}{(1+\pi_t)(1+n)}=c_t+k_t+m_t+b_t$。代表性家庭就是在这一预算约束下求解 c_t、k_t、m_t、b_t，使效用最大化。

状态变量是家庭的初始资源量 ω_t，价值函数定义为：$V(\omega_t)=\max\limits_{c_t,k_t,m_t,b_t}\{u(c_t,m_t)+\beta V(\omega_{t+1})\}$。其中，最大化受预算约束式的约束，以及：$V(\omega_{t+1})=f\left(\dfrac{k_t}{1+n}\right)+\tau_{t+1}+\left(\dfrac{1-\delta}{1+n}\right)k_t+\dfrac{(1+i_t)b_t+m_t}{(1+\pi_{t+1})(1+n)}$。同时，$k_t=\omega_t-c_t-m_t-b_t$。进而得到：$V(\omega_t)=$

$$\max_{c_t,k_t,m_t,b_t}\left\{u(c_t,m_t)+\beta V\left[\begin{array}{c}f\left(\dfrac{\omega_t-c_t-m_t-b_t}{1+n}\right)+\tau_{t+1}\\+\left(\dfrac{1-\delta}{1+n}\right)(\omega_t-c_t-m_t-b_t)+\dfrac{(1+i_t)b_t+m_t}{(1+\pi_{t+1})(1+n)}\end{array}\right]\right\}$$

此时，求解关于 c_t、m_t、b_t 的一阶必要条件：

$$u_c(c_t,m_t)-\frac{\beta}{1+n}\left[f_k\left(\frac{k_t}{1+n}\right)+(1-\delta)\right]V_\omega(\omega_{t+1})=0 \tag{3.1}$$

$$\frac{(1+i_t)}{(1+\pi_{t+1})(1+n)}-\frac{1}{1+n}\left[f_k\left(\frac{k_t}{1+n}\right)+(1-\delta)\right]=0 \tag{3.2}$$

$$u_m(c_t,m_t)-\frac{\beta}{1+n}\left[f_k\left(\frac{k_t}{1+n}\right)+(1-\delta)-\frac{1}{1+\pi_{t+1}}\right]V_\omega(\omega_{t+1})=0 \tag{3.3}$$

其中，$\lim\limits_{t\to\infty}\beta^t\lambda_t x_t=0$，$x=k,b,m$。根据包络定理有：$V_\omega(\omega_t)=\dfrac{\beta}{1+n}\left[f_k\left(\dfrac{k_t}{1+n}\right)+(1-\delta)\right]\cdot V_\omega(\omega_{t+1})$。将其与式(3.1)结合得到：

$$\lambda_t\equiv u_c(c_t,m_t)=V_\omega(\omega_t) \tag{3.4}$$

将式(3.4)和式(3.1)代入式(3.3)得到：

$$u_m(c_t,m_t)-\frac{\beta u_c(c_{t+1},m_{t+1})}{(1+n)(1+\pi_{t+1})}=u_c(c_t,m_t) \tag{3.5}$$

式(3.5)的经济含义为：新增货币的边际效用由两部分构成——第 t 期带来货币增加的效用 $u_m(c_t,m_t)$ 和给 $t+1$ 期消费增加的效用 $\dfrac{\beta u_c(c_{t+1},m_{t+1})}{(1+n)(1+\pi_{t+1})}$。$\omega_{t+1}$ 的这一增量在 $t+1$ 期的价值为 $V_\omega(\omega_{t+1})$，或者在 t 期的价值为 $\beta V_\omega(\omega_{t+1})$。因此，在 t 期货币的总边际效用为 $u_m(c_t,m_t)+\beta V_\omega(\omega_{t+1})/(1+n)(1+\pi_{t+1})$。注意，$V_\omega(\omega_{t+1})\equiv u_c(c_{t+1},m_{t+1})$，则可得式(3.5)。

由式(3.1)、式(3.2)、式(3.5)可得：

$$\frac{u_m(c_t,m_t)}{u_c(c_t,m_t)}=1-\left[\frac{\beta}{(1+n)(1+\pi_{t+1})}\right]\frac{u_c(c_{t+1},m_{t+1})}{u_c(c_t,m_t)}=1-\frac{\beta}{(1+r_t)(1+\pi_{t+1})}=\frac{i_t}{1+i_t}\equiv\gamma_t$$

$$\tag{3.6}$$

其中,$1+r_t \equiv f_k\left(\dfrac{k_t}{1+n}\right)+(1-\delta)$ 为资本真实回报。此时,$1+i_t=\left[f_k\left(\dfrac{k_t}{1+n}\right)+(1-\delta)\right](1+\pi_{t+1})=(1+r_t)(1+\pi_{t+1})$。名义利率与实际利率的这一关系被称为费雪关系。当 x 和 y 很小时,$(1+x)(1+y) \approx 1+x+y$,$i_t=r_t+\pi_{t+1}$。

z 和 x 之间的边际替代率等于用 x 表示的 z 的相对价格,γ_t 可以解释为以消费品表示的实际货币余额的相对价格。货币与消费之间的边际替代率等于货币的价格或持有货币的机会成本。持有货币的机会成本直接与名义利率相关。由于假定货币没有利息,持有货币的机会成本既受资本真实回报的影响,也受通货膨胀率的影响。如果价格不变,则资本真实回报决定了持有货币(而不是资本所放弃)的收益。

在考察了稳态后,可以研究随机模型中的动态特性。随机动态模型中包括不确定性、劳动闲暇选择和可变就业。

(2)通货膨胀的福利成本。

由于持有货币直接产生效用,更高的通货膨胀降低了实际货币余额。因此,通货膨胀会导致福利损失。是否存在最优通货膨胀率使代表性家庭在稳态时的福利达到最大化?通货膨胀的福利成本多大?

Bailey(1956)、Friedman(1968)认为,持有货币的私人机会成本取决于名义利率,持有货币的社会边际成本(开动印钞机的成本)几乎为零。当名义利率为正时,私人边际成本与社会边际成本之间产生的缺口,会导致无效率。如果私人边际成本也为零,就要求名义利率为零。此时,$\pi=-r/(1+r) \approx -r$,最优通货膨胀率为与资本实际回报率约相等的通货膨胀率。

Phelps(1973)认为,货币增长能给政府带来通货膨胀税收入。前面假定货币供给的变动源自政府的一次性转移支付(税收)。如果政府只能通过扭曲性税收为支出融资,为实现零名义利率的弗里德曼规则,通货膨胀税收入就会减少。为弥补这部分减少的收入,政府会增加其他扭曲性税收。将名义利率降到零,为弥补通货膨胀税的损失而提高其他税收水平,会导致无效性上升。为了给政府筹集既定收入的扭曲达到最小,最优选择可能是容忍一定的通货膨胀。

● 货币需求曲线下方区域度量法。

Bailey(1956)开始通过计算货币需求曲线下方区域的面积来测量福利损失的大小,即当名义利率为正时消费者剩余的损失。图3.1是由 $\ln m=B-\xi i_t$ 给定的货币需求函数所绘制的。当名义利率为 i^* 时,人们持有的实际货币余额为 $m(i^*)$,图形部分 $O-i^*-A-B$ 代表消费者剩余相较于名义利率为零时的损失。矩形阴影部分 $O-i^*-A-m(i^*)$ 代表当名义利率为正时政府获得的通货膨胀税收入,图形部分 $m(i^*)-A-B$ 代表消费者的净福利损失。当 $i=0$ 时,消费者剩余最大化。

名义利率反映了预期通货膨胀,计算货币需求曲线下方区域,也就计算了预期通货膨胀的成本,也恰当地评估了其他不变时通货膨胀率的成本。但是,图3.1中图形部分 $O-i^*-A-B$ 并不全部都体现了社会的净损失。$i^* \times m(i^*)$ 的矩形区域等于政府获得的通货膨胀税所产生的铸币税收入。当名义利率为正时,人们减少持有的货币,消费者剩余损失增加。此外,税收和通货膨胀率的变动还会引起其他通货膨胀成本。Driffill 等(1990)的通货

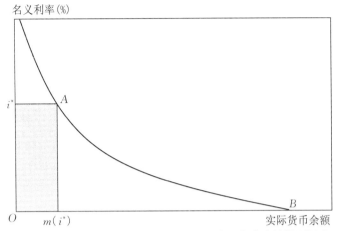

图 3.1 货币需求曲线下方矩形区域度量的通货膨胀的福利损失

膨胀文献综述对此进行了梳理讨论。由于存在多重经济扭曲，完全消除通货膨胀造成的扭曲可能并非最优选择。

• 瞬间效用函数度量法。

Lucas(2000)基于瞬间效用函数估计了通货膨胀的福利成本：$u(c,m)=\dfrac{1}{1-\sigma}\left\{\left[c\varphi\left(\dfrac{m}{c}\right)\right]^{1-\sigma}\right\}$ —1。利用这个函数，式(3.6)变为：

$$\frac{u_m(c_t,m_t)}{u_c(c_t,m_t)}=\frac{\varphi'(x)}{\varphi(x)-x\varphi'(x)}=\frac{i}{1+i}=\gamma \tag{3.7}$$

其中，$x\equiv m/c$。进行正规化使得稳态消费等于1。当$\gamma=0$时，$u(1,m)$最大化。这意味着，根据$\varphi'(m^*)=0$决定最优x。

此时，令名义利率分别为i和0，计算家庭的稳态消费必须变动多少，才能使效用水平保持不变。用$\omega(\gamma)$表示这一成本，则可由$u[1+\omega(\gamma),m(\gamma)]\equiv u(1,m^*)$确定。其中，$m(\gamma)$表示式(3.7)中稳态消费$c=1$时实际货币余额的解。

（3）扩展。

• 货币的付息。

在网络支付技术发展之后，给现金付息成为现实。此时，家庭的预算约束式变为：

$$f(k_{t-1})+\tau_t+(1-\delta)k_{t-1}+(1+r_{t-1})b_{t-1}+\frac{1+i_t^m}{1+\pi_t}m_{t-1}=c_t+k_t+m_t+b_t \tag{3.8}$$

一阶条件式(3.3)变为：$-u_c(c_t,m_t)+u_m(c_t,m_t)+\dfrac{\beta(1+i_t^m)V_\omega(\omega_{t+1})}{1+\pi_{t+1}}=0$。式(3.6)变为：$\dfrac{u_m(c_t,m_t)}{u_c(c_t,m_t)}=\dfrac{i_t-i_t^m}{1+i_t}$。货币的机会成本与利率缺口$(i_t-i_t^m)$相关。$i_t-i_t^m$表示债券的名义利率与货币的名义利率之间的利差。因此，不管通货膨胀率有多高，只要$i_t-i_t^m=0$，就可以得到最优货币量。当名义利率为正时，只要$i^{ss}=i^m=r^{ss}>0$，也能得到最优货币量。

● 货币非超中性。

如果货币具有超中性,计算稳态通货膨胀的福利损失就可以被极大地简化。如果货币是非中性的,通货膨胀就会具有真实效应。例如,有证据表明,通货膨胀与失业之间存在长期正相关关系(Berentsen et al.,2011)。在稳态中,就是引入家庭的劳动供给选择。假设效用 u 依赖于消费 c、实际货币持有量 m 和闲暇 l,即 $u=u(c,m,l)$。经济体的生产函数变为:$y=f(k,n)$。如果总时间供给正规化为 1,$n=1-l$。最优闲暇选择,得到另一个一阶条件为:$\dfrac{u_l(c,m,l)}{u_c(c,m,l)}=f_n(k,1-l)$。此时,劳动供给和消费都可能受到通货膨胀率变动的影响。通货膨胀率的上升降低了实际货币余额。如果这影响了闲暇和消费的边际替代率 u_l/u_c,劳动供给也会受到影响,从而导致稳态人均资本存量、产出、消费的变化。

2. 货币需求与交易成本

货币之所以有价值,是因为它能便利交易,让人获得能直接提供效用的消费品。货币的交易媒介功能可以降低交易成本,促进交易,间接产生效用。货币需求取决于经济的交易技术特征。

(1) 交易的资源成本。

家庭的效用函数为:$u=(c,m,n)\equiv v[c,1-n-g(c,m)]$。闲暇时间等于 $1-n-g(c,m)$,购物时间 $g(c,m)$ 是消费的增函数($g_c>0$),是实际货币持有额的减函数($g_m\leqslant 0$)。家庭的目标函数是:$\sum_{i=0}^{\infty}\beta^i v[c_{t+i},1-n_{t+i}-g(c_{t+i},m_{t+i})]$,$0<\beta<1$。约束条件为:$f(k_{t-1},n_t)+\tau_t+(1-\delta)k_{t-1}+\dfrac{(1+i_{t-1})b_{t-1}+m_{t-1}}{1+\pi_t}=c_t+k_t+b_t+m_t$。其中,变量经济含义同前所述。

定义 $a_t=\tau_t+\dfrac{(1+i_{t-1})b_{t-1}+m_{t-1}}{1+\pi_t}$,家庭决策问题可用价值函数 $V(a_t,k_{t-1})$ 表示为:$V(a_t,k_{t-1})=\max\{v[c_t,1-n_t-g(c_t,m_t)]+\beta V(a_{t+1},k_t)\}$。约束条件为 $f(k_{t-1},n_t)+(1-\delta)k_{t-1}+a_t=c_t+k_t+b_t+m_t$ 和 $a_{t+1}=\tau_{t+1}+\dfrac{(1+i_t)b_t+m_t}{1+\pi_{t+1}}$。求解关于消费、实际货币持有额、实际债券持有额及劳动供给的一阶必要条件,推理得到:

$$v_c-v_l g_c-\beta V_k(a_{t+1},k_t)=0 \tag{3.9}$$

$$\frac{V_a(a_{t+1},k_t)}{V_a(a_t,k_{t-1})}=\frac{1+\pi_{t+1}}{1+i_t} \tag{3.10}$$

$$-v_l+\beta V_k(a_{t+1},k_t)f_n(k_{t-1},n_t)=0 \tag{3.11}$$

$$\beta\frac{1+i_t}{1+\pi_{t+1}}V_a(a_{t+1},k_t)-\beta V_k(a_{t+1},k_t)=0 \tag{3.12}$$

根据包络定理有:

$$V_a(a_t,k_{t-1})=\beta V_k(a_{t+1},k_t) \tag{3.13}$$

$$V_k(a_t, k_{t-1}) = \beta V_k(a_{t+1}, k_t)[f_k(k_{t-1}, n_t) + 1 - \delta] \tag{3.14}$$

令 w_t 表示劳动的边际产出,即 $w_t = f_n(k_{t-1}, n_t)$。由式(3.11)和式(3.13)得到:$v_l = w_t V_a(a_t, k_{t-1})$。这表明式(3.9)可以写成:$v_c(c_t, l_t) = V_a(a_t, k_{t-1})[1 + w_t g_c(c_t, m_t)]$。消费的边际效用 $v_c(c_t, l_t)$ 等于财富的边际效用 $V_a(a_t, k_{t-1})$ 加上购买消费品所需时间的边际效用 $V_a(a_t, k_{t-1}) w_t g_c(c_t, m_t)$。

持有额外实际货币余额而节约的购物时间的效用价值为 $v_l g_m = V_a w g_m$,持有货币的边际净收益应正好等于其节约的购物时间价值加上下一期货币财富的贴现值,即 $-v_l g_m + \beta \dfrac{V_a(a_{t+1}, k_t)}{1 + \pi_{t+1}}$,刚好等于财富的边际效用。最优货币持有量一阶条件、式(3.12)和式(3.13)表明:$-v_l g_m = V_a(a_t, k_{t-1}) \dfrac{i_t}{1 + i_t}$。其中,$i_t$ 为名义利率。根据式(3.12)和式(3.13)得到:$\dfrac{V_a(a_{t+1}, k_t)}{V_a(a_t, k_{t-1})} = \dfrac{1 + \pi_{t+1}}{1 + i_t}$。进一步讨论,根据式(3.11)和式(3.13),$-v_l g_m = V_a(a_t, k_{t-1}) \dfrac{i_t}{1 + i_t}$ 可以转化为 $-w_t g_m = \dfrac{i_t}{1 + i_t}$。左边为持有超额货币余额所节约的交易时间价值,当货币持有额为最优时,这正好等于持有货币的机会成本:$\dfrac{i_t}{1 + i_t}$。

由于生产货币没有社会成本,最优化要求货币的私人边际产出 $g_m = 0$。根据 $-w_t g_m = \dfrac{i_t}{1 + i_t}$,当且仅当 $i_t = 0$ 时,才有 $g_m = 0$。因此,得到最优通货膨胀率的标准结论。

(2)预留现金模型。

一些研究认为人们还面临预留现金(CIA)的约束。预留现金约束的具体形式,取决于受其制约的交易类型和采购类型。例如,消费品和投资品都可能受预留现金约束,或只有消费品受其约束,或只有部分消费品必须用现金交易。预留现金约束还取决于现金的构成,例如,付息银行存款能否用于媒介交易。受到预留现金约束的交易形式非常重要。随着第三方支付技术的发展,预留现金越来越少,付息存款、付息基金、付息理财随时可以用于消费和偿还信用借款,也可以用信用借款来消费。

3. 数字货币对货币需求的影响

凯恩斯认为,人们对于货币的需求出于以下三种动机:交易动机、预防动机、投机动机。(1)对于交易性货币的需求量,数字货币储存在电子账户中,交易便利且免手续费,交易成本接近于零,因而会对传统纸币货币具有一定的替代作用,这会减少人们对交易性货币的需求。(2)对于预防性货币的需求量,数字法定货币与收益性金融资产的转化速度提高,预防性货币需求减少。数字货币的出现会导致对实物货币的预防性需求下降,且具体程度取决于数字货币与实物货币收益率的大小。(3)对于投机性货币的需求量,数字货币并不一定能在投机性货币需求中优胜于实物货币,但就整体投机性货币需求的程度而言,这种需求会随着金融市场的不断完善和发展而得到提高。

3.2 货币供给理论

3.2.1 货币供给层次

根据货币流动性①和中央银行控制能力,货币可分为多个层次。

1. 美国联邦储备银行划分的货币层次与口径

M1A＝流通中的现金＋活期存款。

M1B＝M1A＋可转让存单＋自动转账的储蓄存款＋信贷协会股份存款账户＋互助储蓄银行活期存款。

M2＝M1B＋商业银行隔夜回购协议＋美国居民持有的即期欧洲美元存款＋货币市场互助基金账户＋所有存款机构的储蓄存款和小额定期存款。

M3＝M2＋大额定期存单(10 万美元以上)＋定期回购协议＋美国居民持有的定期欧洲美元存款。

L＝M3＋银行承兑票据＋商业票据＋储蓄债券＋短期政府债券等。

2. 中国人民银行划分的货币层次与口径

M0＝流通中现金。

M1＝M0＋活期存款。

M2＝M1＋城乡居民储蓄存款＋定期存款＋其他存款。

M1 是通常所说的狭义货币供应量,由中央银行统一发行并受国家权力保护,是能够在交易中直接支付流通的货币符号,一般构成现实的购买力,对当期的物价水平具有直接影响。

M2 是广义货币供应量:(1)能够在交易中充当流通手段,满足支付清算需要;(2)代表一定价值的符号,通过规定程序可以转化为支付流通手段;(3)符合国家有关金融法规法令,由合格法人机构发出并在约定期限内兑付现钞。当中包含暂时不用的存款,这是潜在的购买力,有利于人们分析未来的总需求趋势。M2 与 M1 之差是准货币。

3.2.2 网络支付与货币供给

1. 基本背景

《非金融机构支付服务管理办法》(中国人民银行令〔2010〕年第 2 号)第二条界定:非金融机构支付服务,是指非金融机构在收付款人之间作为中介机构提供下列部分或全部货币资金转移服务:(1)网络支付;(2)预付卡的发行与受理;(3)银行卡收单;(4)中国人民银行确定的

---

① 货币流动性是指不同的信用工具在市场上能够转化为直接支付能力的速度和方便程度。

其他支付服务。网络支付是指依托公共网络在收付款人之间转移货币资金的行为,包括货币汇兑、网络支付、移动电话支付、固定电话支付、数字电视支付等。

2. 运作原理

根据苗文龙(2015,2016)的分析,网络支付运作原理可概述为,支付机构为客户提供互联网访问机制,注册并转入资金的网络支付账户可以用来向其他持有同样账户的个人或企业转移电子货币或价值。接收者通过支付或退款方式从发行人处赎回价值。退款主要通过普通银行账户或者另一个货币或价值转移服务账户实现资金转移。网络支付账户需要资金时,可从银行借记账户转出或由其他另一个资金来源提供。具体流程如下:

支付机构开发系统平台之后,采取营销措施,吸引商户在平台上发布所销售的商品信息,当商户达到一定规模之后,商户会主动申请通过支付机构平台发布商户信息。社会公众客户作为买家,在平台上浏览选购商品,选择所购买的商品后,下单签订买卖合同,并选择支付方式,主要有四种:(1)如果选择网银直接支付方式,此时交易信息采用支付系统的支付通道方式。(2)如果采用客户的支付机构账户付款方式,客户首先向其银行账户发出指令,将资金划转到其支付机构账户中,进而将资金划转到支付机构独立控制的账户中。(3)如果选择现金购买支付方式,则客户后期收到商品时在现场用现金支付。(4)客户还可以采用机构充值卡方式支付,但这前期需要采用现金或网银方式购买充值卡。商户收到订单后,选择物流公司运输商品。客户收到商品后如果感到满意,就在支付机构系统平台上选择确认收货。支付机构将资金转给商户的支付机构账户。商户可将支付机构账户资金转到自己的银行账户中。

一些网络支付机构,建立了与客户或商户的支付机构账户畅通的投资中介账户,例如与支付宝账户畅通的余额宝账户。客户或商户在其支付机构账户(交易性质账户)的资金没有任何收益,如果他们将资金转移到其在支付机构的投资中介账户,则可以享受一定的利率,现在利率水平一般高于活期存款利率。当客户或商户将资金转移到他们在支付机构的投资中介账户之后,支付机构直接将资金转向关联的基金账户,或用于网络贷款,如图 3.2所示。

3. 资金循环

在上述这个资金流转过程中,可能形成三个循环:一是支付机构系统内交易性质账户资金环,即客户的支付机构账户群、商户的支付机构账户群之间的交易环。二是支付机构系统内交易性质—投资性质账户资金环,客户的支付机构账户群、商户的支付机构账户群、客户在支付机构的投资中介账户群、商户在支付机构的投资中介账户群之间的资金循环。三是支付机构系统内账户与金融机构账户之间的资金循环。三个循环之间畅通无阻:第一环(内环)是基础,决定了客户商户规模、交易规模、风险数据、资金规模等;第二环(中环)是拓展,决定了系统内资金由交易支付结算用途向金融投资用途的转化,第二环的成败很大程度上取决于第一环,例如客户规模、交易数据、评价数据、信用数据、行为风险等大数据都产生于第一环,而这些数据是第二环中系统内电商贷款的信用风险管理手段;第三环是对接,体现了支付机构由本系统业务向传统金融市场的对接,逐步从单纯的第三方支付业务转向实现全面的金融业务。

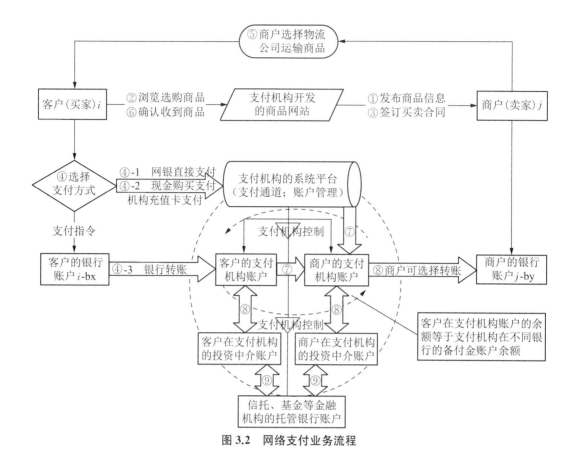

图 3.2　网络支付业务流程

4. 其他模式及其涉及主体

网络支付服务还可以采用其他形式的工具模式。这些工具包括数字钱包、数字货币、虚拟货币或电子货币。通过网络支付平台和工具，人们可向遵守支付平台服务协议的任何个人或企业转移支付。基于互联网的支付服务也可能与其他支付方式相互联系，在网络支付环节中，涉及的主要经济主体包括：

（1）基于数字货币的网络支付。数字货币供应商可能允许第三方通过电子货币或货币价值实现与国家间货币的交换。在此模式中，电子货币可通过代理机构发行和赎回。这些代理机构作为法币与数字货币交换的一个虚拟办公地址，可能附属或独立于数字货币提供者。数字货币供应商通过账户之间的转移资金收取费用。货币兑换商销售数字货币，将货币价值从自己的账户转移到客户的账户。相反，当支付方采取现金付款时，可以通过出售数字货币（或其他数字货币）付现，货币兑换商相当于一个交换的虚拟办公室。

（2）基于虚拟贵金属的网络支付。数字货币服务提供商以市场价格在网上销售数字形式的贵金属，并声称购买数字贵金属的客户就会实际上持有贵金属，类似于交易所。通过提供商自己开发的平台账户，提供商与交易客户进行数字贵金属的买卖，平台独立确定数字货币交换的具体支付形式。

（3）特定闭环环境的网络支付。网络支付常常与特定平台的虚拟世界的货币交易相联系,参与者持有支付机构平台的货币账户,使用这种账户资金可以与经营者、其他参与者或零售商在封闭的网络环境中进行交易。拥有专有货币的接收方也可能将这些平台货币兑换为本国货币从而退出环境,但必须是想购买该平台商品或服务的一方。网络支付服务发行电子货币的目的,如果仅仅是直接从电子货币发行机构或有限数量的商人处购买商品和服务,其商品和服务的价值与范围有限,属于闭环支付。

5. 网络支付与货币供给机制

(1) 网络支付体系的货币供给机制。

网络支付机构建立平台和账户,用户之间完全用网络支付账户进行资金结转时,与用户支付账户金额相对应的在第三方托管的银行货币存款,在网络支付体系中扮演了基础货币的角色,支付机构替代商业银行发挥了货币创造的功能,基础货币由现有中央银行决定。如果网络支付发行平台货币,平台货币与法定货币直接兑换,并在平台内行使支付、信贷、投资等功能时,网络支付机构在这一体系中同时扮演了中央银行角色。

为了更直观地描述网络支付体系的货币机制,这里用"网络支付货币"一词来描述这一范畴内的货币。运行机制推理如下:网络支付机构发行平台货币为 M_p,用户从银行直接转入平台支付账户资金 M_b,初始货币合计为 $M_p + M_b$。在网络支付体系内流通、结算、存贷或投资之后:

- 如果法定存款准备金率为 R_b,在该体系中无现金漏损、无活期存款与定期存款的区别,此时信用创造后的货币量为 $\dfrac{M_p + M_b}{R_b}$。

- 如果法规对网络支付平台内的存贷行为不作要求,信用创造规模取决于初始货币及其存贷的次数 n,此时网络支付体系内的广义货币量为 $(M_p + M_b) \times n$,并且理论上存在 $\lim\limits_{n \to +\infty} (M_p + M_b) \times n \to +\infty$,但实际上这取决于网络支付平台用户的货币需求行为、投资行为,以及大的经济投资项目情况。

- 支付平台内狭义货币存量为 $M_p + M_b$,应该等于网络支付机构在第三方银行存放的备付金金额;$M_p + M_b$ 流通次数为 v(包括存贷次数、支付次数等),广义货币流量为 $(M_p + M_b) \times v$。

(2) 网络支付对货币体系的影响。

首先是网络支付货币在运行范围上对传统货币的挤出效应。网络支付货币在客户的支付机构账户与商户的支付机构账户所形成的支付账户闭环体系中流动,并承担了该体系内的货币支付功能、信用创造功能、金融理财功能等,对这一经济范围内的官方货币形成挤出效应。以支付宝体系为例,如果全社会所有零售交易、大宗交易都可以且唯一地利用支付宝账户完成,支付宝的闲置资金都被转移到余额宝账户,余额宝资金在体系内放贷。此时,支付宝体系内几乎不用传统货币,支付宝和余额宝的货币就替代了传统货币。当然,支付宝体系的作用范围还是有限的,它所替代的传统货币量也就有限。随着网络支付货币的增加及其功能的增强,对传统信用货币的挤出效应会成比例扩大。自 2008 年以来,中国货币结构并未发生明显变化,但社会消费品零售总额上升趋势显著变得陡峭。这一挤出效应如图 3.3 和图 3.4 所示。

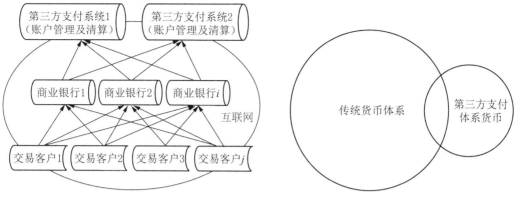

图 3.3　第三方支付账户的支付模式　　　　　图 3.4　第三方支付对货币体系的影响

其次是网络支付货币对传统货币运行机制的冲击影响。一是网络支付及互联网金融可能引起货币层次结构的变动。网络支付体系的广泛应用以及与网络支付无障碍通道的互联网金融的开展,人们至少会将活期存款转向互联网金融账户,获取高于活期存款的利息。互联网金融账户的资金可能被用于项目投资、购买基金或股票,并部分转化为定期存款。这样,就会引起货币结构的变化。分析中国的货币结构变化图,目前尚未有有力的数据和方法能计量网络支付及互联网金融对货币层次结构变动影响的程度,但至少可以证明,在 1996—2000年,狭义货币 M1 占广义货币 M2 的比重从 37% 上升到 39%。2004 年至今,这一比值的总体趋势在持续降低(图 3.5),这与网络支付的迅猛发展应该不无关系。

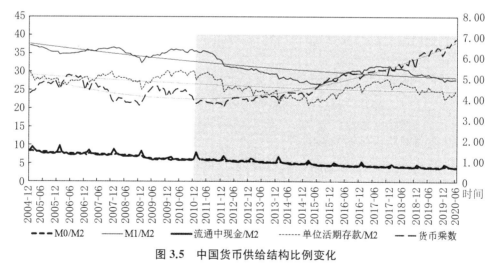

图 3.5　中国货币供给结构比例变化

资料来源:根据 Wind 数据库计算。

二是网络支付可能引起传统货币乘数的变动。经典乔顿模型中,传统货币乘数可描述为 $m=\dfrac{1+k}{R_b+R_t\times t+R_e+k}$,$R_b$ 为活期存款法定存款准备金率,R_t 为定期存款法定存款准备金率,t 为定期存款比例,R_e 为超额准备金率,k 为现金漏损率。网络支付的广泛使用,一般会降低现金使用量和现金漏损率;同时会降低活期存款比重,改变活期存款和定期存款的结构,从而引起传统货币乘数的变动。货币乘数变动方向与幅度的风险大小仍有待计量。

三是网络支付可能引起传统货币流通速度的变化。根据弗里德曼的货币需求理论,货币流通速度 $v = \dfrac{1}{f\left(w_i; r_m, r_b, r_s; \dfrac{1}{P} \cdot \dfrac{dP}{dt}; u\right)}$[①],网络支付在上述影响货币结构和货币乘数的基础上,同与网络支付孪生的互联网金融一起引发收益率的上升,从而引发货币收益率、银行存款利率及证券收益率的变化,而这对货币流通速度必然有不容忽视的影响。

综合上述分析可得,网络支付的迅速发展必然对传统货币体系有所影响,而更大的风险在于人们对这种影响大小尚无法计量,甚至连冲击的方向都尚未清楚。

3.2.3 法定数字货币对货币供给的影响

法定数字货币从现金流通规模、准备金、货币乘数等方面影响货币供给,造成货币供给结构和规模的变化。

1. 对流通中现金结构和规模的影响

无论是从流动性还是收益性来看,法定数字货币在居民手中都实质上等同于现金,发行法定数字货币必然替代纸币形式的现金,使现有的纸币现金流通规模下降。具体而言,在法定数字货币实施之前的流通现金数量 $M_{0,t0}$ 等于流通纸币现金数量 $M_{p,t0}$,即 $M_{0,t0} = M_{p,t0}$;法定数字货币实施之后的通货数量 $M_{0,t1}$ 由替代后的现金 $M_{p,t1}$、新增法定数字货币现金 $M_{d,t1}$ 构成。纸币现金被替代缩减的数量为 $\Delta M_p = M_{p,t1} - M_{p,t0}$,新增法定数字货币现金为 $\Delta M_d = M_{d,t1} - 0$。法定数字货币发行后,现金通货的交易支付需求减少。同时,新增法定数字货币的持币成本更低、零钱支付更为便利、转化为货币基金等具有一定收益资产的能力更强,不但流动性提高,而且部分会流向货币市场和资本市场。因此,新增法定数字货币数量将会小于缩减的纸币现金数量,即 $\Delta M_p > \Delta M_d = M_{d,t1}$。法定数字货币发行后,流通中现金数量为 $M_{0,t1} = M_{p,t1} + M_{d,t1} = M_{p,t0} - \Delta M_p + \Delta M_d < M_{0,t0}$。

2. 对银行存款准备金结构和规模的影响

法定数字货币发行从两个方面影响银行存款准备金的减少:一是从发行方面,中央银行发行法定数字货币时,直接替换银行的准备金,使准备金减少。二是从回笼方面,等额兑换的法定数字货币可能部分以现金形式持有、部分进入货币市场和资本市场,进入银行存款领域的数量减少,造成银行存款准备金减少。总体而言,准备金从 R_{t0} 变为 R_{t1},$\Delta R = R_{t0} - R_{t1} > 0$。

3. 对货币乘数的影响

法定数字货币发行之后,货币流动性提高,居民、企业、银行等主体的资产配置途径和方

① 详细推理参阅:苗文龙,《现代货币数量论与中国高货币化成因》,《数量经济技术经济研究》2007 年第 11 期。

式增多,超额准备金也会发生一定程度的缩减。

根据前述分析,流通中现金由 $M_{p,t0}$ 缩减至 $M_{p,t1}+M_{d,t1}$;准备金从 R_{t0} 变为 R_{t1};活期存款由 D_{t0} 缩减至 D_{t1};定期存款由 T_{t0} 缩减至 T_{t1};$M_{d,t1}$ 表示法定数字货币;超额准备金由 E_{t0} 缩减至 E_{t1};活期存款准备金率调整为 $r_{D,t1}$,定期存款准备金率调整为 $r_{T,t1}$。货币乘数 m_{t1} 将变为:$m_{t1}=M_{p,t1}+M_{d,t1}+D_{t1}\times r_{D,t1}+T_{t1}\times r_{T,t1}+E_{t1}$。若现金活期存款比为 $k1=\dfrac{M_{p,t1}+M_{d,t1}}{D_{t1}}$,定期存款与活期存款之比为 $k2=\dfrac{T_{t1}}{D_{t1}}$,超额准备金与活期存款之比为 $e_{t1}=\dfrac{E_{t1}}{D_{t1}}$,则式(3.15)可改写为:$m_{t1}=k1\times D_{t1}+D_{t1}\times r_{D,t1}+k2\times D_{t1}\times r_{T,t1}+e_{t1}\times D_{t1}=D_{t1}(k1+r_{D,t1}+k2\times r_{T,t1}+e_{t1})$。

法定数字货币发行后,货币供给 M1 可改写成 $M1=D_{t1}+M_{p,t1}+M_{d,t1}=D_{t1}(1+k1)$,对应的货币乘数为:

$$m1_{t1}=\frac{M1}{m_{t1}}=\frac{1+k1}{k1+r_{D,t1}+k2\times r_{T,t1}+e_{t1}} \tag{3.15}$$

其中,$m1_{t1}$ 是法定数字货币发行后的货币乘数,受到现金活期存款比 $k1$、定期存款与活期存款之比 $k2$、超额准备金与活期存款之比 e_{t1}、活期存款准备金率 $r_{D,t1}$、定期存款准备金率 $r_{T,t1}$ 等变量的影响。求解 $m1_{t1}$ 关于 $k1$ 的一阶导数得到:$\dfrac{\partial m1_{t1}}{\partial k1}=\dfrac{r_{D,t1}+k2\times r_{T,t1}+e_{t1}-1}{(k1+r_{D,t1}+k2\times r_{T,t1}+e_{t1})^2}$。在正常经济情况下,法定准备金率与超额准备金率之和小于 1,即 $r_{D,t1}+r_{T,t1}+e_{t1}<1$,定期存款活期存款之比 $k2$ 小于 1,从而 $r_{D,t1}+k2\times r_{T,t1}+e_{t1}<1$;$(k1+r_{D,t1}+k2\times r_{T,t1}+e_{t1})^2>0$。因此,$\dfrac{\partial m1_{t1}}{\partial k1}<0$。同样的方法可证明 $\dfrac{\partial m1_{t1}}{\partial k2}<0$、$\dfrac{\partial m1_{t1}}{\partial k2}<0$、$\dfrac{\partial m1_{t1}}{\partial r_{D,t1}}<0$、$\dfrac{\partial m1_{t1}}{\partial e_{t1}}<0$。其经济含义为:法定数字货币发行之后,现金活期存款比 $k1$、活期存款准备金率 $r_{D,t1}$、定期存款准备金率 $r_{T,t1}$、超额准备金率 e_{t1}、定期存款与活期存款之比 $k2$ 都会变小,而货币乘数 $m1_{t1}$ 会变大。

货币供给 M2 可改写成 $M2_{t1}=M_{p,t1}+M_{d,t1}+D_{t1}+T_{t1}=D_{t1}(1+k1+k2)$,对应的货币乘数为:

$$m2_{t1}=\frac{M2_{t1}}{m_{t1}}=\frac{1+k1+k2}{k1+r_{D,t1}+k2\times r_{T,t1}+e_{t1}} \tag{3.16}$$

求解 $m2_{t1}$ 关于 $k1$、$k2$、$r_{D,t1}$、$r_{T,t1}$、e_{t1} 的一阶导数得到:$\dfrac{\partial m2_{t1}}{\partial k1}<0$、$\dfrac{\partial m2_{t1}}{\partial k2}<0$、$\dfrac{\partial m2_{t1}}{\partial k2}<0$、$\dfrac{\partial m2_{t1}}{\partial r_{D,t1}}<0$、$\dfrac{\partial m2_{t1}}{\partial e_{t1}}<0$。其经济含义:法定数字货币发行之后,货币乘数 $m2_{t1}$ 变大。

因此,发行和流通法定数字货币将会对中国货币供给中的基础货币数量、现金通货、准备金数量、货币乘数、货币供给总规模产生显著影响,但存在不同的影响路径且在不同兑换模式中存在显著差异。法定数字货币对货币供给结构、货币乘数的影响与网络支付有相似之处(苗文龙,2015)。图 3.6 描述了 2010 年以来中国货币乘数和基础货币比重的变化。分析图 3.6 可以看出,货币乘数明显上升,基础货币比重明显减少。

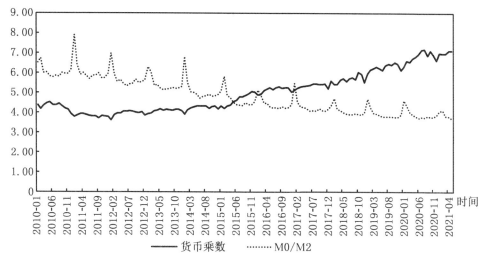

图 3.6 中国货币乘数与基础货币的比重变化

资料来源:根据 Wind 数据库数据计算。

4. 对货币供给量的影响

纸币需要通过商业银行账户以电子货币形式与数字货币进行兑换较为常见。参考谢星和封思贤(2019)的分析框架,可推理法定数字货币对供给创造规模的影响。

法定数字货币发行之后新的均衡状态下法定准备金率 $r_{D,t1} < r_{D,t0}$。假设不存在现金漏损,则被法定数字货币替代的纸币现金 $M_{d,t1}$ 全部转化为银行体系的准备金,总的准备金变为 $R_{t0} + M_{d,t1} = r_{D,t1}(D_{t0} + \Delta D_t)$,得到 $\Delta D_t = \dfrac{M_{d,t1} + r_{D,t0} \times D_{t0} - r_{D,t1} \times D_{t0}}{r_{D,t1}}$。此时,新均衡状态下的货币供给为 $M1_{t1} = M_{p,t0} - \Delta M_p + \Delta M_d + D_{t0} + \Delta D_t$,且 $\Delta M1_{t1} = \Delta D_t - (\Delta M_p - \Delta M_d)$。进而得到:$\Delta M1_{t1} = \left(\dfrac{r_{D,t0}}{r_{D,t1}} - 1\right)D_{t0} + \left(\dfrac{1}{r_{D,t1}} + 1\right)\Delta M_d - \Delta M_p$。

由于 $0 < r_{D,t1} < r_{D,t0} < 1$,则 $\Delta M1_{t1} > 0$,$M1_{t1} > M1_{t0}$。同理,可证明 $M2_{t1} > M2_{t0}$。法定数字货币发行以后,货币供给大于法定数字货币实施前的货币供给,货币供给创造规模 ΔM 与新均衡时的准备金率 $r_{D,t1}$ 负相关,与数字货币规模 ΔM_d 的绝对值正相关。

3.3 小结

将货币需求纳入一般均衡模型,通常有三种方法:一是假定货币直接产生某种效用,将货币余额纳入人们的效用函数模型。二是施加某些形式的交易成本,从而产生货币需求,使资产交易需要一定的成本,要求货币必须用于某些特定类型的交易,假定时间和货币可以组合在一起生产交易服务,而交易服务又是获得消费品所不可或缺的。三是将货币视为与其他资产一样,用来进行资产的跨期转移。

数字货币在实际形式上表现为三部分：电子货币、网络支付、法定数字货币（钱包）。网络支付的迅速发展必然对传统货币体系有所影响，预留现金越来越少，付息存款、付息基金、付息理财随时可以用于消费和偿还信用借款，也可以用信用借款来消费。

从更广泛的意义来讲，随着法定数字货币逐渐替代纸币现金，通货数量和基础货币数量将有所下降，而准备金数量受通货替代作用的影响短期内可能上升，但在长期内受到支付需求减少、货币流动性提升的影响而减少。

此外，在法定数字货币的影响下，金融资产间的转换速度加快，现金活期存款比、准备金率以及定期活期存款比都可能变小，进而导致货币乘数变大；货币供给创造规模也将受准备金率下降的影响而增大。

思考题

1. 货币需求理论主要有哪些？如何进行实际计量？
2. 货币供给理论主要是什么？
3. 货币形式变化对货币供给机制有什么影响？如何构建模型进行分析？

4

货币政策理论

货币政策的理论框架包括最终目标、操作目标、中介目标、传导机制等内容。关于这些内容的每一方面,不同经济学流派在不同程度上存在争论。本章主要介绍不同流派对货币政策不同构成内容的观点及其依据。

4.1 最终目标

在货币政策执行过程中,中央银行通常会确定其最终目标,也就是货币政策最后要达到的目的。货币政策成功与否的主要判断标准在于是否实现了可持续的低通货膨胀环境。这种环境有利于经济增长最大化以及社会资源的有效配置。

货币政策的最终目标分为多元目标和单一目标。多元目标主要涉及四个方面——经济增长、充分就业、通货膨胀和国际收支平衡,即低通货膨胀、高增长、低失业率和低名义利率,还要保持国际收支平衡。在实行多元目标时通常需要对相关目标进行排序。从各个国家的货币政策发展历程来看,货币政策最终目标的形成存在一个长期、变化的过程。经验表明,在经济发展过程中,哪一种宏观经济变量可能会导致最大危害,最终目标就可能选择与这一宏观经济变量相关的目标。

1911年,费雪提出交易方程式,认为一般价格水平及其增长率依赖于货币存量及其增长率(黄达,2003),这在大危机之前对货币政策理论作出了相当大的贡献。后来,随着凯恩斯主义的兴起,货币理论的重要性有所下降。然而,随着50年代弗里德曼提出无论何时何地通货膨胀总是一种货币现象,货币主义又取得了重大发展。

一些经济合作与发展组织(OECD)国家成功降低通货膨胀的经验表明,货币政策需要保持对通货膨胀实行较严格的控制,价格稳定是货币政策的重要内容之一。然而,货币政策并不一定能有效地实现多重目标,主要有两个原因:第一,多重目标之间往往会发生冲突,并导致有关中央银行不得不优先考虑部分最终目标;第二,不同国家货币政策目标之间具有一定的联系,这些联系通过利率和汇率统一起来。第一次世界大战之后,没有哪一个国家能够同时控制国内价格水平及其汇率,而不依靠各种不同的手段(阿莱,1992),最后甚至可能导致更大的不均衡。可见,国内物价和国际汇率不能兼得,实现多重目标面临一定的困难。因此,实行多重目标是要对有关目标进行排序,有所取舍。寻求单一目标比较可取,但是单一目标也可能会随着经济的发展而发生转变。纵观全球货币政策历史发展过程,货币政策最终目标的趋势是要保证货币币值稳定。

4.1.1　价格稳定目标

Wicksell(1898)最早提出货币政策要采取显性价格水平标准。保持价格稳定,就是使长期价格水平保持基本不变,而价格稳定和低通货膨胀并不等同。通常来说,长期贷款人关心实际利率,而长期借款人则关心名义利率。货币政策不仅要对产出偏离其趋势水平加以调整,而且要对通货膨胀偏离其目标水平作出调整。根据泰勒规则可知,通货膨胀目标与价格水平目标在本质上相同,只是程度不同。价格水平目标的赞成者认为,在通货膨胀目标制度下,中央银行对价格水平变化幅度的扩大并没有限制,只是把通货膨胀对目标的偏离作为过去的事情对待,这样做会存在一定的局限性。而通货膨胀目标的赞成者认为,要使价格回到原有水平可能会产生较大的产出易变性。

为降低产出和就业的短期易变性,中央银行应采取有效措施,以通货膨胀为目标,结合19世纪保持中长期价格水平的稳定性、可预测性,以及20世纪力求降低短期通货膨胀和产出变动的成功经验,使用平减指数,以便使其逐步回归到目标水平。从理论上看,对于长期价格水平可预测性的关注,并不意味着短期内产出和通货膨胀具有更易变性。Svensson(1999)提出,价格水平目标实际上意味着产出和通货膨胀更低的易变性。合理的货币政策要对经济行为及其不确定性高度关注。de Kock和Nadal-Vicens(1996)提出,在制造业中,资本使用率是通货膨胀的最好领先指标。传统观点认为,通货膨胀会使投资期限产生偏离并增加长期资产投资,而高通货膨胀会对投资产生副作用,企业不愿意增加对长期寿命资产的投资,这样更高的通货膨胀会促使长期投资向短期投资转化(Cohen and Hassett,1997)。

4.1.2　通货膨胀目标

Goodfriend(2000)提出,通货膨胀目标是作为一种世界领先的货币政策框架出现的。它之所以兴起,不仅在于通货膨胀的历史经验教训,还在于货币经济学理论的最新发展。货币政策选择通货膨胀目标的优点在于:通货膨胀目标会形成稳定的通货膨胀预期,而稳定价格目标就不会产生类似的情况。通货膨胀的政策思想最早由马歇尔主张,中央银行货币政策目标要以通货膨胀为操作目标,可以考虑三种领先指标:通货膨胀、名义GDP增长,以及两者的结合。较直接的方法是看中央银行货币政策的社会目标函数。这样来看,混合变量 $h_t = \Delta p_t + 0.25(y_t - \bar{y}_t)$ 可能是三者之间最为合适的,其中 $\bar{y}_t$ 为实际GDP参考值(Blinder,

1995)。

Hallman 等(1989，1991)从潜在产出和与长期均衡货币流通速度相关的长期均衡价格水平出发，得出数量方程，表明通货膨胀是实际价格对长期均衡价格的偏离。采用通货膨胀目标的货币政策，目的在于降低通货膨胀，否则通货膨胀上升将导致未来经济形势变得难以预测。通货膨胀过高时，经济体系可能会停止部分功能，即便是温和的通胀，也会使指数化税收体系变得更加困难。由于名义价格和工资具有下调刚性的特点，所以与零通货膨胀相比，低通货膨胀有助于对相对收入与价格进行必要调整。

Blinder(1995)提出通货膨胀应该低到这样一种程度，使得当人们进行经济决策时，不至于感到价格变动是一种麻烦，这种程度的通货膨胀大致范围在1％—2％。以低通货膨胀作为目标不意味着中央银行完全不考虑货币政策对短期生产和就业的影响，实际上，中央银行不是所谓的"通货膨胀狂"，它除了要保证生产就业的基本稳定之外，还要避免利率的易变，使通货膨胀得到控制，从而被人们接受。

传统来说，一般选择 CPI 指标作为通货膨胀的目标变量，但是这一指标也存在一系列问题，具体表现为：第一，在短期内，若货币政策紧缩则会导致 CPI 增长，这样通货膨胀可能会向相反的方向移动，影响财政政策经济调控效果。第二，中央银行难以对付 CPI 的短期波动。后来，一些国家在 CPI 中剔除税收和补贴等因素，以更好地执行通货膨胀目标的货币政策，例如，欧洲中央银行采取消费价格调和指数 HICP 作为货币政策的度量指标。

货币政策作用存在时滞效应，长期来看通货膨胀主要受货币政策的影响，但是短期内通货膨胀还受到中央银行控制之外的各种因素所影响，短期的货币政策需要依靠银行的可靠性。所以货币政策的制定实施，必须要具有前瞻性。Leitemo(1999)研究了标准封闭经济条件下的宏观经济模型，提出了具有前瞻性变量的预期模型，结果表明：选择相对长期限预期时间是因为货币当局具有利率平缓目标，而非稳定通货膨胀或产出的易变性。前瞻性货币政策模型接近于最优相机抉择，而后顾性货币政策则会导致模型的不确定性。

通货膨胀目标也会碰到一些困难，具体表现在：第一，指数的选择；第二，实现目标的速度；第三，通货膨胀目标水平的确定随不同国家的具体情况而有所区别；第四，目标范围的大小应根据经济震动对价格影响的状态而定，决策者应根据实际情况而妥善确定浮动范围。Goodhart(1993)也提倡资产价格应包括在所定标的通货膨胀以内，以此来代表未来消费和生活费用等的现在价格，这样有利于稳定货币的购买力。值得注意的是，货币政策目标不一定要稳定生活费用价格，而是要通过稳定有关价格使通货膨胀成本最小化，故这两者不一定能够同时兼顾。

4.1.3　经济增长目标

Boschen 和 Mills(1991)基于 1953—1989 年美国有关月度数据的研究，提出反周期的货币政策对于内生货币、外生货币和利率具有直接影响，而且可以用货币政策决策来解释内生货币与未来经济增长的联系。实际经济震动会通过改变未来投资产品的预期实际收益而引起存款中介发生变化，故内生货币总量作为领先指标，可以溯源到实际经济变化。随后，Boschen 和 Mills 使用政策指数方法,对联邦公开市场委员会决策的详细情况进行研究,发现货币政策具有相当程度的反周期成分,不同的指数表明,货币政策对内生货币、外生货币和利率具有不同影响。

King(2000)提出,货币政策以经济增长作为目标受到两方面的限制:一是从长期来看,货币传导机制的实质使得货币政策影响价格水平,而非产出和就业。二是从短期来看,货币政策执行之前,对实体经济的影响是不确定的。经济震动从两个不同方向对产出和通货膨胀产生影响:一是快速使通货膨胀回到目标水平,对产出产生更大震动;二是使通货膨胀慢慢恢复目标水平,减少对产出的震动。两者的易变性之间具有替代性,这种替代关系就是泰勒曲线。泰勒曲线的位置由经济结构和货币政策行为决定。这表明,通过改变通货膨胀目标的隐含期间,可以调整通货膨胀易变性和产出易变性的相对比重。泰勒曲线为中央银行提供了政策选择,使其可以在两种易变性的替代中进行合理分配,但是也受到两方面的制约:一是泰勒曲线具有易变性可能边界;二是这一曲线会随着不同时期的变化而变化,所以泰勒曲线在实际经济活动中的应用比较困难。因此,货币政策应该集中于使通货膨胀接近于其目标水平,而不是对产出进行调整。忽视货币政策传导机制以及相应产出潜力,就意味着集中于短期内产出变化的政策是非常有害的(Taylor,1980,1998)。Orphanides(2003)基于第二次世界大战后美国货币政策进行研究,发现以通货膨胀变化来调整利率是一种较为有效的货币政策,而以产出变化来调整利率则主要依赖于对经济结构的认识以及生产潜力长期增长的动力,中央银行可以使用一定的自主性对经济震动作出反应,但是对稳定产出所作的反应则应该适度。

货币政策的经济增长目标通常与降低失业率有关。失业率最早由弗里德曼(Friedman,1968)提出,指在长期没有劳动力市场结构变化的条件下,经济收敛时的失业水平。长期来看,失业与通货膨胀之间不存在替代关系。非加速通货膨胀失业率最早由 Modigliani 和 Papademos(1975)提出,即一种既无上升趋势、也无下降趋势的失业水平,是反映了短期内和中期内通货膨胀压力的失业率。这一指标对货币政策决策具有重要作用。Estrella 和 Mishkin(1998)提出,货币政策必须先发制人以抵消实质对货币政策作用的影响,中央银行需要对未来通货膨胀变化进行预测,而失业与非加速通货膨胀失业率之间的差额可以作为良好的预测指标,但其不是中央银行设定政策目标的唯一信号。

4.2 操作目标与中介目标

4.2.1 操作目标

货币政策的日常操作以操作目标为导向。各国市场化程度不同,所选的操作目标也有所不同。发达国家大都以市场利率为操作目标,新兴市场经济体主要以储备、基础货币、汇率、净外汇资产作为操作目标,但已逐渐出现向利率目标转变的趋势。随着金融业的发展,基础货币与实体经济的关系逐渐弱化,利率在货币传导机制中的作用增强。因此,较多的国家逐步将短期货币市场利率作为货币政策的辅助目标。部分国家采用隔夜利率作为操作目标,但是当利率不会从隔夜利率向货币市场的其他利率平滑地传导时,中央银行的利率调控目标就应该再进行选择。如果中央银行设定目标的能力很有限,则会偏向选择期限长于隔夜利率的短期利率,同时,关注期限更长的利率会存在一定的成本。

Bernanke(2020)提出了新的货币政策工具——量化宽松(QE)和前瞻性指导,以克服短期利率有效下限对传统货币政策的限制,即使金融市场没有功能失调。然而,如果中性利率要低得多,那么克服下限的影响可能需要更高的成本,如适度提高通胀目标。新的货币工具所提供的政策空间取决于名义中性利率水平,即与充分就业和长期通胀目标一致的利率。美联储 FRB/US(2020)模型的模拟表明,如果该利率在 2%—3%或更高的范围内,则提供大约 3 个百分点的额外政策空间,比提高通胀目标更可取,但同时也带来额外成本。然而,如果名义中性利率远低于 2%,那么新的货币工具就无法再完全补偿下限的影响。因此,决策者应该掌握如何使用新工具以控制新工具的成本和风险。

4.2.2　中介目标

由于货币政策存在一定时滞,故需要选择与最终目标高度相关的中介目标来确保货币政策达到相应效果。货币政策传导机制还可以通过贷款观点来解释其货币政策操作:通过改变银行体系的流动性影响商业银行贷款的动机,从而影响贷款供给,最终影响单个企业的贷款行为。

货币政策对实体经济的影响力可以通过利率一个百分点调整所引起的产出和通货膨胀若干百分点的变化来度量。Cecchetti(1999)基于英国、法国、德国等国家的货币政策影响力进行研究,发现一个经济体货币政策的有效性越高,则其影响力越大。此外,货币政策传导机制还与一经济体的法律制度、金融结构等密切相关,其直接金融发展条件越完善,则货币政策的效率越低,利率政策变化对于产出和通货膨胀的影响也就越低。

1. 增长率目标还是增长水平目标

对于中介目标的选择,一个重要的问题是选择增长率目标还是增长水平目标。选择增长率目标的缺点在于:容易忽视过去的错误,并且可能将随机漫步成分加入各种名义变量的时间序列,包括价格水平。这样价格水平可能会随时间的推移,而人为地偏离其目标值。选择增长水平目标也有不足:目标变量在经过冲击之后会回到原有路径,使这种冲击具有永恒性,进一步导致需求条件产生额外的周期性变化,产出和其他宏观经济变量也发生剧烈变化。这种变化对于社会福利来说是高成本的。因此,中介目标最好选择增长型,而非水平型(McCallum,1984,1997)。

2. 利率还是基础货币

一般来说,货币政策的中介目标有准备金、货币供给、基础货币和利率等几种。McCallum(1997)提出,尽管许多学术研究成果认为要使用基础货币或储备总量工具,但是几乎所有中央银行都使用短期利率,因此可以考虑利率和基础货币量两者的可行性。

关于利率的可行性,Meltzer(1999)基于 1914—1950 年美国货币政策历史的分析得出,基础货币是比短期利率更好的货币状态指标。关于英国货币历史的分析也可以得出：实际基础货币增长对产出增长的影响要比实际利率所产生的影响更大，效果更明显（Nelson，1999）。Sargent 和 Wallace(1975)提出：若私人部门没有货币幻觉，中央银行使用利率作为政策工具，那么所有名义变量都不确定，价格水平是不明确的。然而，McCallum(1986)提出了不同观点，如果货币规则使用与一些名义变量相联系的利率规则，那么所有名义变量都可以完全确定。

Swanson 和 Williams(2014)通过比较非常低的短期利率与正常时期利率对宏观经济消息的敏感性，开发了一种新的方法来衡量任何到期日的利率以及货币政策是否以及在多大程度上受到零下限的影响。两人使用高频数据估计了收益率对宏观经济公告的时变敏感性，并将该敏感性与零界限不受关注的基期进行了比较。研究发现，在 2008—2010 年，到期时间为一年或更长的美国国债收益率对信息的反应十分强烈，货币政策在这一时期依然有效。从 2011 年末开始，这些收益率对新闻的敏感度接近于零。对此，他们提供了两种解释：首先，直到 2011 年底，市场参与者预计基金利率将在大约四个季度内从零开始回升，从而将零利率对中长期收益率的影响降至最低；其次，政策行动通过管理对未来货币政策的预期和大规模购买长期债券直接影响了长期收益率，表明货币政策有很大的空间影响中长期利率。

Kurt(2020)基于联邦公开市场委员会关于政策倾向的前瞻性指导对基金利率路径变化产生的影响进行了研究，认为联邦公开市场委员会前瞻性指导语言的性质决定了私营部门对货币政策声明的反应，其可以对远期指导的不同方面作出不同的反应。当联邦公开市场委员会仅使用经济前景前瞻性指导时，负面的经济前景导致私营部门在利率下降时下调其对经济的预期，经济下行；当联邦公开市场委员会使用政策倾向前瞻性指导时，降低资金利率路径的前瞻性指导会使得私营部门修正其对经济的预期，经济改善。总体而言，远期指引的效果可能取决于远期指引的经济前景和政策倾向方面，可成为管理零利率下限（ZLB）事件的有用工具。联邦公开市场委员会继续对经济前景和政策倾向使用前瞻性语言。它对宏观经济变量的预测变化可能通过信息渠道运作，使利率、股价和预期 GDP 增长朝着同一方向移动。

Xavier(2020)修正了泰勒规则，通过结合一般均衡中家庭和企业问题的结果，得到以动态 IS 曲线和新凯恩斯主义菲利普斯曲线的行为版本为特征的双级模型。该模型提出"认知参数"——$\overline{m}$，用于量化代理人对未来经济动荡的理解程度。这一参数反过来影响一般均衡中货币政策和财政政策的力量。这一模型为前瞻性指导难题提供了一个自然的解决方案：在理性模型中，对非常遥远的利率的冲击对当今的消费和通货膨胀产生了非常强大的影响。

由于家庭的感知是有限的，即主观预期和理性预期之间有着一定差值，所有感知变量都存在认知折扣，则未来的事件越远，人们预期的准确度越低。同样，在客观现实与理性企业的问题上，公司也通过认知折扣机制预测未来价格，希望根据感知运动定律优化其初始实际价格水平，反映认知抑制。因此，消费者和企业只需对宏观结果和 $\overline{m}$ 给予有限关注，那么新凯恩斯主义菲利普斯总曲线不会改变。企业和消费者尽管对于偏离确定性稳态的敏感性是不确定的，但对于稳态变量仍然是完全理性的。在现实校准下，当价格在较长时间内保持黏性时,以及当企业更关注未来宏观经济结果时,总通胀就会更具前瞻性。

关于基础货币的可行性,Goodhart(1994)提出反对意见,他指出,现代中央银行进行基础货币管理在本质上不可行。两种中介目标都有一定的局限性,McCallum(1997)提出,尽管基础货币工具使短期利率比利率工具中短期利率平滑的做法有更大的易变性,但是在基础货币工具的配合下,可以设置比使用利率工具更有利的规则。利率工具和利率平滑比较被公众接受,并且中央银行作为最后贷款人对利率有偏好,中央银行需要在金融体系流动性紧张的情况下,提供大量的基础货币(Bagehot,1873)。综上所述,可以使用利率工具(如利率平滑)促使基础货币增长接近于目标范围,从而使货币政策目标得以实现。

随着金融创新和证券化的发展,中介目标需要不断地进行调整。证券化并不意味着非中介化,在表内业务中,银行依然发挥着较为重要的提供融资的作用。保险业和基金的发展使间接证券化的程度不断增大,对货币政策的传导机制产生较大影响,会在一定程度上改变货币供应量度量的有效性。基金在一定程度上是对原有货币概念部分内容的替代,因此需要建立新的货币数量概念,不断适应市场的变化。

4.3 传导机制

货币政策通过运用货币政策工具影响中介目标,进而实现最终目标。货币政策传导机制可以通过 IS-LM 宏观经济模型进行解释,外在货币的减少会提高实际收益率,并产生两种政策效应:一是通过投资产生直接效应;二是通过汇率产生间接效应。外在货币替代为其他资产的可能性越小,货币政策的传导渠道就越有效。货币政策在不同国家的传导机制还存在分配效应,一般来说,一国的小银行越重要,银行体系越不健全,则替代融资的可能性越差,货币政策的效率越高。货币政策主要通过影响金融机构的贷款行为发挥作用,信贷渠道又分为银行贷款渠道和广义信贷渠道。由于较高的短期利率或较低的 GDP 增长会减少贷款发放,因而对于资本较少或流动性较低的银行而言,较高的短期利率或较低的 GDP 增长对信贷可用性的负面影响更大。因此,货币政策和商业周期效应通过银行贷款渠道发挥作用。此外,当短期利率较高或 GDP 增长较低时,资本较少或流动性较低的银行发放的贷款较少。因此,在紧缩的货币和经济条件下,银行资本的减少会引发信贷紧缩,扩张性货币政策在银行资产负债表疲软时更具效力。关于货币政策的传导机制,主要有以下几种观点。

新古典综合学派以凯恩斯为代表,强调利率和社会总需求的重要性。凯恩斯主义认为,货币是非中性的,中央银行要使用利率或货币供给影响总需求和实际经济的就业水平(Apel and Viotti,1998)。具体而言,中央银行通过货币供给 M 的增减影响利率 r,利率的变化则通过对资本边际效益的影响使投资 I 以乘数方式增减,而投资的增减进而影响总支出 E 和总收入 Y。凯恩斯主义认为货币政策的传导机制是:$M \rightarrow r \rightarrow I \rightarrow E \rightarrow Y$。

货币主义发展了现金余额说,强调调控货币供应量,重视收入支出在传导中发挥的作用。货币存量主要由基础货币和货币乘数决定。弗里德曼指出,货币数量 M 的变动最初影响的是现有资产,如债券、股票、房产等,而非收入,他认为货币是长期中性的。公开市场业务增加货币供应量之后,最直接地改变了非银行部门的资产负债结构,这虽然对银行贷款能力没有影响,但在一定程度上仍会影响银行贷款的意愿。人们希望所持有的货币数量是明确的,当货币供给上升时,人们会将多余的货币用于支出 E,从而导致物价 P 上涨,利率 r 下降,进而影响投资 I 和总收入 Y。货币供应量的实际价值下降到与人们的实际货币需求一致时,名义货币供应水平在更高的名义收入水平上重新恢复均衡。这种情况下,重新分配效应使得现金总额在现金持有者的整体中保持不变。弗里德曼认为,短期内货币供应量变动会在时滞和工资刚性的作用下对实际经济产生影响,但是从长期来看,货币供应量只会引起物价水平的变化而不会影响实际支出,即货币是短期非中性和长期中性的。弗里德曼认为的传导机制是:$M \rightarrow E \rightarrow P(r) \rightarrow I \rightarrow Y$。

然而,货币学派内部对弗里德曼的结论提出了批评。布伦纳和梅尔泽认为,弗里德曼的传导机制虽然充分考虑了个人对货币量变化作出的反应,但忽视了利率、财政变量以及证券存量变量变动的短期效应。布伦纳和梅尔泽把经济体系分为一个流量市场(现行产品市场)和三个存量市场(证券市场、资本品市场、货币市场),以完全均衡状态为起点,将财富调整纳入传导机制,把货币政策传导机制分为两个过程。他们假定中央银行采取扩张性货币政策,在公开市场上买入有价证券。在存量调整阶段,存量市场的总资产存量并没有改变,改变的只是各市场之间的相对数量和价格。公开市场的购买使银行储备增加,通过乘数效应引起银行的资产和负债扩张,使货币供给量增加,最终导致利率下降、资本品价格上升。在流量效应阶段,利率下降增加了流量市场上的需求,当新需求破坏了原有均衡时,商品和服务便出现短缺,引起其价格和产出增加,最终达到新的均衡状态。

货币政策的局限性在于其过度强调 M1 和 M2 的作用,而忽视了利率和信贷难易程度的作用(萨缪尔森、诺德豪斯,2012)。

新古典综合学派和货币主义的主要差异在于:(1)凯恩斯注重狭义市场的资产和利率,传导渠道主要是货币市场上金融资产的调整,增加的货币被交易需求量和投机需求量所吸收。弗里德曼注重广义的资产和利率,认为传导可以在货币市场和商品市场同时进行。(2)货币主义主张货币供应量与社会活动有直接的联系,货币变化反映在其他现象中,货币增长变化是产生长周期的决定因素(Friedman and Schwartz,1963)。Ottonello 和 Winberry(2020)研究了金融摩擦和企业异质性在决定货币政策投资渠道中的作用,发现违约风险较低的公司对货币冲击的反应最为灵敏,因为它们面临着更平坦的投资融资边际成本曲线。因此,货币政策的总体效应可能取决于违约风险的分布,而违约风险随时间变化。

4.4　小结

货币政策执行过程中,中央银行首先需要确定其最终目标,货币政策成功与否的主要判断标准在于是否实现了可持续的低通货膨胀环境,这种环境有利于经济增长最大化以及社会资源的有效配置。

货币政策的最终目标分为多元目标和单一目标。多元目标主要涉及四个方面——经济增长、充分就业、通货膨胀和国际收支平衡,即低通货膨胀、高增长、低失业率和低名义利率,还要保持国际收支平衡。在实行多元目标时通常需要对相关目标进行排序。

货币政策的日常操作以操作目标为导向。各国市场化程度不同,所选的操作目标也有所不同。发达国家大都以市场利率为操作目标,新兴市场经济体主要以储备、基础货币、汇率、净外汇资产作为操作目标,但已逐渐出现向利率目标转变的趋势。

由于货币政策存在一定时滞,故需要选择与最终目标高度相关的中介目标来确保货币政策达到相应效果。货币政策传导机制还可以通过贷款观点来解释其货币政策操作:通过改变银行体系的流动性影响商业银行贷款的动机,从而影响贷款供给,最终影响单个企业的贷款行为。

货币政策通过运用货币政策工具影响中介目标,进而实现最终目标。货币政策传导机制可以通过 IS-LM 宏观经济模型进行解释,外在货币的减少会提高实际收益率,并产生两种政策效应:一是通过投资产生直接效应;二是通过汇率产生间接效应。

新古典综合学派以凯恩斯为代表,强调利率和社会总需求的重要性。货币主义发展了现金余额说,强调调控货币供应量,重视收入支出在传导中发挥的作用。

思考题

1. 货币政策应包括哪些目标?
2. 货币政策工具之间有怎样的数量关系? 怎样构建货币政策双调控机制?
3. 怎样提高货币政策调控经济的精确性?

5

新凯恩斯模型中的货币政策

2008 年金融危机后,动态随机一般均衡模型(新凯恩斯模型)取得较大发展,包含了金融部门和金融风险等因素,成为许多国家中央银行常用的决策分析模型。因此,本章在这一框架下介绍货币政策研究方法及其进展。

典型的新凯恩斯模型对货币效用函数模型作出了三个关键修正:(1)忽略模型中的内生变量资本存量;(2)将模型中的单一最终产品,变为垄断竞争厂商生产的连续差别化产品;(3)货币政策依照规则设定名义利率。经过这三个方面的修正,得到新凯恩斯分析框架(瓦什,2019)。

5.1 基本模型

基本的新凯恩斯模型构成部门包括:供给劳动、购买消费品、持有货币的家庭,雇佣劳动、在垄断竞争性市场上生产并销售差别化产品的企业,以及一家控制名义利率的中央银行。其中,家庭和企业按最优化方式行事,家庭最大化其预期效用的贴现值,企业使其利润最大化。

基本垄断竞争模型 D-S 模型的核心假定为:家庭部门的消费行为满足一个包含产品种类的 D-S 效用函数;企业部门的生产行为满足每种产品的生产具有不变的固定成本和边际成本。

求解一般均衡的主要方法为:根据效用函数求出行业内各种产品的需求函数,结合利润最大化(边际收入等于边际成本)和自由进出条件(边际厂商的净收益为零)求得均衡产量、均衡价格和产品种类。

黏性价格模型卡尔沃模型则假定企业调整价格的机会是外生泊松过程。在每一期企业调整价格的概率 $(1-\omega)$ 是固定的,两次价格调整之间的期望时长是 $1/(1-\omega)$。

5.1.1 家庭

第 t 期家庭的偏好为选择消费 C_t、实际货币余额 M_t/P_t（即名义货币余额 M_t 除以价格 P_t），以及劳动时间 N_t。家庭最大化其预期效用的贴现值：

$$E_t \sum_{i=0}^{\infty} \beta^i \left[\frac{C_{t+i}^{1-\sigma}}{1-\sigma} + \frac{\gamma}{1-b}\left(\frac{M_{t+i}}{P_{t+i}}\right)^{1-b} - \chi \frac{N_{t+i}^{1+\eta}}{1+\eta}\right] \tag{5.1}$$

其中，$0<\beta^i<1$ 为从第 t 期开始后第 i 期的主观贴现率，σ 为消费的效用弹性，$1-b$ 为实际货币余额的效用弹性系数，$0<b<1$，$\frac{\gamma}{1-b}$ 描述了实际货币余额为消费者带来的正效用，$1+\eta$ 为劳动的效用弹性，χ 描述了劳动给消费者带来的负效用，$\gamma>0$，$\chi>0$，$\sigma>0$，$\eta>0$。

消费由不同垄断竞争最终产品生产者（企业）生产的差别化产品构成。有连续统企业，以 1 度量，企业 j 生产商品 C_j。进入家庭效用函数的消费品的构成为：

$$C_t = \left[\int_0^1 c_{jt}^{(\theta-1)/\theta} \mathrm{d}j\right]^{\theta/(\theta-1)} \tag{5.2}$$

其中，$\theta>1$，是消费关于消费品构成函数的参数。

家庭分两阶段决策。第一阶段是不给定消费 C_t，要使购买的单个商品组合最优化，即商品组合的成本最小化；二是给定达到的消费支出 C_t，要最优选择 C_t、N_t 和 M_t。

解决购买 C_t 的消费支出最小化时，家庭的决策问题为：

$$\min_{cjt} \int_0^1 p_{jt} c_{jt} \mathrm{d}j$$

约束条件为：

$$\left[\int_0^1 c_{jt}^{(\theta-1)/\theta} \mathrm{d}j\right]^{\theta/(\theta-1)} = C_t \tag{5.3}$$

其中，p_{jt} 为商品 j 在 t 期的价格，Ψ_t 表示约束条件的拉格朗日乘子，则对商品 j 的一阶条件为：

$$p_{jt} - \Psi_t \left[\int_0^1 c_{jt}^{(\theta-1)/\theta} \mathrm{d}j\right]^{1/(\theta-1)} c_{jt}^{-1/\theta} = 0$$

整理可得：$c_{jt} = (p_{jt}/\Psi_t)^{-\theta} C_t$，根据消费构成的公式（5.2），可得：$C_t = \left[\int_0^1 \left[\left(\frac{p_{jt}}{\Psi_t}\right)^{-\theta} C_t\right]^{(\theta-1)/\theta} \mathrm{d}j\right]^{\theta/(\theta-1)} = \left(\frac{1}{\Psi_t}\right)^{-\theta} \left[\int_0^1 p_{jt}^{1-\theta} \mathrm{d}j\right]^{\theta/(\theta-1)} C_t$。解 Ψ_t 得：

$$\Psi_t = \left[\int_0^1 p_{jt}^{1-\theta} \mathrm{d}j\right]^{1/(1-\theta)} \equiv P_t \tag{5.4}$$

拉格朗日乘子为消费的总量价格指数。对商品 j 的需求为：

$$c_{jt} = \left(\frac{p_{jt}}{P_t}\right)^{-\theta} C_t \tag{5.5}$$

对商品 j 的需求价格弹性为 θ。当 $\theta \to \infty$ 时，各商品间的替代性越来越强，单个企业的市场垄断力越来越弱。

给定总量价格指数的定义式(5.4)，真实条件下的家庭预算约束为：

$$C_t + \frac{M_t}{P_t} + \frac{B_t}{P_t} = \left(\frac{W_t}{P_t}\right)N_t + \frac{M_{t-1}}{P_t} + (1-i_{t-1})\left(\frac{B_{t-1}}{P_t}\right) + \Pi_t \tag{5.6}$$

其中，M_t 为 t 期家庭持有的名义货币，B_t 为 t 期债券，B_{t-1} 为 $t-1$ 期债券。t 期债券的名义利率为 i_t，$t-1$ 期债券的名义利率为 i_{t-1}，Π_t 为家庭 t 期从企业得到的真实利润。

在家庭决策问题的第二阶段，选择消费、劳动供给、货币与债券持有量，在约束条件式(5.6)下使公式(5.1)最大化。从而可以推得，在均衡时，除了预算约束外，必有以下条件成立：

$$C_t^{-\sigma} = \beta(1+i_t)E_t\left(\frac{P_t}{P_{t+1}}\right)C_{t+1}^{-\sigma} \tag{5.7}$$

$$\frac{\gamma\left(\frac{M_t}{P_t}\right)^{-b}}{C_t^{-\sigma}} = \frac{i_t}{1+i_t} \tag{5.8}$$

$$\frac{\chi N_t^{\eta}}{C_t^{-\sigma}} = \frac{W_t}{P_t} \tag{5.9}$$

其中，W_t 为工资，$\frac{W_t}{P_t}$ 为实际工资。这些条件表示最优跨期消费配置的欧拉方程，跨期最优化条件使货币与消费之间的边际替代率等于持有货币的边际成本，也使闲暇与消费之间的边际替代率等于实际工资。

5.1.2　企业

企业在三个约束条件下使利润最大化：

(1) 生产函数，代表企业可资利用的生产技术。在忽略资本的简单情形下，产出只是劳动投入 N_{jt} 和总量生产率冲击 Z_t 的函数，具有规模报酬不变的性质：

$$c_{jt} = Z_t N_{jt}, \quad E(Z_t) = 1 \tag{5.10}$$

(2) 各企业面临的需求曲线，由式(5.5)给定。

(3) 在每一期，部分企业不能调整其价格(卡尔沃模型)。在每一期，调整价格的企业是随机的，有 $(1-\omega)$ 部分企业调整价格，参数 ω 度量了名义刚性度。企业在 t 期调整价格时，要使当期和未来利润的预期贴现值最大化。

企业的成本最小化问题，即在生产 $c_{jt} = Z_t N_{jt}$ 的约束条件下，使 $W_t N_{jt}$ 最小化，真实条件下成本最小化问题可写成：$\min\limits_{N_t}\left(\dfrac{W_t}{P_t}\right)N_t+\varphi_t(c_{jt}-Z_tN_{jt})$。其中，$\varphi_t$ 等于企业的真实边际成本。由一阶条件可得：

$$\varphi_t=\frac{W_t/P_t}{Z_t} \tag{5.11}$$

企业的定价决策问题是选择 p_{jt}，使下式最大化：$E_t\sum\limits_{i=0}^{\infty}\omega^i\Omega_{i,\,t+i}\left[\left(\dfrac{p_{jt}}{P_{t+i}}\right)c_{jt+i}-\right.$ $\left.\varphi_{t+i}c_{jt+i}\right]$。其中，贴现因子 $\Omega_{i,\,t+i}$ 由 $\beta^i(C_{t+i}/C_t)^{-\sigma}$ 给定。利用需求曲线式（5.5），消掉 c_{jt}，则该目标函数可以写为：$E_t\sum\limits_{i=0}^{\infty}\omega^i\Omega_{i,\,t+i}\left[\left(\dfrac{p_{jt}}{P_{t+i}}\right)^{1-\theta}-\varphi_{t+i}\left(\dfrac{p_{jt}}{P_{t+i}}\right)^{-\theta}\right]C_{t+i}$。

由于每家企业生产差别化产品，它们拥有相同的生产技术，面临的需求曲线具有相同且不变的性质。在 t 期，所有调整价格的企业会设定相同的价格。以 p_t^* 表示所有在 t 期可以调整价格的企业设定的最优价格，其一阶条件为：

$$E_t\sum_{i=0}^{\infty}\omega^i\Omega_{i,\,t+i}\left[(1-\theta)\left(\frac{p_t^*}{P_{t+i}}\right)+\theta\varphi_{t+i}\right]\left(\frac{1}{p_t^*}\right)\left(\frac{p_t^*}{P_{t+i}}\right)^{-\theta}C_{t+i}=0 \tag{5.12}$$

利用 $\Omega_{i,\,t+i}$ 的定义式，重新整理式（5.12）可得：

$$\left(\frac{p_t^*}{P_t}\right)=\left(\frac{\theta}{\theta-1}\right)\frac{E_t\sum\limits_{i=0}^{\infty}\omega^i\beta^iC_{t+i}^{1-\sigma}\varphi_{t+i}\left(\dfrac{p_{t+i}}{P_t}\right)^{\theta}}{E_t\sum\limits_{i=0}^{\infty}\omega^i\beta^iC_{t+i}^{1-\sigma}\left(\dfrac{p_{t+i}}{P_t}\right)^{\theta-1}} \tag{5.13}$$

当价格具有灵活性时，即在每一期时，所有企业都能够调整其价格（$\omega=0$）。当 $\omega=0$ 时，式（5.13）变为：

$$\left(\frac{p_t^*}{P_t}\right)=\left(\frac{\theta}{\theta-1}\right)\varphi_t=\mu\varphi_t \tag{5.14}$$

每家企业设定的价格 p_t^* 等于加成 $\mu(\mu>1)$ 与名义边际成本 $P_t\varphi_t$ 之积。当价格具有灵活性时，所有企业会收取相同的价格，$p_t^*=P_t$，$\varphi_t=1/\mu$，$\mu=\dfrac{\theta}{\theta-1}$。在弹性价格均衡时，有 $W_t/P_t=Z_t/\mu<Z_t$。在家庭最优化选择时，实际工资等于闲暇与消费之间的边际替代率。根据式（5.9）可得：

$$\frac{\chi N_t^{\eta}}{C_t^{-\sigma}}=\frac{W_t}{P_t}=\frac{Z_t}{\mu} \tag{5.15}$$

弹性价格前提下，产品市场出清和生产函数为：$C_t=Y_t$，$N_t=Y_t/Z_t$。根据式（5.15），以 Y_t^f 表示弹性价格下的均衡产出，则 Y_t^f 为：

$$Y_t^f = \left(\frac{1}{\chi_\mu}\right)^{1/(\sigma+\eta)} Z_t^{(1+\eta)/(\sigma+\eta)} \tag{5.16}$$

当价格具有黏性时($\omega > 0$),当企业获得机会调整价格时,必须同时考虑其当前和预期的未来边际成本。式(5.13)为可以设定的最优价格,该价格取决于当前总价格水平 P_t,P_t 由式(5.4)确定。由于调整价格的企业是随机分布的,非价格调整企业的平均价格为 $t-1$ 期所有企业的平均价格。因此,由式(5.4)可知,t 期的平均价格满足:

$$p_t^{1-\theta} = (1-\omega)(p_t^*)^{1-\theta} + \omega P_{t-1}^{1-\theta} \tag{5.17}$$

式(5.13)和式(5.17)共同描绘了价格水平的演变。

5.1.3 市场出清

令 y_{jt} 表示企业 j 在 t 期的产出,c_{jt} 为商品 j 在 t 期的需求,市场出清的要求为:$y_{jt} = c_{jt}$。总产出 Y_t 被定义为:

$$Y_t = \left[\int y_{jt}^{\frac{\theta-1}{\theta}} \mathrm{d}_j\right]^{\frac{\theta}{\theta-1}} \tag{5.18}$$

根据式(5.2)对 C_t 的定义,总体商品市场出清意味着:

$$Y_t = C_t \tag{5.19}$$

由于企业 j 的生产函数为 $y_{jt} = Z_t N_{jt}$,利用式(5.5)可得总就业 N_t 为:

$$N_t \equiv \int N_{jt} \mathrm{d}_j = \int \left(\frac{y_{jt}}{Z_t}\right) \mathrm{d}_j = \left(\frac{Y_t}{Z_t}\right) \int \left(\frac{p_{jt}}{P_t}\right)^{-\theta} \mathrm{d}_j = \left(\frac{C_t}{Z_t}\right) \Delta_t \tag{5.20}$$

其中:

$$\Delta_t = \int \left(\frac{p_{j,t}}{P_t}\right)^{-\theta} \mathrm{d}_j \geqslant 1 \tag{5.21}$$

Δ_t 衡量的是不同企业之间的价格分散度。在弹性价格情况下,企业设定同样的价格,$\Delta_t = 1$,总就业为 $N_t = C_t/Z_t$;在黏性价格情况下,$\Delta_t \geqslant 1$,总就业为 $N_t = (C_t/Z_t)\Delta_t \geqslant (C_t/Z_t)$。

考虑到企业的技术水平相同,当企业的定价不同时,家庭的商品购买组合中廉价品多、昂贵品少,从社会角度来看是低效的。例如,假设商品 j 的价格高于商品 s。为保持消费总量 C_t 为常量,家庭因价格因素而放弃购买每单位 c_{jt},就必须额外购买 $(c_{jt}/c_{st})^{-1/\theta}$ 的商品 s。由于 $c_{jt} < c_{st}$,$\theta > 1$,因此 $(c_{jt}/c_{st})^{-1/\theta} > 1$,少生产 c_{jt} 所解放的劳动力并不足以生产足够的 c_{st} 来维持 C_t 不变,所以保持 C_t 恒定需要更多劳动投入。由于工作产生负效用,价格分散将导致家庭福利损失较大。

($1-\omega$)比例的企业都将价格定为 p_t^*,因此有:$\Delta_t = \int \left(\frac{p_{j,t}}{P_t}\right)^{-\theta} \mathrm{d}_j = (1-\omega)\left(\frac{p_t^*}{P_t}\right)^{-\theta} +$

$\omega\displaystyle\int_{j\in NA}\left(\dfrac{p_{j,t}}{P_t}\right)^{-\theta}\mathrm{d}j$。其中,标记 $j\in NA$,表明第二次计分是对于非调价(NA)企业集合中的企业,非调价企业占比记作 ω。由于对于这些企业有 $p_{j,t}=p_{j,t-1}$,且这些企业是所有企业中的随机样本,$\displaystyle\int_{j\in NA}\left(\dfrac{p_{j,t}}{P_t}\right)^{-\theta}\mathrm{d}j=\int_{j\in NA}\left(\dfrac{p_{t-1}}{P_t}\dfrac{p_{j,t-1}}{p_{t-1}}\right)\mathrm{d}j=\left(\dfrac{P_{t-1}}{P_t}\right)^{-\theta}\Delta_{t-1}$。因此:

$$\Delta_t=(1-\omega)\left(\frac{p_t^{*}}{P_t}\right)^{-\theta}+\omega\left(\frac{P_t}{P_{t-1}}\right)^{-\theta}\Delta_{t-1} \tag{5.22}$$

5.1.4 线性化新凯恩斯模型

私人部门行为的均衡条件有:

$$\begin{cases} C_t^{-\sigma}=\beta(1+i_t)E_t\left(\dfrac{P_t}{P_{t+1}}\right)C_{t+1}^{-\sigma}\,,\ \dfrac{\gamma\left(\dfrac{M_t}{P_t}\right)^{-b}}{C_t^{-\sigma}}=\dfrac{i_t}{1+i_t}\,,\ \dfrac{\chi N_t^{\eta}}{C_t^{-\sigma}}=\dfrac{W_t}{P_t}\,,\ \varphi_t=\dfrac{W_t/P_t}{Z_t} \\[4mm] \left(\dfrac{p_t^{*}}{P_t}\right)=\left(\dfrac{\theta}{\theta-1}\right)\dfrac{E_t\displaystyle\sum_{i=0}^{\infty}\omega^i\beta^i C_{t+i}^{1-\sigma}\varphi_{t+i}\left(\dfrac{p_{t+i}}{P_t}\right)^{\theta}}{E_t\displaystyle\sum_{i=0}^{\infty}\omega^i\beta^i C_{t+i}^{1-\sigma}\left(\dfrac{p_{t+i}}{P_t}\right)^{\theta-1}}\,,\ p_t^{1-\theta}=(1-\omega)(p_t^{*})^{1-\theta}+\omega P_{t-1}^{1-\theta}\,,\ Y_t=C_t \\[4mm] N_t\equiv\displaystyle\int N_{jt}\mathrm{d}j=\int\left(\dfrac{y_{jt}}{Z_t}\right)\mathrm{d}j=\left(\dfrac{Y_t}{Z_t}\right)\int\left(\dfrac{p_{jt}}{P_t}\right)^{-\theta}\mathrm{d}j=\left(\dfrac{C_t}{Z_t}\right)\Delta_t \end{cases}$$

此方程组代表 C_t、N_t、M/P_t、Y_t、φ_t、P_t、p_t^{*}、W_t/P_t、Δ_t 和 i_t 组成的系统,该系统与具体的货币政策联系起来决定经济均衡。

为了对模型进行线性化,这里对模型的非线性化均衡条件在稳态附近作了线性化处理,稳态时的通胀率为零。以 $\hat{x}_t$ 代表变量 X_t 对其稳态偏离的百分比,以上标 f 表示弹性价格均衡。

1. 线性化菲利普斯曲线

式(5.13)和式(5.17)可在零平均通货膨胀稳态均衡附近加以近似,从而得到总量通货膨胀的表达式为:

$$\pi_t=\beta E_t\pi_{t+1}+\tilde{\kappa}\hat{\varphi}_t \tag{5.23}$$

其中,φ_t 为真实边际成本,以对其稳态值偏离的百分比表示,且 $\tilde{\kappa}=\dfrac{(1-\omega)(1-\beta\omega)}{\omega}$ 是每一期能够调整价格的企业所占比例的增函数。

等式(5.23)通常被称为新凯恩斯主义菲利普斯曲线。与更传统的菲利普斯曲线方程不同,新凯恩斯主义菲利普斯曲线表明,驱动通货膨胀过程的是真实边际成本。它也表明通货膨胀过程具有前瞻性,当前的通货膨胀是预期未来通货膨胀的函数。当企业在设定当期价格时,必须关心未来的通货膨胀,因为它在未来若干期不能调整其价格。向前求解式(5.23)有:

$\pi_t = \tilde{\kappa} \sum_{i=0}^{\infty} \beta^i E_t \hat{\varphi}_{t+i}$。 这表明通货膨胀是当前及未来真实边际成本贴现值的函数。

在价格设定者最优化行为,以及所依赖的经济环境假设(垄断竞争、不变弹性需求曲线,以及随机出现的调整价格机会)方面,新凯恩斯主义菲利普斯曲线也不同于传统的菲利普斯曲线。这种区别表明了,边际成本对通货膨胀的影响 $\tilde{\kappa}$ 是如何取决于结构参数 β 和 ω 的。β 上升,意味着企业赋予未来预期利润更高的权重,结果,$\tilde{\kappa}$ 会下降,通货膨胀对当期边际成本的敏感性会降低。价格刚性增强(ω 上升),则 $\tilde{\kappa}$ 也会下降,调整价格机会出现的频率越低,且每期调价企业数量减少时,赋予当期边际成本的权重会越低(对预期未来边际成本的权重会越高)。

等式(5.23)意味着通货膨胀依赖于真实边际成本,但不直接依赖于实际产出与潜在产出之间的缺口。然而,真实边际成本会与产出缺口之间存在相关性。式(5.11)表明企业的真实边际成本等于真实工资与劳动边际产量之商。式(5.14)表明,在弹性价格均衡中,真实边际成本等于 $1/\mu$ 的稳态值。由于假定名义工资具有完全的灵活性,根据式(5.9),真实工资必须等于闲暇与消费之间的边际替代率。

以偏离稳态的百分比来表示,式(5.11)意味着 $\hat{\varphi}_t = \hat{w}_t - \hat{p}_t - \hat{z}_t = \eta \hat{n}_t + \sigma \hat{c}_t - \hat{z}_t$。例如,$\hat{w}_t = \ln w_t - \ln w^{SS}$,$\hat{p}_t = \ln p_t - \ln p^{SS}$,$\hat{z}_t = \ln z_t - \ln z^{SS}$,$\hat{c}_t = \ln c_t - \ln c^{SS}$,$w^{SS}$、$p^{SS}$、$z^{SS}$、$c^{SS}$ 分别表示 w_t、p_t、z_t、c_t 的稳态值(后面的变量表示规则与此相同)。由商品出清条件 $C_t = Y_t$,可得 $\hat{c}_t = \hat{y}_t$。由式(5.20),可得 $N_t = Y_t \Delta_t / Z_t$。求一阶条件,得 $\hat{n}_t = \hat{y}_t - \hat{z}_t$;其中,价格发散项对其稳态的偏离近似(一阶近似)于零。因此,真实边际成本对其稳态值偏离的百分比为:

$$\hat{\varphi}_t = \eta(\hat{y}_t - \hat{z}_t) + \sigma \hat{y}_t - \hat{z}_t = (\sigma + \eta) \left[\hat{y}_t - \left(\frac{1+\eta}{\sigma+\eta} \right) \hat{z}_t \right]$$

为解释 $\hat{z}_t$,对弹性价格产出式(5.16)线性化,得:

$$\hat{y}_t^f = \left(\frac{1+\eta}{\sigma+\eta} \right) \hat{z}_t \tag{5.24}$$

因此,以真实边际成本来表示,式(5.24)变成:

$$\hat{\varphi}_t = (\sigma + \eta)(\hat{y}_t - \hat{y}_t^f) \tag{5.25}$$

将 $x_t \equiv \hat{y}_t - \hat{y}_t^f$ 定义为实际产出与弹性价格均衡产出之间的缺口,利用式(5.25),通货膨胀方程变为:

$$\pi_t = \beta E_t \pi_{t+1} + \kappa x_t \tag{5.26}$$

其中:

$$\kappa = (\sigma + \eta)\tilde{\kappa} = (\sigma + \eta) \left[\frac{(1-\omega)(1-\beta\omega)}{\omega} \right] \tag{5.27}$$

改变企业面临不变规模报酬的假定,若每家企业的生产函数是 $c_{jt} = Z_t N_{jt}^a$,其中 $0 < a \leqslant$

1，必须对结果稍作修正。当 $a<1$ 时，企业 j 的真实边际成本为：$\varphi_{jt}=\dfrac{W_t/P_t}{aZ_tN_{jt}^{a-1}}=\dfrac{W_t/P_t}{ac_{jt}N_{jt}}$。线性化企业 j 的真实边际成本，并利用生产函数可得：

$$\hat{\varphi}_{jt}=(\hat{w}_t-\hat{p}_t)-(\hat{c}_{jt}-\hat{n}_{jt})=(\hat{w}_t-\hat{p}_t)-\left(\frac{a-1}{a}\right)\hat{c}_{jt}-\left(\frac{1}{a}\right)\hat{z}_t \tag{5.28}$$

单个企业的边际成本与平均成本相关，$\varphi_{jt}=(W_t/P_t)/(aC_t/N_t)$，其中：$N_t=\int_0^1 N_{jt}\mathrm{d}j=\int_0^1\left(\frac{c_{jt}}{Z_t}\right)^{1/a}\mathrm{d}j=\left(\frac{c_{jt}}{Z_t}\right)^{1/a}\int_0^1\left(\frac{p_{jt}}{P_t}\right)^{-\theta/a}\mathrm{d}j$。一阶导数后得到：$\hat{n}_t=\left(\frac{1}{a}\right)(\hat{c}_t-\hat{z}_t)$。进而：

$$\hat{\varphi}_t=(\hat{w}_t-\hat{p}_t)-(\hat{c}_t-\hat{n}_t)=(\hat{w}_t-\hat{p}_t)-\left(\frac{a-1}{a}\right)\hat{c}_t-\left(\frac{1}{a}\right)\hat{z}_t \tag{5.29}$$

用式(5.28)减去式(5.29)可得：$\hat{\varphi}_{jt}-\hat{\varphi}_t=-\left(\dfrac{a-1}{a}\right)(\hat{c}_{jt}-\hat{c}_t)$。

利用需求关系式(5.5)表示相对价格项中的 $\hat{c}_{jt}-\hat{c}_t$，得：$\hat{\varphi}_{jt}=\hat{\varphi}_t-\left[\dfrac{\theta(a-1)}{a}\right](\hat{p}_{jt}-\hat{p}_t)$。当 $a<1$ 时，新凯恩斯通货膨胀方程为：$\pi_t=\beta E_t\pi_{t+1}+\tilde{\kappa}\left[\dfrac{a}{a+\theta(1-a)}\right]\hat{\varphi}_t$。弹性价格下的劳动力市场均衡条件变为：$\dfrac{W_t}{P_t}=\dfrac{aZ_tN_t^{a-1}}{\mu}=\dfrac{\chi N_t^{\eta}}{C_t^{-\sigma}}$。该式意味着灵活产出为：$\hat{y}_t^f=\left[\dfrac{1+\eta}{1+\eta+a(\sigma-1)}\right]\hat{z}_t$。当 $a=1$ 时，该式变为式(5.24)。

2. 线性化 IS 曲线

新凯恩斯模型的两大关键，一是式(5.23)的新凯恩斯主义菲利普斯曲线，二是家庭欧拉方程式(5.7)的线性化表达式。在该模型中，忽略资本，没有政府支出或投资，因此消费等于产出。式(5.7)在零通货膨胀稳态附近的近似为：

$$\hat{y}_t=E_t\hat{y}_{t+1}-\left(\frac{1}{\sigma}\right)(\hat{i}_t-E_t\pi_{t+1}-r) \tag{5.30}$$

其中，i_t 为名义利率，r 是稳态实际利率。以产出缺口 $x_t=\hat{y}_t-\hat{y}_t^f$ 来表示，则式(5.30)变为：

$$\hat{x}_t=E_tx_{t+1}-\left(\frac{1}{\sigma}\right)(\hat{i}_t-E_t\pi_{t+1}-r)+u_t \tag{5.31}$$

其中，$u_t\equiv E_t\hat{y}_{t+1}^f-\hat{y}_t^f$，只取决于外生生产率冲击。

若确定了名义利率变动的具体形式，则通货膨胀与产出缺口指标 x_t 的前瞻性和理性预期两方程模型为：

$$\begin{cases}\pi_t=\beta E_t\pi_{t+1}+\kappa x_t\\ \hat{x}_t=E_tx_{t+1}-\left(\dfrac{1}{\sigma}\right)(\hat{i}_t-E_t\pi_{t+1}-r)+u_t\end{cases}$$

此两方程模型构成了一般均衡模型的均衡条件。

3. 均衡的唯一性

假设以式(5.32)中 i_t 的纯外生过程代表货币政策:

$$i_t = r + \upsilon_t \tag{5.32}$$

其中，υ_t 为平稳随机过程。将式(5.32)与式(5.31)和式(5.26)结合在一起，便可将该方程组写成:

$$\begin{bmatrix} 1 & \sigma^{-1} \\ 0 & \beta \end{bmatrix} \begin{bmatrix} E_t x_{t+1} \\ E_t \pi_{t+1} \end{bmatrix} = \begin{bmatrix} 1 & 0 \\ -\kappa & 1 \end{bmatrix} \begin{bmatrix} x_t \\ \pi_t \end{bmatrix} + \begin{bmatrix} \sigma^{-1}\upsilon_t - u_t \\ 0 \end{bmatrix}$$

令方程组等号两侧左乘矩阵 $\begin{bmatrix} 1 & \sigma^{-1} \\ 0 & \beta \end{bmatrix}$ 的逆，则有:

$$\begin{bmatrix} E_t x_{t+1} \\ E_t \pi_{t+1} \end{bmatrix} = M \begin{bmatrix} x_t \\ \pi_t \end{bmatrix} + \begin{bmatrix} \sigma^{-1}\upsilon_t - u_t \\ 0 \end{bmatrix} \tag{5.33}$$

其中:

$$M = \begin{bmatrix} 1 + \dfrac{\kappa}{\sigma\beta} & -\dfrac{1}{\sigma\beta} \\ -\dfrac{\kappa}{\beta} & \dfrac{1}{\beta} \end{bmatrix}$$

当且仅当 M 的特征值位于单位圆外的个数等于前瞻性变量的个数时(本例中为两个)，式(5.33)才有唯一稳定解。在上述矩阵中，只有最大特征值位于单位圆外，才表明存在多重均衡，均衡只是局部的，可能存在静态太阳黑子均衡。

该例说明了外生的政策规则——对内生变量 x 和 π 不作出反应——可能会导致多重均衡。若预期通货膨胀上升，名义利率没有从中得到反馈，实际利率下降，产出缺口增加，从而会提高实际的通货膨胀。因此，预期通货膨胀的变动，即便是由与通货膨胀基本面无关的因素引起的，也会导致实际通货膨胀变动的自我实现。

结论表明，当通货膨胀上升时，货币政策应当大幅提高名义利率，从而提高实际利率，使产出缺口下降，出现唯一均衡。

假设名义利率根据以下规则对通货膨胀作出反应:

$$i_t = r + \delta\pi_t + \upsilon_t \tag{5.34}$$

将式(5.34)与式(5.26)和式(5.31)结合，可以消掉 i_t，方程组的解为:

$$\begin{bmatrix} E_t x_{t+1} \\ E_t \pi_{t+1} \end{bmatrix} = N \begin{bmatrix} x_t \\ \pi_t \end{bmatrix} + \begin{bmatrix} \sigma^{-1}\upsilon_t - u_t \\ 0 \end{bmatrix} \tag{5.35}$$

其中，$N = \begin{bmatrix} 1 + \dfrac{\kappa}{\sigma\beta} & \dfrac{\beta\sigma-1}{\sigma\beta} \\ -\dfrac{\kappa}{\beta} & \dfrac{1}{\beta} \end{bmatrix}$。只要 $\delta > 1$，满足泰勒规则，就存在唯一的稳定均衡。

设想利率不止对通货膨胀作出反应,也根据产出缺口作出反应:$i_t = r + \delta_\pi \pi_t + \delta_x x_t + \upsilon_t$。这种形式的政策规则被称作泰勒规则。在泰勒规则下,保证经济具有唯一稳定均衡的必要条件为:

$$\kappa(\delta_\pi - 1) + (1 - \beta)\delta_x > 0 \tag{5.36}$$

该条件的确定主要取决于政策参数 δ_π 和 δ_x。当通货膨胀上升时,若政策没有充分地提高名义利率,就会导致总需求与产出上升。x 上升会导致实际利率上升,若 δ_x 较大,实际利率上升又会紧缩支出。因此,若政策规则 $\delta_\pi < 1$,仍会得到唯一的稳定均衡。然而,在季度频率下,β 约为 0.99,δ_x 的值需要非常大,才能抵消 $\delta_\pi < 1$ 的影响。

还可以从两方面对模型进行探讨,修正泰勒规则:一是假定某种形式的指数化,即使面临正的稳态通货膨胀率,标准的泰勒规则依然成立。二是货币政策的成本渠道:当调整利率影响真实边际成本时,泰勒规则也会受到很大的影响。

4. 货币政策传导机制

(1) 利率机制。

根据式(5.26)和式(5.31)构成的模型,货币政策可通过控制名义利率来影响实际利率,进而调控产出与通货膨胀。

假设政策规则中的政策冲击(提高名义利率)υ_t 遵循一阶自回归过程:$\upsilon_t = \rho_\upsilon \upsilon_{t-1} + \varepsilon_t$,$\rho_\upsilon$ 为解释系数,ε_t 为随机扰动项。若名义利率上升,会立刻导致通货膨胀和产出缺口下降。这反映了两个变量都具有前瞻性。事实上,通货膨胀与产出缺口反应的持续性,全部源于假定货币政策冲击 υ_t 具有序列相关性。若 $\rho_\upsilon = 0$,在冲击滞后一期,所有变量都会回到其稳态值。

为了分析利率在货币政策影响产出中的作用,可将产出缺口表示为利率缺口的函数。利率缺口为当前利率与弹性价格均衡利率之差。如设 $r_t \equiv i_t - E_t \pi_{t+1}$ 为实际利率,式(5.31)可以写成:

$$x_t = E_t x_{t+1} - \left(\frac{1}{\sigma}\right)(r_t - \tilde{r}_t) \tag{5.37}$$

其中,$\tilde{r}_t \equiv r + \sigma u_t$,即弹性价格均衡时产出水平对应的利率。若对所有时期 t,$r_t = \tilde{r}_t$,则有 $x_t = 0$,产出会保持在没有名义刚性时所能达到的水平。利率缺口 $(r_t - \tilde{r}_t)$ 则概括了名义刚性对实际均衡的影响。

在式(5.37)中,预期产出意味着,一期实际利率的未来路径对当期需求具有重要影响。对式(5.37)向前递归,可得:$x_t = -\left(\frac{1}{\sigma}\right)\sum_{i=0}^{\infty} E_t(r_{t+i} - \tilde{r}_{t+i})$。

一期利率的持久变化会影响未来利率的预期。因此,较之实际利率的临时性变动而言,实际利率的持久性变化对 x_t 的影响会更强烈。

若将资本引入模型,则货币政策的基本传导机制可以扩展到包含投资支出的影响。实际利率上升会降低对资本的需求,从而导致投资支出下降。就投资和消费而言,货币政策的效应都是通过利率传导的。

（2）信贷机制。

除了利率渠道外，人们还通常认为，货币政策既通过信贷渠道间接地影响经济，也会通过货币数量直接影响经济。实际货币余额上升，会通过财富效应增加消费支出。这一渠道被称为庇古效应。庇古效应被认为会产生一种机制：在衰退期，价格水平下降最终会导致实际余额和家庭财富上升，且足以恢复到原有的消费水平。

以上模型中并没有货币数量的直接效应。基本理论模型是从货币效用函数模型推导出来的，由于假设效用函数模型是可分的，所以在式(5.31)和式(5.26)中没有货币数量。若效用模型不可分，则实际货币量的变动会影响消费和/或闲暇的边际效用。这会从两方面影响模型的表达式：第一，实际货币存量会出现在家庭的欧拉条件中，因此会出现在式(5.31)中。第二，在式(5.26)中，产出缺口指标会代替真实边际成本，实际工资等于闲暇与消费之间的边际替代率，若效用函数模型不可分，则闲暇与消费之间的边际替代也会包含实际货币余额。

在均衡时，式(5.8)必然成立。对该方程在稳态附近线性化，可得：

$$\hat{m}_t - \hat{p}_t = \left(\frac{1}{bi^{ss}}\right)(\sigma\hat{y}_t - i_t - i^{ss}) \tag{5.38}$$

给定货币政策当局选择的名义利率，该方程就决定了名义货币量。反之，若政策制定者设定了名义货币量，则必须同时运用式(5.26)、式(5.31)和式(5.38)才能联合求解 x_t、π_t 和 i_t。

5. 加入经济扰动

在式(5.26)和式(5.31)构成的模型中，除了会影响弹性价格产出水平的生产率冲击外，再没有可能导致产出缺口或通货膨胀变动的非货币基本面冲击。然而在这些方程中，引入由其他因素引起的随机冲击也很常见。

设代表性家庭的消费效用受随机冲击约束，随机冲击会改变消费的边际效用和工作的边际负效用。具体来说，对效用函数式(5.1)加以修正，加入随机偏好冲击 Ψ_t 和 χ_t：

$$E_t \sum_{i=0}^{\infty} \beta^i \left[\frac{(\Psi_{t+i}C_{t+i})^{1-\sigma}}{1-\sigma} + \frac{\gamma}{1-b}\left(\frac{M_{t+i}}{P_{t+i}}\right)^{1-b} - \chi_t \frac{N_{t+i}^{1+\eta}}{1+\eta}\right] \tag{5.39}$$

欧拉条件式(5.7)变为：$\Psi_t^{1-\sigma}C_t^{-\sigma} = \beta(1+i_t)E_t(P_t/P_{t+1})(\Psi_{t+1}^{1-\sigma}/C_{t+1}^{-\sigma})$。对该方程在零通货膨胀稳态附近线性化，可得：

$$\hat{c}_t = E_t\hat{c}_{t+1} - \left(\frac{1}{\sigma}\right)(i_t - E_t\pi_{t+1} - r) + \left(\frac{\sigma-1}{\sigma}\right)(E_t\hat{\Psi}_{t+1} - \hat{\Psi}_t) \tag{5.40}$$

除了家庭消费以外，若政府购买最终产品 G_t，商品市场均衡条件变为：$Y_t = C_t + G_t$。以对稳态偏离的百分比来表示，可得：$\hat{y}_t = \left(\frac{C}{Y}\right)^{ss}\hat{c}_t + \left(\frac{G}{Y}\right)^{ss}\hat{g}_t$。将该式代入式(5.40)以消掉 $\hat{c}_t$，然后用 $\hat{y}_t^f + x_t$ 代替 $\hat{y}_t$，则可得到产出缺口的表达式：

$$x_t = E_t x_{t+1} - \tilde{\sigma}^{-1}(i_t - E_t\pi_{t+1} - r) + \xi_t \tag{5.41}$$

其中，$\tilde{\sigma}^{-1} = \sigma^{-1}(C/Y)^{ss}$，$\xi_t \equiv \left(\frac{\sigma-1}{\sigma}\right)\left(\frac{C}{Y}\right)^{ss}(E_t\hat{\Psi}_{t+1} - \hat{\Psi}_t) - \left(\frac{G}{Y}\right)^{ss}(E_t\hat{g}_{t+1} - \hat{g}_t) +$

$(E_t\hat{y}^f_{t+1}-\hat{y}^f_t)$。

方程式(5.41)表示家庭跨期消费最优化的欧拉条件。扰动项源于偏好冲击,偏好冲击又改变了消费的边际效用,也改变了政府采购和弹性价格均衡产出。

定义 $r_t\equiv r+\tilde{\sigma}\xi_t$,式(5.41)可简化为:

$$x_t=E_tx_{t+1}-\left(\frac{1}{\tilde{\sigma}}\right)(i_t-E_t\pi_{t+1}-r_t) \tag{5.42}$$

r_t 是符合零产出缺口的均衡实际利率。即,若对于所有的 t 都有 $x_t=0$,那么真实实际利率 $i_t-E_t\pi_{t+1}$ 必等于 r_t。

通常假定货币政策有两个目标:使平均通货膨胀率保持在低水平且稳定;使产出稳定在充分就业水平附近。若产出目标被认为是将产出稳定在弹性价格均衡产出水平附近,则式(5.26)意味着,中央银行总能达到零产出缺口的目标(即使产出保持在弹性价格均衡水平,同时使通货膨胀保持为零)。对式(5.26)向前求解,即可得:$\pi_t=\kappa\sum_{i=0}^{\infty}\beta^iE_tx_{t+i}$。

将当期和预期产出保持在弹性价格均衡水平,则对 i,均有 E_tx_{t+i} 为零,通货膨胀也保持为零。增加偏好冲击 χ_t 不会影响该结果,但会影响工作和消费之间的边际替代率,并进而影响弹性价格产出水平。

若将误差项加入式(5.26),使:

$$\pi_t=\beta E_t\pi_{t+1}+\kappa x_t+e_t \tag{5.43}$$

则:$\pi_t=\kappa\sum_{i=0}^{\infty}\beta^iE_tx_{t+i}+\sum_{i=0}^{\infty}\beta^iE_te_{t+i}$。只要 $\sum_{i=0}^{\infty}\beta^iE_te_{t+i}\neq0$,使 $\sum_{i=0}^{\infty}\beta^iE_tx_{t+i}=0$ 并不足以让通货膨胀总是保持为零,就出现了产出稳定和通货膨胀稳定之间的交替关系。通货膨胀调整方程中的扰动项,通常被称作成本冲击或通货膨胀冲击。由于这些冲击最终只会影响价格水平,它们也被称为价格冲击。

当前介绍的模型中,存在两种扭曲:一种是由垄断竞争引起的,另一种是由名义价格黏性引起的。垄断竞争扭曲意味着,即便价格是灵活的,弹性价格产出也会低于有效产出水平。然而,以不完全竞争导致的加成来衡量,它们之间的缺口是恒定的。因此,对模型线性化时,弹性价格产出与有效产出对其各自稳态值偏离的百分比是相等的。若存在时变扭曲,如随机变动的商品或劳动力市场加成,或扭曲性税收,则这两类产出的波动会有所不同。在这种情况下,若 x_t 为福利最大化产出水平对其稳态的偏离(福利缺口):$x_t=x^w_t+\delta_t$。其中,δ_t 表示随机扭曲。政策制定者关注的是使 x^w_t 的波动更稳定,可将菲利普斯曲线式写成:

$$\pi_t=\beta E_t\pi_{t+1}+\kappa x_t=\beta E_t\pi_{t+1}+\kappa x^w_t+\kappa\delta_t \tag{5.44}$$

进而得到政策制定者面对的相应约束。式(5.44)中,$\kappa\delta_t$ 充当成本冲击,若没有产出缺口 x^w_t 的波动,则当实现的 δ 为非零时,不能达到稳定通货膨胀的目的。式(5.44)的含义之一为,成本冲击的方差依赖于 κ^2。因此,若价格刚性比较高,则 κ 会比较小,成本冲击的波动性也会相应地较小。

新凯恩斯模型中,假定决定需求价格弹性的家庭偏好参数 θ 为时变的,从而将扰动项引入通货膨胀模型。此修正导致随机加成问题,使弹性价格产出和有效产出间出现缺口,在式(5.44)的通胀方程中产生了成本冲击。

5.2 货币政策分析

基本新凯恩斯模型的形式为:

$$x_t = E_t x_{t+1} - \left(\frac{1}{\sigma}\right)(i_t - E_t\pi_{t+1} - r_t) \tag{5.45}$$

$$\pi_t = \beta E_t\pi_{t+1} + \kappa x_t + e_t \tag{5.46}$$

其中,x_t 为 t 期产出缺口,i_t 为 t 期名义利率,π_t 为 t 期通货膨胀率,变量均以其对稳态值偏离的百分比表示。需求扰动 r_t 可能源于 t 期人们的偏好冲击、弹性价格均衡产出水平的波动,或者政府对商品和服务购买的冲击。e_t 为 t 期成本冲击,反映加成价格的外生随机变化。

5.2.1 政策目标

很多基于代表性家庭的效用推导政策目标的文献只关注无现金经济的情况,故而实际货币余额没有出现在效用函数中。因此,假设代表性家庭寻求式(5.47)的最大化:

$$E_t \sum_{i=0}^{\infty} \beta^i \left[\frac{C_{t+i}^{1-\sigma}}{1-\sigma} - \chi \frac{N_{t+i}^{1+\eta}}{1+\eta}\right] \tag{5.47}$$

其中,总消费 C_t 如式(5.2)所定义。人们预期贴现值对稳态效用的偏离可近似为:

$$E_t \sum_{i=0}^{\infty} \beta^i V_{t+i} \approx -\Omega E_t \sum_{i=0}^{\infty} \beta^i \left[\pi_{t+i}^2 + \lambda(x_{t+i} - x^*)^2\right] + t.i.p. \tag{5.48}$$

其中,$t.i.p.$ 表示独立于货币政策的项,x_t 为产出与弹性价格下产出之间的缺口,x^* 为稳态有效产出水平(无垄断扭曲)与实际的稳态产出之间的缺口。参数 λ 控制了代表性家庭在通胀波动和实际经济活动波动之间的偏好取舍。

$$\lambda = \left[\frac{(1-\omega)(1-\omega\beta)}{\omega}\right]\left(\frac{\sigma+\eta}{\theta}\right) = \frac{\kappa}{\theta} \tag{5.49}$$

其中,κ 为通胀相对于产出缺口的弹性。ω 为每期不调整价格的企业比例;ω 上升代表价格黏性程度增加,并降低了产出缺口在福利函数中的权重。价格刚性提高,通胀变化使相对价格更加发散,导致福利损失增加。通胀的福利成本还取决于单个企业面临的价格需求弹性 θ,θ 上升意味着家庭对相对价格变化的反应加强。因此随着家庭支出从高价企业转向低价企业,一定水平的相对价格发散将产生更大的扭曲。此种情况下,通过稳定通胀来避免价格发散变得至关重要,因此 λ 下降。

5.2.2 政策权衡

基本新凯恩斯通货膨胀调整方程式(5.26)不包括被加入式(5.46)中的扰动项 e_t,这意味着,使通货膨胀率保持为零的政策,与使产出缺口保持为零的政策之间,不会存在冲突。假设 $x^* = 0$,若中央银行要使代表性家庭的预期效用最大化,那么它必须使产出保持在弹性价格均衡产出水平上;也必须使通货膨胀为零,以消除因通货膨胀带来的代价不菲的相对价格发散性。

基本新凯恩斯模型的一个重要含义在于,货币政策的正确目标是保持价格稳定。在无货币扭曲与 $x^* = 0$ 的基本模型里,只出现了一种名义刚性,价格稳定是最优的。用货币政策的单一工具,就可消除单一名义刚性的福利损失。若将名义工资刚性作为第二种名义刚性引入基本新凯恩斯框架,人们福利的近似会包括工资上涨项,同时也包含出现在式(5.44)中的产出缺口项。单一货币政策不能同时消除两个扭曲——黏性价格与黏性工资。

5.2.3 最优承诺与相机抉择

设中央银行试图使如式(5.48)的二次损失函数最小化。损失函数是以通货膨胀和产出相对于其弹性价格均衡水平来界定的。假设产出与其有效值之间的稳态缺口为零($x^* = 0$),则中央银行的损失函数为:

$$L_t = \left(\frac{1}{2}\right) E_t \sum_{i=0}^{\infty} \beta^i (\pi_{t+i}^2 + \lambda x_{t+i}^2) \tag{5.50}$$

考虑其他两种政策体制:相机抉择制与承诺。在相机抉择制下,给定经济状态和私人部门的预期,中央银行每一期都最优地行事。若公众知晓中央银行每期的最优化行动,则中央银行对未来通货膨胀的任何承诺都不是可信的。在承诺的体制下,中央银行可以使它对未来的承诺具有可信性。通过承诺未来采取某种行动,中央银行可以影响公众对未来通货膨胀的预期。

1. 承诺

中央银行能事先承诺当前与未来通货膨胀、产出缺口的路径,在预期 IS 曲线式(5.45)和通货膨胀方程式(5.46)的约束下,使损失函数式(5.50)最小化。以 θ_{t+i} 和 Ψ_{t+i} 表示 $t+i$ 期约束条件式(5.45)和式(5.46)的拉格朗日乘子。中央银行的最终目标是选择 i_{t+i}、π_{t+i} 和 x_{t+i},使

下式最小化: $E_t \sum_{i=0}^{\infty} \beta^i \left\{ \begin{array}{l} \frac{1}{2}(\pi_{t+i}^2 + \lambda x_{t+i}^2) + \theta_{t+i}[x_{t+i} - x_{t+i+1} + \sigma^{-1}(i_{t+i} - \pi_{t+i+1} - r_{t+i})] \\ + \Psi_{t+i}(\pi_{t+i} - \beta\pi_{t+i+1} - \kappa x_{t+i} - e_{t+i}) \end{array} \right\}$。

i_{t+i} 的一阶条件为: $\sigma^{-1} E_t(\theta_{t+i}) = 0$,$i \geq 0$。因此,对所有 $i \geq 0$,$\theta_t = E_t(\theta_{t+i}) = 0$。该结果意味着,只要没有对调整名义利率施加限制,或者调整名义利率没有成本,式(5.45)就没有对中

央银行施加实际的约束。给定中央银行对产出缺口和通货膨胀进行最优选择,则式(5.45)决定了为达到理想的 x_t 值所必需的 i_t。因此,将 x_t 视为中央银行的政策工具,并放弃将式(5.45)作为显性约束,通常更为方便。

令 $\theta_t = E_t(\theta_{t+i}) = 0$,$\pi_{t+i}$ 和 x_{t+i} 的一阶条件可以写成:

$$\pi_t + \Psi_t = 0 \tag{5.51}$$

$$E_t(\pi_{t+i} + \Psi_{t+i} - \Psi_{t+i-1}) = 0, \ i \geqslant 1 \tag{5.52}$$

$$E_t(\lambda x_{t+i} - \kappa \Psi_{t+i}) = 0, \ i \geqslant 0 \tag{5.53}$$

式(5.51)和式(5.52)揭示了最优事先承诺政策的动态不一致。在 t 期,中央银行设定 $\pi_t = -\Psi_t$,并承诺未来使 $\pi_{t+1} = -(\Psi_{t+1} - \Psi_t)$。但是,当 $t+1$ 期到来时,中央银行重新最优化,将 $\pi_{t+1} = -\Psi_{t+1}$ 设定为最优通货膨胀。即一阶条件式(5.51)会在 $t+1$ 期更新。

最优事先承诺政策的另一种定义要求中央银行在所有时期(包括当期)都按条件式(5.52)和式(5.53)实施货币政策,也被称为永久视角事先承诺方法。

将式(5.52)和式(5.53)结合起来,在永久视角事先承诺政策下,对所有 $i \geqslant 0$,通货膨胀和产出缺口满足:

$$\pi_{t+i} = -\left(\frac{\lambda}{\kappa}\right)(x_{t+i} - x_{t+i-1}) \tag{5.54}$$

利用该等式消掉式(5.46)中的通货膨胀,重新整理后得:

$$\left(1 + \beta + \frac{\kappa^2}{\lambda}\right)x_t = \beta E_t x_{t+1} + x_{t-1} - \frac{\kappa}{\lambda}e_t \tag{5.55}$$

从此预期差分方程求解 x_t,可得到 $x_t = a_x x_{t-1} + b_x e_t$ 的解。为确定系数 a_x 和 b_x,若 $e_t = \rho e_{t-1} + \varepsilon_t$,则假设的解意味着 $E_t x_{t+1} = a_x x_t + b_x \rho e_t = a_x^2 x_{t-1} + (a_x + \rho)b_x e_t$。将此代入式(5.55),并使系数相等,参数 a_x 是二次方程 $\beta a_x^2 - \left(1 + \beta + \frac{\kappa^2}{\lambda}\right)a_x + 1 = 0$ 小于 1 的根。b_x 等于 $-\left\{\dfrac{\kappa}{\lambda[1 + \beta(1-\rho-a_x)] + \kappa^2}\right\}$。

由式(5.54)可得,永久视角政策下的均衡通货膨胀为:

$$\pi_t = \left(\frac{\lambda}{\kappa}\right)(1-a_x)x_{t-1} + \left[\frac{\lambda}{\lambda[1 + \beta(1-\rho-a_x)] + \kappa^2}\right]e_t \tag{5.56}$$

即使 $\rho = 0$,模型自身也没有持续性的天然来源;$a_x > 0$ 和事先承诺政策会使产出缺口和通货膨胀过程具有惯性特征。由于中央银行对滞后产出缺口[见式(5.54)]作出响应,缺口过去的变动会继续影响当期通货膨胀。承诺的这种惯性意味着中央银行在 t 期的行动,会影响预期未来通货膨胀,可导致产出缺口与通货膨胀变动性之间的交替关系更强。

目标规则或标准:如式(5.54)的政策,是从中央银行的一阶条件推导出来的,且只包含出现在目标函数中的变量,表示中央银行应当保持的各目标变量之间的关系。

在永久视角下,通货膨胀式(5.54)是当前及滞后产出各期相同的函数,若在任何时期,依照早前最优承诺计划来实施政策,那政策便有连续性特性。

最优连续政策要求政策工具 x_t 为时不变函数。政策使目标函数的无条件期望最小化,因此,政策问题的拉格朗日函数为:

$$\widetilde{EL} = \widetilde{E}\left\{E_t \sum_{i=0}^{\infty} \beta^i \left[\frac{1}{2}(\pi_{t+i}^2 + \lambda x_{t+i}^2) + \Psi_{t+i}(\pi_{t+i} - \beta E_t \pi_{t+i+1} - \kappa x_{t+i} - e_{t+i})\right]\right\}$$

其中,$\widetilde{E}$ 表示无条件期望算子。由于 $\widetilde{E}E_t\Psi_{t+i}\pi_{t+i+1} = E\Psi_{t-1}\pi_t$,无条件拉格朗日函数可表示为:$EL = \left(\frac{1}{1-\beta}\right)\widetilde{E}\left\{\left[\frac{1}{2}(\pi_t^2 + \lambda x_t^2) + \Psi_t\pi_t - \beta\Psi_{t-1}\pi_t - \kappa\Psi_t x_t - \Psi_t e_t\right]\right\}$。则一阶条件为:

$$\pi_t + \Psi_t - \beta\Psi_{t-1} = 0 \tag{5.57}$$
$$\lambda x_t - \kappa\Psi_t = 0$$

将式(5.57)中的两式结合起来,消除拉格朗日乘子,得到最优无条件连续政策为:

$$\pi_t = -\left(\frac{\lambda}{\kappa}\right)(x_t - \beta x_{t-1}) \tag{5.58}$$

2. 相机抉择

若中央银行采取相机抉择,在通货膨胀调整方程式(5.46)的约束下,每一期的行动都使损失函数式(5.50)最小化。由于中央银行在 t 期的决策不会在未来时期对它产生约束,中央银行不能影响私人部门对未来通货膨胀的预期。因此,中央银行决策问题变为单期问题,即在通货膨胀调整方程式(5.46)的约束下,使 $\pi_t^2 + \lambda x_t^2$ 最小化。

该问题的一阶条件为:

$$\kappa\pi_t + \lambda x_t = 0 \tag{5.59}$$

方程式(5.59)是相机抉择下的最优目标规则。中央银行在 t 期关于通货膨胀与产出缺口的一阶条件,与在相机抉择下或者在完全最优事前承诺政策下是相同的(但与永久视角政策下不同)。但在 $t+1$ 期,两种政策体制下会出现差别。

利用式(5.59)消掉通货膨胀调整方程中的通货膨胀,可以得到相机抉择下的通货膨胀与产出缺口的均衡表达式:

$$\left(1+\frac{\kappa^2}{\lambda}\right)x_t = \beta E_t x_{t+1} - \left(\frac{\kappa}{\lambda}\right)e_t \tag{5.60}$$

均衡通货膨胀为:

$$\pi_t = -\left(\frac{\lambda}{\kappa}\right)x_t = \left[\frac{\lambda}{\lambda(1-\beta\rho)+\kappa^2}\right]e_t \tag{5.61}$$

根据式(5.61),无条件预期通货膨胀为零,在相机抉择下,没有平均通货膨胀倾向。

3. 相机抉择对承诺

通过对两种政策模型进行校准和数值求解均衡,可以得出:

在最优事前承诺下,当产出缺口和通货膨胀对临时的、一个标准差成本推动冲击响应时,冲击本身无持续性,但产出缺口存在非常强的正序列相关性。在正向成本冲击后,若中央银行将产出保持在低于潜在水平(负的产出缺口)若干期,能降低未来通货膨胀预期。在正向通货膨胀冲击后,降低 $E_t\pi_{t+1}$,会改善中央银行面临的通货膨胀与产出缺口稳定化之间的交替关系。

在相机抉择下,不存在惯性。在冲击发生后当期,产出缺口和通货膨胀都回到其稳态值。

承诺与相机抉择下稳定化响应的差别,源于相机抉择下的稳定化倾向。在相机抉择下,中央银行抵消成本冲击对通货膨胀影响的唯一工具是产出缺口。当 e_t 的实现值为正时,x_t 必须下降,以稳定通货膨胀。而在承诺下,中央银行有两个工具,既可以影响 x_t,又可以影响 $E_t\pi_{t+1}$,可以制造 $t+1$ 期紧缩的预期。

利用式(5.45),可以推导出利率确定方程。例如,在最优相机抉择下,产出缺口为:$x_t = -\left[\dfrac{\kappa}{\lambda(1-\beta\rho)+\kappa^2}\right]e_t$。通货膨胀由式(5.61)给定。利用式(5.61)和前述产出缺口公式求 $E_t x_{t+1}$ 和 $E_t\pi_{t+1}$,然后从式(5.45)求解 i_t,得:

$$i_t = E_t\pi_{t+1} + \sigma(E_t x_{t+1} - x_t) = \left[\frac{\lambda\rho+(1-\rho)\sigma\kappa}{\lambda(1-\beta\rho)+\kappa^2}\right]e_t \tag{5.62}$$

式(5.62)是名义利率的简化式解,描述了最优相机抉择下的均衡名义利率行为。调整名义利率,以完全抵消需求扰动 r_t 对产出缺口的影响。结果,r_t 既不影响通货膨胀,也不影响产出缺口。

4. 承诺规则

在由式(5.45)和式(5.63)构成的模型里,唯一的状态变量是当期实现的成本冲击 e_t,设中央银行能够承诺的规则为:

$$x_t = b_x e_t \tag{5.63}$$

由于 x_t 由式(5.63)给定,通货膨胀满足:$\pi_t = \beta E_t\pi_{t+1} + \kappa b_x e_t + e_t$。此预期差分方程的解为:

$$\pi_t = b_\pi e_t, \ b_\pi = \frac{1+\kappa b_x}{1-\beta\rho} \tag{5.64}$$

利用式(5.63)和式(5.64),损失函数可以写为:$\left(\dfrac{1}{2}\right)E_i\sum_{i=0}^{\infty}\beta^i(\pi_{t+i}^2 + \lambda x_{t+i}^2) = \left(\dfrac{1}{2}\right)\sum_{i=0}^{\infty}\beta^i\left[\left(\dfrac{1+\kappa b_x}{1-\beta\rho}\right)^2 + \lambda b_x^2\right]E_t e_{t+i}^2$。当 $b_x = -\left[\dfrac{\kappa}{\lambda(1-\beta\rho)^2+\kappa^2}\right]$ 时,该式取最小值。将其代入式(5.64),可得均衡通货膨胀:

$$\pi_t = \left(\frac{1+\kappa b_x}{1-\beta\rho}\right)e_t = \left[\frac{\lambda(1-\beta\rho)}{\lambda(1-\beta\rho)^2+\kappa^2}\right]e_t \tag{5.65}$$

将最优相机抉择下通货膨胀的解[即式(5.61)],与简单规则承诺下的解[即式(5.65)]进行比较,会得出:若 $\rho=0$,成本冲击是序列不相关的,则这两个解是相等的;若 $0<\rho<1$,相对于简单规则承诺下而言,在相机抉择下存在一个稳定化倾向。

若在相机抉择环境下,存在保守中央银行家(保守中央银行家赋予通货膨胀的权重较社会损失函数中反映的权重更高),则式(5.61)意味着通货膨胀与下式相等:$\pi_t\left[\dfrac{\hat{\lambda}}{\hat{\lambda}(1-\beta\rho)+\kappa^2}\right]e_t$。将其与式(5.65)比较可得,若对任命的中央银行家 $\hat{\lambda}=\lambda(1-\beta\rho)<\lambda$,则相机抉择解与最优简单规则承诺下的解完全一致。此类中央银行家,较之其赋予产出缺口与通货膨胀稳定的权重等于社会损失函数中的 λ 时,在相机抉择下能够更好地稳定通货膨胀。由于公众知道对成本冲击的反应较小,当出现正向冲击 e_t 时,未来预期通货膨胀的上升也会较小。结果,以较小的产出缺口的下降,稳定了当期的通货膨胀。

5. 内生持续性

若将滞后通货膨胀加入式(5.46),其系数在统计上和经济上都是非常显著的。

为分析当通货膨胀既依赖于预期的未来通货膨胀,也依赖于滞后通货膨胀时的影响,设以下式代替式(5.46):

$$\pi_t=(1-\phi)\beta E_t\pi_{t+1}+\phi\pi_{t-1}+\kappa x_t+e_t \tag{5.66}$$

其中,系数 ϕ 表示通货膨胀后顾性行为的程度。若中央银行的目标是使损失函数式(5.50)最小化,相机抉择下的政策问题可以用价值函数来表示:

$$V(\pi_{t-1},e_t)=\min_{\pi_t,x_t}\left\{\frac{1}{2}(\pi_t^2+\lambda x_t^2)+\beta E_tV(\pi_t,e_{t+1})\right.$$
$$\left.+\Psi_t[\pi_t-(1-\phi)\beta E_t\pi_{t+1}-\phi\pi_{t-1}-\kappa x_t-e_t]\right\} \tag{5.67}$$

由于滞后通货膨胀是内生状态变量,价值函数依赖于 π_{t-1}。

假设价值函数的形式为:

$$V(\pi_{t-1},e_t)=a_0+a_1e_t+\frac{1}{2}a_2e_t^2+a_3e_t\pi_{t-1}+a_4\pi_{t-1}+\frac{1}{2}a_5\pi_{t-1}^2 \tag{5.68}$$

其中,a_0、a_1、a_2、a_3、a_4、a_5 分别为常数项以及 e_t、e_t^2、$e_t\pi_{t-1}$、π_{t-1}、π_{t-1}^2 的解释系数。这里需求解 $E_tV(\pi_t,e_{t+1})$。其中,$E_tV_\pi(\pi_t,e_{t+1})=a_3E_te_{t+1}+a_4+a_5\pi_t$,若假定成本冲击序列不相关,$E_te_{t+1}=0$,则式(5.68)中仅有未知系数 a_4 和 a_5 发挥作用。

通货膨胀的解的形式为:

$$\pi_t=b_1e_t+b_2\pi_{t-1} \tag{5.69}$$

由此推测解可得 $E_t\pi_{t+1}=b_2\pi_t$。将该预期未来通货膨胀表达式代入式(5.66),可得:

$$\pi_t=\frac{\kappa x_t+\phi\pi_{t-1}+e_t}{1-(1-\phi)\beta b_2} \tag{5.70}$$

这意味着 $\partial\pi_t/\partial x_t=\kappa/[1-(1-\phi)\beta b_2]$。结合式(5.70),可得中央银行决策问题式(5.67)中 x_t 最优选择的一阶条件为:

$$\left[\frac{\kappa}{1-(1-\phi)\beta b_2}\right]\left[\pi_t+\beta E_t V_\pi(\pi_t,\ e_{t+1})\right]+\lambda x_t=0 \tag{5.71}$$

利用式(5.70)消除式(5.71)中的 x_t，并结合 $E_t V_\pi(\pi_t,\ e_{t+1})=a_4+a_5\pi_t$，可得：

$$\pi_t=\left[\frac{\Psi}{\kappa^2(1+\beta a_5)+\lambda\Psi^2}\right]\left[\lambda\phi\pi_{t-1}+\lambda e_t-\left(\frac{\beta\kappa^2}{\Psi}\right)a_4\right] \tag{5.72}$$

其中，$\Psi\equiv 1-(1-\phi)\beta b_2$。

由包络定理和式(5.71)，有 $V_\pi(\pi_{t-1},\ e_t)=a_3 e_t+a_4+a_5\pi_{t-1}=\left[\frac{\phi}{1-(1-\phi)\beta b_2}\right][\pi_t+$

$E_t V_\pi(\pi_t,\ e_{t+1})]=-\left(\frac{\lambda\phi}{\kappa}\right)x_t$。

利用式(5.70)消除 x_t 得：

$$V_\pi(\pi_{t-1},\ e_t)=-\left(\frac{\lambda\phi}{\kappa}\right)\left[\frac{\Psi\pi_t-\phi\pi_{t-1}-e_t}{\kappa}\right]=-\left(\frac{\lambda\phi}{\kappa}\right)\left[\frac{(\Psi b_2-\phi)\pi_{t-1}+(\Psi b_1-1)e_t}{\kappa}\right]$$
$$\tag{5.73}$$

由式(5.68)推出，$V_\pi(\pi_{t-1},\ e_t)=a_3 e_t+a_4+a_5\pi_{t-1}$。与式(5.73)对比可知：$a_4=0$，

$a_3=\lambda\phi\left(\frac{1-\Psi b_1}{\kappa^2}\right)$，$a_5=\lambda\phi\left(\frac{\phi-\Psi b_2}{\kappa^2}\right)$。将以上结果代入式(5.72)，可得出：$\pi_t=$

$\left[\frac{\Psi}{\kappa^2+\beta\lambda\phi(\phi-\Psi b_2)+\lambda\Psi^2}\right](\lambda\phi\pi_{t-1}+\lambda e_t)$。使其系数与式(5.69)相等，得出：

$$b_1=\left[\frac{\lambda\Psi}{\kappa^2+\beta\lambda\phi(\phi-\Psi b_2)+\lambda\Psi^2}\right],\ b_2=\left[\frac{\lambda\Psi\phi}{\kappa^2+\beta\lambda\phi(\phi-\Psi b_2)+\lambda\Psi^2}\right] \tag{5.74}$$

可采用数值技术了解通货膨胀后顾性的影响。相较于 $\phi=0$ 的情况，$\phi=0.5$ 时的产出缺口与通货膨胀在相机抉择下都更具持续性。

采用永久视角，在式(5.66)的约束下，使式(5.50)最大化，可得如下一阶条件：$\pi_t=$ $(1-\phi)\beta E_t\pi_{t+1}+\phi\pi_{t-1}+\kappa x_t+e_t+\pi_t+\Psi_t-(1-\phi)\Psi_{t-1}-\beta\phi E_t\Psi_{t+1}=0$，$\lambda x_t-\kappa\Psi_t=0$。其中，$\Psi_t$ 为式(5.66)的拉格朗日乘子。消除掉该乘子，最优目标准则变为：

$$\pi_t=-\left(\frac{\lambda}{\kappa}\right)\left[x_t-(1-\phi)x_{t-1}-\beta\phi E_t x_{t+1}\right] \tag{5.75}$$

在政策设计过程中，若政策对经济的影响具有时滞性时，政策制定者必须具有前瞻性。

6. 目标制与工具规则

给中央银行分配一个目标的政策体制，通常被称为目标制。目标制可定义为：第一，中央银行损失函数(目标)中的变量；第二，分配给这些目标的权重，在相机抉择下，使预期损失函数的贴现值最小化。

(1) 通货膨胀目标。

通货膨胀目标制可以视为给中央银行的目标函数分配如下形式的任务：

$$L_t^{IT} = \left(\frac{1}{2}\right) E_t \sum_{i=0}^{\infty} \beta^i \left[(\pi_{t+i} - \pi^T)^2 + \lambda_{IT} x_{t+i}^2 \right] \tag{5.76}$$

其中，π^T 为目标通货膨胀率，λ_{IT} 为达到产出缺口目标相对于通货膨胀目标而分配的权重。在社会损失函数[式(5.50)]下，赋予产出缺口稳定化的权重 λ_{IT} 可能会有所不同。假定中央银行既关注产出稳定化，又关注通货膨胀稳定化，那么这种 $\lambda_{IT} > 0$ 的通货膨胀目标制被称为灵活通货膨胀目标制。

在政策分析中，中央银行的工具 i_t 既可以影响产出，又可以影响通货膨胀，但在现实中政策的实施与产生影响之间存在时滞性。若在 t 期采取的政策决策只会影响未来的产出与通货膨胀，则中央银行在制定决策时，必须依赖对未来的预期。在分析政策滞后的情形时，通货膨胀预期目标极为重要。设想中央银行必须在观测到 t 期的所有信息之前设定 i_t，这意味着中央银行不能对 t 期当期的冲击作出反应，在 t 期发生的有关冲击的信息会影响中央银行对 i_{t+1} 的选择，从而影响 x_{t+1} 和 π_{t+1}。假定式(5.45)中的需求冲击序列不相关，中央银行的目标是选择 i_t，使下式最小化：$\left(\frac{1}{2}\right) E_{t-1} \sum_{i=0}^{\infty} \beta^i \left[(\pi_{t+i} - \pi^T)^2 + \lambda_{IT} x_{t+i}^2 \right]$。其中，期望算子下标 $(t-1)$ 反映中央银行在制定政策时可得到的信息。基于中央银行的信息，对 i_t 的约束条件——式(5.45)和式(5.46)——取期望，可得：

$$E_{t-1} x_t = E_{t-1} x_{t+1} - \left(\frac{1}{\sigma}\right)(i_t - E_{t-1}\pi_{t+1} - E_{t-1}r_t) \tag{5.77}$$

$$E_{t-1}\pi_t = \beta E_{t-1}\pi_{t+1} + \kappa E_{t-1}x_t + \rho e_{t-1} \tag{5.78}$$

其中，成本冲击遵循一阶向量自回归过程：$e_t = \rho e_{t-1} + \varepsilon_t$。在相机抉择下，中央银行选择 i_t 的一阶条件意味着：

$$E_{t-1}\left[\kappa(\pi_t - \pi^T) + \lambda x_t \right] = 0 \tag{5.79}$$

重新整理可得：$E_{t-1} x_t = -\left(\frac{\kappa}{\lambda}\right) E_{t-1}(\pi_t - \pi^T)$。因此，若中央银行预测 t 期的通货膨胀会超过其目标值，它就应当调整政策，保证预测的产出缺口为负。

（2）其他目标制。

诸多目标制都会假定损失既定时，中央银行相机抉择地选择政策。选择损失函数中参数的最优值，以使社会损失函数式的无条件期望达到最小。

价格水平目标下，传统观点认为，试图稳定价格水平，会导致不合意的产出波动。若正向冲击导致了价格水平上涨，要将价格水平降到目标值，则需要采取紧缩政策，但紧缩政策会带来高昂成本。

（3）工具规则。

政策分析采用两种方法：一是从中央银行具体的目标函数出发，然后推导出最优政策工具；二是直接确定工具规则。最著名的工具规则是泰勒规则。泰勒曾证明美国联邦基金的利率能很好地拟合如下规则：$i_t = r^* + \pi_t + 0.5 x_t + 1.5(\pi_t - \pi^T)$。其中，$\pi_t$ 为平均通货膨胀目标水平[泰勒假定为 2%，r^* 为均衡实际利率(也假定为 2%)]。泰勒规则经常被一般化为：

$$i_t = r^* + \pi_t + a_x x_t + a_\pi (\pi_t - \pi^T) \tag{5.80}$$

若产出缺口非零，或者通货膨胀偏离目标水平，名义利率就应偏离与经济均衡相称的实际利率和目标通货膨胀率。正向产出缺口导致名义利率上升；实际通货膨胀超过目标值时，名义利率上升。

在正常情况下，当政策利率与通货膨胀和产出缺口变量之间进行回归时，滞后名义利率在统计上是显著的，且系数较大。对此有两种解释：一是它反映在最优事前承诺政策下引起的惯性行为上；二是表明中央银行是逐渐将利率调整到合意水平的。例如，设 i_t^* 为中央银行政策工具合意的利率，若中央银行希望保持金融市场的稳定，且避免较大幅度的利率变动，就会出现利率平滑目标，逐步将 i_t 调整到 i_t^*，i_t 的局部调整模型如下所示：

$$i_t = i_{t-1} + \theta(i_t^* - i_{t-1}) = (1-\theta)i_{t-1} + \theta i_t^* \tag{5.81}$$

估计 i_{t-1} 的系数，若其值接近于 1，则说明 θ 很小，在每一期，中央银行只是很小地缩小其政策利率与合意利率之间的差距。

也有研究反驳中央银行缓慢调整利率的观点，Sack(2000)认为，经济扰动持续性和不完善信息，导致工具规则中滞后利率参数的不确定性，使美联储只能渐进调整。

7. 模型不确定性

以上分析一直假定，中央银行确切地知道经济的真实模型，产出与通货膨胀的波动仅源于具有可加性误差的扰动。此种情况下，线性二次模型使得确定性等价成立，中央银行的行动依赖于其对未来变量的预期，而不依赖于预期的不确定性。当误差项以乘数形式进入模型，如当模型参数未知时，等价性不成立。Brainard(1967)建立了可乘不确定性的经典模型，其结论为当政策工具对经济的影响存在不确定性时，较之没有不确定性时，最优反应应该更加谨慎。下面对此结论进行说明。

设通货膨胀调整方程式(5.46)修改为如下形式：

$$\pi_t = \beta E_t \pi_{t+1} + \kappa_t x_t + e_t \tag{5.82}$$

其中，$\kappa_t = \bar{\kappa} + \upsilon_t$，$\upsilon_t$ 为白噪声随机过程。在此模型中，中央银行不清楚缺口 x_t 对通货膨胀的确切影响。中央银行猜测的最佳系数为 $\bar{\kappa}$，而实际实现的是 κ_t。中央银行必须在观察到实际实现的 υ_t 之前选择其政策。

为了分析系数不确定性对最优政策的影响，假设政策是相机抉择的，中央银行的损失函数为：$L = \frac{1}{2} E_t (\pi_t^2 + \lambda x_t^2)$。并假设以相机抉择方式实施政策。此外，假设成本冲击 e_t 序列不相关。

在相机抉择下，中央银行视 $E_t \pi_{t+1}$ 为既定的，政策 x_t 最优选择的一阶条件为：$E_t(\pi_t \kappa_t + \lambda x_t) = 0$。由于假定所有随机扰动都是序列不相关的，预期通货膨胀率为零，因此，由式(5.82)知 $\pi_t = \kappa_t x_t + e_t$。利用此式将一阶条件写成：$E_t[(\kappa_t x_t + e_t)\kappa_t + \lambda x_t] = (\bar{\kappa}^2 + \sigma_\upsilon^2)x_t + \bar{\kappa} e_t + \lambda x_t = 0$。解 x_t，可得：

$$x_t = -\left(\frac{\bar{\kappa}}{\lambda + \bar{\kappa}^2 + \sigma_v^2}\right)e_t \qquad (5.83)$$

式(5.83)可被视为无参数不确定性时,对成本冲击的最优相机响应。在此情况下,$\sigma_v^2 = 0$,以及 $x_t = -\left(\frac{\bar{\kappa}}{\lambda + \bar{\kappa}^2}\right)e_t$。

可乘参数不确定性($\sigma_v^2 > 0$)降低了 e_t 对 x_t 的影响。当不确定性上升时,最优响应是对 e_t 作出较小的反应,即在制定政策时,应更为谨慎地采取行动。

利用式(5.83),通货膨胀调整方程式(5.82)变为 $\pi_t = \kappa_t x_t + e_t = \left(\frac{\lambda + \sigma_v^2 - \bar{\kappa}(\kappa_t - \bar{\kappa})}{\lambda + \bar{\kappa}^2 + \sigma_v^2}\right)e_t = \left(\frac{\lambda + \sigma_v^2 - \bar{\kappa}v_t}{\lambda + \bar{\kappa}^2 + \sigma_v^2}\right)e_t$。

由于假定两个扰动 v_t 和 e_t 是不相关的,通货膨胀的无条件方差随 σ_v^2 的上升而增加。当模型具有可乘不确定性,在面对成本冲击时,均衡产出更稳定,而通货膨胀的波动性更大。由于是二次损失函数,κ_t 的变动导致的额外通货膨胀变动与 x_t 是成比例的。x_t 的波动下降,有助于抵消 v_t 对通货膨胀方差的影响。最优反应应当更为谨慎,因此,降低 x_t 的方差,会以更大的通货膨胀波动为代价。

与 Brainard(1967)得出的"可乘不确定性导致更谨慎"的观点不同,Soderstrom(2002)分析认为,在滞后变动系数受随机冲击约束的情况下,最优政策反应应当更为激进。例如,设当期的通货膨胀依赖于滞后通货膨胀,但是 π_{t-1} 对 π_t 的影响并不确定。该系数的不确定对 π_t 方差的影响,取决于 π_{t-1} 的波动性。若中央银行不能稳定当期的通货膨胀,它就会增加下一期通货膨胀的波动,因此最优反应应该更激进。降低系数不确定性的影响,依赖于通货膨胀的无条件方差。

模型不确定性的另一个方面是度量误差或者无法观测到有些相关变量。

5.3 模型拓展

对基本的新凯恩斯模型作两种方式的扩展:第一,将黏性工资引入模型。得到的包含黏性价格和黏性工资的框架,构成了大部分实证动态随机一般均衡模型的核心基础。第二,引入工人数量调整的新假设,放弃了基本模型关于所有劳动力调整通过每个工人工作时长波动来实现的假设。这一改变使得失业和受雇劳动力比例的变动被纳入模型。

5.3.1 黏性工资和黏性价格

基本的新凯恩斯模型中,价格是黏性的,但工资是灵活的。模型里的劳动力市场的特点是就业随着产出波动而波动,但工资的调整幅度永远是让家庭的工作时长符合他们合意的工作小时数。在黏性价格但灵活工资的前提下,实际工资可调整。因此,当面临生产率冲击时,若中央银行保持价格稳定,那么实际产出可以随着经济的弹性价格产出水平而变动,维持产出缺口为零。但如果工资和价格都是黏性的,那么实际工资将变得黏性。如果货币政策允许通胀(通缩)达到实际工资的目标调整幅度,那么货币政策只能将产出缺口维持在零。

1. 基本模型

Erceg 等(2000)利用卡尔沃模型表达式,将黏性工资和黏性价格都纳入最优化框架,假设单个家庭提供差别化劳务。产出由标准生产函数 $F(N_t)$ 给出,但总体劳动是单个类别劳务的组合函数:

$$N_t = \left[\int_0^1 n_{jt}^{\frac{\gamma-1}{\gamma}} \, \mathrm{d}j \right]^{\frac{\gamma}{\gamma-1}}, \; \gamma > 1 \tag{5.84}$$

其中,n_{jt} 是家庭 j 在 t 期提供的劳动。根据式(5.84),家庭面对的劳务需求取决于他们设定的工资与总工资的比率:

$$n_{jt} = \left(\frac{W_{jt}}{W_t} \right)^{-\gamma} N_t \tag{5.85}$$

其中,W_{jt} 是家庭 j 设定的 t 期名义工资,W_t 是 t 期总的平均名义工资。假设随机抽取比例的家庭将在每期最优化设定工资,正如价格黏性的卡尔沃模型假设只有一定比例的企业每期调整价格一样。

2. 初步结论

基于卡尔沃表达式的通胀调整模型表明,通货膨胀取决于实际边际成本。就偏离弹性价格均衡的幅度来看,实际边际成本等于实际工资(ω_t)与劳动的边际产量(mpl)之间的缺口。相似地,工资膨胀(当在零通胀稳态附近线性化时)对缺口变量作出反应,但此时合适的缺口大小取决于实际工资与家庭的闲暇—消费边际替代率之间的比较关系。在灵活工资情况下,工人永远处于劳动供应曲线上。名义工资调整是为确保实际工资等于闲暇和消费之间的边际替代率(mrs)。而当名义工资也具有黏性时,ω_t 和 mrs_t 可能不等。若 $\omega_t < (>) mrs_t$,当调整机会来临时,工人将要求提高(降低)他们的名义工资。令 π_t^w 表示名义工资膨胀率,则:

$$\pi_t^w = \beta E_t \pi_{t+1}^w + \kappa^w (mrs_t - \omega_t) \tag{5.86}$$

根据实际工资的定义,有:

$$\omega_t = \omega_{t-1} + \pi_t^w - \pi_t \tag{5.87}$$

式(5.86)和式(5.87),加上新凯恩斯主义菲利普斯曲线(通货膨胀取决于 $\omega_t - mpl_t$),构成了最优化模型的通胀和工资调整部分,最优化模型的工资和价格都是刚性的。

3. 政策启示

当每期只有部分工人能调整工资时,会出现相对工资发散,造成福利损失。令 N_t^i 代表家庭提供的总工时,定义为 $N_t^i = \int_0^1 n_{jt} \, \mathrm{d}j$。对家庭 j 劳动供给的需求由式(5.85)给出。因此,

$N_t^s = \int_0^1 n_{jt}\,dj = \left[\int_0^1 \left(\frac{W_{jt}}{W_t}\right)^{-\gamma} dj\right] N_t = \Delta_{w,t} N_t \geqslant N_t$。其中,$\Delta_{w,t} \geqslant 1$ 可衡量相对工资发散程度。产出为 $F(N_t) = F(\Delta_{w,t}^{-1} N_t^s) \leqslant F(N_t^s)$。当工人之间的相对工资有差异时,有效工资量 $\Delta_{w,t}^{-1} N_t^s$ 会低于工人提供的总工时。工资发散将造成不同工种的工时在生产中低效组合。

代表性家庭福利的二阶近似取决于价格通胀的波动、产区缺口和工资膨胀。福利近似的表达式如下:

$$E_t \sum_{i=0}^{\infty} \beta^i V_{t+i} \approx -\Omega E_t \sum_{i=0}^{\infty} \beta^i \left[\pi_{t+i}^2 + \lambda(x_{t+i} - x^*)^2 + \lambda_w (\pi_{t+i}^w)^2\right] + t.i.p.$$

参数 λ_w 随工资刚性程度递增,与 λ 相似,随价格刚性程度递减。

当工资是黏性的时,它们根据实际工资与闲暇—消费的边际替代率之间的缺口调整。当价格是黏性的时,根据劳动的边际产量与实际工资之间的缺口调整。

无效率缺口为家庭的闲暇—消费边际替代率(mrs_t)与劳动的边际产量(mpl_t)之间的缺口。它可分为两部分:一是实际工资与边际替代率之间的缺口(工资加成),二是实际工资与劳动的边际产量之间的缺口(价格加成)。

假设闲暇和消费之间的替代率为 $\chi_t N_t^\eta / C_t^{-\sigma}$,其中 χ_t 为偏好冲击。若 μ_t^w 等于劳动力市场不完全竞争导致的时变加成,那么灵活工资均衡意味着 $\mu_t^w \chi_t N_t^\eta / C_t^{-\sigma} = W_t/P_t$。用对稳态偏离的百分比来表示,得到 $\omega_t - (\eta \hat{n}_t + \sigma \hat{c}_t) = \hat{\mu}_t^w + \hat{\chi}_t$。等式左侧依赖于可观测变量(实际工资、就业、消费),根据对 η 和 σ 的估计,可得到对劳动缺口的估计为 $\omega_t - (\eta \hat{n}_t + \hat{c}_t)$,但并不能以此推断出 $\omega_t - (\eta \hat{n}_t + \hat{c}_t)$ 的波动反映的是扭曲性冲击(加成冲击)还是非扭曲性冲击(偏好冲击)。劳动力市场竞争减少造成就业下降(正的加成冲击),将导致福利降低。家庭想要更多的闲暇造成就业下降(正的闲暇偏好冲击),不会降低福利。

5.3.2 失业

基本新凯恩斯模型将不完全竞争和名义刚性加入均衡真实经济周期模型,就业被定义为代表性家庭从事市场工作所花费的时间份额。当模型中产出下降时,受雇工人的比例不变,每个工人的工时下降。本部分对此进行修改,将受雇工人比例的波动纳入模型,而不仅是每个工人工时的波动。

1. 包含失业的黏性价格新凯恩斯模型

鉴于大多数就业波动是粗放利润的变动,该模型假设每个工人的工时是固定的,所有劳动调整包括受雇工人比例的变化,包含两种摩擦(黏性价格摩擦和劳动力市场的搜寻摩擦)。引入两种企业:一种面临黏性价格,另一种面临劳动力市场摩擦。

假设有一类零售企业,将差异化商品销售给家庭,价格是黏性的。这些零售企业不雇佣劳动力,而只购买用于生产最终产品的同质化中间产品。零售企业的价格调整跟随卡尔沃模型,因此家庭购买的消费品的价格通胀取决于未来预期通货膨胀和零售企业的实际边际成本。实际边际成本为 P_t^I/P_t,其中 P_t^I 是投入中间品的价格,P_t 是消费者价格指数。另一类企业雇佣劳动力并生产中间产品。这些中间产品在竞争性市场上出售给零售企业,其价格是灵活的。

(1)两类工人工作描述。

假设工人只处于两种情况:一是受雇,且工作时长固定;二是失业,正在寻找新工作。就业是内生性状态变量。为简便起见,假设离职失业的工人流以每期 s 的不变速度增加。假设在 t 期有 q_t^u 比例的失业求职者找到工作,e_t 表示 t 期时的就业,u_t 表示 t 期的求职者数量,那么有:

$$u_t = 1-(1-s)e_{t-1} \tag{5.88}$$

$$e_t = (1-s)e_{t-1} + q_t^u u_t \tag{5.89}$$

其中,u_t 是预先决定的,等于 t 期求职的劳动力比例。

(2)关键创新点——引入搜寻和匹配方程。

接下来解释未就业工人和企业空缺达到实际就业匹配的过程。令 v_t 表示 t 期职位空缺数,则 t 期新工作匹配数 m_t 为:

$$m_t = m(u_t, v_t) \tag{5.90}$$

其中,m 是 u 和 v 的增函数。在随机搜寻的情况下,t 期一个未就业工人的就职率为 m_t/u_t,t 期一家企业的空缺填补率为 m_t/v_t。通常假设匹配函数 m 的规模报酬不变,以及生产函数为柯布—道格拉斯形式。此种情况下,可得 $m_t = m_0 u_t^a v_t^{1-a} = m_0 \theta_t^{1-a} u_t$,$0<a<1$。其中,$\theta_t \equiv v_t/u_t$ 衡量劳动力市场的紧张程度。未就业工人找到工作的速度 $m_t/u_t = q_t^u = m_0 \theta_t^{1-a}$ 为劳动力市场紧张程度的增函数。空缺填补率 $m_t/v_t = q_t^v = m_0 \theta_t^{1-a} u_t/v_t = m_0 \theta_t^{-a}$ 为劳动力市场紧张程度的减函数。

假设一家企业每期发布职位空缺的成本为 k。若 V_t^V 是企业保留一个职位空缺获得的价值,则:

$$V_t^V = -k + q_t^v V_t^J + (1-q_t^v)\beta E_t \Omega_{t,t+1} V_{t+1}^V \tag{5.91}$$

其中,V_t^J 是 t 期企业雇佣一个工人获得的价值,q_t^v 是 t 期填补空缺的概率,$\Omega_{t,t+1}$ 是将 $t+1$ 期估值贴现到 t 期的随机因子。如果可以自由发布空缺,企业会一直创造职位空缺,直到空缺的预期价值逼近零。前面的方程设定 V_t^V 和 V_{t+1}^V 等于零,意味着:

$$q_t^u V_t^J = m_0 \theta_t^{-a} V_t^J = k \tag{5.92}$$

其中,$m_0 \theta_t^{-a}$ 是企业发布一期职位空缺预期将雇佣的数量,V_t^J 是填补职位空缺获得的价值。

假设生产技术是规模报酬不变的,劳动是唯一的投入变量,那么企业 j 的产出为 $y_{j,t} = Z_t N_{j,t}$。工人对于企业的价值以最终消费品表示为:

$$V_t^J = \left(\frac{P_t^I}{P_t}\right)Z_t - \omega_t + (1-s)\beta E_t \Omega_{t,t+1} V_{t+1}^J \tag{5.93}$$

定义 $\mu_t \equiv P_t/P_t^I$ 为零售商品相对于中间品的价格(零售价格加成)。雇佣工人的净利润为支付的净实际工资所得到的产出的价值，$(P_t^I/P_t)Z_t - \omega_t = \mu_t^{-1}Z_t - \omega_t$。因为工人有 $1-s$ 的概率不会离职，所以工人对于企业的当前价值也包括了工人创造的未来预期价值 V_{t+1}^I。

搜寻和匹配方程组式(5.92)和式(5.93)意味着：

$$\frac{Z_t}{\mu_t} = \omega_t + \left(\frac{k}{m_0}\right)\left[\theta_t^a - (1-s)\beta E_t\Omega_{t,t+1}\theta_{t+1}^a\right] \tag{5.94}$$

其中，等式左侧是工人的实际边际价值；右侧是劳动力成本，包括工资加上雇佣工人的搜寻成本，但如果 t 期就已经有工人就职，那么预期将节约 $t+1$ 期的搜寻成本，劳动力成本就减少了。在当前劳动力市场的紧张程度下，公司的劳动力成本是在增加的，因为 θ_t 上升意味着需要花费更长的时间来填补空缺；在未来预期的劳动力市场紧张程度下，劳动力成本是下降的，因为 θ_t 上升提高了公司已有员工的价值。

（3）加入工资决定的设定。

由于劳动力市场存在搜寻摩擦，只要 $V_t^I > 0$，工人在岗对于企业的价值就大于未填补空缺的价值。工作匹配中双方都有盈余。令 V_t^E 表示工人拥有工作的价值[是工资扣除工作负效用后的净值，再加上继续受雇 $(1-s)$ 的价值和失业价值的预期贴现价值]。失业价值的预期贴现价值出现的概率为 s，包含找到新工作的预期价值 $q_{t+1}^u V_{t+1}^E$，再加上继续失业的预期价值 $(1-q_{t+1}^u)V_{t+1}^U$。因此，有 $V_t^E = \omega_t + \beta E_t\Omega_{t,t+1}\left\{(1-s)V_{t+1}^E + s\left[q_{t+1}^u V_{t+1}^E + (1-q_{t+1}^u)V_{t+1}^U\right]\right\}$。失业价值来自任何失业福利或失业时期的家庭生产 ω_t^u，再加上找到新工作时的预期收益：$V_t^U = \omega_t^u + \beta E_t\Omega_{t,t+1}\left[q_{t+1}^u V_{t+1}^E + (1-q_{t+1}^u)V_{t+1}^U\right]$。注意，$q_{t+1}^u = m_0\theta_{t+1}^{1-a}$，因此工人受雇的盈余为：

$$V_t^E - V_t^U = \omega_t - \omega_t^u + (1-s)\beta E_t\Omega_{t,t+1}(1-m_0\theta_{t+1}^{1-a})(V_{t+1}^E - V_{t+1}^U) \tag{5.95}$$

为确定真实工资，文献中的标准做法是假设固定议价权重的纳什议价过程。在纳什议价中，工人和企业都有激励使匹配的共同盈余最大化，然后按固定比例分配最大化盈余，工人分得 α 份，企业分得 $1-\alpha$ 份。利用式(5.93)和式(5.95)，共同盈余 $V_t^E - V_t^U + V_t^I$ 并不直接取决于工资。工资的作用是确保盈余在工人和企业之间合理分配。因此，工资保证了 $V_t^E - V_t^U = a(V_t^E - V_t^U + V_t^I)$。利用式(5.93)、式(5.92)和式(5.95)，有：

$$\omega_t = \omega_t^u + \left(\frac{\alpha}{1-\alpha}\right)\left(\frac{\kappa}{m_0}\right)\left[\theta_t^a - (1-s)\beta E_t\Omega_{t,t+1}(1-m_0\theta_{t+1}^{1-a})\theta_{t+1}^a\right] \tag{5.96}$$

（4）市场出清。

纳入劳动力市场搜寻和匹配摩擦的新凯恩斯模型，包括标准的家庭欧拉条件、零售企业的价格调整模型和劳动力市场的具体条件。式(5.7)和式(5.13)中的实际边际成本为 $1/\mu_t$，式(5.17)给出了消费的均衡条件、零售企业的最优定价和总价格水平的定义，其中总价格水平为调价企业设定的价格和滞后价格水平的函数。商品出清意味着：

$$C_t + k\upsilon_t = Y_t \tag{5.97}$$

其中，Y_t 为用于消费的零售产出和发布空缺的成本。根据式(5.20)，用于生产零售商品的中间品部门的产出为：

$$Y_t^I = Y_t \Delta_t \tag{5.98}$$

其中，Δ_t 度量了零售价格的发散程度，由式(5.21)给出。中间品部门的总量生产函数为：

$$Y_t^I = Z_t e_t \tag{5.99}$$

同时，就业根据式(5.100)演化：

$$e_t = (1-s)e_{t-1} + m_0 \theta_t^{1-a} \left[1-(1-s)e_{t-1} \right] \tag{5.100}$$

由 θ_t 的定义得：

$$\upsilon_t = \frac{u_t}{\theta_t} = \frac{1-(1-s)e_t}{\theta_t} \tag{5.101}$$

综上，方程组
$$\begin{cases} C_t^{-\sigma} = \beta(1+i_t)E_t \left(\frac{P_t}{P_{t+1}} \right) C_{t+1}^{-\sigma}, \ \left(\frac{p_t^*}{P_t} \right) = \left(\frac{\theta}{\theta-1} \right) \dfrac{E_t \sum\limits_{i=0}^{\infty} \omega^i \beta^i C_{t+i}^{1-\sigma} \varphi_{t+i} \left(\frac{p_{t+i}}{P_t} \right)^{\theta}}{E_t \sum\limits_{i=0}^{\infty} \omega^i \beta^i C_{t+i}^{1-\sigma} \left(\frac{p_{t+i}}{P_t} \right)^{\theta-1}} \\ p_t^{1-\theta} = (1-\omega)(p_t^*)^{1-\theta} + \omega P_{t-1}^{1-\theta}, \ \Delta_t = \int \left(\frac{p_{j,t}}{P_t} \right)^{-\theta} \mathrm{d}_j \geqslant 1 \\ \dfrac{Z_t}{\mu_t} = \omega_t + \left(\frac{k}{m_0} \right) \left[\theta_t^a - (1-s)\beta E_t \Omega_{t,t+1} \theta_{t+1}^a \right] \end{cases}$$ 和

式(5.96)—式(5.101)，加上货币政策的具体方程，决定了消费的均衡价值、名义利率、调价企业选择的最优价格、零售价格指数、相对发散程度的度量、零售价格加成、实际工资、零售部门的产出、中间品部门的产出、就业、职位空缺和劳动力市场紧张程度。

2. 对货币政策的影响

在标准的劳动力市场框架下，市场效率要求劳动者的闲暇—消费边际替代率等于其边际生产率。但是，当劳动力市场存在搜寻和匹配摩擦时，拥堵外部性就出现了。如果企业获得匹配盈余中的大(小)部分，那么企业发布的空缺会过多(过少)，劳动力市场就可能过于紧张(松弛)而低效。Hosios(1990)证明，当劳动者获得的共同盈余部分等于匹配对就业的弹性时，或者 $\alpha = a$ 时，是最有效率的。因此，存在最优的工资水平，以确保通过高效岗位创造的方式来分配匹配的共同盈余。即使在弹性价格和工资情况下，工资围绕最优水平波动也会产生扭曲，从而降低福利。

Ravenna 和 Walsh(2011，2012a，2012b)在新凯恩斯模型中加入了劳动力市场的搜寻和匹配模型，对代表性家庭的福利推导了二阶近似条件。假设工资是灵活的，由纳什议价决定，但允许议价的份额随机变化。

假设稳态通货膨胀是零，稳态产出水平是有效率的，所以式(5.48)的 x^* 是零。在基本的新凯恩斯模型中，需要财政补贴来抵消不完全竞争造成的稳态扭曲，要求劳动者获得的稳态共同盈余部分等于匹配相对于就业的弹性($\alpha = a$)，所以满足了 Hosios(1990)的效率条件。

Ravenna 和 Walsh(2011，2012a)证明，福利近似为：

$$E_t \sum_{i=0}^{\infty} \beta^i (V_{t+i} - \bar{V}) \approx -\Omega E_t \sum_{i=0}^{\infty} \beta^i [\pi_{t+i}^2 + \lambda_x \tilde{c}_{t+i}^2 + \lambda_\theta \tilde{\theta}_{t+i}^2] + t.i.p. \quad (5.102)$$

其中，$\bar{V}$ 是稳态福利，$\tilde{c}_t$ 和 $\tilde{\theta}_t$ 分别是消费与劳动力市场紧张程度及与其效率价值之间的对数缺口。$\tilde{\theta}_t^2$ 反映了无效率的劳动力市场波动。该项的权重为 $\lambda_\theta = \alpha \left(\dfrac{\lambda_x}{\sigma} \right) \dfrac{\kappa \bar{v}}{C}$。其中，$\dfrac{\kappa \bar{v}}{C}$ 等于稳态时发布职位空缺的成本与消费的比。该模型的产出仅用于消费或发布职位空缺。若发布职位空缺的成本高于消费，那么劳动力市场的紧张程度稳定在效率水平就更加重要。然而，Ravenna 和 Walsh(2012b)作基准校准，得到了较小的 λ_θ，证明模型假设的发布职位空缺成本仅占产出的一小部分。当工资由纳什议价设定但 Hosios 的条件不成立时，低效劳动力搜寻的成本将很大，但相关的福利成本主要为稳态成本，因此通过周期性货币政策纠正的空间很小。价格稳定程度接近最优。

3. 搜寻和匹配模型中的黏性工资

Shimer(2005)认为，基本的灵活工资 DMP 模型无法匹配失业的波动，失业波动太小、工资波动太小，与宏观经济证据不符。引入工资黏性可以加大失业的波动。

在搜寻和匹配框架下，黏性工资的货币政策对调高失业率波动有重要作用。当与黏性价格相结合时，就会存在多种来源的名义摩擦，迫使决策者在稳定通货膨胀、工资膨胀、产出缺口和劳动力紧张度缺口之间作出权衡取舍。在固定名义工资的极端情况下，劳动力市场的低效严重，并在经济周期中不稳定。Ravenna 和 Walsh(2012b)发现，由于需要大幅偏离价格稳定，成本高昂，货币政策不是纠正劳动力市场扭曲的有效工具。

5.4 数字金融与货币政策调控机制

数字金融与数字货币是近年来的热点问题。本节构建了一个用于分析数字金融发展如何通过提高金融市场的完全度，以影响货币政策传导机制的理论模型。基本思路是根据研究问题的约束条件，对标准 IS-LM-CC 模型加以拓展，并根据模型的逻辑提出相应假说。

5.4.1 理论模型

除标准 IS-LM-CC 模型的固有假定外，本节给出如下新的假定：第一，贷款市场存在摩擦，银行在向企业提供贷款时，要考虑诸如企业抵押能力等所导致的贷款风险。第二，由于金融市场越健全，投资越取决于利率价格机制，而数字金融通过竞争等效应具有完善金融市场的功能，因此假定投资或产出关于利率的敏感系数与数字金融发展水平(INF)正相关，而关于抵押能力等因素的敏感系数与数字金融发展水平负相关。

1. 商品市场

由于假定企业运营资本数量（即所获贷款数量）会影响投资,因而商品市场的均衡方程为:

$$Y = Y(R^b, R^L, \rho, P) \tag{5.103}$$

其中,Y 为产出,R^b 为债券利率,R^L 为贷款利率,ρ 为贷款风险因素,P 为价格水平。并满足条件:$\frac{\partial Y}{\partial R^b} < 0$,$\frac{\partial Y}{\partial R^L} < 0$,$\frac{\partial Y}{\partial \rho} < 0$。式(5.103)为 IS 方程围绕稳态的近似线性表达式如下:

$$y = -a_1 r^b - a_2(INF) r^L - a_3(INF)\rho \tag{5.104}$$

其中,y 等小写字母分别表示产出 Y 等变量相对稳定状态的离差(下同),$a_j > 0$,$j = 1, 2, 3$。根据假设,数字金融的发展可以通过减少信息不对称程度而弱化风险程度,因此有:$\frac{\partial a_2}{\partial INF} > 0$,$\frac{\partial a_3}{\partial INF} < 0$。

2. 货币市场

假定经济中的通货数量不变,当货币市场处于均衡状态时,家庭部门对于存款的需求与准备金供给额所能支持的存款水平相等。由于不存在超额准备金,因此货币市场的均衡条件为:

$$\frac{RE}{\tau} = M^d(Y, R^b, P) \tag{5.105}$$

其中,RE 为准备金,τ 为准备金率($0 < \tau < 1$)。进一步,可以得到式(5.105)关于货币市场均衡方程围绕稳定状态的偏差近似线性表达式:

$$\frac{re}{\tau} = b_1 y - b_2 r^b, \quad b_j > 0, \quad j = 1, 2 \tag{5.106}$$

3. 贷款市场

银行的贷款供给数量受到贷款供给收益率(R^L)、债券投资收益率(R^b)和贷款风险因素(ρ)的影响,因此,银行的贷款供给方程可表示为:$L^s = L^s\left[\gamma(R^L, R^b, \rho)\left(\frac{1-\tau}{\tau}\right) re\right]$,满足条件$\frac{\partial L^s}{\partial R^L} < 0$、$\frac{\partial L^s}{\partial R^b} < 0$、$\frac{\partial L^s}{\partial \rho} < 0$。企业对银行贷款的需求既与贷款成本有关,也与企业的产出有关,于是银行贷款需求方程可表示为:$L^d = L^d(R^L, Y, P)$,满足条件$\frac{\partial L^d}{\partial R^L} < 0$、$\frac{\partial L^d}{\partial Y} > 0$。因此,贷款市场的均衡条件为:

$$L^s\left[\gamma(R^L, R^b, \rho)\left(\frac{1-\tau}{\tau}\right) re\right] = L^d(R^L, Y, P) \tag{5.107}$$

类似地,可以得到式(5.107)关于贷款市场均衡方程围绕稳定状态的近似线性表达式:

$$\left[c_1(INF)r^L-c_2r^b-c_3(INF)\rho\right]\left(\frac{1-\tau}{\tau}\right)re=c_4y-c_5(INF)r^L \tag{5.108}$$

其中，$c_j>0(j=1，2，3，4，5)$，c_1 等系数表示贷款利率的变化值 r^L 等变量所产生的影响。根据假定，有 $\frac{\partial c_1}{\partial INF}>0$，$\frac{\partial c_2}{\partial INF}>0$，$\frac{\partial c_3}{\partial INF}<0$。

4. 均衡

（1）数字金融对利率渠道的影响。

将式（5.104）、式（5.106）、式（5.108）联立，消除内生变量 ρ 和 r^b，得到均衡产出稳态偏差表达式：

$$y=A\times\left\{\left[\left(c_1(INF)+\frac{c_3a_2(INF)}{a_3}\right)\left(\frac{1-\tau}{\tau}\right)re+c_5(INF)\right]r^L-\left[\left(\frac{c_3a_1}{a_3}-c_2\right)\left(\frac{1-\tau}{\tau}\right)re\right]\frac{re}{b_2\tau}\right\} \tag{5.109}$$

其中，$A=1/\left\{c_4-\frac{c_3}{a_3}\left(\frac{1-\tau}{\tau}\right)re-\frac{b_1}{b_2}\left[\left(\frac{c_3a_1}{a_3}-c_2\right)\left(\frac{1-\tau}{\tau}\right)re\right]\right\}$。由式（5.109）计算 y 关于 r^L 的一阶偏导可得：

$$\frac{\partial y}{\partial r^L}=A\times\left[\left(c_1(INF)+\frac{c_3a_2(INF)}{a_3}\right)\left(\frac{1-\tau}{\tau}\right)re+c_5(INF)\right] \tag{5.110}$$

由式（5.110）可知 $\left[\left(c_1(INF)+\frac{c_3a_2(INF)}{a_3}\right)\left(\frac{1-\tau}{\tau}\right)re+c_5(INF)\right]>0$，因此 $\frac{\partial y}{\partial r^L}$ 的正负必然与 A 相同，但 A 的表达式表明其正负性是不确定的。计算 y 与 r^L 和 INF 的二阶偏导可得：

$$\frac{\partial^2 y}{\partial r^L\partial INF}=A\times\left[\left(\frac{\partial c_1}{\partial INF}+\frac{c_3}{a_3}\frac{\partial a_2}{\partial INF}\right)\left(\frac{1-\tau}{\tau}\right)re+\frac{\partial c_5}{\partial INF}\right] \tag{5.111}$$

由于 $\frac{\partial a_2}{\partial INF}>0$，$\frac{\partial c_1}{\partial INF}>0$，$\frac{\partial c_5}{\partial INF}>0$，因此 $\left[\left(\frac{\partial c_1}{\partial INF}+\frac{c_3}{a_3}\frac{\partial a_2}{\partial INF}\right)\left(\frac{1-\tau}{\tau}\right)re+\frac{\partial c_5}{\partial INF}\right]$ 必然大于零，这一结果表明 $\frac{\partial^2 y}{\partial r^L\partial INF}$ 的正负同样与 $A\left(\text{即}\frac{\partial y}{\partial r^L}\right)$ 的相同。故 y 关于 r^L 的一阶偏导的正负与 y 关于 r^L 和 INF 的二阶偏导的正负保持一致，即数字金融强化了货币政策利率渠道的作用效果。

（2）数字金融对信贷渠道的影响。

类似地，可以得到数字金融对货币政策信贷渠道的影响机理。由于信贷渠道取决于银行贷款市场的完全性，时长越完全，由信息不对称引起的市场风险就越小，因此 ρ 可以作为信贷渠道的代理变量。具体地，结合式（5.104）与式（5.106）消除内生变量 r^L 和 r^b，并经与利率渠道推导相似的序列变换后，最终得到均衡产出稳态偏差表达式为：

$$y = B \times \left\{ - \left[\left(c_3(INF) + \frac{c_1 a_3(INF)}{a_2} \right) \left(\frac{1-\tau}{\tau} \right) re + \frac{c_5 a_3(INF)}{a_2} \right] \rho \right.$$
$$\left. + \left[\left(\frac{c_1 a_1}{a_2} + c_2 \right) \left(\frac{1-\tau}{\tau} \right) re + \frac{c_5 a_1}{a_2} \right] \frac{re}{b_2 \tau} \right\} \tag{5.112}$$

其中,$B = 1 \Big/ \left\{ \frac{b_1}{b_2} \left[\left(\frac{c_1 a_1}{a_2} + c_2 \right) \left(\frac{1-\tau}{\tau} \right) re + \frac{c_5 a_1}{a_2} \right] + \left[\frac{c_1}{a_2} \left(\frac{1-\tau}{\tau} \right) re + c_4 + \frac{c_5}{a_2} \right] \right\}$。由式(5.112)计算 y 关于 ρ 的一阶偏导可得:

$$\frac{\partial y}{\partial \rho} = -B \times - \left[\left(c_3(INF) + \frac{c_1 a_3(INF)}{a_2} \right) \left(\frac{1-\tau}{\tau} \right) re + \frac{c_5 a_3(INF)}{a_2} \right] \tag{5.113}$$

由式(5.113)可知,B 与 $\left[\left(c_3(INF) + \frac{c_1 a_3(INF)}{a_2} \right) \left(\frac{1-\tau}{\tau} \right) re + \frac{c_5 a_3(INF)}{a_2} \right]$ 均大于零,因此 $\frac{\partial y}{\partial \rho} < 0$。类似地,进一步计算 y 关于 INF 的二阶偏导可得:

$$\frac{\partial^2 y}{\partial \rho \partial INF} = -B \times \left[\left(\frac{\partial a_3}{\partial INF} \frac{c_1}{a_2} + \frac{\partial c_3}{\partial INF} \right) \left(\frac{1-\tau}{\tau} \right) re + \frac{\partial a_3}{\partial INF} \frac{c_5}{a_2} \right] \tag{5.114}$$

由于 $\frac{\partial a_3}{\partial INF} < 0$,$\frac{\partial c_3}{\partial INF} < 0$,$\frac{\partial^2 y}{\partial \rho \partial INF} > 0$。故 y 关于 ρ 的一阶偏导的正负与 y 关于 ρ 和 INF 的二阶偏导的正负相反,表明数字金融弱化了货币政策信贷渠道的作用效果。

5.4.2　现实情形与影响结果

根据理论模型的结果可以发现,数字金融强化了货币政策利率渠道的作用效果而弱化了信贷渠道的作用效果,因而在货币政策的传导机制仅包含利率与信贷两种渠道的条件下,数字金融对于货币政策总体效果的影响是不确定的,具体结论取决于数字金融对于利率渠道与信贷渠道影响的相对大小。因此,该研究结果取决于现实情形:

(1)在存在信息不对称等摩擦问题的金融市场中,数字金融可以通过竞争效应等途径来弱化金融摩擦,从而完善金融市场,进而对货币政策的总量作用效果产生影响,但其对于货币政策总量作用效果的影响方向则无法确定。

(2)数字金融完善了金融市场中的利率传导链条,并降低了贷款市场的整体风险水平,从而强化了货币政策利率渠道的作用效果而弱化了货币政策信贷渠道的作用效果。

5.5　小结

基本新凯恩斯模型是一个动态随机一般均衡模型,基于家庭的最优化行为,企业在垄断竞争环境下运行,其调整价格的能力受到限制。本章采用卡尔沃机制来描述交错叠加价格调整过程。模型结构包括两部分:一是预期 IS 曲线(从代表性家庭跨期最优化的一阶条件中推导出来);二是菲利普斯曲线(将通货膨胀与产出缺口指标联系起来)。

该模型深入解析名义价格和工资刚性的成本,即通货膨胀会造成相对无效的相对价格发散,工资膨胀会造成无效的相对工资发散。在价格黏性但工资灵活的基本新凯恩斯模型中,可以从人们的福利二阶近似推导出与政策目标函数一致的模型,它要求既要稳定通货膨胀,又要稳定产出与弹性价格下产出水平之间的缺口。当模型加入更多摩擦(名义工资黏性、劳动力市场存在摩擦)时,在福利近似过程中会出现额外目标。

新凯恩斯方法强调前瞻性预期的作用。相较于相机地制定政策,前瞻性预期使中央银行作出更优行动。

数字货币对货币政策的传导机制将产生一定的影响。数字金融强化了货币政策利率渠道的作用效果,而弱化了信贷渠道的作用效果,因而在货币政策的传导机制仅包含利率与信贷两种渠道的条件下,数字金融对于货币政策总体效果的影响是不确定的,具体结论取决于数字金融对于利率渠道与信贷渠道影响的相对大小。

思考题

1. 新凯恩斯模型中的货币政策有什么特征? 怎样描述?
2. 中国的货币政策遵循了泰勒规则、弗里德曼规则或其他规则吗?
3. 如何构建符合中国经济实际的货币政策操作方程?

6

．．
．．

开放经济下的货币政策

当今世界的许多国家和地区，多为开放经济体系。此时，不同国家和地区之间的货币政策就会存在相互影响，特别是大国货币政策的风吹草动影响广泛。开放经济体系可能会遭受源于其他国家的经济冲击或风险传染的影响，进而引发一些封闭经济环境下所没有的货币政策设计问题。

6.1　两国开放经济模型中的货币政策

在开放经济体系下，由于分析能力的限制和简洁直观展现经济原理的需要，两国开放经济模型是常用分析范式。比较具有代表性的两国开放经济模型由 Clarida 等（2002）提出。其中：（1）本国用下标 h 表示，外国用下标 f 表示，两个国家有相同的偏好和技术，但国家规模可能有所差异，受到的冲击也不同。（2）有一个规模为 1 的家庭连续统，其中 $1-\gamma$ 比例居住在本国，γ 比例居住在外国。各国之间的劳动力无法流动。家庭消费国内生产的最终产品和进口的最终产品，两国的家庭可以交易全部的有价证券。（3）每个国家有两种类型的公司。中间产品生产企业雇佣劳动力并生产差异化投入品，供最终产品生产企业使用。（4）引入一种名义刚性，即假设中间品生产企业调整价格时遵循卡尔沃过程，而最终产品生产企业是在竞争性市场上出售同质产品，价格是灵活的。名义工资被视为灵活的。

6.1.1　居民家庭

1. 效用函数

本国代表性居民家庭的决策函数是在预算约束条件下的效用预期贴现值最大化：

$$E_t \sum_{i=0}^{\infty} \beta^i \left[U(C_{t+i}) + W(M_{t+i}/P_{t+i}) - V(N_{t+i}) \right] \tag{6.1}$$

其中，C_t 为对本国和外国产品的消费总量，定义为：

$$C_t \equiv C_{h,t}^{1-\gamma} C_{f,t}^{\gamma} \tag{6.2}$$

N_t 等于劳动供给的小时数，$V(N_{t+i})$ 为劳动带来的负效用；实际货币余额为 M_t/P_t，$W(\cdot)$ 为持有货币所获得的效用。假设时期效用函数形式为 $U(C_t) + W(M_t/P_t) - V(N_t) = \dfrac{C_t^{1-\sigma}}{1-\sigma} + \phi \dfrac{(M_t/P_t)^{1-\alpha}}{1-\alpha} - \dfrac{N_t^{1+\eta}}{1+\eta}$。其中，$\sigma$ 为消费的效用弹性系数，ϕ 为真实货币余额的效用系数，α 为真实货币余额的效用弹性系数，η 为劳动的效用弹性系数。

假设外国家庭的偏好对称。代表性居民家庭的消费决策函数相同，导致同一国家不同家庭之间的消费均等化。每个家庭提供同质的劳动服务，面临相同的名义工资 W_t。

2. 预算约束

若 $P_{h,t}$ 是本国生产的消费品的价格指数，$P_{f,t}$ 是进口消费品的价格指数，在给定的消费总量 C_t 下，购买本国和外国生产产品的最低成本组合的成本最小化问题为：$\min\limits_{C_{h,t},C_{f,t}} P_{h,t}C_{h,t} + P_{f,t}C_{f,t} + \upsilon_t(C_t - C_{h,t}^{1-\gamma}C_{f,t}^{\gamma})$。其中，$\upsilon_t$ 是拉格朗日乘子。该问题的解表明，总消费量的价格指数的合理水平为：

$$P_t = \upsilon_t = k^{-1} P_{h,t}^{1-\gamma} P_{f,t}^{\gamma} \tag{6.3}$$

其中，$k \equiv (1-\gamma)^{1-\gamma}\gamma^{\gamma}$，$P_t$ 为本国消费者价格指数。由此可得：

$$P_{h,t}C_{h,t} = (1-\gamma)P_t C_t \tag{6.4}$$

$$P_{f,t}C_{f,t} = \gamma P_t C_t \tag{6.5}$$

贸易项 S_t 定义为外国消费品价格与本国消费品价格之比：$S_t \equiv P_{f,t}/P_{h,t}$。而后价格指数可写为：

$$P_t = k^{-1} P_{h,t} S_t^{\gamma} \tag{6.6}$$

代表性居民家庭除了决策消费和劳动供给，还购买了国际化的金融资产组合。假设存在完备的状态依存证券集合，以 $V_{t,t+1}(s)$ 表示一项状态 s 在 $t+1$ 期付息一单位本币的债权在 t 期的价格。此时，代表性居民家庭的预算约束可写成：

$$W_t N_t + M_{t-1} + D_t - T_t + \Gamma_t = P_t C_t + M_t + \sum_{s \in S} V_{t,t+1}(s) D_{t+1}(s) \tag{6.7}$$

其中，S 表示所有状态的集合，D_t 是 $t-1$ 期购买的资产组合的收益，T_t 代表一次性税款总额（若符号为负则是转移支付），Γ_t 是家庭作为该国企业所有者获得的利润。$D_{t+1}(s)$ 是 t 期购买的在 $t+1$ 期状态为 s 时清付的债券数量。

3. 最优条件

令 $\widetilde{P}_{t+1}(s)$ 表示 $t+1$ 期状态 s 出现的可能性。在式(6.7)的预算约束下，式(6.1)中家庭

效用最大化问题表示的消费、货币持有量、劳动供给和资产组合的一阶条件可写为：

$$U_c(C_t) = C_t^{-\sigma} = \lambda_t \tag{6.8}$$

$$W_m\left(\frac{M_t}{P_t}\right) = \phi\left(\frac{M_t}{P_t}\right)^{-\alpha} = \lambda_t - \beta E_t\left(\frac{P_t}{P_{t+1}}\right)\lambda_{t+1} \tag{6.9}$$

$$V_N(N_t) = N_t^{\eta} = \lambda_t\left(\frac{W_t}{P_t}\right) \tag{6.10}$$

对于所有的 $s \in S$，有：

$$\lambda_t \frac{V_{t,t+1}(s)}{P_t} = \beta\tilde{p}_t(s)\left(\frac{1}{P_{t+1}(s)}\right)\lambda_{t+1}(s) \tag{6.11}$$

其中，λ_t 为预算约束的拉格朗日乘子。在等式(6.8)中 λ_t 等于消费的边际效用，选择的最优劳动供给就是家庭将闲暇和消费的边际替代率设定为等于实际工资时的供给，即：

$$\frac{V_N(N_t)}{U_c(C_t)} = \frac{N_t^{\eta}}{C_t^{-\sigma}} = \left(\frac{W_t}{P_t}\right) \tag{6.12}$$

由一阶条件式(6.8)和式(6.11)，式(6.13)对每个状态 s 均成立：

$$\left(\frac{V_{t,t+1}(s)}{P_t}\right)U_c(C_t) = \beta\tilde{p}_t(s)\left(\frac{1}{P_{t+1}(s)}\right)U_c(C_{t+1}(s)) \tag{6.13}$$

将 $s \in S$ 所有状态下的式(6.13)加总得：$U_c(C_t) = \beta\sum_{s \in S}\tilde{p}_t(s)\left(\frac{1}{P_{t+1}(s)}\right)U_c(C_{t+1}(s))$。可改写为：$U_c(C_t) = \beta R_t E_t\left(\frac{P_t}{P_{t+1}}\right)U_c(C_{t+1})$。或利用假设的效用函数形式，写为：

$$C_t^{-\sigma} = \beta R_t E_t\left(\frac{P_t}{P_{t+1}}\right)C_t^{-\sigma} \tag{6.14}$$

其中，$R_t \equiv \dfrac{1}{\sum_{s \in S}V_{t,t+1}(s)}$，为一期无风险毛利率。即以 $\sum V_{t,t+1}(s)$ 的成本购买一整套状态依存证券，家庭可确保在 $t+1$ 期获得一单位本币回报。

6.1.2　国际消费风险分担

外国家庭与本国家庭拥有相同的偏好，面对相似的劳动需求，并且可以交易同样的证券，所以有：

$$\left(\frac{V_{t,t+1}(s)}{\varepsilon_t P_t^*}\right)U_c(C_t^*) = V_{t,t+1}(s) = \beta\tilde{p}_t(s)\left(\frac{1}{\varepsilon_{t+1}P_{t+1}^*(s)}\right)U_c(C_{t+1}^*(s)) \tag{6.15}$$

其中，C_t^* 为外国家庭的消费，ε_t 为名义汇率，定义为以本币表示的外币价格，P_t^* 为以外币表示的国外消费价格指数。以外币表示的外国家庭购买的证券成本为 $V_{t,t+1}(s)/\varepsilon_t$,用这些外币量本可以购买 $1/P_t^*$ 单位的外国消费品,其价值以效用表示为 $(1/P_t^*)U_c(C_t^*)$。式(6.15)的左侧为证券的效用成本,右侧为预期回报,等于状态 s 出现的概率乘以外国家庭能额外购买消费品的边际效用,前提是状态 s 出现且证券回报为一单位的本币。

式(6.13)和式(6.15)意味着,对于所有 s,有:

$$\left(\frac{P_t}{P_t(s)}\right)\frac{U_c(C_{t+1}(s))}{U_c(C_t)}=\left(\frac{\varepsilon_t P_t^*}{\varepsilon_{t+1}P_{t+1}^*(s)}\right)\frac{U_c(C_{t+1}^*(s))}{U_c(C_t^*)} \tag{6.16}$$

假设一价定律成立,则外国产品在本国的价格 $P_{f,t}$ 等于 $\varepsilon_t P_{f,t}^*$,本国的消费者价格指数(CPI)为:$P_t=k^{-1}P_{h,t}^{1-\gamma}(\varepsilon_t P_{f,t}^*)^{\gamma}$。鉴于外国家庭的偏好一致,则外国的消费者价格指数(以外币表示)为:$P_t^*=k^{-1}\left(\frac{P_{h,t}}{\varepsilon_t}\right)^{1-\gamma}P_{f,t}^{*\gamma}$。这两个表达式隐含了实际汇率,本国与外国的消费者价格指数之比为 $1:\frac{\varepsilon_t P_t^*}{P_t}=1$。表达式(6.16)意味着,当效用函数采用假设的函数形式,则 $\left(\frac{C_{t+1}(s)}{C_t}\right)=\left(\frac{C_{t+1}^*(s)}{C_t^*}\right)$。

因此,对于所有的自然状态,本国和外国的消费增长是相等的,反映出两国家庭利用国际金融市场分担了消费风险。因此,两国的消费等比例变化,可写出 $C_t=\upsilon C_t^*$。在正规化情况下,$\upsilon=1$,$C_t=C_t^*$。不管冲击出现在本国还是外国,或是两国都出现,影响任何一国的冲击都将使两国的消费对称地变化。

6.1.3 企业部门

在模型中,每个国家都有两类企业。中间产品生产企业将劳动作为唯一投入,并生产出差异化产品,为最终产品生产商提供投入。最终产品生产企业以弹性价格,在本国和外国的竞争性市场上出售产品(即所有的最终产品都是可贸易的)。中间产品企业的价格为黏性的。

令 $Y_t(h)$ 表示供给本国最终产品生产企业所使用的 h 类型中间产品。最终产品企业的生产函数为:$Y_t=\left(\int_0^1 Y_t(h)^{\frac{\xi-1}{\xi}}\mathrm{d}h\right)^{\frac{\xi}{\xi-1}}$,$\xi>1$。其中,$Y_t$ 和 $Y_t(h)$ 都以人均水平表示。每家最终产品企业都被动接受最终产出价格 $P_{h,t}$ 和投入品价格 $P_{h,t}(h)$,并追求最大化利润。这意味着对 $Y_t(h)$ 的需求为:

$$Y_t(h)=\left(\frac{P_{h,t}(h)}{P_{h,t}}\right)^{-\xi}Y_t \tag{6.17}$$

本国生产的消费品价格指数 $P_{h,t}$ 为:

$$P_{h,t}=\left(\int_0^1 P_{h,t}(h)^{1-\xi}\mathrm{d}h\right)^{\frac{1}{1-\xi}} \tag{6.18}$$

中间产品生产企业追求利润最大化,约束条件为对其产品的需求、将劳动投入转化为产出的生产技术及其调价的时间依存过程。假设企业 h 采用的生产技术给定为:

$$Y_t(h)=A_tN_t(h) \tag{6.19}$$

其中,A_t 为随机总生产率变量,$N_t(h)$ 是企业 h 的雇佣量。若中间产品企业的价格是灵活的,那么企业 h 将设定价格 $P_t(h)$ 以最大化下式给出的利润:

$$P_{h,t}(h)Y_t(h)-W_tN_t(h)=\left[P_{h,t}(h)-\frac{W_t}{A_t}\right]\left(\frac{P_{h,t}(h)}{P_{h,t}}\right)^{-\xi}Y_t$$

弹性价格下利润最大化意味着:$P_{h,t}(h)=\left(\frac{\xi}{\xi-1}\right)\left(\frac{W_t}{A_t}\right)$。

每家中间品企业都会在名义边际成本 W_t/A_t 上加成 $\xi/(\xi-1)>1$ 来设定价格。由于等式右侧与 h 无关,所有的中间品企业都会设定相同的价格,意味着 $P_{h,t}=P_{h,t}(h)=\mu W_t/A_t$,其中 $\mu\equiv\xi/(\xi-1)$ 为加成。因此,在弹性价格均衡中,实际产品工资 $W_t/P_{h,t}$ 小于劳动 A_t 的边际产品:$W_t/P_{h,t}=A_t/\mu<A_t$。在弹性价格下,每家企业的实际边际成本为常量,且等于:

$$MC_t=\frac{W_t/P_{h,t}}{A_t}=\frac{1}{\mu} \tag{6.20}$$

Clarida 等(2002)假设每家中间品企业调价遵循卡尔沃机制,每期调价的可能性为 $1-\omega$。当价格为黏性时,实际边际成本可能不等于 μ^{-1}。利用式(6.6)和式(6.12),实际边际成本等于:

$$MC_t=\frac{W_t/P_{h,t}}{A_t}=\frac{N_t^\eta/C_t^{-\sigma}}{A_t}\frac{P_t}{P_{h,t}}=\frac{N_t^\eta/C_t^{-\sigma}}{kA_t}S_t^\gamma \tag{6.21}$$

式(6.21)出现贸易变量项是因为在开放经济模型中,如果消费者价格指数 P_t 不同于国内生产者价格指数 $P_{h,t}$,那么国内生产者的实际工资 $W_t/P_{h,t}$ 可能不等于家庭劳动供给者的实际工资 W_t/P_t。若 S_t 上升,那么国外生产的消费品价格相对于国内产品的价格就升高。这将导致家庭视角的实际工资下降,为了吸引同等的劳动供给,就必须提高名义工资。这进一步提高了国内生产者的边际成本,因此能够调价的企业将提高价格,导致国内消费者价格指数的升高。

所有调价企业都面临同样的决策问题,将选择重新设定相同价格为 $P_{h,t}^{opt}$,则总的国内生产者价格指数变为:$P_{h,t}^{1-\xi}=\omega P_{h,t-1}^{1-\xi}+(1-\omega)(P_{h,t}^{opt})^{1-\xi}$。将该等式与重新定价最优选择的一阶条件结合起来,并都在零通胀稳态附近线性化,可以得到国内生产者价格指数通胀率的标准新凯恩斯主义菲利普斯曲线:

$$\pi_{h,t}=\beta E_t\pi_{h,t+1}+\kappa(\omega_t-a_t) \tag{6.22}$$

其中,$\omega_t=\eta n_t+\sigma c_t+\gamma s_t$,且 ω_t-a_t 为实际边际成本对其稳态值偏离的百分比(小写字母表示相应大写变量对其稳态值偏离的百分比)。

6.1.4 均衡

两国的商品市场出清即为均衡。国内生产者将产品售给本国家庭和外国家庭。将 Y_t 定义为人均水平，本国的人口占比为 $1-\gamma$，市场出清要求：$(1-\gamma)Y_t=(1-\gamma)C_{h,t}+\gamma C_{h,t}^*$。同样，对于外国生产的商品有：$\gamma Y_t^*=\gamma C_{f,t}+(1-\gamma)C_{f,t}^*$。

利用式(6.4)和式(6.5)，由外国面临的相应条件、市场出清条件、本国和外国消费者价格指数的定义，以及 $\varepsilon_t P_t^*=P_t$，可得：$P_t C_t=P_{h,t}Y_t$，$P_t^* C_t^*=P_{f,t}Y_t^*$。这些条件表明贸易零平衡，还表明，利用结果 $P_t^* C_t^*=(P_t/\varepsilon_t)C_t$，有：

$$\frac{Y}{Y_t^*}=\frac{\varepsilon_t P_f^*}{P_{h,t}}=\frac{P_{f,t}}{P_{h,t}}=S_t \tag{6.23}$$

式(6.6)两边同乘以 C_t，得到 $P_t C_t=P_{h,t}Y_t=k^{-1}P_{h,t}C_t S_t^\gamma$，或者 $Y_t=k^{-1}C_t S_t^\gamma$。综合以上结果，本国家庭消费可表示为本国产出和外国产出的等式：

$$C_t=kY_t S_t^{-\gamma}=kY_t^{1-\gamma}(Y_t^*)^\gamma \tag{6.24}$$

对外国经济作相似的推导，可得：

$$C_t^*=kY_t^* S_t^{1-\gamma}=kY_t^{1-\gamma}(Y_t^*)^\gamma=C_t \tag{6.25}$$

本国家庭和外国家庭的最优消费和持币决策的一阶条件，加上均衡需要满足的一阶定律和对偏好的假设，可得以下等式：

$$C_t^{-\sigma}=\beta R_t E_t\left(\frac{P_t}{P_{t+1}}\right)C_{t+1}^{-\sigma} \tag{6.26}$$

$$(C_t^*)^{-\sigma}=\beta R_t^* E_t\left(\frac{P_t^*}{P_{t+1}^*}\right)(C_{t+1}^*)^{-\sigma} \tag{6.27}$$

$$\phi\left(\frac{M_t}{P_t}\right)^{-\alpha}=C_t^{-\sigma}-\beta E_t\left(\frac{P_t}{P_{t+1}}\right)C_{t+1}^{-\sigma} \tag{6.28}$$

$$\phi\left(\frac{M_t^*}{P_t^*}\right)^{-\alpha}=(C_t^*)^{-\sigma}-\beta E_t\left(\frac{P_t^*}{P_{t+1}^*}\right)(C_{t+1}^*)^{-\sigma} \tag{6.29}$$

$$\varepsilon_t P_t^*=P_t \tag{6.30}$$

剩余的均衡条件取决于价格是灵活的还是黏性的，但模型中所隐含的两国名义利率、汇率和货币供应之间的联系与此无关。后面将讨论以上启示，然后介绍几个弹性价格和黏性价格的案例。

1. 货币、汇率和利率

为了解释名义利率、通胀和汇率之间的关系，现将式(6.26)和式(6.27)在零通胀附近线性化，并利用 $C_t=C_t^*$，得到无抛补利率平价(UIP)条件：$i_t-E_t\pi_{t+1}=i_t^*-E_t\pi_{t+1}^*$。$E_t\pi_{t+1}$ 为预期通货膨胀率,$E_t\pi^*_{t+1}$ 为预期通货膨胀率的稳态值。由购买力平价(PPP)条件[式(6.30)],可知 $p_t=e_t+p^*_t$,其中 e_t 是名义汇率的对数形式。因此,$\pi_t=e_t-e_{t-1}+\pi^*_t$ 和 UIP 条件可等价写为:$i_t=i^*_t+E_te_{t+1}-e_t$,E_te_{t+1} 为预期名义汇率。

若预期汇率将贬值,则国内名义利率将超过外国利率,存在一种套利关系。若预期回报均等化,投资者将仅持有本币和以外币计价的债券。若预期本币将贬值,则国内名义利率将上升,补偿币值的预期降幅。

(1)两国都实施简单规则的货币政策。

假设两国的中央银行都按照简单规则实施货币政策,适用本国经济的规则为:$i_t=\rho+\phi_\pi\pi_t+\upsilon_t$。适用外国经济的规则为:$i^*_t=\rho+\phi_\pi\pi^*_t+\upsilon^*_t$。其中,$\upsilon_t$ 和 υ^*_t 为政策冲击。定义 $\hat\upsilon_t\equiv\upsilon_t-\upsilon^*_t$,$\hat\pi_t\equiv\pi_t-\pi^*_t$ 为通胀差,则 UIP 条件意味着有 $E_te_{t+1}-e_t=i_t-i^*_t=\phi_\pi\hat\pi_t+\hat\upsilon_t$。而 PPP 条件意味着有 $e_t-e_{t-1}=\hat\pi_t$。可得:$E_t\hat\pi_{t+1}=\phi_\pi\hat\pi_t+\hat\upsilon_t$。

当且仅当 $\phi_\pi>1$ 时,将存在通胀差的局部唯一平稳解。若该条件得到满足,并假设 $\hat\upsilon_t=\rho\hat\upsilon_{t-1}+\varepsilon_t$,$0\leqslant\rho\leqslant1$,则均衡通胀差为:$\hat\pi_t=H\hat\upsilon_t$,$H=-\dfrac{1}{\phi_\pi-\rho}<0$。此时名义利率有一单位根,由式(6.31)给出:

$$\hat\pi_t=e_t-e_{t-1}=H\hat\upsilon_t \tag{6.31}$$

系数 H 通过 ρ 和 ϕ_π 而取决于 $\hat\upsilon_t$ 过程和政策。

$\hat\upsilon_t$ 的正向实现值代表本国名义利率相对于外国升高。由式(6.31)可知,e_t 下降(H 为负),反映当本国货币政策收紧时本币将立即升值。此外,$E_te_{t+1}-e_t=HE_t\hat\upsilon_{t+1}=\rho H\hat\upsilon_t<0$。只要 $E_t\hat\upsilon_{t+i}$ 保持为正,汇率就将被预期为持续升值。预期的升值对于维持 UIP 是必要的。利用式(6.31),有 $\lim\limits_{i\to\infty}E_te_{t+1}=e_{t-1}+H\hat\upsilon_t\lim\limits_{i\to\infty}\sum\limits_{j=0}^i\rho^j=e_{t-1}+\dfrac{H}{1-\rho}\hat\upsilon_t<e_{t-1}$。

因此,对 $\hat\upsilon_t$ 的正向冲击将使得汇率水平永久偏低。由式(6.31)可知,本国和外国之间的通胀差与 $\hat\upsilon_t$ 是成比例的。$\hat\upsilon_t$ 为正值,意味着本国的通胀水平低于外国的通胀水平。由此,p_t 相对于 p^*_t 下降。由 $e_t=p_t-p^*_t$ 可知,随着本国的价格相对于外国的价格下跌,e_t 升值,反映本币价值升高。

(2)两国都实施设定货币供给路径的货币政策。

假设两国中央银行没有遵循利率规则,而是为货币供应设定路径,让名义利率确保货币需求等于货币供应。等式(6.28)可在稳态附近对数化,写为:

$$m_t-p_t=\delta z_t-\left(\frac{\delta}{1+i}\right)(E_tp_{t+1}-p_t) \tag{6.32}$$

其中,$m_t=\log M_t$,$p_t=\log P_t$,$z_t\equiv\sigma\left[c_t-\beta E_tc_{t+1}/(1+\pi)\right]$,$i$ 为稳态名义利率,且 $\delta\equiv C^{-\sigma}(M/P)^\alpha/\alpha\phi$。求解 p_t,$\left[1+\left(\dfrac{\delta}{1+i}\right)\right]p_t=m_t+\left(\dfrac{\delta}{1+i}\right)E_tp_{t+1}-\delta z_t$。重新为参数命名,该等式可写为:

$$p_t = d_0 m_t + (1-d_0)E_t p_{t+1} - d_1 z_t, \quad 0 < d_0 < 1 \tag{6.33}$$

式(6.33)表明,均衡价格水平是如何取决于名义货币供应量、预期未来价格水平,以及由 z_t 代表的实体经济行为活动的。向前递归求解式(6.33),得: $p_t = E_t \sum_{i=0}^{\infty}(1-d_0)^i(d_0 m_{t+i} - d_1 z_{t+i})$。

首先,价格水平并非取决于当前名义货币供应量,而是取决于货币供应的未来路径全貌,以及 z_t 的当前值和未来预期值。其中,z_t 是 c_t 和 c_{t+1} 的函数,在弹性价格下,与 m_t 无关,若为黏性价格,则有关。

由于外国经济也存在相似的关系,有: $p_t^* = E_t \sum_{i=0}^{\infty}(1-d_0)^i(d_0 m_{t+i}^* - d_1 z_{t+i}^*)$。在风险国际分担的情况下,两国的消费相等,所以若两国的稳态通胀相等,则 $z_t = z_t^*$。此处,将 p_t 和 p_t^* 相减,得:

$$e_t = p_t - p_t^* = d_0 E_t \sum_{i=0}^{\infty}(1-d_0)^i(m_{t+i} - m_{t+i}^*) \tag{6.34}$$

其次,名义利率取决于两国的相对货币供给。一国的货币供给相对于另一国增加,则该国汇率会贬值。国内货币供给增加,将伴随国内价格水平上升。而价格水平上升,意味着一单位货币能买到的商品减少了。相似地,本币能买到的外币单位也减少了,即本币币值相对于外币下跌了。

汇率等式可改写为:

$$e_t = d_0(m_t - m_t^*) + d_0(1-d_0)E_t \sum_{i=0}^{\infty}(1-d_0)^i(m_{t+1+i} - m_{t+1+i}^*)$$
$$= d_0(m_t - m_t^*) + (1-d_0)E_t e_{t+1}$$

整理该等式得: $E_t e_{t+1} - e_t = d_0 \left[(m_t - m_t^*) - d_0 E_t \sum_{i=0}^{\infty}(1-d_0)^i(m_{t+1+i} - m_{t+1+i}^*) \right]$。与弗里德曼的恒久性收入概念类似,$d_0 E_t \sum_{i=0}^{\infty}(1-d_0)^i(m_{t+1+i} - m_{t+1+i}^*)$ 可被视为恒久性货币供给差。假设 $m_t - m_t^*$ 的当期值高于其恒久性水平。若 e_t 反映了 t 期的恒久性货币供给差异,m_t 只是临时相对高于 m_t^*,则恒久性差异会在 $t+1$ 期初下降。结果,由于预期本币会升值,$E_t e_{t+1} - e_t$ 将下降。

再次,若给定名义货币供给过程的具体形式,则可以得到名义汇率的显性解。例如,设 m_t 和 m_t^* 均遵循不变的确定性增长路径: $m_t = m_0 + \mu t m_t = m_0 + \mu t$ 和 $m_t^* = m_0^* + \mu^* t m_t^* = m_0^* + \mu^* t$。严格来说,式(6.33)只适于稳态附近的偏离,而不适于具有确定性趋势的货币供给过程。然而,常见的是,以变量的对数值,或者再加上一个常数来表示稳态水平,以此给定式(6.32)的具体形式,并推导出式(6.33)。将式(6.33)解释为对变量的对数值成立,好处在于可以用它来分析名义货币供给趋势增长路径的变化,而不仅仅用于分析趋势附近的偏离。同时,这样也具有局限性,基本的代表性主体模型意味着,货币需求方程中利率的系数是稳态通货膨胀率的函数。

在给定的货币供给过程下,式(6.34)意味着有:$e_t = e_0 + (\mu - \mu^*)t$。其中,$e_0 = m_0 - m_0^* + (1-d_0)(\mu - \mu^*)/d_0$。在这种情况下,名义利率具有确定性趋势,它等于两国趋势货币增长率之差(由于 $\pi = \mu\pi = \mu$ 和 $\pi^* = \mu^*\pi^* = \mu^*$,因此也等于通货膨胀率之差)。若两国货币供给增长超过外国货币供给增长($\mu > \mu^*$),随着时间的推移,e 将会上升,本币相对外币的价值会下跌。

以上分析着眼于 $C_t = C_t^*$ 衍生出的变量关系,两国的产出变动和一般消费水平都将取决于价格是灵活的还是黏性的。

2. 弹性价格均衡

假设两国的价格都是完全灵活的。所有企业都以边际成本加成的方式设定价格,而边际成本就是实际产出工资除以劳动的边际产出。以消费者价格表示的实际工资等于家庭闲暇和消费的边际替代率。对于本国经济,有:$MC_t = \dfrac{N_t^\eta/C_t^{-\sigma}}{kA_t}S_t^\gamma = \dfrac{1}{\mu}$。对于外国经济,有:$MC_t^* = \dfrac{N_t^{*\eta}/C_t^{*-\sigma}}{kA_t}S_t^{\gamma-1} = \dfrac{1}{\mu^*}$。

由式(6.24)联系消费、产出和贸易条件,以及总生产函数 $N_t = Y_t/A_t$,可得:$\dfrac{(Y_t/A_t)^\eta/(kY_tS_t^{-\gamma})^{-\sigma}}{kA_t}S_t^\gamma = \dfrac{Y_t^{\eta+\sigma}}{k^{1-\sigma}A_t^{1+\eta}}S_t^{\gamma(1-\sigma)} = \dfrac{1}{\mu}$。利用式(6.23),此式可写为:

$$\frac{Y_t^{\eta+\sigma-\gamma(\sigma-1)}(Y_t^*)^{\gamma(\sigma-1)}}{k^{1-\sigma}A_t^{1+\eta}} = \frac{1}{\mu} \tag{6.35}$$

对于外国经济,经过一系列相似步骤可推出:

$$\frac{(Y_t^*)^{\eta+\sigma-(1-\gamma)(\sigma-1)}(Y_t)^{(1-\gamma)(\sigma-1)}}{k^{1-\sigma}(A_t^*)^{1+\eta}} = \frac{1}{\mu^*} \tag{6.36}$$

以上两个等式决定了两国在弹性价格下的产出。消费水平由式(6.24)和式(6.25)给出,贸易条件由式(6.23)得出。存在加成意味着弹性价格均衡是低效率的。若企业获得收入补贴 τ,则 $(1+\tau)/\mu$ 和 $(1+\tau^*)/\mu^*$ 将出现在以上条件中,当价格是灵活的,将补贴设定为 $\tau = \mu-1$ 和 $\tau^* = \mu^*-1$ 将确保均衡有效率。

当价格是灵活的,实际变量如两国的产出和消费以及由贸易条件给出的相对价格,都将独立于名义变量和货币政策。考虑到消费路径,实际利率将由欧拉条件如式(6.14)决定。因此,该模型具有真实变量和名义变量之间的经典二分特征,该结果依赖于一个假设,即效用在货币余额中是可分离的。可分性是一种常见的假设,有助于只关注名义变量,因为当价格灵活时,可以从通货膨胀和汇率决定的角度允许真实变量被当作外生变量。

由式(6.35)可知,外国经济的产出对于本国经济的影响取决于 $\sigma-1$ 的符号。这反映 Y^* 可通过两种渠道影响 Y。外国产出提高将增加供给,导致外国产品下降,造成 $S_t = Y_t/Y_t^*$ 下降[见式(6.23)]。$P_{f,t}$ 下降将提高本国工人的实际工资,增加劳动供给,使 Y_t 提高。但是,Y_t^* 提高将通过国际风险分担渠道提高本国消费。这将对本国劳动供给产生财富效应,从而

降低 Y_t。若 $\sigma<1$，后者效应占主导，Y_t^* 提高会导致 Y_t 下降，若 $\sigma=1$，两种效应抵消，Y_t 独立于 Y_t^*。通常假设对数效用，即 $\sigma=1$，所以很重要的一点是，要认识到该参数的选择会使弹性价格下本国产出独立于外国产出。

最后，当二分法成立时，式(6.26)—式(6.30)五个方程包含了七个名义变量：两国价格水平、两国名义利率、两国名义货币供给，以及名义汇率。纳入两国具体的货币政策，该模型完成。

3. 黏性价格均衡

当价格是黏性的时，二分法不成立。模型的实际变量和货币部分并非相互独立，必须联合求解才能得到均衡实际和名义变量。虽然用线性化模型来考察均衡的特点，但是有一个非线性化关系对于突显通货膨胀造成的扭曲是至关重要的。利用式(6.18)和(6.20)，可推导出总就业为：

$$N_t = \int_0^1 N_t(h)\,dh = \left(\frac{1}{A_t}\right)\left[\int_0^1 \frac{Y_t(h)}{Y_t}\,dh\right]Y_t = \left(\frac{1}{A_t}\right)\left[\int_0^1 \left(\frac{P_{h,t}(h)}{P_{h,t}}\right)^{-\xi}\,dh\right]Y_t = \left(\frac{1}{A_t}\right)\Delta_{h,t}Y_t$$

$$(6.37)$$

其中，$\Delta_{h,t} \equiv \int_0^1 (P_{h,t}(h)/P_{h,t})^{-\xi}\,dh$ 衡量国内价格发散程度。由于 $\Delta_{h,t}>1$，则 $Y_t=A_t\Delta_{h,t}^{-1}N_t<A_tN_t$，反映当相对价格发散时，企业之间的低效率劳动配置会导致扭曲。但是，本国劳动使用的扭曲取决于国内价格的发散程度，而非外国价格。

两国模型的均衡条件可在对称的零通胀稳态附近线性化，得到简单的模型表达式。然后纳入两国的具体货币政策完成模型，用来研究模型的动态变化。

在封闭经济新凯恩斯模型中，商品出清条件仅仅是 $C_t=Y_t$。该条件被用来将欧拉条件表达成 Y_t 的方程。它还与总生产函数结合起来，用来将闲暇和消费边际替代率表达成产出和生产率冲击的方程。实际边际成本可以表达成产出与弹性价格产出之间缺口的方程。可以采用与此相同的策略来简化两国模型，但存在贸易意味着商品出清条件不再是 $C_t=Y_t$，而是由式(6.24)给出。

将式(6.24)线性化得到：$c_t=(1-\gamma)y_t+\gamma y_t^*=y_t-\gamma s_t$。将其代入式(6.14)线性化得到欧拉条件，推出：$y_t=E_ty_{t+1}-\frac{1}{\sigma}(i_t-E_t\pi_{t+1}-\rho)-\gamma(E_ts_{t+1}-s_t)$。鉴于后文阐述的理由，利用式(6.6)可知 $\pi_t=\pi_{h,t}-\gamma(s_t-s_{t-1})$。代出 π_t，将欧拉方程改写，然后利用式(6.23)得到：

$$y_t = E_ty_{t+1}-\left(\frac{1}{\sigma_0}\right)\left[i_t-E_t\pi_{h,t+1}-\rho+\gamma(1-\sigma)(E_ty_{t+1}^*-y_t^*)\right]$$

其中，$\sigma_0 \equiv \sigma[1+\gamma(1-\sigma)]$。最后，两边同时减去 $E_ty_{t+1}^f-y_t^f$，其中 y_t^f 是弹性价格均衡产出。以此得到国内总需求与国内实际利率之间的关系式，并以国内通胀一起定义：

$$x_t = E_tx_{t+1}-\left(\frac{1}{\sigma_0}\right)(i_t-E_t\pi_{h,t+1}-\tilde{\rho}_t) \tag{6.38}$$

其中，$x_t = y_t - y_t^f$ 是产出缺口，且 $\tilde{\rho}_t = \rho + \sigma_0(E_t y_{t+1}^f - y_t^f) - \gamma(1-\sigma)(E_t y_{t+1}^* - y_t^*)$。

已证明，当在稳态附近线性化时，实际边际成本将等于 $\eta n_t + \sigma c_t + \gamma s_t - a_t$。第 5 章已证明，在零通胀稳态附近进行一阶近似，则 $\Delta_{h,t} = 1$。因此，当式(6.37)线性化时，由于价格发散项一阶为零，可得一阶 $y_t = n_t + a_t$。利用式(6.23)和式(6.24)的线性化方程，实际边际成本的表达式变为：

$$mc_t = [\eta + \sigma + \gamma(1-\sigma)]y_t - \gamma(1-\sigma)y_t^* - (1+\eta)a_t \tag{6.39}$$

根据 Clarida 等(2002)，外国产出对边际成本的效应并不明确。外国产出增加，进口外国产品的价格下降，降低了本国的消费者价格指数。对于给定的以消费者价格指数表示的实际工资水平，生活成本下降将导致国内名义工资降低，进而降低国内企业的实际边际成本。但是，外国收入的增加也通过国际风险分担渠道提高了国内消费。对劳动供给的财富效应，通过 σc_t 项影响边际成本，使实际工资上升，并推高边际成本。若财富效应很大，$\sigma > 1$，第二种效应就会占主导，那么 y_t^* 升高将增加国内边际成本。

在弹性价格下，实际边际成本为常量[见式(6.21)]，所以 $mc_t = 0$。令 y_t^f 表示弹性价格均衡产出对稳态的偏离，则式(6.35)意味着：

$$y_t^f = \frac{\gamma(1-\sigma)y_t^* + (1+\eta)a_t}{\eta + \sigma + \gamma(1-\sigma)} \tag{6.40}$$

其中，$\gamma = 0$，$y_t^f = (1+\eta)a_t/(\eta+\sigma)$，即为第 5 章将得到的封闭经济中的表达式。当价格是黏性的时，式(6.35)和式(6.39)表明，实际边际成本可写成产出缺口 $x_t = y_t - y_t^f$ 的表达式：$mc_t = [\eta + \sigma + \gamma(1-\sigma)]x_t$。

这表明式(6.22)给出的国内产品价格的通胀率变为：

$$\pi_{h,t} = \beta E_t \pi_{h,t+1} + \tilde{\kappa} x_t \tag{6.41}$$

其中，$\tilde{\kappa} = \kappa[\eta + \sigma + \gamma(1-\sigma)]$。对于外国经济，由相似的推导过程可得：$\pi_{f,t}^* = \beta E_t \pi_{f,t+1}^* + \bar{\kappa}^* x_t^*$。其中，$\pi_{f,t}^*$ 是以外币计价的外国产品价格通胀率，x_t^* 是外国产品缺口，且 $\bar{\kappa}^* = \kappa[\eta + \sigma + (1-\gamma)(1-\sigma)]$。

经过以上处理，式(6.38)和式(6.41)与第 5 章新凯恩斯模型封闭经济的双等式系统看起来完全一致。通过对比，可突出两者的异同。首先，根据式(6.38)，总需求取决于未来的产出缺口，而与实际利率和 $\tilde{\rho}_t$ 之间的缺口是负相关的。实际利率是以预期的未来国内价格通胀 $E_t \pi_{h,t}$ 来定义的。由于实际利率 $\tilde{\rho}_t$ 取决于弹性价格产出的预期变化(与封闭经济一样)和外国预期产出的变化，因此，外国产出的变化相当于额外的需求侧扰动，通过 $\tilde{\rho}_t$ 影响国内经济(除非 $\sigma = 1$)。

开放经济模型的关键参数与封闭经济不同。在封闭经济中，总需求的利率弹性等于 $1/\sigma$，即替代的跨期弹性。在开放经济中，该参数也等于 $1/\sigma_0$，其中 $\sigma_0 = \sigma[1+\gamma(1-\sigma)]$ 可能大于或小于 σ，取决于 $\sigma < 1$ 还是 $\sigma > 1$，这与外国产出影响国内经济的两个渠道有关，也被视为由财富效应对劳动供给的影响大小而定。此外，在该开放经济模型中，国内价格通胀对产出缺

口的弹性为 $\bar{\kappa}=\kappa[\eta+\sigma+\gamma(1-\sigma)]$，而在封闭经济中，该弹性为 $\kappa(\eta+\sigma)$。

Clarida 等(2002)突出了式(6.38)和式(6.41)与封闭经济双等式系统在基本结构方面的共性，将开放经济模型描述为封闭经济新凯恩斯模型的同构体。这种同构性导致一个重要结果——如果货币政策遵循基于国内价格通胀的工具规则，则形式为：$i_t=\rho+\phi_\pi\pi_{h,t}+\phi_\pi x_t$。

那么，所有封闭经济新凯恩斯模型的结论将均适用于开放经济。比如，确保存在局部的唯一理性预期平稳均衡，意味着必须满足泰勒规则。正如前面所证明的，这要求：$\bar{\kappa}(\phi_\pi-1)+(1-\beta)\phi_x>0$。

6.1.5 最优政策

在最优政策启示方面，Clarida 等(2002)的开放经济新凯恩斯模型，与封闭经济新凯恩斯模型在推导结果上完全对应，前提条件是货币当局在式(6.38)和式(6.41)的约束下，追求国内价格通胀的目标函数最小化，目标函数形式如下：

$$L_t=\frac{1}{2}E_t\sum_{j=0}^{\infty}\beta^j(\pi_{h,t+j}^2+\lambda x_{t+j}^2)\tag{6.42}$$

但是，如果与封闭经济中相对应的推导结果要成立，则必须要求中央银行关注国内商品价格通胀率 $\pi_{h,t}$ 的稳定。本节先讨论开放经济模型中对福利的二次近似。然后，在 Clarida 等(2002)的基础上，讨论当外国经济发展变化既定时本国中央银行的最优政策选择案例。而后本节将讨论两国中央银行合作制定政策时的最优政策选择。

1. 福利

为了评估最小化式(6.42)是否为适当的政策目标，需要注意的是，与封闭经济新凯恩斯模型一样，由于商品市场的不完全竞争，该开放经济模型中也出现了稳态扭曲。如果用财政补贴来抵消这种稳态扭曲，从而确保弹性价格均衡是高效的，那么封闭经济中货币政策的福利一致目标就应该是通货膨胀和产出缺口二次损失函数的形式。与这种政策目标相关的基本直觉似乎会传递至开放经济体：如果税收补贴处理了与垄断竞争相关的扭曲，那么货币政策的作用应该是消除国内黏性价格造成的扭曲。由式(6.37)可知，国内相对价格的发散性是就业扭曲的来源。如果国内中央银行将外国的收入和通货膨胀设为给定条件，那么它可以通过稳定国内产品的黏性价格来消除国内价格的发散性。

但是，该直觉一般情况下并不正确。即使财政补贴抵消了价格加成产生的扭曲，但在开放经济环境中仍然存在一个额外因素，促使决策者偏离价格稳定，由于国外产品和国内产品是不完美的替代品，中央银行有动机去影响两者的相对价格和贸易条件。由式(4.23)可知，导致货币贬值(ε_t 上升)或国内价格下跌的政策，将提高外国产品的相对价格，使消费者将需求转向国内产品。这将改善福利，也可能造成最优政策偏离国内价格稳定。

Benigno 和 Benigno(2003)证明，最优财政补贴不应完全消除加成扭曲。相反，这种扭曲可能会降低到一个平衡点，使得中央银行制定更具扩张性的政策以提高产出，使其接近有效水平的动机，恰好能够抵消通过出其不意的通缩影响贸易条件的动机。在这种情况下，

Clarida 等(2002)证明,如果本国将外国产出视作外生性因素,那么该国中央银行基于对国内代表性家庭福利的二次近似,应当把最小化损失函数式(6.42)作为目标。政策应当重点关注如何稳定国内产品的价格通胀,而产出缺口稳定的相对权重 $\lambda = \bar{\kappa}/\xi$,是模型结构化参数的函数,如果用 σ_0 替代 σ,则与封闭经济条件下的函数形式一样。

相关启示是福利将取决于稳定国内生产者价格通胀,这与通胀目标制国家的目标形成鲜明对比,这些国家都把稳定用消费者价格指数衡量的通胀 π_t 作为目标。在第 5 章封闭经济中,根据定义,不存在消费者价格指数和生产者价格指数的差别,也没有稳态扭曲和扭曲性加成冲击,最优政策只涉及复制弹性价格平衡。

2. 最优国内政策

假设国内中央银行试图在式(6.41)的约束下最小化式(6.42)。鉴于式(6.41)不包含扰动,因此最优政策仅需确保完全价格稳定,即 $\pi_{h,t}=0$,且同时确保产出缺口保持为零,即 $x_t=0$。因此,假设工人的闲暇消费替代率与其工资之间存在随机缺口。正如第 5 章所讨论的,该缺口造成了低效率,导致新凯恩斯主义菲利普斯曲线中加入了随机冲击项。冲击的存在意味着追求零价格通胀和零产出缺口已然不可行。

相机抉择的国内中央银行面临的问题可写成:

$$\min_{\pi_{h,t}, x_t} \frac{1}{2}(\pi_{h,t}^2 + \lambda x_t^2) + \theta_t [\pi_{h,t} - \beta E_t \pi_{h,t+1} - \bar{\kappa} x_t + \mu_t] \tag{6.43}$$

其中,μ_t 是加成冲击,θ_t 是拉格朗日乘子,$\lambda = \bar{\kappa}/\xi$,且 $\bar{\kappa} = \kappa[\eta + \sigma + \gamma(1-\sigma)]$。消去拉格朗日乘子后,$\pi_t$ 和 x_t 的一阶条件表明:$\bar{\kappa}\pi_{h,t} + \lambda x_t = 0$。

中央银行的一阶条件与封闭经济新凯恩斯模型中的一阶条件一样,但是通胀对产出缺口的弹性 $\bar{\kappa}$ 是相关结构化参数的函数,不同于封闭经济中的函数形式。只有在对数效用($\sigma=1$)这一种情况下,两者函数形式才相同,即 $\bar{\kappa} = \kappa(\eta + \sigma) = \kappa(\eta + 1)$。然而,若损失函数被阐释为代表性国内居民福利的二次近似,则 $\lambda = \bar{\kappa}/\xi$,中央银行的一阶条件就变成 $\pi_{h,t} + (1/\xi)x_t = 0$,独立于开放经济与封闭经济相区别的参数。由于菲利普斯曲线式(6.41)依赖于 $\bar{\kappa}$,因此开放程度依然影响着经济对冲击的响应。

利用式(6.41)和式(6.43),可以求解国内价格通胀率和产出缺口。通过对数差分式(6.6),可以求得 CPI 通胀率,为 $\pi_t = \pi_{h,t} + \gamma(s_t - s_{t-1})$。由式(6.23)可知,贸易条件等于 $s_t = y_t - y_t^*$,名义汇率为 $e_t = s_t + p_{h,t} - p_{f,t}^*$,其中 $p_{h,t} = p_{h,t-1} + \pi_{h,t}$,$p_{f,t}^* = p_{f,t-1}^* + \pi_{f,t}^*$。外国的 CPI 通胀率为 $\pi_t^* = \pi_{f,t}^* + (1-\gamma)(s_t - s_{t-1})$。贸易条件取决于两国各自的产出水平,而不仅仅是产出缺口。因此,需要对式(6.35)和式(6.36)线性化,以确定弹性价格的产出水平。

将外国经济的新凯恩斯主义菲利普斯曲线与外国的具体货币政策结合起来,通过模型就可求出两国的产出缺口和通胀率、CPI 通胀率、贸易条件、本国产品和外国产品的价格水平,以及名义汇率。在最优货币政策下,只需要欧拉等式就可求出与均衡产出和通胀相符的利率。若货币政策的特点是根据工具规则确定名义利率,那么求解完整的外生变量集合就需要欧拉条件了。

承诺机制下的最优政策可以通过对未来政策作出许诺来影响预期。这将导致政策是历史依存的，但却是时间不一致的。在当前模型中，最优承诺政策是通过确保下列条件来实施的：$\bar{\kappa}\pi_{h,t}+\lambda x_t=0$ 和 $\bar{\kappa}\pi_{h,t+i}+\lambda(x_{t+i}-x_{t+i-1})=0$，$i>0$。

3. 关于福利的更多内容

式(6.42)在一定的约束条件下提供了正确的福利损失函数，这些条件极为特殊，依赖于关于偏好的假设。Benigno 和 Benigo(2003)也构建了一个两国模型，与 Clarida 等(2002)的模型相似，但是对偏好的处理更加一般化。他们考察了最优货币政策在什么样的条件下会试图复制弹性价格均衡，以此抵消黏性国内价格的影响。他们证明，关于偏好的假设对于确定何为最优的国内价格稳定水平是至关重要的。特别之处在于，他们假设两国家庭的效用不取决于式(6.2)所定义的消费总量，而是由式(6.44)定义：

$$C_t=\left[\alpha_H^{\frac{1}{\theta}}C_{h,t}^{\frac{\theta-1}{\theta}}+(1-\alpha_H)^{\frac{1}{\theta}}C_{f,t}^{\frac{\theta-1}{\theta}}\right]^{\frac{\theta}{\theta-1}},\ \theta>1 \tag{6.44}$$

其中，C_h 和 C_f 分别是本国和外国生产的最终消费品包。由式(6.44)中 C_t 的定义可推出式(6.2)给出的特例，即 $\theta=1$ 且 $\alpha_H=\gamma$。与 Clarida 等(2002)相比，式(6.44)允许本国产品和外国产品的替代弹性不等于 1。C_h 和 C_f 消费包被定义为两国生产的个体差异化产品 $C(h)$ 和 $C(f)$ 的组合，有：$C_{h,t}=\left[\left(\frac{1}{1-\gamma}\right)^{\frac{1}{\xi}}\int_0^{1-\gamma}c_t(h)^{\frac{\xi-1}{\xi}}\mathrm{d}h\right]^{\frac{\xi}{\xi-1}}$，$C_{f,t}=\left[\left(\frac{1}{\gamma}\right)^{\frac{1}{\xi}}\int_{1-\gamma}^1 c_t(f)^{\frac{\xi-1}{\xi}}\mathrm{d}f\right]^{\frac{\xi}{\xi-1}}$，其中 $\xi>1$。

这些偏好意味着对本国产品 h 的需求为：

$$c_t(h)=\left(\frac{p_t(h)}{\lambda}\right)^{-\xi}C_{h,t} \tag{6.45}$$

对本国消费包和外国消费包的需求分别为：

$$本国：C_{h,t}=\alpha_H\left(\frac{P_{h,t}}{P_t}\right)^{-\theta}C_t$$
$$外国：C_{f,t}=(1-\alpha_H)\left(\frac{P_{f,t}}{P_t}\right)^{-\theta}C_t \tag{6.46}$$

基于消费的价格指数为：

$$P_t=\left[\alpha_H P_{h,t}^{1-\theta}+(1-\alpha_H)P_{f,t}^{1-\theta}\right]^{\frac{1}{1-\theta}} \tag{6.47}$$

其中，$P_{h,t}=\left[\left(\frac{1}{1-\gamma}\right)\int_0^{1-\gamma}p_t(h)^{1-\xi}\mathrm{d}h\right]^{\frac{1}{1-\xi}}$，且 $P_{f,t}=\left[\left(\frac{1}{\gamma}\right)\int_{1-\gamma}^1 p_t(f)^{1-\xi}\mathrm{d}f\right]^{\frac{1}{1-\xi}}$。在以上方程中，$p_t(f)$ 是以本币单位表示的 $c_t(f)$ 的价格。假设外国家庭被定义为拥有相似的偏好，在式(6.44)中的权重为 α_H^* 和 $1-\alpha_H^*$。

假设所有产品都能贸易，且一价定律成立。这意味着，若 $p_t^*(f)$ 为产品 f 的外币价格，那么对于所有的 h 和 f，都有 $p_t(f)=\varepsilon_t p_t^*(f)$ 和 $p_t^*(h)=p_t(h)/\varepsilon$，其中 ε_t 是名义汇率。若两国的家庭消费同样的消费包(即 $\alpha_H=\alpha_H^*=1/2$)，则有 $P_t=\varepsilon_t P_t^*$、$P_{h,t}=\varepsilon_t P_{h,t}^*$ 和 $P_{f,t}=$

$\varepsilon_t P^*_{f,t}$。在此特例中，由 $Q_t \equiv \varepsilon_t P^*_t / P_t$ 给出的实际汇率等于 1，购买力平价成立，与 Clarida 等（2002）的模型结果一致。若 α_H，$\alpha^*_H \neq 1/2$，那么实际汇率不可能等于 1。根据式（6.47），有：

$$Q_t \equiv \frac{\varepsilon_t P^*_t}{P_t} = \frac{\left[\alpha^*_H P^{1-\theta}_{h,t} + (1-\alpha^*_H) P^{1-\theta}_{f,t}\right]^{\frac{1}{1-\theta}}}{\left[\alpha_H P^{1-\theta}_{h,t} + (1-\alpha_H) P^{1-\theta}_{f,t}\right]^{\frac{1}{1-\theta}}} = \left[\frac{\alpha^*_H + (1-\alpha^*_H) S^{1-\theta}_t}{\alpha_H + (1-\alpha_H) S^{1-\theta}_t}\right]^{\frac{1}{1-\theta}}$$

其中，$S_t = P_{f,t} / P_{h,t}$ 代表贸易条件。当 $\alpha_H = \alpha^*_H = 1/2$，上式简化为 $Q_t = 1$。

由式（6.45）和式（6.46），有：$c_t(h) = \alpha_H \left(\frac{p_t(h)}{p_{h,t}}\right)^{-\xi} \left(\frac{p_{h,t}}{p_t}\right)^{-\theta} C_t$。以此类推，国内企业 h 面临的来自外国家庭的需求为：$c^*_t(h) = \alpha^*_H \left(\frac{p_t(h)}{p_{h,t}}\right)^{-\xi} \left(\frac{p^*_{h,t}}{p^*_t}\right)^{-\theta} C^*_t$。

其中，在设定 $p^*_t(h)/p^*_{h,t} = p_t(h)/P_{h,t}$ 时用到了一价定律。如果本国和外国的人口占比分别为 $1-\gamma$ 和 γ，那么对产品 h 的总需求为 $(1-\gamma)y_t(h) = (1-\gamma)c_t(h) + \gamma c^*_t(h)$。利用实际汇率的定义，可知对国内产品 h 的总需求为：

$$y_t(h) = \left(\frac{p_t(h)}{p_{h,t}}\right)^{-\xi}\left[\alpha_H \left(\frac{p_{h,t}}{p_t}\right)^{-\theta} C_t + \alpha^*_H \left(\frac{P^*_{h,t}}{P^*_t}\right)^{-\theta} C^*_t\right]$$

也可写成：

$$y_t(h) = \left(\frac{p_t(h)}{p_{h,t}}\right)^{-\xi}\left(\frac{p_{h,t}}{p_t}\right)^{-\theta}\left[\alpha_H C_t + \alpha^*_H \left(\frac{\gamma}{1-\gamma}\right) Q^\theta_t C^*_t\right] \tag{6.48}$$

在 Clarida 等（2002）的模型中，$\theta = 1$，偏好完全一致（$\alpha_H = \alpha^*_H$），购买力平价成立（$Q = 1$），且国际风险分担意味着 $C_t = C^*_t$。当购买力平价不成立时，利用 $Q_t = \varepsilon_t P^*_t / P_t$，式（6.16）给出的风险分担条件意味着：$\left(\frac{C_{t+1}(s)}{C_t}\right)^{-\sigma} = \left(\frac{Q_t}{Q_{t+1}(s)}\right)\left(\frac{C^*_{t+1}(s)}{C^*_t}\right)^{-\sigma}$。

因此，$C_t = \upsilon Q^{\frac{1}{\sigma}}_t C^*_t$。将常数 υ 正规化为 1，此时式（6.48）变成：

$$y_t(h) = \left(\frac{p_t(h)}{p_{h,t}}\right)^{-\xi}\left(\frac{p_{h,t}}{p_t}\right)^{-\theta}\left[\alpha_H + \alpha^*_H \left(\frac{\gamma}{1-\gamma}\right) Q^{\frac{\theta\sigma-1}{\sigma}}_t\right] C_t \tag{6.49}$$

式（6.49）中实际汇率指数的符号由 $\theta\sigma - 1$ 决定。若 $\theta\sigma > 1$，增加外国产品的消费会降低消费本国产品的边际效用，那么两种产品之间是替代关系；若 $\theta\sigma < 1$，则两者为互补品。当本国产品和外国产品为替代品时，增加外国产品的消费会降低本国产品的边际效用，进而世界对本国产品的需求会减少。外国产出增加使得外国产品的价格下降，导致对本国产品的需求减少，进而本国产出会下降。当两国产品为互补品时，外国产出增加将提高对本国产品的需求，进而本国产出会增加。

由式（6.49）得 $Y_t = \left[\left(\frac{1}{1-\gamma}\right)\int^{1-\gamma}_0 y_t(h)^{\frac{\xi}{\xi-1}} dh\right]^{\frac{\xi}{\xi-1}} = \left(\frac{P_{h,t}}{P_t}\right)^{-\theta}\left[\alpha_H(1-\gamma) + \alpha^*_H \gamma Q^{\frac{\theta\sigma-1}{\sigma}}_t\right] C_t$，

进而得到：

$$P_{h,t}Y_t = \left(\frac{P_{h,t}}{P_t}\right)^{1-\theta}\left[\alpha_H(1-\gamma) + \alpha_H^* \gamma Q_t^{\frac{\theta\sigma-1}{\sigma}}\right]P_tC_t \tag{6.50}$$

根据 Clarida 等(2002)推导福利近似的假设，有 $\alpha_H = \alpha_H^* = 1/2$ 和 $\theta = \sigma = 1$。此时，$P_{h,t}Y_t = P_tC_t$。相似地，对外国经济有 $P_{f,t}^*Y_t^* = P_t^*C_t^*$。结合一价定律，以上结果表明 $Y_t/Y^* = S_t$。利用 Clarida 等(2002)对价格水平的定义，有 $C_t = (P_{h,t}/P_t)Y = kY_t^{1-\gamma}(Y_t^*)^\gamma$。重要的是，消费与国内收入成比例变化。这样国内福利就可以用国内产出波动和国内相对价格发散程度来表达，而后者反映了国内企业使用劳动力的扭曲。然而，当这些条件不成立时，消费就不会与国内产出成比例变化，福利的二次近似就取决于贸易条件在有效水平附近的波动情况。

4. 政策协调

因为货币政策具有溢出效应，一国的货币政策行动会影响其他国家，政策协调也可能使双方受益。例如，式(6.34)证明，国内货币供给变化对汇率的影响取决于 $m_t - m_t^*$。当 m_t^* 不变时，m_t 上升会使本币贬值，使世界消费转移到本国的产品上来。若 m_t^* 与 m_t 同比例上升，则汇率不受影响。当价格是黏性的，汇率是外国扩张性货币政策影响国内产出的一个渠道。但是，如果两国货币当局都试图扩张产出，那么汇率渠道就不起作用了，因为两国货币都无法相对于对方进行贬值。一国政策行动的效果如何，依赖于别国的政策行动。这种依赖性就提出了一个问题，即协调货币政策是否是有益的。

在两国新凯恩斯模型中，损失函数式(6.42)是基于这样的假设，即本国中央银行把外国的产出和通胀作为外生因素。分析小型开放经济体(即外国的人口占比 γ 接近1)时，这样的假设是合理的，但在两国规模接近的环境下研究政策，就要重新考察两国中央银行战略互动的性质了，并且政策协调可能会带来收益。

考虑一下两国的货币政策协调，设计初衷是使两国家庭的福利最大化。Clarida 等(2002)认为，在此情况下，式(6.35)定义的弹性价格产出水平，经过线性化得到式(6.40)，都是不合适的处理，因为把外国收入 Y_t^* 作为给定变量了。相反，当两国的价格都是灵活的时，式(6.35)和式(6.36)必须联合求解本国产出水平和外国产出水平。以上两等式清楚表明，在 $\sigma=1$(对数效用)的特殊情况下，任何一国的弹性价格产出都独立于另一国的产出。此时，无论外国的价格是灵活的还是黏性的，y_t^f 都不变。

令 $\tilde{x}_t$ 和 $\tilde{x}_t^*$ 分别表示本国产出和外国产出相对于弹性价格产出水平的产出缺口，Clarida 等(2002)证明，对两国福利的二次近似在货币政策合作的情况下得到最大化，政策合作使式(6.51)损失函数的贴现值最小化：

$$\frac{1}{2}E_t\left[(1-\gamma)(\pi_{h,t}^2 + \lambda\tilde{x}_t^2) + \gamma(\pi_{f,t}^{*} + \lambda^*\tilde{x}_t^{*}) - 2\Phi\tilde{x}_t\tilde{x}_t^*\right] \tag{6.51}$$

其中，$\lambda = \bar{\kappa}/\xi$，$\lambda^* = \bar{\kappa}^*/\xi$，且 $\Phi = \kappa(1-\sigma)\gamma(1-\gamma)/\xi$。当 $\sigma=1$ 时，$\Phi=0$，损失函数简化为每个国家损失函数的加权平均组合。此时，政策协调不带来收益。例如，由式(6.39)和式(6.40)可见，国内经济与外国变量隔离了，每个货币当局只需最小化各自的损失函数。当 $\sigma \neq 1$ 时，政策协调就有收益，但是，Clarida 等(2002)证明，联合最优货币政策的一阶条件，与之前分析的本国中央银行把外国变量当作给定的函数形式相同。两者唯一的差别是,合作情况下的参考弹性价格产出水平是由联合求解式(6.35)和式(6.36)来定义的。此外,他们还证明,当以国内产出缺口 x_t 来表示时,政策合作情况下的一阶条件变为:$\bar{\kappa}(\pi_{h,t}+\chi\pi^{*}_{f,t})+\lambda x_t=0$。

其中,$\chi\equiv\gamma(\sigma-1)/[\eta+\sigma-\gamma(\sigma-1)]$。该式可与 $\bar{\kappa}(\pi_{h,t}+\chi\pi^{*}_{f,t})+\lambda x_t=0$ 比较,表示政策指定者的行动如何取决于国内通胀率和外国通胀率。外国中央银行的最优政策满足相似的条件。当 $\sigma=1$ 时,$\chi=0$,国内经济不受外国收入的影响[见式(6.35)],产出缺口 x_t 和 $\tilde{x}_t$ 相等,协调情况下最优相机抉择政策的一阶条件,与每个国家单独福利最大化的一阶条件完全一致。

前文考察两种情况。第一种情况,国内中央银行将外国变量作为给定变量处理。此时,若外国中央银行也相同行事,那么结果就是纳什均衡。第二种情况,考察了共同最优的合作性政策。以上两种情况显然并非仅有的可能性。其中一个经济体也可能按照斯塔克尔伯格(Stackelberg)竞争中的领导方行事,意识到自身的选择将对其他经济体设定的通货膨胀率产生影响,这种情况下就可以将声誉问题引入分析。

6.2 货币联盟中的货币政策

在第 6.1 节的模型中,每个国家都有自己的货币当局。然而,这一节的基本模型也可以用于分析货币联盟的政策。在货币联盟中,多个国家共享一种货币,由唯一的中央银行决定货币政策。Benigno(2004)采用了一个两国模型来分析货币联盟中的货币政策。Gali 和 Monacelli(2008)在小型开放经济设定的基础上,也对此作了研究。本节的讨论根据 Benigno(2004)展开。

假设有两个地区,但只有一个货币当局。有一个规模为 1 的家庭连续统。以 j 标识家庭,以 $i=H$ 表示本地区,以 $i=F$ 表示外地区。本地区 H 和外地区 F 的人口分别为 $1-\gamma$ 和 γ。因此,若 $j\in[0,1-\gamma]$,则 $i=H$,若 $j\in[1-\gamma,1]$,则 $i=F$。i 地区 j 家庭的偏好为:$U^j_t=E_t\sum_{s=0}^{\infty}\beta^s\left[\frac{(C^j_{t+s})^{1-\sigma}}{1-\sigma}-\chi\frac{(N^j_{t+s})^{1+\eta}}{1+\eta}\right]$。其中,$C^j_t$ 是消费,N^j_t 是劳动小时数。每个家庭既是所有产品的消费者,也是差异化产品的生产者。

j 家庭的消费包定义为:

$$C^j_t\equiv\frac{(C^j_{H,t})^{1-\gamma}(C^j_{F,t})^{\gamma}}{\gamma^{\gamma}(1-\gamma)^{1-\gamma}},\ \gamma\in[0,1] \tag{6.52}$$

其中,当 $\xi>1$ 时,有 $C^j_{H,t}\equiv\left[\left(\frac{1}{1-\gamma}\right)^{\frac{1}{\xi}}\left(\int_0^{1-\gamma}c^j_t(h)^{\frac{\xi-1}{\xi}}\mathrm{d}h\right)\right]^{\frac{\xi}{\xi-1}}$,$C^j_{F,t}\equiv\left[\left(\frac{1}{\gamma}\right)^{\frac{1}{\xi}}\left(\int_{1-\gamma}^1c^j_t(f)^{\frac{\xi-1}{\xi}}\mathrm{d}f\right)\right]^{\frac{\xi}{\xi-1}}$。

在这些符号中，$c_t^j(h)$ 表示 j 家庭对 H 地区生产的 h 商品的消费，$c_t^j(f)$ 表示 j 家庭对 F 地区生产的 f 商品的消费。同一个地区内商品之间的弹性为 ξ，C_H 和 C_F 之间的弹性为 1。

当家庭被动接受个体商品价格时，选择 $c^j(h)$ 和 $c^j(f)$ 最低成本组合得到给定的 $C_{H,t}^j$ 和 $C_{F,t}^j$，以及选择 $C_{H,t}^j$ 和 $C_{F,t}^j$ 的最低成本组合得到给定的 C_t^j，解出这两个标准问题，就能得到相对价格指数的表达式。i 地区消费包的价格为：

$$P_t^i \equiv (P_{H,t}^i)^{1-\gamma}(P_{F,t}^i)^\gamma \tag{6.53}$$

其中，$P_{H,t}^i \equiv \left[\left(\dfrac{1}{1-\gamma}\right)\left(\int_0^{1-\gamma} p_t^i(h)^{1-\xi}\mathrm{d}h\right)\right]^{\frac{1}{1-\xi}}$，$P_{F,t}^i \equiv \left[\left(\dfrac{1}{\gamma}\right)\left(\int_{1-\gamma}^1 p_t^i(f)^{1-\xi}\mathrm{d}f\right)\right]^{\frac{1}{1-\xi}}$。在这些表达式中，$p_t^i(h)$ 是在 i 地区出售的本地产品 h 的价格，$p_t^i(f)$ 是在 i 地区出售的外地产品的价格。

假设一价定律成立，所有产品在 H 地区和 F 地区的售价都相同，所以有 $p^H(h)=p^F(h)=p(h)$ 和 $p^H(f)=p^F(f)=p(f)$。这就意味着每个地区的消费者价格指数都相同，或 $P_t^H=P_t^F=P_t$。但 H 地区和 F 地区生产的产品均价可能不同。令 $P_{i,t}$ 表示 i 地区产品的价格指数。贸易条件为 $S_t=\dfrac{P_{F,t}}{P_{H,t}}$，由式 (6.53)，有 $P_t=P_{H,t}S_t^\gamma=P_{F,t}S_t^{\gamma-1}$。

Benigno（2004）证明，对单种商品的需求为：$c_t^j(h)=\left[\dfrac{p_t(h)}{P_{H,t}}\right]^{-\xi}S_t^\gamma C_t^j$，$c_t^j(f)=\left[\dfrac{p_t(f)}{P_{F,t}}\right]^{-\xi}S_t^{\gamma-1}C_t^j$。对本地区和外地区生产的一篮子商品的需求为：

$$C_{H,t}^i=(1-\gamma)\left(\frac{P_{H,t}^i}{P_t^i}\right)C_t^i \tag{6.54}$$

$$C_{F,t}^i=\gamma\left(\frac{P_{F,t}^i}{P_t^i}\right)C_t^i \tag{6.55}$$

i 地区 h 企业面临的总需求为 $(1-\gamma)c_t^H(h)+\gamma c_t^F(h)$。每种商品的市场出清条件要求生产 $y_t(h)$ 等于需求。对于 H 地区生产的商品，则要求：$y_t(h)=\left(\dfrac{p_t(h)}{P_{H,t}}\right)^{-\xi}S_t^\gamma C_t^W$。其中，$C_t^W\equiv(1-\gamma)C_t^H+\gamma C_t^F=\int_0^1 C^j\mathrm{d}j$ 是货币联盟的总消费。以此类推，对于 F 地区的企业，有：$y_t(f)=\left(\dfrac{p_t(f)}{P_{F,t}}\right)^{-\xi}S_t^{\gamma-1}C_t^W$。

注意，当结合商品出清条件时，就意味着 $Y_t^H=S_t^\gamma C_t^W$ 和 $Y_t^F=S_t^{\gamma-1}C_t^W$。因此有 $\dfrac{Y_t^H}{Y_t^F}=\left(\dfrac{S_t^\gamma}{S_t^{\gamma-1}}\right)=S_t$。

式 (6.52) 与第 6.1 节的两国模型一样，假设对两国产品的偏好相似。假设存在一整套在联盟内交易的状态依存证券，则由前面相关小节的分析结果可推断 $C_t^H=C_t^F$。货币联盟中的中央银行的政策工具是国际交易名义债券的名义利率。将该利率表示为 i_t，对于每个地区的家庭，欧拉方程成立，形式为：$(C_t^i)^{-\sigma}=(1+i_t)\beta E_t\left[\dfrac{p_t}{p_{t+1}}(C_{t+1}^i)^{-\sigma}\right]$，$i=H$，$F$。

单个企业的定价决策遵循卡尔沃模型设定。调价频率 ω^i 可能因地区而不同。当一家企业面临调价机会时，其定价决策将参考当前边际实际成本和预期的未来边际实际成本。假设生产技术是规模报酬不变的，劳动是唯一投入，总劳动生产率为外生性随机变量，以 A_t^i 表示。对于 i 地区的某产业，实际边际成本为：$MC_t^i=\dfrac{W_t^i/P_{i,t}}{A_t^i}$。其中，$W_t^i$ 是 i 地区的名义工资。例如，H 地区家庭劳动供给的最优条件为：$\dfrac{\chi(N_t^H)^\eta}{(C_t^H)^{-\sigma}}=\dfrac{W_t^H}{P_t}=\dfrac{W_t^H}{P_{H,t}}\left(\dfrac{P_{H,t}}{P_t}\right)=\left(\dfrac{W_t^H}{P_{H,t}}\right)S_t^{-\gamma}$。因此，$H$ 地区的实际边际成本以其对稳态偏离的对数表示为：

$$mc_t^H=\eta n_t^H+\sigma c_t^H+\gamma s_t-a_t^H \tag{6.56}$$

由 P_t 的定义可知，有 $P_{H,t}=P_tS_t^{-\gamma}$。此外，$P_{H,t}Y_t^H=P_tC_t^W$。因此，$S_t^{-\gamma}Y_t^H=C_t^W$，或以对数线性化形式表示为 $c_t^W=y_t^H-\gamma s_t$。以上结论又意味着 mc_t^H 可以写成：$mc_t^H=(\eta+\sigma)y_t^H-(\sigma-1)\gamma s_t-(1+\eta)a_t^H$。

每个地区的通货膨胀由标准的新凯恩斯主义菲利普斯曲线决定。将 $\hat{s}_t\equiv s_t-\tilde{s}_t$ 定义为贸易条件缺口，其中 $\hat{s}_t$ 表示灵活价格下的贸易条件。则 H 地区的通货膨胀为：

$$\pi_t^H=\beta E_t\pi_{t+1}^H+\kappa^H(\eta+\sigma)x_t^H-\kappa^H(\sigma-1)\gamma\hat{s}_t \tag{6.57}$$

F 地区的通货膨胀为：

$$\pi_t^F=\beta E_t\pi_{t+1}^F+\kappa^F(\eta+\sigma)x_t^F+\kappa^F(\sigma-1)(1-\gamma)\gamma\hat{s}_t \tag{6.58}$$

在式(6.57)和式(6.58)中，$\kappa^i=(1-\omega^i)(1-\omega^i\beta)/\omega^i$。一如既往，每个地区的通货膨胀都取决于产出缺口。但是，通胀率取决于贸易条件的变动。由于 $S_t=P_{F,t}/P_{H,t}$，有：

$$s_t-s_{t-1}=\pi_t^F-\pi_t^H \tag{6.59}$$

式(6.57)—式(6.59)三个方程之间有相似性，它们描述了每个地区通胀率的决定、贸易条件的演变，以及第 5.2 节的黏性价格、黏性工资框架。在黏性价格和黏性工资下，价格通胀和工资都符合前瞻性菲利普斯曲线。这两个通胀方程都涉及实际工资，所以封闭该系统还需要一个方程，即将实际工资的对数变化与名义工资通胀和价格通胀之差关联起来的方程。

在货币联盟模型中，贸易条件缺口变化 $\hat{s}_t$ 被作为每个地区的成本冲击。$\hat{s}_t$ 上升会对 H 地区产生两种效应。首先，外国产品价格上升提高了国内消费者价格指数相对于国内产出价格的水平。鉴于工人在意的是以消费者价格指数衡量的实际工资，因此 H 地区的名义工资会升高，增加国内企业的实际边际成本[见式(6.56)]。然而，商品出清条件和国际风险分担又意味着 $S_t^{-\gamma}Y_t^H=C_t^H=C_t^W$，或以对数线性化形式表示为 $c_t^H-\tilde{c}_t^H=x_t^H-\gamma\hat{s}_t$。在给定水平的 y_t^H 下，国内消费下降会将消费的边际效用提高 $\sigma(c_t^H-\tilde{c}_t^H)$。消费的价值提升，$H$ 地区的家庭会增加劳动供给，压低实际工资和边际成本。至于哪种效应占主导，则取决于 $\sigma-1$ 的符号。对 F 地区,同样是这两种反向效应在起作用,但与 H 地区的效果相反。若 $\sigma<1$,则 $\hat{s}_t$ 上升会提高 H 地区的边际成本和通货膨胀,但会降低 F 地区的边际成本和通货膨胀。

货币联盟与黏性价格和黏性工资下的封闭经济之间的相似性,也延续到了货币联盟的货币政策启示中。通货膨胀引起的任一区域内的相对价格发散,都会对劳动时间的使用造成扭曲。在存在两种名义刚性的情况下,无论是黏性价格和黏性工资,还是两个货币联盟地区存在不同程度的名义价格黏性,货币政策都不能同时在两个地区保持零通胀和零产出缺口。当两个地区都具有黏性生产者价格时,稳定一个地区的国内商品价格,意味着以贸易条件衡量的重要相对价格不能灵活地调整,以应对任一地区的相对生产率冲击。联盟的单一货币政策将无法消除两种名义扭曲。

面对多重扭曲,货币联盟中的中央银行应该采取什么政策呢?在财政补贴抵消每个地区垄断竞争造成稳态扭曲的标准假设下,Benigno(2004)推导出了福利的二次近似,定义为联盟内所有成员的效用总和。他发现,货币联盟中的中央银行应当最小化以下损失函数的贴现现值:

$$L_t^{cu}=a_1(x_t^W)^2+a_2\hat{s}_t^2+\delta(\pi_t^H)^2+(1-\delta)(\pi_t^F)^2 \tag{6.60}$$

其中,$x_t^W\equiv(1-\gamma)x_t^H+\gamma x_t^F$ 是联盟整体的产出缺口。根据式(6.60),中央银行应当稳定整个联盟的产出缺口、贸易条件对其灵活价格值的偏离度,以及两地区的通胀变化加权平均值。每个地区通胀率的相对权重为:

$$\delta=\frac{1-\gamma}{(1-\gamma)+\gamma(\kappa^H/\kappa^F)} \tag{6.61}$$

为了说明 δ,先考虑两地区价格黏性程度相等的情况:$\omega^H=\omega^F$。此时,$\kappa^H=\kappa^F$,$\delta=\gamma$,则最优权重反映国家规模。若 H 地区的价格比 F 地区的更加黏性,有 $\kappa^H<\kappa^F$ 和 $\delta>\gamma$,则稳定 π_t^H 的权重高于仅根据国家规模需保证的权重。增加的权重用于稳定价格更具黏性地区的通胀。该结果意味着,稳定价格通胀和工资通胀的相对权重分配取决于两者的相对刚性。

式(6.60)的通胀项可写为:$\delta(\pi_t^H)^2+(1-\delta)(\pi_t^F)^2=(\pi_t^W)^2+\gamma(1-\gamma)(\pi_t^R)^2$。其中,$\pi_t^W=(1-\gamma)\pi_t^H+\gamma\pi_t^F$ 是联盟整体的通货膨胀,$\pi_t^R=\pi_t^H-\pi_t^R=s_t-s_{t-1}$ 是相对通胀。Benigno(2004)证明,最优货币政策是设定 $\pi^W=0$,因为两地区相对价格的调整不受货币政策的控制。他认为,该目标与欧盟中央银行以欧元区价格指数定义政策目标的做法一致。

6.3 小结

本章考察了多个开放经济新凯恩斯模型,都是基于存在名义刚性的情况下家庭最大化效用和企业最大化价格的假设。Clarida 等(2002)的模型将基本的封闭经济新凯恩斯模型扩展到了两国环境。在某些情况下,这些模型导出了产出缺口和通货膨胀的简化方程,与封闭经济模型的对应方程具有完全相同的形式。然而,一如在封闭经济模型中,政策权衡还受到其他多种来源的名义刚性的影响。不完全传导模型给出了一个有实证意义的名义刚性例子,这种名义刚性是封闭经济中缺失的,而当地货币定价与贸易品和非贸易品的黏性价格,则是名义刚性的更多例子。

　　一些作者已经使用数据验证了本章所讨论的几个新凯恩斯开放经济模型。例如,利用美国和欧元区数据,对名义刚性下的两国开放经济动态一般均衡模型作了估计。这些实证模型都在本章考察的基本模型结构中纳入了多种来源的名义(和实际)摩擦。

思考题

---

1. 开放经济下的货币政策目标有哪些?

2. 开放经济下的货币政策工具主要有哪些?

3. 开放经济下如何组合实施货币政策工具以实现政策目标?

货币政策规则

最初,货币政策规则是相对于货币政策操作中的相机抉择而言的。目前,货币政策规则主要是指基础货币和利率等货币政策工具如何根据经济行为的变化而进行调整的制度安排。这包含了货币政策工具及其数量结构关系和应用时机。本章主要介绍近年来货币政策规则在规则目标、规则工具、规则条件、创新工具等方面的研究发展。

7.1 基本的货币政策规则

不同的模型对货币政策绩效评价产生不同的影响,检验结论也因此会有褒贬不一的评价,建立符合实际经济运行和货币政策操作的模型是科学评价货币政策绩效的前提。本节在相关文献的基础上,分别建立货币政策目标函数和作为约束条件的社会总需求函数、总供给函数。

7.1.1 模型建立

1. 目标函数

从福利视角分析,货币政策应该以社会福利达到最优为其目标,那么货币政策目标函数应选择社会福利目标函数。在假定理性行为的经济中,社会福利目标函数表现为个体各期效用贴现值之和。Woodford(1999)证明了损失函数的相反数是社会福利函数的二次近似。因此,可以通过最小化损失函数以达到最大化社会福利函数的目的。赵进文和黄彦(2006)曾引入非二次损失函数,但如果用于表示二次损失函数的推广则有待改进,需要考虑跨期决策问题。在此构建非二次损失函数为:

$$L_t = \frac{e^{\alpha(\pi_t - \pi^*)^2} + (\pi_t - \pi^*)^2 - 1}{e^{\alpha^2}} + \lambda \left[\frac{e^{\gamma(y_t - y_t^*)^2} + (y_t - y^*)^2 - 1}{e^{\gamma^2}} \right] \tag{7.1}$$

Svensson(1999)研究提出,货币政策规则是作为跨期最优化问题的结果,在可预见的多个时期,决策者最优化了由经济结构所约束的目标函数,进而得到最优的货币政策策略。因此,考虑跨期最优选择时,货币政策目标的非二次损失函数为:

$$L = E_t \sum_{i=1}^{n} \rho_i L_{t+i} \tag{7.2}$$

在式(7.1)和式(7.2)中,L_t 为损失函数,ρ_i 为贴现因子,y 为产出缺口,π 为通货膨胀率,y^* 和 π^* 分别为产出缺口和通胀率的最优值或目标值,λ 表示中央银行对实际产出围绕潜在产出波动的厌恶程度,一个正值表示实际产出正偏离潜在产出水平时,所赋予的权重要高于相同程度的实际产出的负偏离。π^* 为通货膨胀目标参数。α 包括了损失函数中非对称的信息。从理论上讲,经济达到长期均衡状态时,产出缺口 y^* 和通胀率 π^* 皆应选择零。但由于实际中工资刚性、垄断竞争、扭曲性税率、中央银行的政治压力及信息约束等因素,最优产出缺口 y^*、通胀率 π^* 往往不是选择零。而且,λ 反映了中央银行的偏好,即对通胀率相对于经济增长率的重视程度,但最终目标是损失函数从最大值到最小值的权重。鉴于操作便利,人们在经济研究和实际运作中,货币政策的目标函数通常选择 α 和 γ 同时为零,式(7.1)和式(7.2)简化成二次损失函数:

$$L = E_t \sum_{i=1}^{n} \rho_i L_{t+i}, \quad L_t = (y_t - y^*)^2 + \lambda(\pi_t - \pi^*)^2 \tag{7.3}$$

2. 总需求函数模型

从目前国外研究来看,总需求模型可分为后顾性模型和前瞻性模型。Lucas(1972)指出,后顾性模型典型代表——传统的计量经济模型,在设定方面缺乏微观经济理论基础,当经济环境、制度、预期等发生变化时,行为方程可能不稳定,进而影响政策分析的科学性。针对这些不足,以新凯恩斯模型为代表,利用动态优化方法刻画了个体跨期最优决策,得到经济主体在资源约束、技术约束和信息约束条件下的最优决策行为满足的一阶条件欧拉方程,再根据市场出清等条件得到整体优化模型,具备前瞻性、动态性和结构性等特点。常用的新凯恩斯模型的总需求函数为:

$$y_t = y_{t+1}^e - \beta(i_t - \pi_{t+1}^e - i^*) + \varepsilon_t \tag{7.4}$$

其中,y、π 的经济含义同式(7.1)和式(7.2),i 为实际利率,i^* 是经济达到长期均衡状态的实际利率,ε_t 表示总需求冲击,π_{t+1}^e 为条件期望下的通胀率,β 为跨期替代弹性。

3. 总供给函数模型

总供给函数方程常以菲利普斯曲线来刻画。传统的菲利普斯曲线表示为:

$$\pi_t = \sum_{k=1}^{n} \theta_k \pi_{t-k} + \psi y_t + \eta_t \tag{7.5}$$

新凯恩斯模型近 20 年来又作了许多改进,这里刻画具有前瞻性的总供给方程为:

$$\pi_t = \omega \pi_{t+1}^e + \psi y_t + \eta_t \qquad (7.6)$$

其中,ω 表示前瞻性行为所占比重。

4. 货币政策操作函数

多数情况下中央银行通过公开市场操作、存款准备金率等手段,改变基础货币的发放,影响同业拆借利率,进而左右其他市场利率。因此,多数国家将同业拆借利率看作货币政策操作的基准利率目标,公开市场操作、存款准备金率、再贴现率等是政策工具,刻画这一经济过程如下:

$$m_{0t} = h - \phi i_t + u_t \qquad (7.7)$$

其中,m_{0t} 是基础货币存量对数值,h、ϕ 为大于零的常数,u_t 是外在的货币扰动。

7.1.2 模型求解

假定中央银行可以随时观察到基础货币存量和短期名义利率,当中央银行确定了利率目标时,就可以在公开市场上进行操作或改变存款准备金率,以使得同业拆借利率达到目标值。在式(7.4)和式(7.6)的约束条件下求解式(7.2)的最小值可得优化函数:

$$\min E_t \sum_{i=1}^{n} \rho_i \left\{ \frac{e^{\alpha(\pi_t - \pi^*)^2} + (\pi_t - \pi^*)^2 - 1}{e^{\alpha^2}} + \lambda \left[\frac{e^{\gamma(y_t - y^*)^2} + (y_t - y^*)^2 - 1}{e^{\gamma^2}} \right] \right\}$$
$$\text{s.t.} \quad y_t = y_{t+1}^e - \beta(i_t - \pi_{t+1}^e - i^*) + \varepsilon_t$$
$$\pi_t = \omega \pi_{t+1}^e + \rho y_t + \eta_t \qquad (7.8)$$

由式(7.4)、式(7.6)和式(7.7)推理得方程组式(7.9):

$$\begin{cases} i_t = \dfrac{h}{\phi} - \dfrac{1}{\phi} m_{0t} + \dfrac{1}{\phi} u_t \\[2mm] y_t = \dfrac{\beta}{\phi} m_{0t} + \beta i^* + y_{t+1}^e + \beta \pi_{t+1}^e + \dfrac{\beta}{\phi} u_t + \varepsilon_t - \dfrac{\beta \psi}{\phi} \\[2mm] \pi_t = \dfrac{\beta \psi}{\phi} m_{0t} + \beta \psi i^* + \psi y_{t+1}^e + \psi \beta \pi_{t+1}^e + \psi \varepsilon_t - \dfrac{\beta \psi}{\phi} u_t - \dfrac{\beta \psi h}{\phi} \end{cases} \qquad (7.9)$$

将式(7.9)代入式(7.8)可知,货币政策非二次损失目标函数。此时对目标函数求关于 m_{0t} 的一阶导数有:

$$\frac{\partial L_t}{\partial m_{0t}} = \frac{\beta \psi}{\phi e^{\alpha^2}} (\pi_t - \pi^*) \left[2\alpha e^{\alpha(\pi_t - \pi^*)^2} - 1 \right] + \frac{\lambda \beta}{\phi e^{\gamma^2}} (y_t - y^*) \left[2\gamma e^{\gamma(y_t - y^*)^2} - 1 \right] \qquad (7.10)$$

其中:y_t、π_t 满足式(7.9)。为实现福利社会损失最小,货币政策的任务就是选择相应的基础货币调节量 m_{0t}^*,从而使得式(7.10)为零。易看出,式(7.10)含有多重均衡解,根据其决策原理分为两类:

（1）直接估计 π^*、y^* 水平,调整 y、π、i 无限地接近最优水平。

中央银行可以根据本国当前技术水平、发展速度等因素估计最优的经济增长率、通货膨胀率和利率水平,通过政策调节促进 y、π、i 无限地接近最优水平。根据中央银行侧重,有三种不同可选择均衡。

一是最优解,$\pi_t = \pi^*$,$y_t = y^*$,$i_t = i^*$。货币政策通过调节基础货币变动达到最优解时,经济处于充分就业条件下利率、物价、产出缺口的最优水平,这也是古典经济学所强调的理想状态。毋庸置疑,此时的货币政策绩效根本无可挑剔。

二是次优解,此时存在三重选择,分别为:$\pi_t = \pi^*$,$y_t = y^*$,$i_t \neq i^*$;$\pi_t \neq \pi^*$,$y_t = y^*$,$i_t = i^*$;$\pi_t = \pi^*$,$y_t \neq y^*$,$i_t = i^*$。这表明政策当局舍弃某一时期所轻视的指标,并使其他两项达到或接近达到最优水平。

三是二级次优解,此时存在三重均衡解,分别为:$\pi_t = \pi^*$,$y_t \neq y^*$,$i_t \neq i^*$;$\pi_t \neq \pi^*$,$y_t = y^*$,$i_t \neq i^*$;$\pi_t \neq \pi^*$,$y_t \neq y^*$,$i_t = i^*$。随着政策当局不同时期重点关注的经济指标不同,进而确定不同的权重参数,使得其中某一项达到或接近最优水平,而其他两项可能偏离最优状态。

（2）建立能够全面描述本国经济运行现状及前景的大型计量模型,在 $\pi_t \neq \pi^*$、$y_t \neq y^*$、$i_t \neq i^*$ 的条件下,估计模型参数。

一般来讲,中央银行在政治干预下,多选择高于稳态经济增长率的 y_t,由于菲利普斯曲线效应,此时也选择了高于最优物价水平的通货膨胀率,通过调整政策偏好系数之间的关系,从而使式(7.9)中三项之和为零。此时,也可以满足社会福利损失最小化目标。当然,根据政治偏好不同,调整偏好系数以有所侧重地保证其中两项或一项高于或低于理想值。此时,同前面的次优选择和二级次优选择有相似之处。

比较两种操作策略,后者的缺陷在于:首先,操作的可行性受到质疑,面临着"卢卡斯批判"的威胁。在计量模型(特别是联立方程估计)中,系数估计的准确性水平决定了模型刻画经济运行的可行性及对决策参考的可靠性。在一个被极度简化的式(7.9)中待估参数仍有七项,涉及整个经济体系的需求、供给、货币等领域。每个冲击都可能引起居民、企业、银行等主体的预期及行为调整,会导致模型估计数据信息的变动,进而影响模型估计的准确性和决策的科学性。其次,面临动态不一致问题。即使中央银行能够获得微观主体行为调整后的所有信息,前期估计的模型及以此为依据作出的最优决策,在后期经济主体行为变动后也不再是最优选择,造成货币政策动态不一致。最后,面临经济发展的持续性、稳定性问题。即使中央银行能够及时调整模型估计使得社会福利损失最小,此时经济发展也是高增长、高通货膨胀率、高利率模式(相对高于经济持续发展的最优水平),这是不稳定的增长模式。

7.1.3　基准利率的确定和计算

基准利率作为各类金融产品利率定价的重要参考,是重要的金融市场要素,也是货币政策传导中的核心环节。健全基准利率体系既是建设金融市场的关键,也是深入推进利率市场化改革的重要内容,对于完善货币政策调控和传导机制具有重要意义。

在国际金融市场上,运用最广的基准利率是伦敦银行间同业拆借利率(LIBOR)。2008 年全球金融危机后,LIBOR 暴发了多起报价操纵案,严重削弱了 LIBOR 的市场公信力;同时各国同业拆借市场有所萎缩,LIBOR 报价的参考基础弱化。尽管 LIBOR 管理机构推出了一系列改革举措,但收效甚微。英国金融行为监管局(FCA)于 2017 年宣布,2021 年底后将不再强制要求报价行报出 LIBOR。这意味着 LIBOR 或将逐渐退出市场。

为应对 LIBOR 退出,各主要发达经济体积极推进基准利率改革,目前已基本完成替代基准利率的遴选工作。各经济体选定的新基准利率多为无风险基准利率(RFRs),由各经济体独立发布,均为实际成交利率,仅有单一的隔夜期限,且绝大多数由中央银行管理。

1. 基本完成替代基准利率遴选

为避免重蹈 LIBOR 报价操纵的覆辙,在 FSB 的推动下,各国监管当局对 LIBOR 及与之类似的银行间报价利率(IBOR)进行了大幅改革,但 LIBOR 仍难获得市场广泛认可。因此,英国金融行为监管局决定不再强制要求报价行报出 LIBOR,转而培育基于实际交易的基准利率。随后,其他使用 LIBOR 作为基准利率的主要发达经济体(如美国、欧元区、日本、瑞士等),也开始研究退出 LIBOR 和培育替代基准利率。

主要发达经济体推进基准利率改革主要有两种模式:一是采用 RFRs 完全替代 IBOR 类基准利率。二是在引入 RFRs 的同时,对现有 IBOR 报价机制进行改革,提高 IBOR 报价的可靠性,并允许多个基准利率并存。

(1) 完全替代模式:美国和英国。

美国以有担保隔夜融资利率(SOFR)替代美元 LIBOR。SOFR 是纽约联邦储备银行(Federal Reserve Bank of New York,FRBNY)和美国财政部金融研究办公室(Office of Financial Research,OFR)共同编制的新基准利率,于 2018 年 4 月正式推出,由纽约联邦储备银行担任管理人。它基于隔夜国债回购交易生成,对应的市场日均交易基础超过 1 万亿美元。

英国采用完善后的英镑隔夜平均指数(SONIA)替代英镑 LIBOR。SONIA 基于英镑隔夜无担保拆借交易生成,1997 年就已推出。英格兰银行进一步改良了 SONIA 的计算规则,扩大了 SONIA 的交易基础,日均交易量提升了 4—5 倍,目前已达到约 500 亿英镑。2017年,英格兰银行宣布将 SONIA 作为英镑 LIBOR 的替代基准利率。

(2) 多基准并存模式:欧元区和日本。

欧元区推出了欧元短期利率(€STR)。€STR 基于欧元隔夜无担保拆借市场,代表大型银行融入资金的利率,2019 年 10 月起正式运行。同时,欧元区仍保留了欧元银行间同业拆借利率(EURIBOR),并引入"瀑布法则"①,提升报价的可靠性。

日本与欧元区类似,既培育了日元无担保隔夜拆借利率(TONA)作为新的基准利率,又保留东京银行间同业拆借利率(TIBOR),并引入"瀑布法则"改进 TIBOR 的报价形成机制。

---

① "瀑布法则"是指主要基于实际交易利率报价,但当实际交易量无法满足特定要求时,可参考专家意见进行报价。

2. 研究探索各期限利率构建方法

国际基准利率改革需要构建各期限利率。替代 IBOR 的 RFRs 均为隔夜利率,但市场对其他期限的参考利率也有较大需求,需要研究以隔夜基准利率为基础构建各期限利率。构建方法主要有后顾法、前瞻法两种。

(1) 后顾法。

后顾法是指以过去一段时间内已经实现的 RFRs 为基础,进行单利或复利滚动计算各期限利率的方法。由此构建的期限利率,实质上就是 RFRs 历史数据的单利或复利值。后顾法在具体的技术选择上,又有前置和后置的不同计算方法,分别代表从计息期的起点、终点进行回顾取值。后顾法的优点体现在三个方面:一是简易直观,可操作性高;二是若按后置取值,能最真实、公允地体现计息期内利率走势;三是取单利或复利计算可平滑个别时点 RFRs 的波动。

在实际计算时,无论采取前置和后置哪种计算方法,都有一定不足。若采取前置计算,即在计息期开始时就根据过去的 RFRs 计算利率数值,则计算取值的时间段与实际计息期并不一致,未真实体现计息期内的实际利率。若采取后置计算,即在计息期结束时再根据计息期内实际的 RFRs 计算期限利率,则会导致确定利率的时间较晚,不利于参与机构的流动性管理和支出预算管理。

(2) 前瞻法。

前瞻法是指以 RFRs 的隔夜指数掉期(OIS)或期货等衍生品交易为基础计算各期限利率的方法,实质上体现的是对未来一段时间内 RFRs 均值的预期。其优点是在计息期开始时即可确定利率数值,符合市场一贯以来的定价习惯。不足是,前瞻法需要较为发达的衍生品市场,以及额外的监管安排,以确保期限利率的公允性和基准性,同时还需要使用该利率的企业和个人具有较高水平的金融知识,以理解衍生品交易及由此计算的期限利率。

FSB 等国际监管组织及 ARRC 等基准利率改革工作组相对更偏好后顾法。主要原因有以下几方面:一是后顾法的交易支撑更牢固。目前 SOFR 的交易基础日均超过 1 万亿美元,远高于 SOFR 衍生品的日均交易量。二是后顾法与 OIS 合约的计算机制更为吻合,便于机构对冲利率风险。三是前瞻法参考的衍生品交易及其具体计算方式还需研究探索,但后顾法可立即投入运用。因此,在没有特殊需求的情况下,后顾法很可能会成为国际上确定期限利率的主要方法。

国际上的监管机构和市场主体已开始探索构建基于 RFRs 的期限利率。纽约联邦储备银行已于 2020 年第一季度开始发布 30 天、90 天和 180 天后置复利 SOFR,供市场参考。为适应 LIBOR 现货合约用户提前确定利率数值的定价习惯,美国的一些私营基准利率管理人也在研究运用前瞻法构建 RFRs 的期限利率。ARRC 表示,后续将对这些私营基准利率管理人构建的期限利率进行评估,若符合标准,将向市场推荐。

3. 积极推进基准利率转换

推动金融合约基准利率由 IBOR 转换为新的基准利率,是国际基准利率改革的另一个重大挑战。FSB 委托国际掉期与衍生工具协会(ISDA)牵头完善 LIBOR 衍生品合约的基准转换方案,LIBOR 现货合约基准转换则由各经济体的基准利率改革工作组各自负责。

（1）ISDA 基本确定衍生品合约基准转换方案。

ISDA 已基本确定的衍生品 LIBOR 基准转换方案的要点包括：一是直接采用各币种 RFRs 作为 LIBOR 的首要后备利率。二是对 RFRs 取后置复利计算作期限溢价调整，对 LIBOR 与后置复利 RFRs 的利差取 5 年历史中位数作信用溢价调整。三是 ISDA 对基准转换设置了永久终止触发事件及提前终止触发事件。[①]四是为相关公告中明确的 LIBOR 正式终止时点或监管当局宣布其"不再有代表性"的公告发布时点。五是按新老划断原则，新签合约适用新添加的 ISDA 定义（2006 版）修订文件；存量合约需补充签订 2020 版 ISDA 后备条款多边协议。

（2）美国拟定了现货新签合约转换方案。

美国的现货基准转换进展较快，ARRC 现已拟定新签订 LIBOR 浮息债、双边贷款、银团贷款、可调利率住房贷款、资产证券化产品等基准转换后备条款。[②]

（3）国际会计准则理事会修订了会计准则。

2020 年 4 月，国际会计准则理事会（International Accounting Standards Board，IASB）发布了《利率基准改革——第二阶段（征求意见稿）》，针对国际基准利率改革进展，对相关国际财务报告准则进行修订，拟对企业金融资产和负债的计量方法、套期文件的修改和套期关系的终止、风险成分可单独识别的要求、信息披露要求进行明确。

（4）国际组织推动国际协调。

近年来二十国集团（G20）财长和央行行长会、BIS 市场委员会（Market Committee，MC）、FSB、巴塞尔银行监管委员会（Basel Committee on Banking Supervision，BCBS）等多个国际经济金融组织就基准利率改革开展了国际协调，中国作为成员积极参加协调。2019 年 1 月，MC 会议建议各经济体监管部门制定过渡策略、推出期限利率并增强跨市场和跨经济体的协同性。2019 年 12 月，FSB 会议同意采用无风险隔夜利率替代 IBOR 利率。2020 年 2 月，BCBS 会议强调了银行需投入足够精力和资源评估基准利率改革对其业务的影响。2020 年 7 月，G20 财长和央行行长会议重申了应推动国际基准利率转换如期进行。

现实讨论：中国基准利率体系建设现状

目前，中国的货币市场、债券市场、信贷市场、衍生品市场等基本上都已培育了各自具备一定公信力、权威性、市场认可度的指标性利率，为观测市场运行、指导金融产品定价提供了较好参考。特别是在培育基于实际交易的基准利率方面，与国际上明显不同，

---

① 分别为：监管当局或基准管理人发布公开声明，基准管理人将永久终止发布该基准利率，且不再有继任的基准管理人；监管当局宣布该基准利率已不再具有代表性。两种情景的任意一种发生均将触发基准转换。

② 以浮息债为例，一是以"瀑布法则"方式确定后备利率与利差。后备利率方面，以官方推荐的前瞻法 SOFR 为第一选择，后置复利 SOFR 为第二选择，考虑到未来 SOFR 也可能终止发布，相应做了兜底安排。利差方面，优先使用官方推荐的利差，其次使用 ISDA 明确的利差，最后以发行人指定的利差作为兜底。二是触发事件和转换时间均与衍生品保持基本一致，有助于降低衍生品和现货之间的基差风险。三是适用范围。目前 ARRC 推出的现货合约基准转换方案均适用于新签合约，存量合约的基准转换问题仍在研究，尚未明确。

中国从建设银行间市场之初,就培育了一系列基于实际交易的基准利率,具有较为突出的先发优势。

(一) 基于实际交易的回购利率指标体系

中国货币市场交易以回购为主,其中银行间质押式回购的占比最高。目前,中国已形成基于银行间质押式回购交易的利率指标体系,主要包括 R、DR、FR、FDR 等关键利率指标。同时,也基于交易所回购交易形成了 GC 等利率指标。

1. 质押式回购利率(R)

自 1997 年建立全国统一的银行间债券市场、债券质押式回购交易开始在交易中心集中交易之时起,交易中心就开始计算发布隔夜(R001)、7 天(R007)等 11 个期限品种的质押式回购利率。参与主体包括所有参加银行间市场交易的主体,不区分质押物,体现整个银行间市场资金面松紧状况。

近年来,随着中国银行间市场的发展,质押式回购交易量的年均复合增长率约为 30%,2020 年以来日均成交量约为 3.9 万亿元,高于国际上 SONIA、€STR 等基于实际交易的 RFRs 生成基础,接近美元 SOFR 的市场基础,为回购利率指标体系的有效性和基准性提供了重要保障。

2. 存款类金融机构间的债券回购利率(DR)

2014 年以后,中国的同业业务和资管业务蓬勃发展,银行间市场的参与主体不断增加,逐渐形成了"中央银行→大型银行→中小银行→非银金融机构"的流动性传导层级。特别是非银金融机构的交易增加,使得 R 利率波动受交易对手和质押物的影响有所加大。

为更真实、精确反映银行体系流动性松紧变化,降低交易参与者信用风险和抵押品质量对利率定价的扰动,中国人民银行指导交易中心自 2014 年 12 月开始专门编制 DR(银行业存款类金融机构间以利率债为质押形成的回购加权平均利率),涵盖隔夜(DR001)到 1 年(DR1Y)等 11 个品种。2020 年以来,生成 DR 的交易基础日均超过 1.8 万亿元,在银行间回购市场中的占比约 48%。DR 已经成为反映银行体系流动性松紧变化的"晴雨表",对市场流动性观测行为产生了深远影响,为货币市场交易精细化定价创造了有利条件。

3. 回购定盘利率(FR、FDR)

在中国人民银行指导下,交易中心于 2006 年 3 月发布银行间回购定盘利率(FR),以每个交易日 9 点至 11 点的质押式回购交易为基础,对所有成交利率进行紧排序后取中位数,11 点对外发布。为适应市场结构变化,提高 FR 基准性,2015 年 7 月交易中心优化了 FR 形成机制,延长取样和发布时间至 11 点 30 分,并以正常排序取代紧排序。

FR 自推出以来,不仅是回购等资金交易的重要定价参考,也被广泛运用于利率互换、远期利率协议等衍生品市场。2020 年,中国以 FR007 作为利率标的的利率互换交易约占 80%。

2017 年 5 月,交易中心在 DR 基础上又推出了存款类金融机构间的回购定盘利率(FDR),采用与 FR 类似的形成方式对 DR 取中位数,有效剔除异常价格,更准确展现行情,并同步推出以 FDR 为利率标的的利率互换。

4. 交易所回购利率(GC)

中国的交易所回购交易于 2006 年推出,2010 年后随着金融机构资管业务的较快发展,交易所回购交易量增长较快,日均交易量已达到 1 万亿元。交易所回购市场的参与主体主要为非银行金融机构和产品,多为短期资金,与股市波动关系较为密切,以 GC 为代表的交易所回购利率波动性通常高于银行间回购利率。

(二) 银行间拆借市场利率

1. 中国银行间同业拆借利率(CHIBOR)

1996 年 1 月,中国建立了全国统一的同业拆借网络。同年 6 月,银行间同业拆借利率管制放开。在此基础上,CHIBOR 开始运行并每天对外发布。CHIBOR 是将隔夜到 120 天的 8 个期限的拆借成交利率,按交易量取加权平均计算得出,是中国第一个市场化指标利率。由于拆借市场建立初期,交易并不活跃,利率波动较大,影响了 CHIBOR 的代表性和基准性,运用也较为有限。随着 SHIBOR 等基准利率的筹备酝酿,CHIBOR 也逐步淡出市场。

2. 上海银行间同业拆放利率(SHIBOR)

在中国人民银行指导下,2007 年 1 月,SHIBOR 正式推出。SHIBOR 的形成机制借鉴了 LIBOR 的经验,以报价制为基础,交易中心作为受权发布人,每个交易日根据 18 家报价行的报价,剔除最高、最低报价,对其余报价进行算术平均后,于 11 点对外发布。

SHIBOR 建立后,中国人民银行高度重视对报价的监督管理,制定并发布了报价质量考评指标体系,强调报价成交义务,定期开展考评,对报价行实施优胜劣汰,充分发挥激励约束作用,防止报价操纵。

经过十余年悉心培育,目前短端 SHIBOR 能较好反映货币市场松紧程度,与实际成交利率紧密联动,其与 DR001、DR007 的相关性分别为 99% 和 95%。而且报价形成的 SHIBOR 能够确保形成完整的期限结构,为中长期限金融产品定价提供有益参考。特别是近年来得益于同业存单市场发展,中长端 SHIBOR 的基准性明显提升,目前 3 个月 SHIBOR 与同期限同业存单发行利率的相关性在 90% 左右。

SHIBOR 的发展也面临一些问题。一是与 LIBOR 类似,报价形成的 SHIBOR 与实际交易利率难免存在一定差异,中国的银行间拆借市场发展也慢于回购市场,对 SHIBOR 的支撑作用减弱。二是 SHIBOR 运用范围较为有限,目前主要运用于:浮息同业存单,但发行量较小,2019 年发行 10 期、85.5 亿元,市场份额仅为 0.05%;利率互换,2019 年基于 SHIBOR 的利率互换交易量占比约为 26%;SHIBOR 报价行的内部资金转移定价(FTP)参考;部分结构性存款内嵌衍生品的观察标的;在理财、资管、资产证券化(ABS)、企业债定价等领域也有一定运用,但运用范围较小。

（三）国债和政策性金融债收益率

国债和政策性金融债收益率是中国最为主要的债券市场指标性利率。中央国债登记结算公司和交易中心均发布这两类收益率曲线。金融机构在观察中长期债券市场利率变动时，往往使用国债收益率和政策性金融债收益率。由于中国金融体系以银行体系为主，国债市场和政策性金融债市场远小于信贷市场，因此国债收益率和政策性金融债收益率的影响力还比较有限。

（四）利率互换曲线

中国自 2005 年开始陆续推出多项利率衍生产品。其中，利率互换市场发展较好，目前日均成交量接近 1 000 亿元。基于利率互换市场，2012 年交易中心推出了利率互换曲线，作为利率互换参与机构定价、估值的参考。

2019 年 9 月，为配合 LPR 形成机制改革，交易中心又推出了 LPR 利率互换曲线。截至 2019 年末，交易中心共计已发布 16 个参考标的的利率互换曲线，期限最长至 10 年。这些曲线根据利率互换报价机构报出的可成交报价等信息计算得出，分为定盘曲线和收盘曲线，每日对外公布。

利率互换市场的发展和互换曲线的编制使用，丰富了银行间市场参与机构的利率风险管理工具，利率互换对冲已成为市场机构投资及风险管理策略的重要组成部分，同时也进一步完善了利率互换市场的价格发现功能。

（五）贷款市场报价利率(LPR)

中国的金融体系以银行体系为主导，银行贷款是最主要的融资工具，因此贷款利率是中国利率体系的关键。过去很长一段时间，中国的贷款利率主要参考中国人民银行发布的贷款基准利率。

由于贷款基准利率有行政色彩，一些银行在贷款定价时协同形成了贷款基准利率 0.9 倍的隐性下限，不利于利率有效传导。2013 年 10 月，中国人民银行组织发布了 LPR，作为贷款定价的市场化参考指标。但运行中报价行仍主要参考贷款基准利率报价，导致原 LPR 市场化程度不高，运用范围也较为有限。

2019 年 8 月 17 日，按照国务院部署，中国人民银行发布公告，决定改革完善 LPR 形成机制。改革后的 LPR 由各报价行根据最优质客户贷款利率，按公开市场操作利率（主要指中期借贷便利利率）加点形成的方式报价。目前，LPR 包括 1 年期和 5 年期以上两个品种，共有 18 家报价行，每月 20 日（遇节假日顺延）9 点前，各报价行以 0.05 个百分点为步长，向交易中心提交报价，交易中心去掉最高和最低报价后进行算术平均，并向 0.05% 的整数倍就近取整计算得出 LPR，于当日 9 点 30 分发布。

自 2019 年 8 月 20 日新的 LPR 首次发布以来，LPR 逐步下行，较好地反映了货币政策取向和市场供求变化，市场化程度明显提高。截至 2020 年 7 月，1 年期和 5 年期以上 LPR 分别累计下降 0.4 个和 0.2 个百分点。同时，金融机构积极运用 LPR 定价，目前新发放贷款已基本参考 LPR 定价，存量浮动利率贷款定价基准转换于 2020 年 3 月如期启动,并已于 2020 年 8 月末完成。随着 LPR 改革效果逐步显现,贷款利率隐性下限被完全打破,市场利率向贷款利率的传导效率显著提升,带动贷款利率明显下降。2020 年 7 月,企业贷款平均利率为 4.68%,同比下降 0.64 个百分点,明显超过了同期 LPR 降幅,充分体现了 LPR 改革增强金融机构自主定价能力、提高贷款市场竞争性、促进贷款利率下行的作用。

资料来源:中国人民银行,《参与国际基准利率改革和健全中国基准利率体系》,2020 年 8 月 31 日。

7.2 关注资产价格的货币政策规则

7.2.1 模型建立

根据最新文献,在资本有限流动的开放经济条件下,结合非有效资本市场假说和纳入资产价格的 IS—LM—PC 模型,构造基于货币稳定和经济稳定目标的货币政策损失函数如下:

$$\min L(\pi_{t+i}^2, y_{t+i}^2) = \min \frac{1}{2} E_t \sum_{i=1}^{+\infty} \tau^i \left[\lambda y_{t+i}^2 + p_{t+i}^2 \right] \tag{7.11}$$

满足如下条件:

$$p_{t+i} = \omega_\pi \pi_{t+i} + \omega_{ap} a p_{t+i} + \omega_e e_{t+i} \tag{7.12}$$

$$y_{t+1} = \beta_y y_t - \beta_i \left[i_t - E_t(\pi_{t+1}) \right] + \sum_{i=1}^{n} \beta_{api} a p_{it} + \beta_e e_t + \eta_{t+1} \tag{7.13}$$

$$\pi_{t+1} = \alpha_\pi \pi_t + \alpha_y y_t - \alpha_e e_t + \varepsilon_{t+1} \tag{7.14}$$

$$a p_{it} = a p_{it}^* + b_i a p_{i(t-1)} = -\delta_{ii} \left[i_t - E_t(\pi_{t+1}) \right] + \delta_{yi} E_t(y_{t+1}) + b_i a p_{i(t-1)} + \mu_{it} \tag{7.15}$$

$$e_t = e_t^* + b \times e_{t-1} = \delta \left[i_t - E_t(\pi_{t+1}) \right] + b \times e_{t-1} + \nu_t \tag{7.16}$$

$$m_{0t} = h - \theta i_t + \kappa_t \tag{7.17}$$

并且满足:$\beta_y > 0$, $\beta_i > 0$, $\beta_{api} > 0$, $\beta_e > 0$, $\alpha_\pi > 0$, $\alpha_y > 0$, $\alpha_e > 0$, $\delta_{ii} > 0$, $\delta_{yi} > 0$, $b_i > 0$, $\delta > 0$, $b > 0$, $\theta > 0$, $0 < \omega_\pi < 1$, $0 < \omega_y < 1$, $0 < \omega_e < 1$, $\alpha_\pi \rightarrow 1$, $\beta_y > 1$, $0 < \omega_{ap} < 1$, $0 < \omega_{ap} < 1$, $0 < \omega_e < 1$。

式(7.11)是以经济增长稳定和货币稳定为目标的货币政策目标函数。经典的货币政策目标函数一般以社会福利达到最优为其目标。Barro 和 Gordon(1983)将政府决策简化为函数模型:$U_g = \tau_y(y - y_n) - \tau_\pi(\pi - \bar{\pi})^2$。Woodford(1999)、Erceg 等(2000)和 Svensson(2003)假定在理性行为的经济中,社会福利目标函数表现为个体各期效用贴现值之和,因此构造货币政策的目标函数为：$\min \sum_{i=0}^{n} \rho_i L_{t+i}(y_t, \pi_t)$，$L_t = 1/2\left[(y_t - y_t^*)^2 + \lambda(\pi_t - \pi_t^*)^2\right]$。其中，$L_t$ 是损失函数，ρ_i 是贴现因子，$y_t - y_t^*$ 是产出缺口，$\pi_t - \pi_t^*$ 是通货膨胀率缺口，y_t^* 和 π_t^* 分别是产出和通货膨胀率的最优值或目标值，λ 是货币稳定指数相对于经济增长率的权重。从理论上讲，经济达到长期均衡状态时，产出缺口和通货膨胀率缺口皆应选择零。但由于实际中工资刚性、垄断竞争、扭曲性税率、中央银行面临的政治压力及信息约束等因素，两者往往并非选择零。同时，λ 也反映了在不同经济时期中央银行的偏好，即对货币稳定相对于经济增长的重视程度。货币政策的最终目标是通过采取相机或规则行为，达到损失函数最小值。因此，本章构造货币政策目标函数为式(7.11)，其中 y_{t+i} 表示未来 $t+i$ 期相对于自然失业率时的产出缺口，π_{t+i} 表示未来 $t+i$ 期相对于最优通胀率的通货膨胀缺口，λ 为不同政策目标的权重，τ^i 为贴现因子。

式(7.12)为货币稳定指数缺口计算式。本章借鉴 Alchian 和 Klein(1973)、Shibuya(1992)、Smets(1997)的研究方法，将货币稳定指数具体表示为商品劳务价格和资产价格的加权平均，p_{t+i} 表示货币稳定指数缺口，它不仅包括通货膨胀率缺口 π_{t+i}，而且包括资产价格(主要指股票和房产价格)波动率缺口 ap_{t+i} 和汇率波动率缺口 e_{t+i}，ω_π、ω_{ap}、ω_e 分别表示三者的权重。这显著异于 Eika 等(1996)、Ericsson 等(1998)利用加权平均的短期利率及汇率构建了货币状况指数(monetary condition index，MCI)，也不同于 Goodhart 和 Hofmann(2001)、封北麟和王贵民(2006)对 MCI 指数扩展后所构建的金融状况指数(financial condition index，FCI)，它是货币购买力稳定的综合体现。此时，货币政策目标为产出缺口与货币稳定缺口平方和最小。

式(7.13)为典型的动态 IS 曲线，用以刻画总需求。在假设资本固定的封闭经济下，新凯恩斯模型的总需求函数为：$y_t = (1-\mu)\alpha y_{t-1} + \mu y^e t + 1 - \beta(i_t - \pi^e t + 1 - i^*) + \varepsilon_t$。考虑到国内外的实证研究表明各国资产价格对总需求具有不同程度的作用，借鉴刘斌(2004)根据中国相关数据实证得出的需求模型和李成等(2010)所使用的模型，本章刻画总需求函数为式(7.13)。其中，$i_t - E_t(\pi_{t+1})$ 表示实际汇率，ap_t 表示资产价格，e_t 为汇率，η_{t+1} 为外生的总需求冲击，β_y 表示产出缺口的惯性系数，β_i 表示利率对产出缺口的逆向作用，β_{ap} 表示资产价格影响总需求的财富效应、资产表效应、投资托宾 Q 效应的解释系数，β_e 表示汇率波动影响净出口和增长的解释系数。

式(7.14)为典型的加速菲利普斯曲线，用以刻画总供给。本章参考 Goodhart 和 Hofmann(2001)、Kontonikas 和 Montagnoli(2006)、卜志村(2008)、殷波(2009)的研究，构造资本有限流动开放经济下菲利普斯曲线为式(7.14)。其中，通胀的变化是滞后一期产出缺口和外生的总供给冲击 ε_{t+1} 的正函数，ε_{t+1} 是均值为 0、方差为常数的随机过程。式(7.14)表明短期内通胀与产出有正向关系；经济存在明显的通胀惯性，中央银行的利率工具干预有明显的显效时滞；降低通胀会有产出损失成本；宏观经济管理者总是追求高于自然率水平的产出时通胀会加速上涨。这与改革开放以来中国宏观经济波动的经验观察基本吻合(殷波，2009)。$\alpha_\pi > 0$ 表示通货膨胀惯性系数，$\alpha_y > 0$ 表示通胀对总需求的敏感程度，$\alpha_e > 0$ 表示间接标价法下有效汇率下降时本国出口价格下降、净出口增加。

式(7.15)为非有效金融市场下 i 资产价格动态变化特征。根据 Kontonikas 和 Montagnoli (2006)、殷波(2009)、李成等(2010)等有关研究文献,由于资产价格的惯性效应,过去资产价格上涨 $b_i a p_{i(t-1)} > 0$,通过正效应推动资产价格上升、拉升总需求;一旦资产价格出现反转,$b_i a p_{i(t-1)} < 0$,资产价格就会持续下降一段时间,直至盘整到逆转,b_i 刻画了惯性冲击系数的强弱,δ_{yi} 表示预期产出对资产基本价值具有正向效应,$-\delta_{ii}$ 表示实际利率对资产基本价值存在逆向效应。式(7.16)为类似于资产价格波动效应的有效汇率动态变动行为特征。

式(7.17)为货币供给操作经济过程函数,用以刻画货币政策工具——基础货币供给和中央银行基准利率——之间的关系。变量基本经济含义同式(7.7)。

7.2.2 模型求解:货币稳定目标的最优货币政策规则

根据前文所建立的函数模型,进一步推理最优的货币政策规则——最优利率规则和最优货币供给量规则。

将式(7.14)—式(7.16)代入式(7.13)可得出:

$$y_{t+1} = \varphi_y y_t - \varphi_i i_t + \varphi_\pi \pi_t + \sum_{i=1}^{n} \varphi_{ap} a p_{i(t-1)} + \varphi_e e_{t-1} + \zeta_{t+1} \tag{7.18}$$

其中:$\varphi_y = \dfrac{\left[\beta_y + \alpha_y \beta_i - \alpha_y \beta_e \delta + \sum_{i=1}^{n}(\delta_{ii}\beta_{api})\right]}{1 - \sum_{i=1}^{n}(\delta_{yi}\beta_{3i})}$, $\varphi_i = \dfrac{\left[\beta_i - \delta\beta_e + \sum_{i=1}^{n}(\delta_i\beta_{api})\right]}{1 - \sum_{i=1}^{n}(\delta_y\beta_{ap})}$, $\varphi_\pi =$

$\dfrac{\left[\alpha_\pi\beta_i - \alpha_\pi\beta_e\delta + \sum_{i=1}^{n}(\delta_{ii}\beta_{api})\right]}{1 - \sum_{i=1}^{n}(\delta_{yi}\beta_{api})}$, $\varphi_{api} = \dfrac{b_i\beta_{api}}{1 - \sum_{i=1}^{n}(\delta_{yi}\beta_{api})}$, $\varphi_e = \dfrac{b\left[\alpha_e\beta_e\delta - \alpha_e\beta_i - \sum_{i=1}^{n}(\delta_{ii}\beta_{api})\right]}{1 - \sum_{i=1}^{n}(\delta_{yi}\beta_{api})}$,

$\zeta_{t+1} = \sum_{i=1}^{n}\beta_{api}\mu_{it} + \beta_e\nu_t + \eta_{t+1}$。

由于产出及通货膨胀的惯性,系数 β_y 明显大于其他系数项,可推理出:$\varphi_y > \varphi_i$,$\alpha_\pi \approx 1$,$\beta_y + \alpha_y\beta_i - \alpha_y\beta_e\delta > \beta_i - \delta\beta_e$,$\varphi_i \approx \varphi_\pi$。根据实际利率与产出的逆向波动关系和资产价格与产出波动的正向关系,可判断 $\varphi_i > 0$,$\varphi_\pi > 0$,$1 - \sum_{i=1}^{n}(\delta_{yi}\beta_{api}) > 0$。将式(7.13)和式(7.14)转化,进而得出式(7.19)和式(7.20):

$$\phi_{t+1} = \varphi_y y_t - \varphi_i(i_t - \pi_t) + \sum_{i=1}^{n}\varphi_{api} \times a p_{i(t-1)} + \varphi_e \times e_{t-1} + \zeta_{t+1} = \phi_t + \zeta_{t+1} \tag{7.19}$$

$$\chi_{t+1} = \alpha_\pi\pi_t + \alpha_y y_t - \alpha_e e_t + \varepsilon_{t+1} = \chi_t + \varepsilon_{t+1} \tag{7.20}$$

采用贝尔曼方法,得出货币政策最小损失函数的期望现值:

$$V(\chi_t, \phi_t) = \min E_t \left\{ \begin{array}{l} 1/2 \left[\lambda(\phi_t + \zeta_{t+1})^2 + (\omega_{ap}ap_{t+i} + \omega_e e_{t+i} + \omega_\pi \chi_t + \omega_\pi \varepsilon_{t+1})^2 \right] \\ + \tau V(\omega_\pi \chi_{t+1} + \omega_{api}\mu_{it} + \omega_e \nu_t) \end{array} \right\}$$

$$(7.21)$$

式(7.21)遵循移动规律:$\chi_{t+1} = \chi_t + ay_t - \alpha_e e_t + \omega_{t+1}$,$\omega_{t+1} = \varepsilon_{t+1} + a\zeta_{t+1}$,$\chi_i$ 为状态变量。将其代入式(7.21)得出:

$$V(\chi_t, \phi_t) = \min E_t \left\{ \begin{array}{l} 1/2 \left[\lambda(\phi_t + \zeta_{t+1})^2 + (\omega_{ap}ap_{t+i} + \omega_e e_{t+i} + \omega_\pi \chi_t + \omega_\pi \varepsilon_{t+1})^2 \right] \\ + \tau V(\omega_\pi \chi_t + \omega_\pi ay_t - \omega_\pi \alpha_e e_t + \omega_\pi \omega_{t+1} + \omega_{api}\mu_{it} + \omega_e \nu_t) \end{array} \right\}$$

$$(7.22)$$

为求解极小值,对式(7.22)求 ϕ_t 的一级导数并令之为零,得出:$\delta V(\chi_t, \phi_t)/\delta \phi_t = \lambda \phi_t + a\tau E_t V'(\omega_\pi \chi_t + a\omega_\pi y_t - \alpha_e \omega_\pi e_t + \omega_{t+1}\omega_\pi + \omega_{ap}\mu_{it} + \omega_e \nu_t) = 0$。

根据包络定理得到:$E_t V'(\chi_{t+1}) = E_t(\chi_{t+1}) - E_t(\phi_{t+1})\lambda/a$,$E_t(\phi_{t+1}) = (1+ac)\phi_t + \alpha_e \times e_t$,结合移动定律条件 $\chi_{t+1} = \chi_t + ay_t - \alpha_e e_t + \omega_{t+1}$,得到等式:$\lambda \phi_t + a\tau \left[\omega_\pi \chi_t + a\omega_\pi y_t - \alpha_3 \omega_\pi e_t - E_t(\phi_{t+1})\lambda \omega_\pi/a \right] = 0$。假设 $\phi_t = c\chi_t$,那么将式(7.22)转化为:$\lambda c\chi_t + a\tau \left[\omega_\pi \chi_t + a\omega_\pi y_t - (\lambda c/a)\chi_t(1+ac) - (\lambda \alpha_e/a)\Delta e_t - \alpha_3 \omega_\pi e_t \right] = 0$。长期内,假设货币政策可以实现自然失业率的经济增长和最优通货膨胀,汇率也将趋于均衡 $\Delta e_t \to 0$,进而得出:$\lambda c\chi_t + a\tau \left[\omega_\pi \chi_t + a\omega_\pi y_t - (\lambda c/a)\chi_t(1+ac) \right] = 0$,即 $\lambda a\tau c^2 + (\lambda \tau - \lambda - a^2 \tau \omega_\pi)c - a\tau \omega_\pi = 0$。可将其视为关于 c 的一元二次方程,根据求解公式得出 c 满足:$c_{1,2} = \dfrac{-(\lambda \tau - \lambda - a^2 \tau \omega_\pi) \pm \sqrt{(\lambda \tau - \lambda - a^2 \tau \omega_\pi)^2 + 4\lambda a^2 \tau^2 \omega_\pi}}{2\lambda a\tau}$,$c_1 \times c_2 = -\omega_\pi/\lambda$。因此,推理得出等式:

$$\varphi_y y_t - \varphi_i i_t + \varphi_\pi \pi_t + \sum_{i=1}^{n} \varphi_{api} \times ap_{it} + \varphi_e \times e_t$$

$$= c \left[\omega_\pi(\pi_t + ay_t - \alpha_e e_t) + \omega_{ap} \times ap_t + \omega_e \times e_t \right]$$

$$(7.23)$$

假设货币政策目标通胀率为 π^*,长期均衡利率为 i^*,汇率预期为静态预期(等于滞后一期有效汇率缺口),最优货币政策反应函数规则分别为式(7.24)和式(7.25):

$$i_t^* = i^* + f_y(y_t - y^*) + f_\pi(\pi_t - \pi^*) + \sum_{i=1}^{n} f_{api}(ap_{it} - ap_{it}^*) + f_e(e_t - e_t^*)$$

$$(7.24)$$

$$m_{0t}^* = m_0^* - \theta f_y(y_t - y^*) - \theta f_\pi(\pi_t - \pi^*) - \theta \sum_{i=1}^{n} f_{api}(ap_{it} - ap_t^*) - \theta f_e(e_t - e_t^*)$$

$$(7.25)$$

其中:

$$f_y = \frac{\varphi_y - ca\omega_\pi}{\varphi_i} = \frac{\left[\beta_y + \alpha_y\beta_i - \alpha_y\beta_e\delta + \sum_{i=1}^{n}(\delta_{ii}\beta_{api})\right] - ca\omega_\pi\left[1 - \sum_{i=1}^{n}(\delta_{yi}\beta_{api})\right]}{\beta_i - \delta\beta_e + \sum_{i=1}^{n}(\delta_{ii}\beta_{api})}$$

$$f_\pi = \frac{\varphi_\pi - c\omega_\pi}{\varphi_i} = \frac{\left[\alpha_\pi\beta_i - \alpha_\pi\beta_e\delta + \sum_{i=1}^{n}(\delta_{ii}\beta_{api})\right] - c\omega_\pi\left[1 - \sum_{i=1}^{n}(\delta_{yi}\beta_{api})\right]}{\beta_i - \delta\beta_e + \sum_{i=1}^{n}(\delta_{ii}\beta_{api})}$$

$$f_{api} = \frac{\varphi_{api} - c\omega_{ap}}{\varphi_{ap}} = \frac{b_i\beta_{api} - c\omega_{ap}\left[1 - \sum_{i=1}^{n}(\delta_{yi}\beta_{api})\right]}{\beta_i - \delta\beta_e + \sum_{i=1}^{n}(\delta_{ii}\beta_{api})}$$

$$f_e = \frac{\varphi_e + \alpha_e c\omega_\pi - c\omega_e}{\varphi_i} = \frac{b\left[\alpha_e\beta_{api}\delta - \alpha_e\beta_i - \sum_{i=1}^{n}(\delta_{ii}\beta_{api})\right] + (\alpha_e c\omega_\pi - c\omega_e)\left[1 - \sum_{i=1}^{n}(\delta_{yi}\beta_{api})\right]}{\beta_i - \delta\beta_e + \sum_{i=1}^{n}(\delta_{ii}\beta_{api})}$$

规则等式(7.24)可视为扩展利率规则和通货膨胀目标制。Taylor(1993)提出两个比较典型的利率规则,即检验等式规则 $i_t - r^* - \pi^* = (1 - \rho_y - \rho_\pi)(i_{t-1} - r^* - \pi^*) + \rho_y(y_t - y^*) + \rho_\pi(\pi_t - \pi^*)$ 和实证结果等式 $i_t = r^* + \pi^* + 0.5(y_t - y^*) + 1.5(\pi_t - \pi^*)$。Clarida 等(1999)、Batini 和 Haldane(1999)及 Batini 和 Pearlman(2002)等学者在此基础上提出了通胀目标制规则等式 $i_t = \rho i_{t-1} + (1-\rho)\left[\bar{i} + f_\pi(\pi_t - \pi^*)\right]$。通过比较,规则等式(7.24)是利率规则通胀目标制的扩展和综合,可视为扩展的泰勒规则。规则等式(7.25)可视为扩展的货币供给量(汇率)规则和盯住物价水平规则,类似于 Svensson(1999)、Woodford(1999)提出的货币供给量规则和物价规则,检验等式为 $i_t = i_{t-1} + \alpha(m - m^*) + \beta(e_t - e^*)$ 和 $i_t = \pi_t + r^* + \lambda_p(p_t - p_t^*)$。模型分析结果表明,货币政策目标是充分就业经济增长和货币稳定,而货币稳定则包括了购买商品劳务的价值稳定、购买股票房产的价值稳定和购买外汇资产的汇率稳定,而且货币政策操作理论上可以——也应当——对资产价格及汇率异常波动作出有效调整。有效的货币政策工具至少包括两个方面,一是基准利率,二是基础货币供给量。究竟何者为最优政策规则,应根据经济环境和规则系数的敏感度来判断选择。

7.2.3 模型推理:最优货币政策动态反应

1. 最优货币政策规则系数的影响因素

根据最优货币政策规则等式(7.25)可知:最优利率规则的产出缺口反应系数主要受产出缺口平滑系数 β_y、真实利率产出敏感度 β_y、资产价格波动的产出效应 β_{api}、汇率波动的产出效应 β_e、真实利率波动的资产价格效应 δ_{ii}、产出预期的资产价格效应 δ_{yi}、汇率波动的利率效应

δ、滞后一期产出缺口对通货膨胀的影响 α_y、货币政策目标函数中产出缺口的权重 c、通货膨胀的产出缺口惯性系数 a、货币稳定指数中传统通货膨胀率的比重 ω_π 等因素的影响。最优货币供给量规则主要受上述因素和货币供给的利率敏感系数 θ 的影响。这一结论一定程度上反映了早期凯恩斯主义与早期货币主义的货币政策传导机制之争,即货币政策是通过利率直接对投资和产出产生调控影响,还是通过调控货币供给量变动左右支出和产出。本章分析结论认为,货币政策传导机制与一定经济环境和制度环境下当局选择的货币政策工具密切相关,如果选择货币供给量规则,则直接通过货币供给调控总支出(货币主义政策传导机制);如果选择利率规则,则主要通过利率的储蓄效应和替代效应影响消费、投资和产出(凯恩斯主义货币政策传导机制)。这一结果同时表明最优货币政策规则都依赖于损失函数中各目标的权重(瓦什,2001;刘斌,2004),在上述所有影响因素中,这一参数和货币稳定指标权重是政策当局可以决定的。

2. 最优货币政策规则系数的经济意义

判断最优货币政策规则系数得出如下结论:

首先是最优利率规则反应函数系数的符号与经济意义。根据模型中符号条件与关系得出,$f_y>0$,表明产出大于充分就业产出、产出缺口为正值时,最优利率规则是提高利率而抑制投资、降低产出。$f_\pi>1$,表明通货膨胀缺口为正值时,通货膨胀每上升 1%,名义利率上升幅度应大于 1%,以保障真实利率的上升幅度大于零,进而达到抑制通胀的目的,这与美国格林斯潘时代美联储利率的通胀率系数相一致,否则利率的价格效应会进一步推动通货膨胀恶化。$f_{api}>0$,表明资产价格显著异常高于其基本价值(预期现金流现值)时,应当动用利率手段调高利率,通过债券替代效应、窗口指导和折现系数降低等手段,平抑资产价格泡沫化,同时削弱资产价格畸高套现的财富效应、流动性效应、资产表效应,减缓投资及消费需求。$f_e<0$,表明间接标价法下,汇率升高导致本币升值、进口商品降价、出口商品升值,进而促使净出口下降,此时最优利率规则反应是调低利率,一方面刺激投资通过经常项目促进出口,另一方面通过汇率决定的利率平价机制降低汇率或减缓汇率继续攀升。

其次是最优货币供给量规则反应函数系数的符号与经济意义。根据前述判断和 $-\theta<0$ 可知,$-\theta f_y<0$,表明产出大于充分就业的产出时,最优货币供给量规则是降低基础货币供给,进而通过政策乘数和窗口指导降低广义货币供给,促使经济个体减少支出、降低产出。$-\theta f_\pi<-\theta$,表明通货膨胀缺口为正值时,通货膨胀每上升 $\theta\%$,基础货币供给量减少幅度应大于 $\theta\%$,以达到抑制通胀的目的。$-\theta f_{api}<0$,表明资产价格显著异常高于其基本价值(预期现金流现值)时,应当减少货币供给,降低资本市场的资金流量,平抑资产价格泡沫化,同时控制资产价格的财富效应、托宾 Q 效应、资产表效应,抑制投资及消费需求。$-\theta f_e>0$,表明间接标价法下,汇率升高导致本币升值、净出口下降,此时最优货币供给量规则反应是增加货币供给,一方面通过通胀效应降低汇率,另一方面通过汇率决定的国际收支说、货币弹性黏性等机制降低汇率或减缓汇率继续攀升。

3. 最优货币政策规则资产价格系数动态分析与规则选择

为深入分析最优货币政策规则资产价格系数的动态变化及其对政策的反作用,进而合理选择政策规则,分别对最优货币政策规则各系数求解资产价格和汇率变量的导数,结果如表

7.1 所示。分析结果可以得出：最优货币政策规则下资产价格对效应、β_{api} 对反应函数各系数的影响，首先与货币稳定指数中资产价格、汇率所占比重密切相关，在资产交易金额和外汇结算规模与国内商品、劳务交易规模相当的情况下，其影响与经济环境和函数参数相关。

表 7.1　最优货币政策规则资产价格系数动态分析

最优利率规则资产价格系数动态分析			最优货币供给量规则资产价格系数动态分析		
规则反应函数系数符号	β_{api} 变动对规则反应函数的影响	β_e 变动对规则反应函数的影响	规则反应函数系数符号	β_{api} 变动对规则反应函数的影响	β_e 变动对规则反应函数的影响
$f_y>0$	$f_{y}{}'_{\beta_{api}}>0$	$f_{y}{}'_{\beta_e}>0$	$-\theta f_y<0$	$-\theta f_{y}{}'_{\beta_{api}}<0$	$-\theta f_{y}{}'_{\beta_e}<0$
$f_\pi>1$	$f_{\pi}{}'_{\beta_{3i}}<0$	$f_{\pi}{}'_{\beta_e}>0$	$-\theta f_\pi<-\theta$	$-\theta f_{\pi}{}'_{\beta_{api}}<0$	$-\theta f_{\pi}{}'_{\beta_e}<0$
$f_{api}>0$	$f_{api}{}'_{\beta_{3i}}>0$	$f_{api}{}'_{\beta_e}>0$	$f_{api}<0$	$-\theta f_{api}{}'_{\beta_{api}}>0$	$-\theta f_{api}{}'_{\beta_e}<0$
$f_e<0$	$f_{e}{}'_{\beta_{api}}<0$	$f_{e}{}'_{\beta_e}>0$	$-\theta f_e>0$	$-\theta f_{e}{}'_{\beta_{api}}>0$	$-\theta f_{e}{}'_{\beta_e}<0$

最优利率规则反应函数中，资产价格异常波动通过财富效应、托宾 Q 效应、资产表效应对产出缺口影响系数加大 $\beta_{api}\uparrow$，货币政策最优产出反应对资产价格关注程度也应增加 $f_y\uparrow$，通货膨胀反应系数降低 $f_\pi\downarrow$，表明此时利率规则更应关注产出缺口而非通货膨胀，资产价格反应系数上升 $f_{api}\uparrow$，最优利率规则对资产价格关注程度增加，汇率反应系数降低。汇率波动通过影响净出口对产出缺口作用程度增加，最优利率规则中产出反应系数、通货膨胀反应系数、资产价格反应系数和汇率反应系数都有不同程度的增加，表明汇率异常波动对实体经济的效应复杂，以汇率贬值为例，对出口的影响不但存在"J 形曲线"效应、劳尔森—梅茨勒效应、汇率超调效应，而且时滞不一，不但影响产出、需求，左右企业未来利润和资产价格，而且影响资金供求和利率，冲击物价波动和资产价格。

最优货币供给规则反应函数中，资产价格异常波动通过财富效应、托宾 Q 效应、资产表效应对产出缺口影响系数加大 $\beta_{api}\uparrow$，由于货币供给的利率弹性为负，表现为货币供给产出反应系数降低、通货膨胀反应系数降低、资产价格反应系数降低和汇率反应系数上升；汇率对产出影响系数的增加，考虑到 $-\theta$ 后，货币供给产出反应系数降低、通货膨胀反应系数降低、资产价格反应系数降低和汇率反应系数降低。这一结论看似矛盾，但恰恰证明了在紧缩型货币政策下提高利率与减少货币供给的一致性，同时货币政策在不同时期对产出缺口、通胀缺口、资产价格稳定各有侧重，这更取决于政策当局的认识判断和目标函数参数权重。

7.3　有效下限

7.3.1　有效下限时的均衡

在基础的新凯恩斯模型中，最优政策问题是在线性二次近似框架中进行的，中央银行的目标是在代表私人行为的线性约束条件下，最小化二次损失函数，忽略名义利率可能存在的任何下限约束,同时也忽略联系实际利率与总需求的预期 IS 关系式。只有通胀调整关系式对政策制定者有实际约束。通过适度调节名义利率,就可避免 IS 关系式中出现的任何冲击影响产出缺口或通货膨胀。例如,基本的三方程新凯恩斯模型为 $y_t = E_t y_{t+1} - \frac{1}{\sigma}(i_t - E_t \pi_{t+1} - r_t^n)$, $\pi_t = \beta E_t \pi_{t+1} + \kappa y_t + e_t$, $i_t = r_t^n + \phi \pi_t$。其中,y_t 为产出缺口,π_t 为通货膨胀,i_t 为名义利率,r_t^n 和 e_t 为外生性随机冲击。假设 $\phi > 1$ 以满足泰勒规则,确保存在唯一的局部平稳均衡。将 $i_t = r_t^n + \phi \pi_t$ 代入 $y_t = E_{t \cdot y_{t+1}} - \frac{1}{\sigma}(i_t - E_{t \cdot \pi_{t+1}} - r_t^n)$ 得到:$y_t = E_t y_{t+1} - \frac{1}{\sigma}(\phi \pi_t - E_t \pi_{t+1})$。结合 $\pi_t = \beta E_t \pi_{t+1} + \kappa y_t + e_t$,可解出独立于总需求冲击 r_t^n 的产出缺口和通货膨胀。

如果政策制定者降低名义利率的能力受限,那么 IS 关系式又将影响产出缺口和通货膨胀。考虑 r_t^n 的实现值为负,则对政策利率影响 i_t 的值,存在硬约束 $i_t \geq i_L$,故有 $i_t = i_L$。为方便起见,假设 $i_L = 0$,符合有效下限等于零的标准假设。均衡由 $y_t = E_t y_{t+1} + \frac{1}{\sigma}(E_t \pi_{t+1} + r_t^n)$ 和 $\pi_t = \beta E_t \pi_{t+1} + \kappa y_t + e_t$ 解出。

负面冲击不再由货币政策抵消,从而会直接降低产出缺口 y_t。产出缺口下降又降低了通货膨胀。如果这种情况持续下去,预期的未来产出和通货膨胀可能下降,$E_t y_{t+1}$ 的下降进一步放大了 y_t 的降幅。若预期的未来通货膨胀变为负,即预期通货紧缩,会对产出进一步产生负效应。

如果当前的名义利率是中央银行唯一的政策工具,一旦名义利率处于有效下限,标准的货币政策就可能变得无能为力。但是,在产出缺口收敛于稳态均衡(因此随着 $T \to \infty$,有 $x_{t+T} \to 0$)的假设下,向前求解 $y_t = E_t y_{t+1} - \frac{1}{\sigma}(i_t - E_t \pi_{t+1} - r_t^n)$ 得到:$y_t = -\frac{1}{\sigma} E_t \sum_{i=0}^{\infty}(i_{t+i} - \pi_{t+1+i} - r_{t+i}^n)$。当前总需求不仅取决于当前名义利率,还取决于名义利率的整体未来路径。例如,若当前名义利率为零,预期直至 $t+k$ 期都保持为零,则:$y_t = \frac{1}{\sigma} \sum_{j=0}^{k-1} E_t \pi_{t+j+1} - \frac{1}{\sigma} \sum_{j=k}^{\infty} E_t(i_{t+j} - \pi_{t+j+1}) + \frac{1}{\sigma} \sum_{j=0}^{\infty} E_t r_{t+j}^n$。如果中央银行能在经济处于有效下限时影响未来通货膨胀预期,或当有效下限不再硬约束时影响对实际利率走势的预期,那么货币政策仍可以影响当前产出。因此,决定有效下限时均衡的关键因素是中央银行令人信服地承诺未来政策的能力。

7.3.2 有效下限的分析

Adam 和 Billi(2006)、Nakov(2008)利用产出缺口和通胀的标准二次损失函数来分析结果,相机抉择机制下有效下限约束成本极为高昂。由于政策制定者在相机抉择下不能影响预期,其唯一的工具只有名义利率。名义利率固定在零,中央银行没有其他政策工具,经济的平均产出水平也会受到影响。面对扩张性冲击时,中央银行永远可以提高政策利率以把产出缺口维持在零;但面对较大的紧缩性冲击时,政策就受限于有效下限,产出缺口可能为负。产出缺口的无条件期望就不再为零,而是为负,平均而言,实际产出将低于价格灵活时的产出。

7.4 资产负债表政策

美国、英国、日本、欧元区都经历了长期的超低利率阶段,使得各经济体开始关注中央银行如何利用资产负债表来影响经济。资产负债表政策涉及调整中央银行资产负债表的规模和所持资产结构两方面,表 7.2 展示了中国的中央银行的资产负债表。

表 7.2　2020 年 12 月中国货币当局资产负债表　　　　　　　　（单位:亿元人民币）

资产类项目	387 675.54	负债类项目	387 675.54
国外资产	218 039.98	储备货币	330 428.14
外汇	211 308.10	货币发行	89 823.29
货币黄金	2 855.63	金融性公司存款	222 906.08
其他国外资产	3 876.25	其他存款性公司存款	222 906.08
对政府债权	15 250.24	其他金融性公司存款	
其中:中央政府	15 250.24	非金融机构存款	17 698.77
对其他存款性公司债权	133 355.47	不计入储备货币的金融性公司存款	4 881.82
对其他金融性公司债权	4 447.14	发行债券	900.00
对非金融性部门债权	16 582.70	国外负债	929.67
其他资产	218 039.98	政府存款	38 681.53
国外资产	211 308.10	自有资金	219.75
		其他负债	11 634.63

资料来源:中国人民银行(调查统计司)"货币统计概览"。

中国的中央银行(即中国人民银行)的负债包括储蓄货币、不计入储备货币的金融性公司存款、发行债券、国外负债、政府存款、自有资金、其他负债等;资产包括国外资产、对政府债权、对其他存款性公司债权、对其他金融性公司债权、对非金融性部门债权、其他资产、国外资产等。传统的货币政策都被设计为对中央银行资产负债表的规模进行调整。例如,为了扩大基础货币的供给(储备货币、货币发行加上准备金),从私人部门购买证券,增加了中央银行的总负债(准备金)和总资产,扩大了资产负债表总规模。

资产负债表政策意在降低较长期限的利率,转而刺激总需求,从而提高产出和就业。但有研究证明,在一些条件下中央银行资产负债表的规模和构成对资产价格和经济均衡无关紧要(Wallace,1981)。其要点如下:

人们可以自由买卖所有资产,资产的估值仅仅取决于未来状态的资金回报。假设在未来状态 $s \in S$,资产 j 支付 $x_j(s)$。进一步假设 $m(s)$ 为在状态 s 收到支付额的随机贴现因子,即

在未来状态 s 得到一单位消费在今天所付出的价值。此时，$x_j(s)$ 等于资产 j 在状态 s 产生的实际价值，$m(s)x_j(s)$ 为该笔未来支付的现值。$\pi(s)$ 表示状态 s 出现的概率，则标准资产定价理论表明，资产 j 的当前价格应当等于 $m(s)x_j(s)$ 的预期价值，其中预期跨越所有未来状态。资产 j 的价格为 $P_j = \sum_{s=1}^{S} \pi(s)m(s)x_j(s)$。若效用 $U[c(s)]$ 为消费的凹函数，则 $m(s) = \beta U_c[c(s)]/U_c[c_t]$，$U_c$ 为消费的边际效用，c_t 为当前消费。对于所有资产 j 有：$P_j = \sum_{s=1}^{S} \pi(s) \dfrac{\beta U_c[c(s)]}{U_c[c_t]} x_j(s) = \beta E_t \left[\dfrac{U_c[c(s)]}{U_c[c_t]} \right] x_j(s)$。资产数量未出现在资产价格计算式中，资产价格与中央银行资产负债表无关，公开市场操作与资产的形式亦不相关，因为这些操作可以改变私人部门各类资产的持有量，但不会影响资产价格。Tobin(1971)认为，金融资产是不完美替代品，如果资产的相对数量改变，必然会引发资产相对价格的调整。此后，货币政策模型参考了现代金融文献的做法，认为资产数量无关紧要，不再讨论这一环境条件，从异质性主体、分割金融市场、接待约束等方面研究资产负债表政策的作用。

7.4.1 资产定价偏差

货币效用模型是资产负债表模型的基础。代表性家庭的目标函数为求解消费和货币持有量所带来效用总和的最大化：$E_t = \sum_{i=0}^{\infty} \beta^i U(c_{t+i}, m_{t+i})$。其中，$c_{t+i}$ 为消费，m_{t+i} 为货币持有量。代表性家庭的预算约束为：

$$P_t y_t + P_t(q_t + d_t)s_{t-1} + (1+i_{1,t-1})B_{1,t-1} + B_{2,t-1} + M_{t-1}$$
$$= P_t c_t + P_t q_t s_t + B_{1,t} + P_{2,t}B_{2,t} + M_t + P_t T_t$$

其中，P_t 为价格水平，y_t 为非自产收入（外生变量），q_t 为实体资产的价格，d_t 为红利，s_t 为代入 t 期的实体资产占比，$i_{1,t-1}$ 为在 $t-1$ 期以 1 元购买的一期债券 $B_{1,t-1}$ 的名义利率，$B_{2,t-1}$ 为 $t-1$ 期以来持有的二期债券，而该债券当前为一期债券，因而价格为 1 元。二期债券的价格以 $P_{2,t}$ 表示。M_{t-1} 为代表性家庭在 $t-1$ 期持有的名义货币余额，c_t 为消费，T_t 为一次性总税额（若为负，则表示转移支付）。实际预算约束表示为：

$$y_t + W_t = c_t + q_t s_t + b_{1,t} + p_{2,t} b_{2,t} + m_t + T_t$$

其中，$W_t \equiv \left[\left((q_t + d_t)s_{t-1} + \dfrac{1+i_{1,t-1}}{1+\pi_t}b_{1,t-1} + \dfrac{1}{1+\pi_t}b_{2,t-1} + m_{t-1} \right) \right]$，$1+r_{1,t} \equiv \dfrac{1+i_{1,t-1}}{1+\pi_t}$，对 $i=1,2$，有 $b_{i,t} = B_{i,t}/P_t$，$m_t = M_t/P_t$，$1+\pi_t = P_t/P_{t-1}$。

根据代表性家庭目标函数和约束函数，可以得到家庭效用最大化时关于 c_t、$b_{1,t}$、$b_{2,t}$、s_t、m_t 的一阶条件。

消费的一阶条件为 $U_c(c_t, m_t) = \lambda_t$，资产持有量的一阶条件为 $\Delta_{1,t} = \Delta_{2,t} = \Delta_{s,t} = 0$、$U_m(c_t, m_t) + \lambda_t \Delta_{m,t} = 0$。根据这些结果可以推出资产定价的标准结果。其中，$\Delta_{1,t} \equiv$

$$\beta E_t\left(\frac{\lambda_{t+1}}{\lambda_t}\right)(1+r_{1.t+1})-1,\ \Delta_{2.t}\equiv\beta E_t\left(\frac{\lambda_{t+1}}{\lambda_t}\right)\left(\frac{1}{1+\pi_{t+1}}\right)-p_{2.t},\ \Delta_{s.t}\equiv\beta E_t\left(\frac{\lambda_{t+1}}{\lambda_t}\right)(q_{t+1}+$$

$$d_{t+1})-q_t,\ \Delta_{m.t}\equiv\beta E_t\left(\frac{\lambda_{t+1+i}}{\lambda_{t+i}}\right)\left(\frac{1}{1+\pi_{t+1}}\right)-1_\circ$$

再来看看中央银行资产负债表政策的影响。令 $\bar{U}$ 表示效用的预期贴现值,并定义 $\bar{R}_t\equiv$ $\lambda_t(1+r_{1.t})W_t+E_t\sum_{i=0}^{\infty}\beta^i\lambda_{t+i}(y_{t+i}-c_{t+i}-T_{t+i})$。求解家庭效用拉格朗日函数的一阶条件,并化简为:$L_t=\bar{U}_t+\bar{R}_t-E_t\sum_{i=0}^{\infty}\beta^i U_m(c_{t+i},m_{t+i})m_{t+i}$。其中没有出现非货币资产变量。中央银行公开市场操作涉及 m 和 b_1,m 和 b_2。与此相似,中央银行购买资产 s 来增加 m,预期效果与购买一期或二期债券来增加 m 一样。而且,当名义利率为零时,货币供给的变化对家庭的决策没有影响。

如果债券和其他资产的 $\Delta_{j.t}$ 项不为零,则 $E_t\sum_{i=0}^{\infty}\beta^i\lambda_{t+i}(\Delta_{1.t+i}b_{1.t+i}+\Delta_{s.t+i}s_{t+i}+$ $\Delta_{2.t+i}b_{2.t+i}+\Delta_{m.t+i}m_{t+i})$ 至关重要。若 $\Delta_{1.t+i}\neq\Delta_{2.t+i}\neq\Delta_{s.t}$,那么通过购买一期债券来增加实际货币供给的效果与通过购买二期债券或私人资产达到同样的货币供给增量的效果是不同的。

不同的 $\Delta_{j.t}$ 可解释为资产定价偏差。定价偏差可用货币产生的直接效用、借贷限制、发行资产的约束等因素来进行解释。资产定价偏差的存在可能可以解释资产负债表政策对金融市场、资产价格和利率产生的影响,但可能不足以保证政策影响总支出和产出。

7.4.2 市场分割与交易成本

在现实经济中,不仅资产之间互为不完美替代品,而且不同类资产的交易市场存在一定的分割,存在不同的交易成本,从而产生了在资产购买方面的异质性家庭(Chen et al.,2012)。

占比为 ω_r 的家庭受到限制,只能交易长期债券。剩下占比为 $1-\omega_r$ 的家庭不受限制,可以交易长期债券和短期债券,交易长期债券时存在每单位 ζ_t 的交易费用,该交易费用影响资产定价的偏差。

短期债券是一种一期债券,在 $t+1$ 期支付名义回报 i_t。长期债券相当于一种永续年金,在 t 期以价格 $P_{L.t}$ 出售。这些债券在 $t+s+1$ 期支付呈指数衰减的票息 κ^s,其中,$0\leqslant\kappa^s<1$。$j\in\{r,u\}$ 表示家庭类型,$j=r$ 时为受限家庭,$j=u$ 时为非受限家庭。此时,j 类家庭的效用为:$E_t\sum_{s=0}^{\infty}\beta_j^s\left\{\left(\frac{1}{1-\sigma_j}\right)(C_{t+s}^j)^{1-\sigma_j}-\frac{\phi_{t+s}^j[h_{t+s}^j]^{1+v}}{1+v}\right\}$。其中,$C_{t+s}^j$ 为实际消费,h_{t+s}^j 为劳动小时数。

u 类家庭的预算约束为:

$$P_tC_t^u+B_t^u+(1+\zeta_t)P_{L.t}B_t^{L.u}\leqslant(1+i_{t-1})B_{t-1}^u+\sum_{s=1}^{\infty}\kappa^{s-1}B_{t-s}^{L.u}+W_th_t^u+\Pi_t^u$$

其中,短期债券和长期债券持有量分别为 B_t^u 和 $B_t^{L,u}$。在 $t-s$ 期购买的长期债券 $B_{t-s}^{L,u}$ 在 t 期产生的票息为 κ^{s-1}。$W_t h_t^u + \Pi_t^u$ 代表家庭的劳动和利润收入加上获得的转移支付。在 $t-s$ 期发行的长期债券在 t 期的价格即为 $\kappa^s P_{L,t}$。由于该债券在 $t+1$,$t+2$,$t+3$,…期产生的票息流为 κ^s,κ^{s+1},κ^{s+2},…,而在 t 期购买的长期债券在 $t+1$,$t+2$,$t+3$,…期产生的票息流为 1,κ^1,κ^2,…,因而债券 $B_{t-s}^{L,u}$ 在 t 期的价格为 $\kappa^s P_{L,t}$。定义 $i_{L,t}$ 为到期总收益,则有:

$$P_{L,t} = \sum_{s=1}^{\infty} \frac{\kappa^{s-1}}{(1+i_{L,t})^s} \text{ 或 } P_{L,t} = 1/(1+i_{L,t}-\kappa).$$

r 类家庭的预算约束为:$P_t C_t^r + P_{L,t} B_t^{L,r} \leqslant \sum_{s=1}^{\infty} \kappa^{s-1} B_{t-s}^{L,r} + W_t h_t^r + \Pi_t^r$。受限家庭最优消费选择的一阶条件与某个熟悉的欧拉方程形式相同。令 κ^{s-1} 表示持有长期债券一期的实际回报。由于长期债券在 $t+1$ 期支付 1 元,则从 t 期持有至 $t+1$ 期的长期债券实际收益为:$1+r_{L,t} \equiv \frac{P_t}{P_{t+1}}$ ·

$\frac{P_{L,t+1}(1/P_{L,t+1}+\kappa)}{P_{L,t}} = \frac{P_t}{P_{t+1}}$ · $\frac{P_{L,t+1}(1+i_{L,t})}{P_{L,t}}$。因此,$\lambda_t^r = \beta_r E_t \left(\frac{P_{L,t+1}}{P_{L,t}} \frac{1+i_{L,t}}{1+\pi_{t+1}} \right) \lambda_{t+1}^r = \beta_r E_t (1+r_{L,t}) \lambda_{t+1}^r$。其中,$1+\pi_{t+1} = P_{t+1}/P_t$。

非受限家庭同时持有长期债券和短期债券,面临两个欧拉条件:一是将消费的当前边际效用和未来边际效用与短期债券的实际收益联系起来。二是将消费的当前边际效用和未来边际效用与长期债券的实际收益联系起来。

对于短期债券有:$\lambda_t^u = \beta_u E_t \left(\frac{1+i_t}{1+\pi_{t+1}} \right) \lambda_{t+1}^u$。对于长期债券有:$(1+\zeta_t) \lambda_t^u = \beta_u E_t (1+r_{L,t}) \lambda_{t+1}^u$。

假设所有家庭都不受限制。短期债券的条件为:$\Delta_{s,t} = \beta_u E_t \frac{\lambda_{t+1}^u}{\lambda_t^u} \left(\frac{1+i_t}{1+\pi_{t+1}} \right) - 1 = 0$。长期债券的条件为:$\Delta_{L,t} = \beta_u E_t \frac{\lambda_{t+1}^u}{\lambda_t^u} (1+r_{L,t}) - 1 = \zeta_t$。此时,长期债券的定价偏差可归因于购买该资产承担的交易成本 ζ_t。若 ζ_t 是外生的,则 ζ_t 的波动将导致长期债券的实际收益波动,但如果中央银行维持短期利率不变,那么 ζ_t 的波动不会产生其他实际效应。

如果包括受限家庭和非受限家庭,交易成本增加,$r_{L,t}$ 参照 ζ_t 的增幅同比例升高。这对持有短期债券和长期债券的非受限家庭没有影响,但对只持有长期债券的受限家庭的消费决策产生实际效应。长期利率上升,使受限家庭降低相对于未来的当前消费。在黏性价格模型中,这些家庭当前支出的下降会降低当前产出。

假设 ζ_t 是非外生的,取决于公众持有的长期债券和短期债券的相对供给:$\zeta_t = \zeta \left(\frac{P_{L,t} B_t^L}{B_t} \right) > 0$,$\zeta' > 0$。对于给定的短期利率 i_t,中央银行可以通过降低 $P_{L,t} B_t^L / B_t$ 来制造短期经济扩张,即通过出售资产负债表中的短期债券以购入长期债券,增加(减少)公众持有的短期(长期)债券量。美联储 2011 年 9 月实施的第二轮量化宽松和 2014 年 10 月实施的期限扩展计划 MEP 正对应资产组合构成的这种调整。

市场分割造成的交易成本,可能源于金融中介服务相关的实际成本(Curdia and Woodford,

2010)。除了金融市场分割,还可以纳入黏性价格、消费习惯持续性、投资和资本调整成本等因素。

商业银行的道德风险限制了银行通过套利消除预期收益率差的能力。银行面临激励约束,当约束为硬约束时,会限制其信贷扩张能力。中央银行的资产负债表政策有可能放松这种限制,扩大信贷供给(Gertler and Karadi,2011,2013)。

政府债券和私人资产的流动性存在差异,体现为对持有随时可变股权家庭的比例作了限制。中央银行向公众出售政府债券筹资,以此购买私人资产,增加私人部门总的流动性,在抵消私人部门遭受的流动性冲击方面发挥了作用。

7.5 其他新工具

当政策利率受到下限限制时,新工具(如量化宽松、前瞻性指引)已被证明在放松金融环境方面是有效的,且在未来会更加有效。新工具在很大程度上抵消了下限的影响,但是如果中性利率很低,可能还需要采取额外措施。

在短期利率降至零(或接近零)后,美联储和其他中央银行采用其他货币政策工具来提供刺激,包括大规模购买金融资产(量化宽松)、发布中央银行前景或政策计划等信息(前瞻性指引),以及其他一些工具。新工具可以为货币政策提供相当大的政策空间,即使短期利率处于较低区间,这种政策也能起到刺激作用。Adam 和 Billi(2006)、Nakov(2008)研究证明,对未来政策作出可信承诺可以大大弱化有效下限约束的负面效应。即使当前政策利率为零,中央银行仍可通过对未来利率路径作出承诺(未来政策前瞻性指引)来继续影响当前产出和通货膨胀,在新凯恩斯模型中是一项成效显著的工具。基本模型结构表明,作出的可信承诺涉及的期限越远,对当前经济的影响越强。Brayton 等(2014)实证得到,量化宽松和前瞻性指引可以增添约 3 个基点的政策空间。

值得注意的是,新工具只有在中性利率①处于2%—3%或以上的范围内才完全适用。若中性利率低于2%,新工具仍会增加宝贵的政策空间,但不太可能完全弥补利率下限带来的限制。

7.5.1 新工具评估

1. 中央银行资产购买

(1) 量化宽松是指可计量的宽松货币政策,即大规模资产购买计划(LASP),中央银行通过购买商业银行等金融机构的国债、由 GSEs 发行的法律允许的资产等,将货币融通给商业

---

① 中性利率是指在充分就业和稳定通胀情况下的短期利率,由经济的基本特征所决定。由于中央银行的反应是降低名义利率(通胀＋中性的实际利率),所以低中性利率会导致货币政策在衰退时降息的空间更小。

银行,商业银行向市场提供低价贷款。

(2) 量化宽松对缓解金融状况方面存在两个积极理由:首先,量化宽松消除了美国国债市场的长期风险,推动投资者推高剩余的长期美国国债和类似替代品(如抵押贷款支持证券和公司债券)的价值。其次,如果量化宽松作为一种承诺机制或是一种信号,让投资者相信政策制定者在较长时期内会将政策利率保持在较低水平,则可能会产生信号效应。

(3) 量化宽松的作用机制。量化宽松的经济机制为:一是资产组合平衡效应通过影响期限溢价发挥作用。二是告示效应通过影响对未来短期利率的预期发挥作用。长期收益率可分为证券生命周期内的平均短期收益率和总收益率与平均预期短期利率之差,即期限溢价。期限溢价,即持有长期债券的债权人所要求的额外回报,用以弥补其潜在的投入其他短期资产的机会成本。估计认为,证券投资组合平衡效应通过影响期限溢价起作用,而信号效应通过影响未来短期利率的预期起作用。然而,使用该近似值来区分投资组合平衡和信号渠道并非显而易见的,因为期限溢价和预期的未来短期利率无法直接被观察到。

(4) 争论。对量化宽松的假设为:量化宽松政策与传统货币政策的作用类似,如资本成本降低、财富增加、货币贬值、资产负债表较稳健、对国内产品与服务支出的增加。

对此,批评家存在两种观点:第一,早期量化宽松政策似乎对金融资产市场产生了重大影响,但后几轮的量化宽松的影响要小得多。Krishnamurthy 和 Vissing-Jorgensen(2011)认为,美国第二轮量化宽松政策对美国国债收益率的下降效果低于第一轮量化宽松政策的效果。对此的解释为:最初几轮量化宽松的作用明显,是因为它们是在金融市场异常的时期推出的,并提供了极为重要的流动性;如果在经济运行平稳的时期,量化宽松的作用就有限。第二,量化宽松政策仅影响了短期内资产市场,且影响会很快消失。Wright(2011)实证得出,危机后量化宽松政策的影响很快会消失。

对以上两种批评观点作出的解释有:第一,投资者在经历前期的量化宽松后,可以更好地预期后几轮量化宽松。Gagnon(2018)研究得出,如果以后的量化宽松在很大程度上被预期到,那么在正式宣布前资产价格会受到影响。Cahill 等(2013)研究得出,在美国第二轮量化宽松宣布之前,一级交易商已经预计到美联储要进行资产购买,且预估了其规模。De Santis(2019)研究得到,欧洲中央银行的政策制定者和媒体强烈地预示了首次大规模的量化宽松,导致其实际声明对市场的影响不大。如果控制了市场对欧洲中央银行行动的预期,那么欧洲中央银行最初的量化宽松计划将会产生重大影响。解决这一识别问题的直接方法为,设法控制市场参与者的政策预期,然后观察量化宽松公告中超出预期部分对资产价格的影响。

第二,即使量化宽松的规模被很好地预期,市场参与者对要购买的具体资产仍然不确定。若资产组合平衡效应在起作用,中央银行计划购买某一特定资产的消息会提高该资产相对于其他资产的价格。Cahill 等(2013)研究得到,在实施量化宽松过程中,实施计划的意外变化会对债券价格和收益率产生显著影响,且此影响没有显示出随时间推移或随中央银行资产负债表规模增加而减弱的趋势。Di Maggio 等(2015)研究得到,美联储的第一轮量化宽松计划对于抵押支持证券的影响与资产组合平衡效应相一致。此外,量化宽松政策具有告示效应。

Bauer 和 Rudebusch(2014)实证发现,量化宽松公告与短期利率预期路径的变化相关。以上研究表明,一旦控制了市场参与者对随后几轮量化宽松的预期,资产购买的影响并没有随着时间推移而显著减弱。

第三,由于纯粹的流动性效应,量化宽松公告的影响大多是暂时的,此说法并不具备说服力,且事件研究结果证明其不成立。Neely(2010)、Gagnon 等(2011)研究得到,不在美联储资产购买计划内的资产价格在宣布资产购买后大幅波动。Gilchrist 和 Zakrajšek(2013)实证得到,量化宽松通过信用违约互换降低了企业信用风险的保险成本。如果资产购买公告的影响是可预见的、短暂的,那么投资者可以通过押注逆转而获利,但投资者无法通过押注逆转而获利(Neely,2016)。经验事实证明,美联储的资产购买计划对美国国债收益率有显著影响,而且与早期量化宽松相比,后期量化宽松的有效性并没有降低(Ihrig et al.,2018)。同样,欧洲中央银行的购买计划对资产价格有较大且持续的影响(Altavilla et al.,2015;Eser et al.,2019)。此外,量化宽松刺激全球企业债券的发行(Lo Duca et al.,2016)。在美联储执行其宣布的资产购买计划期间,长期收益率并没有明显下降,这可能是其他因素对收益率的混杂影响导致的结果,如财政政策、全球形势等。

综上所述,尽管学术界对于量化宽松是否影响长期收益率这一问题存在分歧,但大多数证据支持量化宽松影响长期收益率,且具有持续性。

(5)进一步运作。对于量化宽松如何运作,存在两种观点:首先是存量观。资产购买对收益率的影响取决于中央银行购买的累计资本存量,以及未来持有的资本存量。其次是流动性观点。中央银行的资产购买速度是决定资产价格和收益的关键因素。货币政策的有效性可以通过观察中央银行积极购买期间的资产长期收益来评估。一般认为,存量观更符合基础理论。

现实讨论:美联储在 2008 年金融危机后究竟主要做了什么

美联储在 2008 年 11 月宣布首个大规模资产购买计划,公开了购买抵押担保证券(mortgage-backed securities,MBS)和由政府支持企业(government-sponsored enterprise,GSEs)房利美和房地美发行的债券的计划。

在 2009 年 3 月,在第一轮量化宽松(QE1)行动中,联邦公开市场委员会(Federal Open Market Committee,FOMC)授权增加两次抵押担保证券的购买,并且首次大规模购买美国国债。第一轮量化宽松资产购买累计达到 1.725 万亿美元。

其他三次主要项目如下:(1)第二轮量化宽松(QE2),2010 年 11 月宣布,该轮美联储购买了约 6 000 亿美元的其他债券。(2)期限延长计划(maturity extension program),2011 年 9 月宣布,持续到 2012 年 6 月,通过抛售短期债券和购买长期政府债券,美联储延长了证券投资组合的平均到期时间。(3)第三轮量化宽松(QE3),2012 年 9 月宣布,这是一个开放式项目,美联储在该项目中承诺:美联储将购买国债和抵押担保证券直至劳动市场的前景有"显著的"改善。

2013 年,有迹象表明在证券市场上,资产购买的放缓导致"缩减恐慌"(taper tantrum),几个月以来,10 年期美国国债的收益率上升了接近 1%。直到 2014 年 10 月,美联储的购买行为都没有停止。此时,购买的净资产总量大约为 3.8 万亿美元,大约是当年美国 GDP 的 22%。所购买的资产大多数是长期证券,从 2007 年到 2014 年底,美联储持有的证券投资组合的平均期限从 1.6 年上升到 6.9 年。

美联储并非唯一一个使用资产购买作为货币政策工具的中央银行。例如,遭遇利率下限的日本中央银行,在 2001 年 3 月就进行了资产购买项目,但日本中央银行购买长期资产的目的在于提高货币基础而非降低长期利率。2013 年,随着"安倍经济学"(由时任日本首相安倍晋三所倡导的政策)的面世,日本中央银行开始激进地购买长期证券。又如,英格兰银行在 2009 年 3 月首次宣布量化宽松项目,时间上只比美联储的第一轮量化宽松提前了几天,基本与美联储并驾齐驱。随后,英格兰银行周期性地提高了其购买总量的目标,以对经济的发展作出回应。而在资产购买方面,由于欧洲中央银行面临着来自政治和法律方面的对抗,因此在 2015 年 1 月才实施了一轮大规模的资产购买项目,用以实现货币政策的目标。一些小的经济体也采取了量化宽松的变体,包括瑞典和瑞士。

中央银行购买的资产类型差异很大。相对于同行,美联储面临着更加严格的法律限制,因此美联储只能购买美国国债和由 GSEs 发行的证券,到 2008 年底,这些证券得到了联邦政府的全力支持。其他中央银行拥有更为广泛的权限,在不同程度上,不仅购买了政府债券,而且购买了公司债券、银行发行的担保债券,甚至股票。

资料来源:Bernanke, B.S., 2020, "The New Tools of Monetary Policy", *American Economic Review* 110(4):943—983。

2. 前瞻性指引

前瞻性指引是指中央银行通过发布宏观经济预测或未来利率路径等前瞻性信息,引导公众形成对未来货币政策立场或政策路径变化的预期。前瞻性指引影响市场对政策利率的预期,进而影响资产价格和收益率。

(1)分类。

根据政策路径发布方式的差异,可将前瞻性指引分为两类:"预测式"指引、"承诺式"指引。

"预测式"指引,也称德尔斐指引,强调货币当局公布的未来政策路径是基于目前可获得信息形成对未来政策路径的条件预测,当局并不承诺未来的政策会依照预测进行。

"承诺式"指引,也称奥德赛指引,指货币当局对未来政策立场或路径有明确的或隐含的承诺。"承诺式"指引可细分为:定性指引(货币当局对未来货币政策的路径提供定性指示,解释改变未来货币政策的原则性条件)、日历指引(货币当局明确指示未来货币政策将可能在何时发生改变,体现政策反应函数时变的特点)、条件指引(货币当局明晰可能引发政策变化的经济条件,并宣称将根据经济指标的结果调整未来政策路径)。

(2)操作效果。

经验事实表明,在到达利率下限时,"承诺式"指引是有用的(Campbell et al., 2012)。在到达下限的时期后,货币政策制定者对通货膨胀和就业的反应与平时情况不同(Kydland and Prescott,1977),政策制定者通过"承诺式指引",弥补通胀或就业的长期低迷(Yellen,2015)。

在金融危机结束时,大多数前瞻性指引都为定性指引,而非条件指引,一些研究对此提出批评。例如,Woodford(2012)提出,联邦公开市场委员的政策声明缺乏足够的承诺来起到作用。Engen 等(2015)认为,定性指引导致预测者的预测相反。Gust 等(2017)认为,在定性指引下,市场参与者只是逐渐理解联邦公开市场委员会发布的信息。

随着时间的推移,联邦公开市场委员会以更精确、激进的前瞻性指引,反击市场参与者过于坚定的预期。Feroli 等(2017)实证提出,条件指引比日历指引更可取,因为它允许市场利率预期根据其前景信息进行调整。其经济原理如下:

第一,前瞻性指引可以起到预期作用。前瞻性指引可以减少预期的不确定性,并通过此渠道降低债券和其他资产的风险溢价(Bundick et al.,2017)。首先,专业预测者可以从指引中得出美联储在更长时期内实施低利率反应函数的变化方向(Femia et al.,2015;Raskin,2013)。其次,前瞻性指引积极影响通胀预期(Del Negro,Giannoni,Giannoni and Patterson,2012)。最后,美联储未预料到的沟通影响了长期利率(Carvalho et al.,2016)。

第二,量化宽松和前瞻性指引在实施过程中紧密联系。前瞻性指引影响联邦基金利率预期路径的变化,量化宽松影响长期利率水平的变化,量化宽松和前瞻性指引都以复杂的方式共同、显著且持续地影响资产价格,很难将两者的影响分离(Swanson,2017;Eberly et al.,2019)。各国中央银行总体上一直学习如何更好地利用前瞻性指引。

第三,前瞻性指引需要较强的政策声誉。前瞻性指引可能是一种强有力的政策工具,可能改变公众预期,从而提高下限的适应程度。如果在长期内未实现既定目标,会损害中央银行声誉。因此,确保前瞻性指引的可信度至关重要,政策制定者的个人声誉、技能以及中央银行的声誉对前瞻性指引可信度至关重要。政策制定者有动力兑现早先的承诺,因为他们希望能够在未来作出可信的承诺。如果前瞻性指引是事先明确阐明的政策框架中的一部分,那么在下一次经济衰退中会更加有效。因此,当到达利率下限时,将前瞻性指引纳入并改善政策框架,加强推动经济的实质性承诺,可以提高政策有效性(Bernanke et al.,2019)。

3. 其他工具

除了美联储和其他国家中央银行在后金融危机时期采用的量化宽松和前瞻性指引政策工具以外,其他中央银行也使用了其他工具。

(1)购买一系列私人资产,包括企业债券、商业票据、资产担保债券,甚至是股票和房地产投资信托基金的股份。这些计划使中央银行有更大能力影响私人收益率,但购买私人资产存在风险。由于法律限制,美联储的购买对象仅限于政府债券或政府担保的抵押贷款支持证券。

(2)向依赖银行的借款人提供进入证券市场的同等信贷渠道,并为银行贷款提供补贴。如英国中央银行的融资换贷款计划、欧洲中央银行的目标长期再融资。融资换贷款计划是指有资质参与此计划的英国银行可以以低流动性资产(如抵押贷款)为抵押,向英格兰银行借入高流动性英国国债,并为此支付一小笔费用,之后再以国债为抵押,换取廉价的回购贷款。目标长期再融资是指欧洲中央银行通过回购操作扩张资产负债表来缓解市场流动性紧张。此计划降低了银行融资成本,促进了放贷,并改善了货币政策对实体经济的传导(Cahn et al.,

2017；Andrade et al.，2019；Churm et al.，2018)。

(3) 中央银行通过向银行准备金收费来强制执行短期负利率。负利率存在风险，由于银行无法轻易将负利率传递给零售储户，其资本和放贷能力将会因负利率受损。Brunnermeier 和 Koby(2017)指出利率可能存在一个"逆转"利率，低于此利率，负利率对银行资本和贷款的不利影响将使经济收缩。

(4) "收益率曲线控制计划"。日本中央银行采用"收益率曲线控制计划"，即以债券价格为目标，调控不同期限债券的收益率。

新货币政策工具的选择较多，但是美联储并没有采用这些工具。因为在后危机时期，联邦公开市场委员会并不认为是银行流动性限制了放贷，因此不采用以银行贷款为目标的计划，如融资换贷款计划、再融资操作。

4. 新政策工具的成本和风险

适当使用新政策工具，不仅取决于其效益，也取决于其潜在成本和风险。新政策工具的成本和风险主要包括：(1)市场功能受损。量化宽松通过增加流动性、提升信心和强化中央银行的资产负债表，可能保证市场良好运行，但有限证据表明市场运作不良、缺乏双向贸易或丧失价格发现能力。(2)高通货膨胀。原始货币主义对量化宽松政策持怀疑态度。这种货币主义认为，与资产购买相关的基础货币的大幅增长可能会导致失控的通货膨胀。(3)加剧收入差距。促进经济复苏的货币政策有积极影响，如提高就业率、工资、资本投资等，但仍有不利的分配影响，主要是低利率对储户的影响，以及新货币政策工具可能会加剧收入的不平等。(4)资本损失。若利率意外上升，持有大量与资产购买计划相关的长期证券会导致巨额损失，这些损失可能会对中央银行的独立性造成影响。(5)金融不稳定。后金融危机时期的货币政策增加了金融不稳定的风险。此外，大国中央银行实施的货币政策对其他国家的金融状况存在溢出效应(Rey，2013，2015；苗文龙，2018)。

在实行货币政策时，要考虑到金融危机可能造成的经济损害，鼓励银行、借款人和投资者承担合理的风险，对不断积累的风险保持警惕。首先，货币宽松在一定程度上是通过鼓励私人部门承担风险来发挥作用的(Borio and Zhu，2012)。其次，货币宽松降低了流动性成本，增加了银行承担的风险(Drechsler et al.，2018)。再次，如果投资者和贷款人对风险和回报的交易没有理性，若扭曲了对其冒险的激励，或者存在与增加杠杆或非流动性相关的外部性，那么可能导致冒险过度(Stein，2013)。

但对于政策制定者在制定利率时应该在多大程度上考虑金融稳定因素，目前存在较大的争论。一般认为，防范金融不稳定风险的防线应该是有针对性的监管和宏观审慎政策，货币政策防范金融不稳定面临的障碍有两点：一是缺乏针对性政策；二是使用货币政策来降低金融风险的收益超过其付出的成本(Svensson，2016；Gourio et al.，2017；Adrian and Liang，2018)。

值得关注的是，新货币政策工具是否比传统政策带来更大的稳定风险。经验证据表明：(1)量化宽松比其他扩张性政策风险更小，因为它能使收益率曲线平缓，从而降低期限转换的动机(Woodford，2016；Greenwood et al.，2016)。(2)量化宽松的资产组合平衡效应可能会将投资者从国债推向风险更高的资产，但在一般均衡中，通过从体系中消除持续风险，量化宽松总体上降低了私营部门投资组合的风险,增加了安全和流动性资产的供应,并有助于弥补不确定时期私人部门风险承受能力的下降(Caballero and Kamber,2019)。

7.5.2 货币政策新工具的宏观经济效应

量化宽松和前瞻性指引等新货币政策工具会对金融状况产生一定影响,需要分析的是,在接近下限时,使用这些工具能否带来更好的经济效果。

1. 利率下限是否影响新政策工具的实施效果与经济复苏

利率下限是否影响新政策工具的实施效果和经济复苏,经验实证对此存在一定争论:

(1)一些实证表明,由于利率下限的限制,经济衰退严重,复苏缓慢,传统的货币政策存在一定的局限性。与上述研究结果不同,其他研究发现,尽管有新的政策工具,但下限施加的约束导致了危机后严重恶化的结果。Engen 等(2015)发现,在到达下限后,综合使用量化宽松和前瞻性指引有助于缓解金融状况。Eberly 等(2019)发现,下限约束了货币政策的实施效果。Gust 等(2017)发现,下限在危机期间和危机后都极大地约束了货币政策。

(2)一部分文献认为,下限对美国危机后的货币政策没有太大约束力。Swanson 和 Williams(2014)实证得出,下限对货币政策应对变化的市场预期的影响有限。Fernald 等(2017)认为,考虑到冲击的规模和经济的潜在增长潜力,大衰退后复苏缓慢是相对正常的,因此下限不会成为政策的主要制约因素。Debortoli 等(2019)认为,在大衰退期间,关键的宏观经济与金融变量的周期性行为表明,货币政策没有受到下限限制。

2. 新的货币工具能提供多大的政策空间

新货币政策工具能提供多少额外的政策空间,取决于中性利率水平。在一个短期利率可能更频繁地接近下限、传统货币政策相应更无效的情况下,新货币政策工具能够提供一些额外的政策空间。使用 FRB/US(美联储的主力模型)或其他中央银行青睐的宏观计量经济学模型追踪政策的预期宏观经济后果得到,将前瞻性指引考虑在货币政策框架内,量化宽松更有利于实现货币政策目标(Sims and Wu,2019)。

在名义中性利率为 3% 的情况下,前瞻性指引和量化宽松相结合可以提供足够的刺激,大幅抵消利率下限的影响(Kiley,2018)。并且,在促进复苏和实现通胀目标方面"适度有效",但在严重衰退中几乎无法限制失业率的最初上升(Chung et al.,2019)。

现实讨论:前瞻性指引与量化宽松的效果如何

1. 前瞻性指引阈值:前瞻性指引的变量,一旦短期利率受到下限约束,中央银行承诺将政策利率保持在零,直到通胀达到阈值。选用三个可选择的阈值:1.75%,2.0%,2.25%。Chung 等(2019)和 Bernanke 等(2019)将前瞻性指引变量纳入模型。

2. 量化宽松政策:考虑四种量化宽松政策,从最不激进的政策(A)到最积极的政策(D)。在四种情况下,量化宽松都假定是在产出缺口足够大时实施,当产出缺口充分缩小时,资产购买被认为将结束,中央银行的资产负债表将开始逐步缩减。

3. 组合政策：考虑将前瞻性指引和2%的通胀阈值相结合的政策，并结合不同力度的量化宽松政策。

4. 结果分析：

（1）当中性利率较低时，在2%的通胀目标且不使用任何工具的政策规则下，经济下行。例如当 $r^* = 1$，$i^* = 3$ 时，ELB频率为31.2%，且通胀率低于1%，远低于2%的通胀目标；当 $r^* = 0$，$i^* = 2$ 时，ELB频率为56.4%。

（2）更高的通胀目标通过增加政策空间，减少下限频率，改善经济。例如 $r^* = 1$ 时，将通胀目标设置为5%，将导致名义中性利率 $i^* = 6$，在此情况下 ELB频率为1.6，平均损失接近不受约束情况下的结果，说明此举增加了政策空间。但是，平均损失的计算忽略了长期较高通胀率的成本，以及向更高通胀目标过渡的成本。

（3）相较于 $\pi^* = 2$ 的基准规则，前瞻性指引和量化宽松的结果更优。在模拟中，可能是由于将前瞻性指引的可信度限制在28个季度内，导致前瞻性指引的影响较小。结果显示，单独使用量化宽松计划的作用较明显。当 $r^* = 1$，$i^* = 3$ 时，采用最积极的量化宽松计划，达到的经济效果接近 $\pi^* = 5$ 基准规则下的结果，更接近无约束基准规则。

（4）在 $r^* = 1$ 或 $r^* = 0$ 的情况下，前瞻性指引和量化宽松政策的结合几乎可以完全补偿低利率下限的影响。例如，当 $r^* = 1$ 时，2%通胀阈值的前瞻性指引和量化宽松(C)计划相结合，产生的平均损失低于5%通胀目标的基准政策。当 $r^* = 0$ 时，2%通胀阈值的前瞻性指引和量化宽松(D)计划相结合，产生的平均损失低于5%通胀目标的基准政策，仅略大于不受约束的基准政策。与基准规则相反，量化宽松与前瞻性指引的结合会使通胀率接近目标，与通胀预期保持良好一致。

研究发现，在通胀目标为2%的情况下，新工具结合产生的结果与有效通胀目标为5%的传统政策一样好。这表明，当名义利率在2%—3%的范围内时，相对于传统政策，新货币政策工具能增加约3个百分点的政策空间。同时，这也反驳了提高通胀目标以创造更多政策空间的观点。除非低名义利率的成本超过维持5%通胀目标的成本，使用新货币政策工具比设定更高通胀目标更有利。

上述研究的不足之处在于：以上结果并非完全准确，FRB/US是美国经济的一个不完美模型。并且其模拟可能在某些方面低估了新货币政策工具的潜力，因为排除了使用短期负利率、融资换贷款计划和其他可能提供额外政策空间的工具。

资料来源：Bernanke, B.S., 2020, "The New Tools of Monetary Policy", *American Economic Review* 110(4):943—983。

若中性利率为负，则会有如下问题出现：(1)债券市场参与者不愿持有收益率低于零的较长期债券；(2)零利率或低利率会引起人们对金融不稳定和其他风险的担忧。在名义中性利率低于2%时，新政策工具在不同程度上具有一定的负面影响。因此，新货币政策工具对传统政策工具具有一定补充，对经济运行具有一定的积极作用；同时，不容忽视的是，名义中性利率越高,新工具克服利率下限(可能为负值)的能力越大。

7.6 小结

货币政策调控机制主要有货币供给量调控机制和利率调控机制。单一的调控机制难以满足稳定经济和金融的需要。在不同的经济发展阶段、不同的经济周期阶段,需要不同的货币政策调控机制。基本的货币政策规则包括固定货币增长率规则(弗里德曼规则)、泰勒利率规则、麦卡勒姆利率汇率规则等。在 2008 年金融危机以后,利率调控机制面临零利率下限问题。此时,人们研究设计了新的货币政策工具。

利用产出缺口和通胀的标准二次损失函数来分析表明,相机抉择机制下有效下限约束成本极为高昂。由于政策制定者在相机抉择下不能影响预期,其唯一的工具只有名义利率。名义利率固定为零,中央银行没有其他政策工具,经济的平均产出水平也会受到影响。面对扩张性冲击时,中央银行永远可以提高政策利率以把产出缺口维持在零;但面对较大的紧缩性冲击时,政策就受限于有效下限,产出缺口可能为负。产出缺口的无条件期望就不再为零而为负,平均而言,实际产出将低于价格灵活时的产出。

对未来政策作出可信承诺可以大大弱化有效下限约束的负面效应。即使当前政策利率为零,中央银行仍可通过对未来利率路径作出承诺(未来政策前瞻性指引)来继续影响当前产出和通货膨胀,在新凯恩斯模型中是一项成效显著的工具。基本模型结构表明,作出的可信承诺涉及的期限越长,对当前经济的影响就越强。

资产定价偏差可用货币产生的直接效用、借贷限制、发行资产的约束等因素来进行解释。资产定价偏差的存在可能可以解释资产负债表政策对金融市场、资产价格和利率产生的影响,但可能并不足以保证政策影响总支出和总产出。

在现实经济中,不仅资产之间互为不完美替代品,而且不同类资产的交易市场存在一定的分割,存在不同的交易成本,从而产生了在资产购买方面的异质性家庭。市场分割造成的交易成本,可能源于金融中介服务相关的实际成本。除了金融市场分割,还可以纳入黏性价格、消费习惯持续性、投资和资本调整成本等因素。这些因素都可能影响货币政策调控效果。

2008 年金融危机以后,货币政策被设计出许多新的工具,主要包括:资产负债表政策、前瞻性指引、量化宽松等。在金融市场没有失灵的情况下,量化宽松对金融状况有显著而持久的影响;前瞻性指引有助于让金融市场了解政策制定者可能对经济发展作出的反应,并使他们致力于未来的政策行动。中央银行在金融危机后积极使用量化宽松和前瞻性指引,但在使用新工具时要关注成本与风险,同时决策者要学习如何更好地规划与实施政策,让这些工具在未来更有效。新工具提供的政策空间取决于名义中性利率的水平。若名义中性利率在 2%—3% 甚至更高的范围,量化宽松与前瞻性指引可以在很大程度上弥补下限的影响,提供 3 个百分点的额外政策空间。若名义中性利率远低于 2%,新工具仍能提供有价值的政策空间,但不能完全弥补下限的影响。

思考题

1. 主要的货币政策规则有哪些形式？分别侧重于什么政策目标？
2. 货币政策规则有什么优点与不足？
3. 如何将新发展的货币政策工具纳入货币政策规则方程？

第三篇
宏观审慎政策

8

系统性金融风险

8.1 概述

8.1.1 概念

针对系统性金融风险的研究始于 20 世纪 80 年代,而其成为理论研究与监管部门关注的热点,则是在 2008 年金融危机爆发之后。基于系统性金融风险的复杂性,目前对其范畴尚未形成统一的界定。不同的组织和学者基于不同的角度对其进行了不同的定义,可主要归纳为以下四种:一是基于系统性金融风险危害范围的定义。Bernanke(2009)将系统性金融风险定义为威胁整个金融体系和宏观经济稳定性的事件。二是基于风险传染角度的定义。该定义强调一系列(或某个)会影响公众对整个金融系统信心的系统性事件(Benoit et al.,2017),会通过经济和金融体系存在的关联结构不断传导和扩大,最终导致整个金融系统瘫痪(巴曙松等,2013;Smaga,2014)。三是基于影响金融市场功能的定义。该观点认为,系统性金融风险将引发金融市场信息中断,扰乱市场运行秩序,从而导致金融调节功能丧失(Minsky,1995;Billio et al.,2012)。四是基于对实体经济影响的定义。IMF(2011)认为,系统性金融风险是金融体系部分或全部遭受损失时所导致的大范围金融服务(包括信贷中介、风险管理和支付服务)中断,进而给实体经济造成严重影响的风险。中国人民银行发布的《宏观审慎政策指引》(2021)界定,系统性金融风险是指可能对正常开展金融服务产生重大影响,进而对实体经济造成巨大负面冲击的金融风险。

有关系统性金融风险的研究至少应包含如下三个方面的内涵:(1)金融系统的共同风险、金融机构间的传染风险和特定金融机构的风险等三个不同而又相互作用的方面。(2)系统性金融风险的传染性。系统性金融风险的引发多源于风险的传染效应(Giglio et al.,2016),即各个金融部门之间相互联系的复杂性和紧密性使得较小的冲击能够迅速传染扩大至整个金融系统,进而触发系统性金融风险。由此,金融机构"太大而不能倒"的现象已经逐渐被金融机构"太关联而不能倒"的现象所代替。因此,基于宏观审慎监管视角识别金融机构间的联动性与风险传染性,对建立有效的金融监管体系,有着极强的理论意义和现实意义。(3)为监管当局制定宏观审慎监管政策和工具提供有价值的参考,为深化金融体制改革、健全货币政策和宏观审慎政策双支柱调控框架提供有力依据。

此外,还有两个值得关注的相关概念。一是系统性风险。这一术语主要运用于金融市场投资方面,即不可分散风险,指由政治、经济、社会等环境因素对整体证券所造成的不利影响,包括政策风险、经济周期风险、利率风险、购买力风险、汇率风险等。这与系统性金融风险在描述对象、关注重点、具体内涵等方面都有所不同。二是重大风险或重要环节风险。党的十九大指出,要坚决打好防范化解重大风险攻坚战。2018年中央经济工作会议再次强调,打好防范化解重大风险攻坚战,重点是防控金融风险。根据中央要求,攻坚战的目标是要使宏观杠杆率得到有效控制,金融结构适应性提高,金融服务实体经济能力明显增强,硬性约束制度建设全面加强,系统性风险得到有效防控。围绕上述目标,银行业要加强对各类风险的防范和化解,努力促进形成金融和实体经济、金融和房地产、金融体系内部三个方面的良性循环。为此,需要着力降低企业负债率,抑制居民部门杠杆率;严格规范交叉金融产品,继续拆解影子银行;清理规范金融控股公司,有序处置高风险银行业机构;深入整治各种违规金融行为,坚决打击各种非法集资活动;继续遏制房地产泡沫化倾向,主动配合地方政府整顿隐性债务(郭树清,2018)。

8.1.2 金融风险演化层面及主体

系统性金融风险主要来源于时间和结构两个维度:一是从时间维度看,系统性金融风险一般由金融活动的一致行为引发并随时间累积,主要表现为金融杠杆的过度扩张或收缩,由此导致的风险顺周期的自我强化、自我放大。二是从结构维度看,系统性金融风险一般由特定机构或市场的不稳定引发,通过金融机构、金融市场、金融基础设施间的相互关联等途径扩散,表现为风险跨机构、跨部门、跨市场、跨境传染。

根据系统性金融风险的来源,其演变与传染过程可能涉及微观、中观、宏观等三个层面:微观层面主要描述市场主体行为与个体金融风险,例如信用风险、操作风险等,主要体现为市场经济主体未能按照契约履行相关责任的违约风险。中观层面主要描述个体金融损失传导与不同主体之间的风险分担,例如单个主体违约风险导致其他经济主体的违约损失,进而引发某个或某几个行业的经济主体广泛的违约损失,甚至引发某个或某几个国家/地区的经济主体广泛的违约损失。宏观层面主要描述影响金融体系功能的系统性金融风险,例如有关经济主体引发的违约损失导致金融体系的某些功能中断。三个层面的含义有机联系,反映了金融风险从微小到巨大,甚至成为金融危机的过程。金融风险防控则重在防控风险传染和升级成为系统性金融风险。参见图8.1。

在系统性金融风险演化的过程中,可能涉及的主体包括:国内银行部门、证券部门、保险部门、特定非金融部门等国内金融机构,以及国际银行部门、证券部门、保险部门、特定非金融

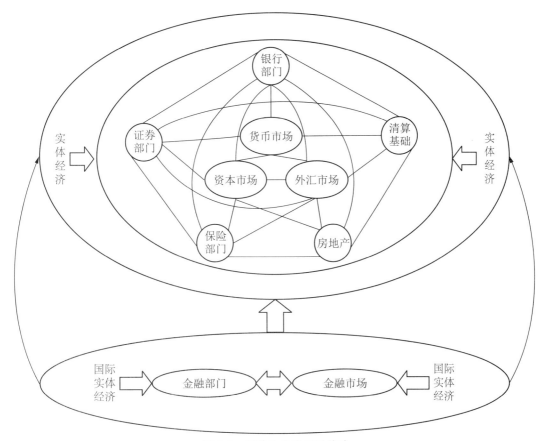

图 8.1　系统性金融风险传染

部门等跨国金融机构。系统性金融风险演化传染主要通过金融市场进行,例如国内或国际货币市场、资本市场、外汇市场等。为预防和控制系统性金融风险,一国需要成立宏观审慎政策部门,对其进行研究和监管。

8.1.3　系统性金融风险的主要研究内容

在开放经济下,分析一国金融风险演化与防控措施,涉及三大重点问题:一是如何基于国际国内双循环下实体经济产业链条双循环等典型事实特征,分析国内外金融体系内部的风险演化、金融风险和不同实体经济产业风险之间交互影响下的风险演化等理论机制。二是如何基于经济金融大数据信息多源异构等复杂特征,突破传统研究范式的局限性,从开放经济下产业金融链的角度,研究金融风险的生成、传染、放大与突变的动态演化过程,揭示金融风险演化的一般规律。三是如何在开放经济下,完善产业循环层面金融风险监测的大数据分析指标,提出产业循环角度的金融风险防控措施,提高金融风险监测预警的准确性和防控措施的针对性。

8.2 经济原理与传染途径

系统性金融风险的传染途径主要包括系统重要性银行传染、跨金融市场传染、跨金融机构和金融市场传染、金融体系和实体经济体系之间的传染。尽管关注的空间范围有所不同,例如从一国内部到全球范围,但这些传染途径较为相似。

8.2.1 系统重要性银行的风险传染途径

根据相关研究,金融风险传染可能是由特定金融机构违约风险暴露导致交易对手直接损失,或金融市场资产价格剧烈波动致使其他金融机构资产负债表受损,或通过市场情绪快速传染至整个金融体系(刘磊、张晓晶,2020)。因此,这里初步将系统重要性银行网络的风险传染途径概括为三个方面。

1. 资产负债表渠道

由于经济往来和投资组合管理,不同系统重要性银行之间或系统重要性银行与其他银行之间相互持有资产和负债(Upper and Worms,2004;Elsinger et al.,2006;Degryse and Nguyen,2007)。当系统重要性银行资产价格收益率表现出跳跃或异常波动时,持有该银行较大规模资产的其他系统重要性银行可能面临较大的资产损失风险,从而导致系统性风险通过系统重要性银行资产负债表渠道,在一国甚至全球范围内传染并形成风险传染网络。

进一步而言,根据系统重要性银行资产负债表网络结构,可将金融风险划分为违约风险和流动性风险。违约风险产生于某家银行由外部冲击导致的资产下降,当冲击足够大时,这家银行出现资不抵债、负债和所有者权益方的价值下降或者债务违约,进一步又形成对其他银行资产方的外部冲击,甚至波及全球银行系统。流动性风险产生于某家银行的负债方,当一家银行的资产净值下降会迫使其收缩资产方的流动性,降低持有其他银行部门的金融资产,这一冲击进而传染至其他银行部门的负债和所有者权益方,进而导致系统性金融风险(Glasserman and Young,2015;刘磊、张晓晶,2020)。传染机制分别如图 8.2 和图 8.3 所示。

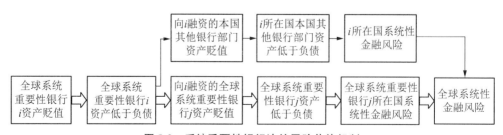

图 8.2　系统重要性银行违约风险传染机制

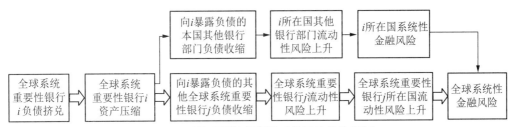

图 8.3　系统重要性银行流动性风险传染机制

2. 投资组合调整和资本转移渠道

在金融自由化背景下,机构投资者在全国或全球范围内进行资产组合投资,持有不同系统重要性银行的资产(McGuire and Tarashev,2006;Soramaki et al.,2007)。一些国家资产价格的剧烈波动会促使投资者在全球范围内调整投资组合结构,进行风险管理和流动性管理(Francesco et al.,2004),在金融市场剧烈波动国家拥有资产头寸的投资者通常会减少在该国的金融资产,控制上升的金融风险,获取现有的资产收益。

当某一系统重要性银行资产价格收益率出现跳跃或异常波动时,机构投资者必然调减该系统重要性银行的股权或资产,并进一步调减与其有密切业务往来或资产负债关系的其他系统重要性银行的股权或资产,引发其资产价格跳跃或崩盘,从而导致系统性风险通过投资组合调整渠道在全国或全球范围内传染,最终形成风险传染网络。

此外,机构投资者的全球投资组合结构调整必然引发跨境资本流动,通过金融账户流向低估值的国家,引起该国利率波动及系统重要性银行部门资产负债期限结构错配,增加该国整个金融部门的流动性风险和系统性风险。传染机制如图 8.4 所示。

图 8.4　系统重要性银行风险的投资组合调整传染机制

3. 风险事件和市场心理传染渠道

金融风险事件信息可以通过互联网在全国或全球范围内较快传播,引发金融市场心理在较大范围内传染(Spelta and Araújo,2012;Minoiu and Reyes,2013)。市场心理可简单分为市场情绪、市场预期与羊群效应。

市场情绪对金融市场风险传染的影响表现在,金融市场剧烈波动国家对其他国家产生"唤醒效应",引发其他国家金融市场重新评估经济基本面,经济基本面低于预期的国家则必然受其感染,该国投资者的市场情绪急转低落。

市场预期机制主要是,金融市场剧烈波动国家引起其他国家投资者对本国资产预期收益和增长预期的改变,导致其迅速调整投资行为,从而加剧股指波动。

羊群效应的作用机制表现在,经济实力强大的国家在世界经济运行中扮演了领头羊的角色,该国金融市场的剧烈波动令人们不再怀疑事件的真伪性,甚至在不加判断的情况下盲目跟从,产生羊群效应。同时,由于投资者并非完全理性,在信息不对称的条件下,更容易产生溢出效应、趋同效应、羊群效应等行为特征(何德旭、苗文龙,2015)。

当某一系统重要性银行资产价格波动率出现跳跃或异常波动时,其他金融市场的公众投资者可能形成对金融资产或股权的悲观预期和消极情绪,投资者必然抛出相关银行的股权或资产,引发系统重要性银行资产价格的跳跃或崩盘,以及其他金融部门资产错配和流动性风险,从而导致系统性风险通过投资者情绪在全国或全球范围内隔空传染并形成传染网络。传染机制如图8.5所示。

图8.5　系统重要性银行风险的市场心理传染机制

因此,在国际重大风险事件发生时,全球系统性金融风险经由包括中国在内的全球多层金融网络,通过利率机制、预期机制、货币互换机制等,对中国的利率、国债到期收益率、股票市场收益率等宏观经济变量产生影响,进而导致中国各商业银行的在险价值和银行体系的在险价值显著提高,引发中国银行业系统性风险急剧上升。其传导机制可描述为图8.6。

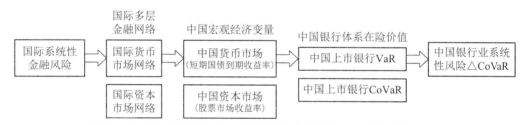

图8.6　全球系统性金融风险对中国银行业系统性风险影响的传导途径

8.2.2　货币市场/外汇市场的联系机制与风险传染途径

一国与外国的金融市场之间存在密切联系,国际资金流动的发展使两国的汇率与金融市场的价格——利率之间也存在着密切的关系。利率平价理论是从金融市场角度分析汇率与利率的关系。在短期内,货币供求数量影响利率,进而影响汇率。这一部分基于利率平价理论、弗里德曼货币需求理论、乔顿货币供给模型等,分析汇率与利率之间的数量关系。

1. 利率评价理论

利率平价理论分为套补的利率平价理论和无套补的利率平价理论。根据实际调查,套补的利率平价被作为指导公式广泛运用于交易之中。实际汇率变动与套补的利率平价之间也存在着一定的偏离,这一偏离常被认为反映了交易成本、外汇管制以及各种风险等因素。非套补的利率平价涉及预期的汇率变动,作为心理变量,研究者很难获得关于它的可信数据。本章在此给出套补的利率平价理论公式:

$$\frac{f_t - e_t}{e_t} = r_t - r_t^* \tag{8.1}$$

其中，f_t 为远期汇率，e_t 为即期汇率，r_t 为本国利率，r_t^* 为对手国利率。

2. 货币需求

一国国内货币需求表示为：$M_{dt} = ky_t - hr_t$。式中，M_{dt} 表示本国货币需求，主要包括交易性货币需求、预防性货币需求、投机性货币需求。交易性货币需求和预防性货币需求与收入 y_t 正相关，货币需求的收入弹性系数为 k；投机性货币需求与本国利率 r_t 负相关，货币需求的投机弹性系数为 $-h$。

3. 货币供给

根据乔顿模型，一国货币供给函数表示为：$M_{st} = M_{0t} \times m_t = (C_t + R_t + ER_t) \times \frac{1}{r_t + c_t + er_t + r_T \times T}$。式中，$C_t$ 表示流通中的现金，R_t 表示法定存款准备金金额，M_{0t} 为基础货币，m_t 为货币乘数，ER_t 表示超额准备金金额，r_t 表示法定存款准备金率，c_t 表示现金漏损率，er_t 表示超额准备金比例，r_T 表示定期存款准备金率，T 表示定期存款 D_T 与活期存款 D_d 的比例 D_T/D_d。

4. 货币供求平衡

布雷顿森林体系崩溃后，各国普遍表现出货币扩张的趋势，货币供给能够满足货币需求量，货币需求等于货币供给，即 $M_{dt} = M_{st}$，转换得到：

$$r_t = \frac{k}{h}y_t - \frac{(C_t + R_t + ER_t)}{h(r_t + c_t + er_t + r_T \times T)} \tag{8.2}$$

同理，得到一国的对手国货币供求平衡式：

$$r_t^* = \frac{k^*}{h^*}y_t^* - \frac{(C_t^* + R_t^* + ER_t^*)}{h^*(r_t^* + c_t^* + er_t^* + r_T^* \times T^*)} \tag{8.3}$$

其中，r_t^*、y_t^*、k^*、h^*、C_t^*、R_t^*、ER_t^*、r_t^*、c_t^*、er_t^*、r_T^*、T^* 分别表示本国交易对手国的利率、产出、货币需求的收入弹性系数、货币需求的投机弹性系数、流通中的现金、法定存款准备金金额、超额准备金金额、法定存款准备金率、现金漏损率、超额准备金比例、定期存款准备金率、定期存款 D_T 与活期存款 D_d 的比例 D_T/D_d。

5. 汇率、利率、产出、货币政策工具等变量之间的关系

根据式(8.1)—式(8.3)，得到汇率、利率、产出、货币政策工具等变量之间的关系等式：

$$\frac{f_t - e_t}{e_t} = \left(\frac{k}{h}y_t - \frac{k^*}{h^*}y_t^*\right) + \left[\frac{(C_t^* + R_t^* + ER_t^*)}{h^*(r_t^* + c_t^* + er_t^* + r_T^* \times T^*)} - \frac{(C_t + R_t + ER_t)}{h(r_t + c_t + er_t + r_T \times T)}\right] \tag{8.4}$$

6. 变量关系

(1) 一国汇率与本国和交易对手国的利率政策和市场利率存在密切的数量关系。

一国汇率与本国及交易对手国的利率政策存在一定的影响关系。在式(8.4)中，本国法

定存款准备金率 r_t、交易对手国法定存款准备金率 r_t^* 对两国汇率存在直接的影响关系，并通过两国中央银行对法定存款支付利率的调整影响超额存款准备金率 er_t 和 er_t^*，从而间接影响汇率水平。利率是货币政策的核心工具，经济往来关系密切的交易对手的利率异常变动往往透露出该国政府的政策导向变化，这势必引起其他国家的敏感反应和市场波动。

一国汇率与本国及交易对手国的利率体系存在一定的影响关系。根据式（8.4）可知，一国汇率水平还取决于本国的债权利率（体系）r_{bt}、本国的无风险利率 i、对手国的债权利率（体系）r_{bt}^*、对手国的无风险利率 i^* 等变量，并且与对手国利率变量成正比，与本国利率成反比。这从利率平价理论也可以得到进一步印证。

因此，利率是货币市场投资收益高低的直接体现。在汇率比较稳定时，经济实力强大的国家的利率提高，使其他国家的货币投资收益相对较低，资金必然从低利率国家流向高利率国家，迫使其他国家利率上升。

（2）一国汇率与交易对手国的交易对手的汇率存在一定的影响关系。

式（8.4）只列出了一种汇率（设为国家1与国家2之间的货币兑换比例）与两国利率的数量关系。现在出现第三方经济往来国家3，国家2与国家3之间的汇率 $e_t^{2\leftrightarrow3}$ 也存在类似于式（8.4）的关系式，国家3与国家1之间的汇率 $e_t^{3\leftrightarrow1}$ 也存在类似式（8.4）的关系式。此时可以发现：国家1与国家2的汇率 $e_t^{1\leftrightarrow2}$、国家2与国家3的汇率 $e_t^{2\leftrightarrow3}$、国家3与国家1的汇率 $e_t^{3\leftrightarrow1}$ 通过这些国家的利率体系建立了一定的相互影响关系。

（3）存在经济往来关系的多国汇率与利率之间形成一定数量关系的网络。

根据上述分析进行类推，可以得到 n 个国家的 n 种货币时，存在 $C(n,2)=n(n-1)/2$ 个汇率。每两种汇率之间都存在一定的数量关系，且这种关系受到相关国家利率的直接或间接影响。从而在国家利率政策博弈、金融市场套利、市场经济预期、外汇储备政策及其他经济政策影响机制（图8.7）下，存在经济往来关系的多国汇率与利率之间形成一定数量关系的网络，相关国家/地区间形成具有一定相互影响关系的跨货币市场/外汇市场的金融网络。

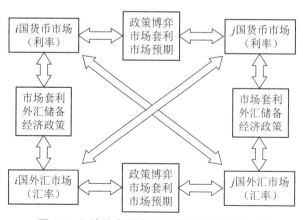

图8.7 经济往来国家之间汇率利率影响机制

7. 其他影响机制

货币市场和外汇市场的风险通过利率和汇率之间联系渠道进行传送，对一国的货币政策、金融稳定、国际收支平衡都具有不容忽视的影响。这一部分以中国为例,进一步分析其中的影响机制。

首先,全球主要经济体货币市场与外汇市场之间的风险传染通过货币供给调控机制可能会降低中国货币政策的独立性。这可以从中国人民银行资产结构的角度进行论证。中国人民银行的资产类项目主要包括国外资产［黄金、外汇(中央银行外汇占款)、其他］、对政府债权、对其他存款性公司债权、对其他金融性公司债权、对非金融公司债权、其他资产等。其中,在观察时段(2002年1月—2020年7月),占总资产比例达到5％以上的项目(外汇、对政府债权、对其他存款类公司债权、对其他金融性公司债权)总和占总资产的比例几乎在95％以上。

分析这四类资产项目的结构变动(图8.8),表现出如下特征:(1)外汇在中国人民银行资产中占绝最大比例,大部分时间在50％以上,特别在2010年1月—2014年12月期间,这一数值在79％—83％波动。2016年1月开始,这一数值逐渐下降,但仍然在55％以上。(2)对其他存款性公司债权占总资产的比例呈现出显著的U形特征,在2009年1月—2015年12月间,这一数值基本在4％—6％;2016年1月开始,这一数值有所上升,2020年基本在30％多。(3)对政府债权和对其他金融性公司债权两者占总资产的比例都较为平稳,基本维持在5％左右。中国人民银行的资产结构特征表明,外汇在基础货币供给中占有绝对重要的地位,人民币汇率的异常剧烈波动必然导致跨境资本流动的剧烈变动和中国人民银行外汇资产的大幅波动,并通过货币乘数引发货币供给量在更大幅度上的波动,从而使中国人民银行不得不进行货币政策对冲调节,而对冲的资产力度也相对有限,降低了中国货币政策的独立性。中国人民银行此时只能被动地再通过冲销操作来降低外汇占款增加造成的价格效应。外汇占款在经济周期的上升期强化经济过热,在经济周期的下行期加速经济萧条,导致货币政策规则不仅没有起到逆经济周期、熨平经济波动的作用,反而表现出了较强顺经济周期、加剧经济波动的特征(袁鹰,2006)。

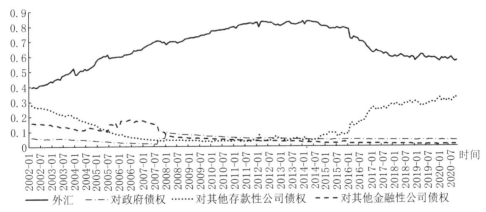

图8.8 中国人民银行的资产结构

资料来源:根据Wind数据库简单计算。

其次,全球主要经济体货币市场与外汇市场之间的风险传染通过利率传导机制可能会降低中国货币政策的独立性。不同国家的货币市场通过政策利率波动产生相互传染效应:一方面,本国政策利率通过对本国银行同业拆借利率、银行存贷利率、贴现利率等金融市场利率的影响,影响本国投资和产出;另一方面,国外政策利率通过对本国政策利率的影响、国外政策利率对该国金融市场利率的影响,进而间接对本国金融市场利率产生影响,冲击本国的投资和产出。简要机制见图8.9。因此,中国同业拆借(利率)和外汇市场(汇率)之间存在显著的冲击传染性,并且在不同的危机时期中国的汇率波动对利率波动的传染效应具有一定差别,在美国金融危机时期,中国同业拆借利率波动对汇率波动的传染效应与德国差别不大,但在欧洲债务危机时期,中国同业拆借利率波动对汇率波动的传染效应低于德国。

此外,中国金融市场之间的传染冲击效应受到其他经济强国金融波动的影响,与危机源发国相比,中国金融市场间冲击效应略低,但与其他非源发国金融市场传染效应相比,中国金融市场面临的风险冲击显著(苗文龙,2013)。外汇市场还可能通过利率机制引发金融危机:外汇汇率震荡→金融机构外汇头寸损失→金融机构流动性降低→同业拆借利率上升→金融机构资产结构、利润进一步恶化→金融危机(苗文龙,2013)。由此可见,货币市场(利率)与外汇市场(汇率)之间的风险交互传染,通过利率机制削弱或干扰了本国货币政策的独立性及效果。

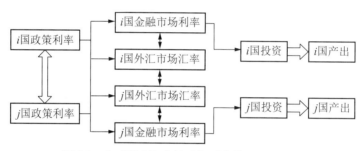

图8.9 全球利率汇率波动与利率传导机制影响

8.2.3 货币市场/资本市场的联系机制与风险传染途径

从全球金融风险传染视角而言,基本渠道主要有两种。

1. 通过实际资本流动引发风险

当一国(特别是大国)金融或经济发生剧烈震荡时,通过实际资本流动引发投资者在全球范围内的投资结构调整,进而引起相关国家金融账户下资本异常流动和利率异常波动,进一步引发金融部门资产负债期限结构错配和流动性风险(Nathan,2018)。具体而言,这一传染机制又分为货币市场和资本市场:

(1)货币市场传染机制的核心变量是利率。利率不仅是货币市场短期投资收益的直接体现,而且反映出国家的货币政策导向。在汇率比较稳定时,经济实力强大的国家的利率提高,使其他国家的货币投资收益相对较低,资本必然通过金融账户从低利率国家流向高利率国家;同时,因为利率来源于实体经济的利润,如果一国在较长时间内保持较高利率,证明该国的实体经济效益较高,资本必然通过直接投资项目从低利率国家流向经济预期较好的高利率国家(何德旭、苗文龙,2015)。其他国家的利率被动上升,导致该国金融机构资产负债期限结构错配,加剧该国国内金融体系的流动性风险和系统性金融风险。此外,利率是货币政策的核心工具,经济强国的利率异常变动往往透露出该国政府政策导向的变化,这势必会引起其他国家的敏感反应和市场波动,然后通过资本与金融账户引发系统性金融风险。

因此,金融风险的货币市场跨国传染机制为:国际金融市场利率波动(货币市场)→投资结构调整及跨境信贷债权债务结构调整→资本流动→金融账户余额变动和国内利率波动→国内金融部门资产负债期限结构错配→国内金融部门流动性风险→金融部门系统性风险。

(2) 资本市场(这里主要分析股票市场)可通过投资调整机制传染风险。投资调整机制主要包括投资组合调整和投资收益率调整。在金融全球化背景下,大型投资者一般进行跨国投资组合。一些国家股指的剧烈波动会促使投资者在全球范围内调整投资组合结构,进行风险管理和流动性管理(Francesco et al.,2004),在股指剧烈波动国家拥有资产头寸的投资者通常会减少在该国的金融资产,控制上升的金融风险,获取现有的资产收益。机构投资者全球投资组合结构调整必然引发跨境资本流动,通过金融账户流向低估值的国家,引起该国利率波动及金融部门资产负债期限结构错配,增加该国金融部门的流动性风险和系统性风险。

因此,金融风险的资本市场跨国传染机制为:国际金融市场股指波动(资本市场)→投资调整→资本流动→国内利率波动→国内金融部门资产负债期限结构错配→国内金融部门流动性风险→金融部门系统性风险。

2. 通过市场心理引发风险

当一国金融或经济发生剧烈震荡时,直接影响其他国家投资者的市场心理,引发该国金融市场震荡和衰退,以及金融部门期限错配和流动性风险。市场心理可简单分为市场情绪、市场预期与羊群效应。这在前面已经介绍,不再赘述。通过市场心理传染机制,发生金融剧烈震荡的国家将风险隔空传染给其他国家,引发其他国家金融部门的资产错配和流动性风险。

在两种传染渠道之中,资本流动的传染效应一般更为持久;如果没有跨境资本流动,情绪的传染效应相对短暂,在投资者头脑冷静之后,由本国实体经济状况和金融状况决定的金融市场会很快回归常态。因此,分析跨境资本流动规律、监测跨境资本异常流动、采取有力的政策措施,成为促进国际收支平衡、防范全球系统性金融风险的主要途径。

现实讨论:全球货币市场资本市场的联动性

为观察全球金融网络链接关系,这里按照不同区域经济方面的代表性,选择中国、美国、德国、英国、日本、印度等6个国家为样本,分别分析这些国家的货币市场与资本市场波动的关系。数据区间为2007年1月1日—2019年11月22日。选择这一期间数据的主要原因:一是这一时段包含了近年来主要全球系统性金融风险或金融危机;二是这一时期中国金融开放程度相比1998年具有显著的提高,从而对模拟未来金融全面开放时面临的全球金融风险冲击更具有现实意义。

1. 全球货币市场波动的联动性

货币市场的核心指标是利率。2007 年 1 月 1 日—2019 年 11 月 22 日,6 个样本国家货币市场利率的波动及走势如图 8.10 所示。观察图 8.10 可知,样本国家货币市场利率波动具有一定的共同性特征。这意味着,在资本自由流动或部分自由流动条件下,部分国家货币市场利率提高,资金从低利率国家货币市场流向高利率国家货币市场,影响其他国家货币市场利率上升;同时,对于在较长时间内保持较高利率的国家,国际投资者预期该国经济效益较高,资金将从低利率国家流向经济预期较好的高利率国家。此外,利率是货币政策的重要工具,经济发达国家利率的异常变动往往透露出该国政府的行为取向和政策导向的变化,这可能会引起其他国家货币市场利率的敏感反应和市场波动(何德旭、苗文龙,2015)。因此,不同国家的货币市场通过利率、预期和资金流动形成了一个全球货币市场网络,一个国家货币市场的大幅波动会通过该网络传染给其他国家货币市场。

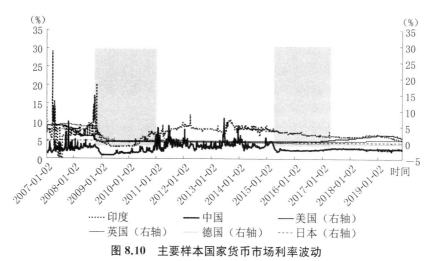

图 8.10 主要样本国家货币市场利率波动

资料来源:美国联邦基金利率、英国基准利率、德国 EURIOR 利率(周)、日本 TIBOR 利率(1 周)、印度银行间隔夜拆借利率(MIBOR)、中国 SHIBOR(1 周)等数据来源于 Wind 数据库。

2. 全球股票市场波动的联动性

股票市场是资本市场最重要的组成部分,股票指数是反映股票市场运行态势的核心指标。2007 年 1 月 1 日—2019 年 11 月 22 日,6 个样本国家股票市场指数的波动及走势如图 8.11 所示。观察图 8.11 可知,在市场情绪、市场预期、羊群效应等金融市场心理作用和国际投资战略调整等因素的影响下,国际上主要国家股票市场的大幅波动一般会引起其他国家股票指数的波动反应,从而使各国股票市场呈现出波动联系的网络特征。特别是在 2008 年 10 月—2009 年 3 月美国次贷危机、2015 年 7 月—2016 年 9 月希腊债务危机、2018 年 10 月—2019 年 3 月美中贸易摩擦等事件冲击下,各国股票指数都出现了明显下滑。

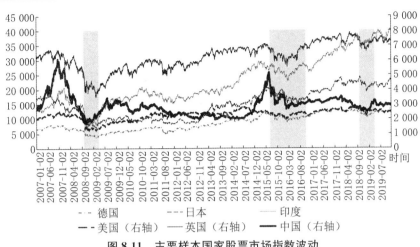

图 8.11 主要样本国家股票市场指数波动

资料来源：中国上证综合指数、美国标准普尔 500 指数、英国伦敦金融时报 100 指数、德国法兰克福 DAX 指数、日本东京日经 225 指数、印度孟买 Sensex30 指数等数据来源于 Wind 数据库。

3. 国际股票市场与货币市场波动的联动性

2007 年 1 月 1 日—2019 年 11 月 22 日，6 个样本国国内的货币市场利率、股票市场指数的波动及走势如图 8.12 所示。观察图 8.12 可知，各个样本国家的货币市场利率波动与本国股票市场指数的波动存在比较明显的反向关系。一国内部的金融部门通过货币市场、股票市场等相互持有彼此的资产负债，建立了千丝万缕的网络链接，同时也形成了灵敏的传染路径，风险事件通过网络传染路径迅速流转，从而造成金融部门连锁反应和金融市场之间显著的传染效应。

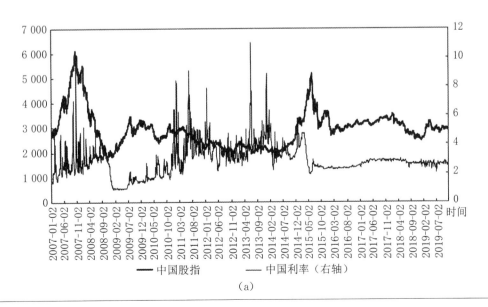

(a)

　　研究表明,中国自汇率改革以来,股票市场、债券市场、外汇市场以及货币市场之间存在显著的双向均值溢出,所有市场间均存在显著的双向波动溢出,而且市场间溢出可能主要来自市场传染效应(李成等,2010)。无独有偶,以美国、德国、中国为样本国分别代表市场主导型金融体系、银行主导型金融体系、发展中国家金融体系,考察美国次贷危机、欧洲债务危机期间,各国内部金融市场之间的波动联系,结果表明,无论是市场主导

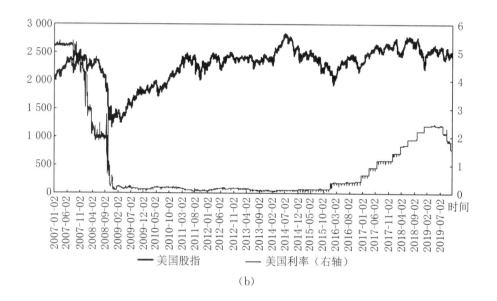

(b)

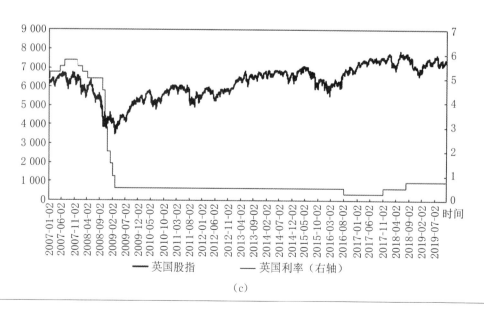

(c)

型金融体系的国家,还是银行主导型金融体系的国家,国内不同金融市场之间均存在显著的传染效应;并且,中国某些金融市场之间的传染效应甚至高于市场主导型金融体系的国家(苗文龙,2013)。此时,经济发达国家利率的异常波动,既可以通过对其他国家利率波动的传染和其他国家利率波动对其股票市场波动的传染产生影响,也可以通过对本国股市波动传染和本国股市波动对其他国家股市波动的传染产生影响。

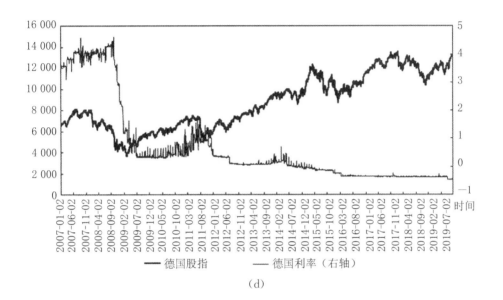

(d)

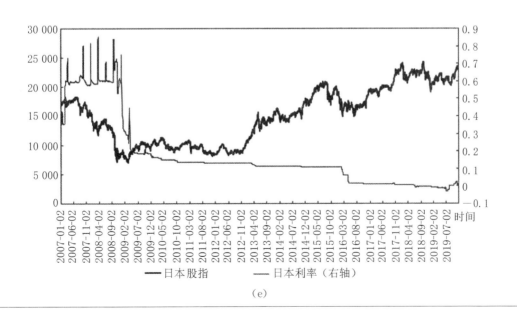

(e)

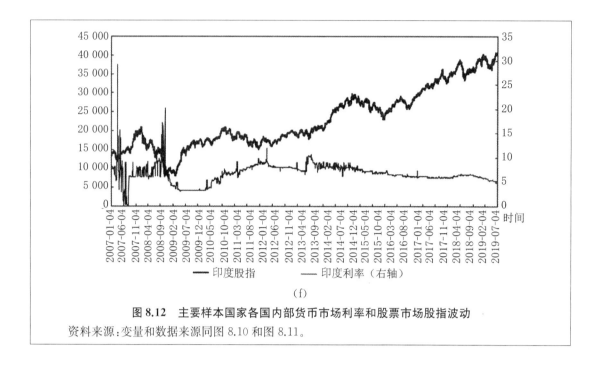

(f)

图 8.12 主要样本国家各国内部货币市场利率和股票市场股指波动

资料来源：变量和数据来源同图 8.10 和图 8.11。

8.3 阈值与预警

8.3.1 阈值

系统性金融风险存在一定的阈值。在阈值以下的风险区域，既不影响金融体系的功能发挥及日常服务，也不影响实体经济的正常运行；在阈值以上的区域，才会造成金融体系功能中断并使实体经济受损。值得注意的是，系统性金融风险 S_{t+i} 存在经济最优阈值 S_1^* 和调控阈值 S_2^*，这两个阈值有如下经济意义：

（1）当系统性金融风险处于 $[0，\pm S_1^*]$ 时，$0 \leqslant s_{t+i}^2 < (s_1^*)^2$。

当实际系统性金融风险 S_{t+i} 满足条件 $0 \leqslant s_{t+i}^2 = (S_{t+i} - S_1^*)^2 < (s_1^*)^2$ 时，中央银行不必进行系统性金融风险控制操作。系统性金融风险伴随金融属性而生，自始至终在一定程度上存在，如果将系统性金融风险降为绝对的零，不仅将金融体系束缚致死，而且可能使整个经济体系桎梏而死；同时，当系统性金融风险降低到一定程度时，降低系统性金融风险所付出的成本就会高于系统性金融风险造成的损害，并且这种效应边际递增。所以，将系统性金融风险控制在 S_1^* 附近较为合理，这样既可以防控系统性金融风险造成的损害，又可以支持经济高质量发展。

（2）当系统性金融风险处于 $[\pm S_1^*，\pm S_2^*]$ 时，$(s_1^*)^2 \leqslant s_{t+i}^2 < (s_2^*)^2$。

当实际系统性金融风险 S_{t+i} 满足条件 $(s_1^*)^2 \leqslant s_{t+i}^2 = (S_{t+i} - S_2^*)^2 < (s_2^*)^2$ 时，为实现

s_{t+i}^2 的次小,需要采用逆周期超额资本、前瞻性拨备、留存超额资本等常规性政策工具,此时的政策工具对金融行业经营成本具有一定影响,并主要通过政策乘数对利率和货币量进行影响。当 $s_{t+i}^2 = (S_{t+i} - S_2^*)^2 \geqslant (s_2^*)^2$ 时,为实现 s_{t+i}^2 的次小,需要对风险较大、难以自救的(系统重要性)金融机构采用猛烈的政策工具,例如购买特定机构的风险资产、注资救助等,此时,政策工具通过基础货币影响货币供给总量和整个经济体系。

8.3.2 预警指标

为了掌握系统性金融风险状况,宏观审慎政策部门需要一种监测系统性金融风险及其对金融稳定运行的威胁的体系,早期预警系统指标体系(Krishnamurti and Lee, 2014)应运而生。这一体系主要用于:(1)监测,监测跨部门和跨时间的全系统风险累积;(2)分析,分析事态发展,捕捉风险积聚的信号;(3)解读,解读这些信号,获得对不断变化的风险更全面的看法;(4)评估,从整体上评估系统漏洞;(5)识别,确定一种政策回应;(6)沟通,评估和警告并进行适当的政策跟进。需要进一步确认的还有以下内容。

1. 监测边界

(1)所有吸收存款的实体和所有的金融市场。

宏观审慎政策部门需要确定监测范围是扩大到吸收存款的实体,还是扩大到从事期限转换和/或杠杆融资的非吸收存款实体。这一范围的决定主要取决于非吸收存款金融实体所处理的金融活动的份额,以及政策部门的管控力度。此外,根据监管需要,监测对象还可能包括通过商业票据、债券或银行贷款融资的不接受存款的金融实体。

(2)监管宽松和监管范围之外的实体。

政策部门需要考虑宽松监管和监管范围之外实体的重要性。当边界局限于监管良好的实体时,可能对不受监管或不受监督的实体的风险视而不见。当边界扩展到所有实体时,实质上可视为一种隐形监管。此时,实体被认为进入官方的金融安全网,可能存在道德风险。

(3)更广泛的金融实体。

政策部门如果对绝大多数金融实体进行监督,不管它们是否吸收存款,都将更有利于金融安全。这里的指导原则应包括接受存款或高负债(即杠杆化)的金融实体和从事期限转换或货币转换的金融实体。对那些监管严格程度不如银行的企业加强监管力度以及将不受监管的实体纳入监管范围,进而根据这些实体对金融稳定构成的直接风险或间接风险影响指导下一步政策决策。这些决策可作为应对不断演变的金融风险的宏观审慎政策的一部分。中国人民银行的《宏观审慎政策指引》明确,系统性金融风险的监测重点包括宏观杠杆率,政府、企业和家庭部门的债务水平和偿还能力,具有系统重要性影响和较强风险外溢性的金融机构、金融市场、金融产品和金融基础设施等。

(4)金融市场基础设施(FMI)和金融产品。

宏观审慎政策当局对金融市场基础设施和金融产品的监督有两种方法:一是定义金融实体包括那些构成金融市场基础设施的机构。二是在金融产品方面,当政策当局意识到某一产品对金融稳定构成风险时,应该能够重新调整其监管方向,将重点放在金融产品上。

2. 早期监测系统

宏观审慎政策框架的一个关键组成部分是早期发现系统性金融风险的机制。系统性金融风险是指由于金融体系的全部或部分受损而导致金融服务(包括信贷中介、风险管理和支付服务)中断,并对实体经济造成严重负面影响的风险。随着时间的推移,经济和金融周期,以及金融机构与市场的相互关联程度,都推动着系统性金融风险的产生。系统性金融风险这个术语被广泛使用,但很难被定义和量化。

(1) 系统性金融风险可以通过个别机构或一组机构表现出来。

首先,个别机构倾向于管理自身面临的风险,却忽视自身对系统造成的风险(外部性)。不受各自风险管理框架管理的单个机构的(外部性)风险聚合,会导致系统性金融风险。

其次,个别机构的发展也可能产生系统性影响。当个别机构的倒闭可能对金融体系造成重大破坏时,它们成了影响金融体系功能平稳和实体经济稳定的系统重要性金融机构。

最后,一个大型机构的运作中断或一群规模较小金融机构的运作同时中断,可能会对金融系统有效调控资金流动、满足实体经济需求的能力产生重大影响。

(2) 识别和评估系统性金融风险的能力与构建前瞻性模型的能力不断改进。

虽然在开发评估和监测系统性金融风险的方法及工具方面取得了较大进展,但仍没有建立起一套健全的监测系统性金融风险的指标(Mitra et al.,2011)。需要注意的是,系统性金融风险的每一项指标在某种程度上都有局限性,实际上所有的模型在本质上都是将现实世界的复杂性进行简单化处理(IMF,2009)。因此,运用模型可能不能预测危机,但可以帮助识别系统中的漏洞。

(3) 金融稳定性的衡量从根本上来说是"模糊的"。

这反映了一系列影响因素:对最适当的分析框架缺乏共识,财务困境的事件较少发生,可用的测量工具具有局限性。这些工具不擅长捕捉反馈效应,而这些反馈效应在金融体系内部和金融体系与实体经济之间发挥作用,是金融不稳定的核心。最好的情况是,这些工具可以提供指示风险的总体积累。因此,这种政策存在一种提供虚假安全感的危险。

(4) 对系统性金融风险以及金融体系结构中容易导致不稳定或崩溃的理解不完整。

这些影响因素包括:分析工具缺少识别和评估系统性金融风险的前瞻性能力;不同国家的金融体系的坚韧程度不同,其风险因素也不同;分析工具包存在重要的局限性,没有充分将实体部门和金融部门联系起来;存在重大数据缺口(IMF,FSB and BIS,2016)。

3. 早期监测指标

在没有更好的可接受的系统性金融风险度量方法的情况下,宏观审慎政策当局可选择不太复杂的替代方法。次优选择是建立一个包括金融系统性能或健康状况指标及其持续监测的早期预警体系。宏观审慎政策当局通过建立领先指标,可以识别和监测风险积累。

(1) 建立早期预警指标体系的步骤。

首先,设计领先指标。早期预警指标体系中的每个领先指标都可能涉及经济的关键方面(例如,包括财政部门和对外部门或金融部门),并涵盖相关部门特定的风险组成部分。在确定领先指标时,当局应该清楚地定义每个指标的目的或角色,充分意识到每个指标的弱点,并清楚地阐明其解释附带的注意事项。

其次,设计复合领先指标。领先指标可以从一组其他指标中派生出来,进而开发复合领先指标。所选风险指标应超越银行体系,不仅捕捉金融体系内外可能对金融体系产生影响的风险积累,还可以包括与财政部门、宏观经济、实体部门、对外部门、产品、市场和系统重要性金融机构相关的风险指标。

虽然这些指标预计通常是向后看的,但早期预警指标体系将需要提供前瞻性视角,以使宏观审慎政策有效。

（2）早期预警指标体系的具体内容。

选择指标时需要考虑的主要因素包括:明确提出要跟踪的风险（或风险要素）;所选指标是否能很好地追踪这种风险;所选指标是否受其他因素影响,如果受影响,是否需要纳入其他指标来支持所选指标;数据的频率和质量是否可用于导出或支持使用指标。根据这些因素,现有的早期预警系统指标体系具体内容如表8.1所示。

表 8.1 早期预警系统(EWS)的指标体系

类　别	捕获风险积累内容	指　　标
总量指标	金融体系和经济	GDP 增长率(%)、金融部门对 GDP 的贡献趋势 信贷增长(%)、资产价格增长(%)、通货膨胀 经常项目赤字占 GDP 比例(%)、外汇储备 财政赤字占 GDP 比例(%)、主权债务占 GDP 的比例(%) 外债总额占 GDP 比例(%)、短期外债与外汇储备之比(%) 家庭:债务占 GDP 比例(%)、杠杆比率、债务收入比 企业:债务占 GDP 比例(%)、杠杆比率、偿债覆盖率、ROE(资本收益率)
金融部门状况指标	合计风险偿付能力	信贷与 GDP 之比:长期趋势的偏离度 资本充足率、一级资本比率、核心股本比率 缓冲资本(银行自愿维持在最低限度以上的超额资本要求) 扣除不良贷款后的资本缓冲
	杠杆	非风险调整杠杆率,包括表外项目
	流动性(总体和货币方面)	流动资产与短期负债比(%)、流动资产占总资产的比例(%) 流动性与期限错配(契约与行为)、承诺但未动用的流动性工具 短期市场借贷成本、银行间市场的营业额 借入中央银行常备流动性工具的平均金额
	融资模式	对批发融资的依赖,对银行间市场的依赖 贷款与"存款＋资本金"的比(%) 借贷成本、到期模式(maturity pattern)、外币结构 未动用融资便利,集中度:交易对手、工具、市场
	汇率风险	未平仓净头寸占监管资本的比例(%) 企业和家庭部门未对冲的货币风险
	资产质量	不良贷款占贷款总额(合计,按行业分列)(%) 拨备覆盖率(provision coverage)(%) 重新安排或重组贷款(rescheduled or restructured loans) 处分一年内的违法程度(extent of delinquency within one year after sanction)
	表外风险	非传统资产负债表外项目的活动
	影子银行	不受监管(和宽松监管)部门/实体的风险重要性: (1)银行与非银行机构之间的相互联系程度;(2)监管和不受监管实体的联系程度
	盈利能力	ROA(资产收益率)、ROE、非利息收入在总收入中的份额、净利差

续表

类　别	捕获风险积累内容	指　标
市场状况指标	可能导致普遍萧条的金融市场发展	市场周转率（及流动性）、风险偏好指标（利差和风险溢价） 评级偏误、资本流动：投资组合和长期投资
资产市场状况指标	房地产（可分为住宅和商业地产）（EWS 还可以包括其他价格敏感的类似指标资产类别，如股票市场）	按揭贷款增长（%）、按揭债务占国内生产总值比率（%） 贷款价值比（loan-to-value，LTV）（%）、还款期限（成熟） 可变利率抵押贷款比例、房地产价格（商业和住宅）、新旧属性地租比 与传统金融储蓄相比的回报率
风险集中度指标	横截面维度 传染和放大的渠道	金融机构（包括非银行金融机构）之间共同的风险敞口和相互关联、部门、市场： 　　　对前 25 个交易对手的总风险敞口 　　　银行对非银行机构的总体敞口 　　　银行对不受监管的金融实体的总风险敞口 　　　对敏感行业、资产类别、市场的总敞口 　　　总资产中大额风险敞口所占比例 共同的商业模式、共同的风险管理模型、共同的估值模型 共同的产品结构或构成 共同的风险减轻因素（保险公司、保证人、抵押品） 资金来源集中度：交易对手、市场、工具 系统重要性金融机构（SIFIs）；系统重要性银行（SIBs）；市场基础设施（清算机构、贸易仓库），具有系统重要性的工具和市场

资料来源：根据世界银行的研究报告《宏观审慎政策框架》（Macroprudential Policy Framework）整理。

8.4　小结

　　系统性金融风险是指由于一系列（或某个）会影响到公众对整个金融系统信心的系统性事件，通过经济和金融体系存在的关联结构不断传导和扩大，最终导致金融体系的全部或部分受损，进而导致金融服务（包括信贷中介、风险管理和支付服务）中断，并对实体经济造成严重负面影响的风险。

　　系统性金融风险的研究至少应包含：金融系统的共同风险、金融机构间的传染风险和特定金融机构的风险等三个不同而又相互作用的方面。金融机构"太大而不能倒"的现象已经逐渐被金融机构"太关联而不能倒"的现象所代替。基于宏观审慎政策视角识别金融机构间的联动性与风险传染性，对建立有效的金融监管体系，有着极强的理论意义和现实意义。

　　金融风险传染可能是由特定金融机构违约风险暴露导致交易对手直接损失，或金融市场资产价格剧烈波动致使其他金融机构资产负债表受损，或通过市场情绪快速传染至整个金融体系。因此，从市场主体角度来讲，系统性金融风险传染渠道包括：系统重要性银行网络、货币市场网络、资本市场网络、外汇市场网络等。从传染机制角度来讲，风险传染途径概括为资产负债表渠道、投资组合调整和资本转移渠道、风险事件和市场心理传染渠道三个方面。

　　系统性金融风险存在一定的阈值。在阈值以下的风险区域，既不影响金融体系的功能发挥及日常服务，也不影响实体经济的正常运行；在阈值以上的区域，才会造成金融体系功能中断和实体经济受损。

为了掌握系统性金融风险状况,宏观审慎政策部门需要一种监测系统性金融风险及其对金融稳定运行的威胁的体系,早期预警系统指标体系应运而生,其主要被用于监测跨部门和跨时间的全系统风险累积,分析事态发展,捕捉风险积聚的信号。宏观审慎政策部门通过解读这些信号,获得对不断变化的风险的更全面看法,从整体上评估系统的漏洞,确定一种政策回应,评估和警告并进行适当的政策跟进。需要进一步确认的还有监测边界、早期监测系统、早期监测指标等内容。

思考题

1. 系统性金融风险与系统性风险有什么区别?
2. 系统性金融风险与金融危机有什么关系?

9

时间维度的系统性金融风险计算

系统性金融风险的计算方法主要包括三个方面：一是在时间维度上计算金融系统整体风险的动态变化和积累；二是在空间截面维度上计算金融风险的传染和结构；三是对特殊金融机构的风险及其对金融体系的影响进行计算。

本章主要介绍时间维度上金融系统整体风险的计算方法和步骤。在时间维度上计算系统性金融风险，需要掌握国内多数金融机构的业务数据。数据的掌握程度在很大程度上决定着计算的准确程度。鉴于大多数国家的金融机构数量庞大、数据收集的难度较高，现阶段对金融系统整体风险并没有形成标准的测度方法和衡量指标。

时间维度上金融系统整体风险的计算方法主要有两类：基于金融机构系统违约概率的测度方法和构建金融指标的测度方法。金融机构系统违约概率的测度方法在不断完善和发展，在此过程中，代表性方法有在险价值法、期望损失法、系统性期望损失法。构建金融指标的测度方法在具体指标、指标权重方面争论较多，本章仅作简要介绍。

9.1 在险价值法

在险价值法（value-at-risk，VaR）由 G30 集团于 1993 年首次提出。随后，摩根大通（J.P. Morgan）依据 VaR 提出基于风险矩阵（risk metrics）计算项目潜在风险的控制模型，使得 VaR 方法成为众多金融机构广泛采用的系统性金融风险衡量方法。

9.1.1 基本思路

VaR 方法测度的是金融机构在给定置信水平 $1-\alpha$ 条件下的最大损失。这一方法假设一个投资组合在未来特定时期内的损失是一个随机变量 R，则其在 $1-\alpha$ 置信水平下 VaR 的数学定义为:$P(R < -VaR_\alpha) = \alpha$。

参数 α 通常被设置为 1% 或 5%。其含义分别为:金融机构有 99% 或 95% 的概率使投资组合在未来特定时期内的损失低于 VaR_α(VaR_α 是 99% 或 95% 的概率水平下金融机构可能出现的最大损失)。Chan-Lau 等(2009)在 VaR 的基础上提出了 Co-Risk 法,主要利用金融机构信用违约互换的日度差价数据,再通过分位数回归算出金融机构的系统性金融风险。

9.1.2 方法评价

基于 VaR 测度系统性金融风险的方法具有测量程序简洁明了、实施者容易理解掌握等优点。它一方面为金融机构抵御系统性金融风险、确定必要资本量提供科学依据,使其资本安排建立在精确的风险价值评估基础上,另一方面也为金融监管部门监控银行的资本充足率提供了科学、统一、公平的标准。但由于 VaR 方法只考虑了在设定置信水平下的可能损失,没有考虑极端情况下的潜在损失,其结果并不稳健。

9.2 期望损失法

9.2.1 基本思路

期望损失法(expected shortfall,ES)又称条件在险价值法(conditional value-at-risk,CoVaR)。ES(或 CoVaR)的出现是为了克服 VaR 的不足,即当金融机构投资组合的损失超过 VaR 阈值时所遭受的平均损失程度,用数学公式表达为:$ES_\alpha = -E[R | R \leqslant -VaR_\alpha]$。

Adrian 和 Brunnermeier(2016)将 CoVaR 定义为某个特定金融机构处于危机时金融系统整体的 VaR 与处于正常状态下的 VaR 之差,作为该金融机构所承担的系统性金融风险。相比于 VaR,CoVaR 具有两个明显的优点:第一,考虑到了尾部损失,衡量了超过阈值时的所有损失。在考虑银行的道德风险时,这一区别尤其重要,因为超过 VaR 阈值时的巨额损失通常由政府救助承担。第二,CoVaR 是一个连贯的风险度量工具。VaR 的不连贯性是因为两个投资组合之和的 VaR 可能高于各自 VaR 之和,而这在 CoVaR 中是不可能发生的(Artzner et al.,1999)。VaR 和 CoVaR 的共同缺点是,只考虑了在设定的置信水平下的可能损失,忽略了在超过该置信水平的极端情况下的可能损失。

Lopez-Espinosa 等(2012)在 CoVaR 的基础上,进一步提出 ΔCoVaR,将之前被忽略的金融机构之间的风险传染效应所导致的金融风险加入金融系统整体风险的测度,使计算准确程度提高。此后,Castro 和 Ferrari(2014)基于 Lopez-Espinosa 等(2012)的研究,开发了一个关于 ΔCoVaR 的显著性检验,完善了 CoVaR 方法对系统性金融风险的测度。Adrian 和 Brunnermeier(2016)通过 ΔCoVaR 计算系统性金融风险。

鉴于计算方法准确性的比较,这里主要介绍 ΔCoVaR 的计算步骤。

9.2.2 计算步骤

出于介绍计算方法的需要,涉及具体变量时,本章用中国的相关金融指标进行说明,这样有利于读者对这一方法的掌握和应用,并有利于读者理解后续计算的中国系统性金融风险及其变化。

1. 不同显著性水平下的动态在险价值

利用分位数回归计算银行在 95%、99%置信水平下和 50%置信水平下的动态在险价值 $VaR_{95\%,t}^i$、$VaR_{99\%,t}^i$ 和 $VaR_{50\%,t}^i$。分位数回归方程形式设立为:

$$R_t^i = \alpha^i + \beta^i M_{t-1} + \varepsilon_t^i$$
$$R_t^{system} = \alpha^{system|i} + \gamma^{system|i} R_t^i + \beta^{system|i} M_{t-1} + \varepsilon_t^{system|i}$$

其中:R_t 代表银行 i 的周收益率,即 $R_t = 100 \times \ln(P_t / P_{t-1})$,$P_t$ 为上市银行股票的收盘价; R_t^{system} 采用沪深 300 银行指数收盘价的对数增长率表示。M_t 表示一系列宏观风险状态变量,具体包括流动性风险 ML_t(3 月期国债到期收益率的环比变化值计算)、股票市场收益率 MR_t(用沪深 300 指数收盘价的对数增长率计算)、股票市场波动率 MRV_t[用 GARCH(1,1)模型计算]等状态变量;α^i 为常数项,β^i 为 M_{t-1} 的解释系数,ε_t^i 为随机扰动项;$\alpha^{system|i}$ 为常数项,$\gamma^{system|i}$ 为 γ_t^i 对 R_t^{system} 的解释系数,$\beta^{system|i}$ 为 R_t^i 对 R_t^{system} 的解释系数,$\beta^{system|i}$ 为 M_{t-1} 对 R_t^{system} 的解释系数,$\varepsilon_t^{system|i}$ 为随机扰动项。

2. 银行的在险价值和银行系统的条件在险价值

根据分位数回归,求出相应的系数估计值,代入方程,得到一定状态概率 q 下的银行的在险价值 $VaR_t^i(q)$ 和银行系统的条件在险价值 $CoVaR_t^i(q)$:

$$VaR_t^i(q) = \hat{\alpha}_q^i + \hat{\beta}_q^i M_{t-1}$$

$$CoVaR_t^i(q) = \widehat{\alpha_q^{system|i}} + \widehat{\gamma_q^{system|i}} VaR_t^i(q) + \widehat{\beta_q^{system|i}} M_{t-1}$$

其中,$\hat{\alpha}_q^i$ 为 α^i 的估计值,$\hat{\beta}_q^i$ 为 β^i 的估计值;$\hat{\alpha}_q^{system|i}$ 为 $\alpha^{system|i}$ 的估计值,$\hat{\gamma}_q^{system|i}$ 为 $\gamma^{system|i}$ 的估计值,$\hat{\beta}_q^{system|i}$ 为 $\beta^{system|i}$ 的估计值。

3. 银行 i 对系统性金融风险的边际贡献 $\Delta CoVaR$

根据银行 i 处于危机状态下($q = 0.05$ 和 $q = 0.01$)与其处于正常状态下($q = 0.5$)银行系统的 CoVaR 之差,即可求得银行 i 对系统性金融风险的边际贡献 $\Delta CoVaR$。其公式为:

$$\Delta CoVaR_t^i(q) = CoVaR_t^i(q) - CoVaR_t^i(50\%)$$

在此可以算出每家上市银行的 $\Delta CoVaR$。$\Delta CoVaR$ 一般为负值,为了方便比较和理解,多对其取绝对值。其绝对值越大,代表相应银行的系统性金融风险越大。

4. 银行业的系统性金融风险

得到每家金融机构的系统性金融风险之后,可以进一步计算银行业系统性金融风险的时间序列数据。具体计算公式为(和文佳等,2019):

$$\Delta CoVaR_t^{system} = \frac{mv_i}{\sum\limits_{i=1}^{N} mv_i} \Delta CoVaR_t^i(q)$$

其中,mv_i 为每个银行 i 的权益市值,N 为总银行数。$\Delta CoVaR_t^{system}$ 是银行业在 t 时刻的系统性金融风险。

总而言之,基于金融机构违约概率的方法,对数据的要求较高,且更多倾向于使用金融市场日频数据来衡量金融机构的违约风险。但是,该方法能够动态测度系统性金融风险,测度结果更加精确,在一定程度上完善了金融系统整体风险测度的方法。

9.2.3 发展情况

Acharya(2009)、Acharya 等(2017)提出了利用边际期望损失(marginal expected short-fall,MES)来测度金融机构的风险溢出效应。其假设金融系统的收益 R 表示为各个金融机构收益 r_i 的加和,即 $R = \sum_i y_i r_i$。其中,y_i 是各个金融机构资产占整个金融系统资产的权重。已知 $ES_a = -\sum_i y_i E[r_i \mid R \leqslant VaR_a]$,则 MES 被定义为:$\frac{\partial ES_a}{\partial y_i} = -E[r_i \mid R \leqslant VaR_a] \equiv MES_a^i$。其中,$MES^i$ 的含义是金融机构 i 对整个金融系统的系统性金融风险的边际传染效应。

鉴于 MES 的方法未考虑到金融机构的杠杆率和规模等因素对风险传染效应的影响,Brownlees 和 Engle(2011)基于非对称的动态条件相关广义自回归(DCC-GRACH)的方法,提出了时间序列的动态 MES 方法来克服这个缺点,并于 2017 年又对此方法进行了改进,提出了在一定假设条件下加入公司规模和杠杆率函数的 SRISK 测度方法,用以衡量单一金融机构受到系统性金融风险溢出效应的影响大小。

上述基于资本市场数据的测度方法,由于资本市场数据具有高频性特点,其测度结果更具有前瞻性;但同时,也要求证券市场必须是有效的,否则就会出现比较大的误差。鉴于此,对这种测度方法的改进方向应是在资本市场的数据中加入其他会计变量,以在最大程度上降低对金融机构风险传染效应的估计误差。

9.3 系统性期望损失法

9.3.1 基本思路

为解决 ES 法存在的缺陷,Acharya 等(2017)建立了系统性期望损失法(SES)。SES 方法对系统性金融风险的测度作出了较大推进,但它只适用于事后观测,不能测度未发生过金融危机国家的系统性金融风险。

Brownlees 和 Engle(2011)针对 SES 方法事后观测的不足,提出了能够动态观测的系统性金融风险指数 SRISK 来衡量单一金融机构在严重市场衰退条件下的资本缺口,并将其作为系统性金融风险的衡量指标。

Zedda 和 Cannas(2017)基于 ES 法提出了去一法(leave-one-out,LOO)测度系统性金融风险,即在 Acharya 等(2017)的 ES 法的基础上,将系统性金融风险界定为个体风险和传染风险的加总,并结合仿真模拟和银行系统损失概率分布 SYMBOL(systemic model for banking originated losses)模型,更加精确地度量银行业的系统性金融风险。

Varotto 和 Zhao(2018)采用了 SRISK 和 ES 等合成的综合性指标,考察了美国和欧洲银行机构层面的系统性金融风险。其分析表明,一般的系统性金融风险指标主要受银行规模的影响,这意味着风险监管体系需要高度关注"太大而不能倒"的机构。

9.3.2 基本步骤

关于银行系统损失概率分布的 SYMBOL 模型,仅依赖于资产负债表的信息,几乎可以应用于所有银行。

1. 估计各家银行信贷资产的隐含违约率

SYMBOL 模型的第一步是估计各家银行信贷资产的隐含违约率 $\hat{P}_{D.i}$,即银行 i 的全部 k 种资产违约率的加权平均。$\hat{P}_{D.i}$ 使用巴塞尔内部评级函数 FIRB 的反函数来计算。

给定每家银行的最低资本要求 K_i 和总资产 A_i,将 FIRB 函数中的违约损失率 LGD(loss given default)、期限 M(maturity)、规模 S(size)取为标准值:

$$\hat{P}_{D.i}:K(\hat{P}_{D.i}|LGD=0.45,M=2.5,S=50)=K_i$$

其中,每家银行的最低资本要求 K_i 为其投资组合中 k 种资产对应的资本充足率 C_{ik} 与持有数额 A_{ik} 乘积的和:

$$K_i(P_{D.ik},LGD_{ik},M_{ik},S_{ik})=\sum_k C_{ik}(P_{D.ik},LGD_{ik},M_{ik},S_{ik})\times A_{ik},k=1,\cdots,K$$

在 FIRB 函数中,每种资产的资本充足率是用于吸收该资产一年内水平为 99.9% 的非预期损失的。资本充足率的计算公式为:

$$C_{ik}(P_{D.ik},LGD_{ik},M_{ik},S_{ik})=\left\{LGD_{ik}\times N\left[\sqrt{\frac{1}{1-R(P_{D.ik},S_{ik})}}N^{-1}(P_{D.ik})\right.\right.$$
$$\left.+\sqrt{\frac{R(P_{D.ik},S_{ik})}{1-R(P_{D.ik},S_{ik})}}N^{-1}(0.999)\right]-P_{D.ik}\times LGD_{ik}\right\}$$
$$\times\left[1+(M_{ik}-2.5)\times B(P_{D.ik})\right]\times(1-1.5\times B(P_{D.ik}))^{-1}\times1.06$$

其中,$B_{ik}(P_{D.ik},S_{ik})=0.12\dfrac{1-e^{-50P_{D.ik}}}{1-e^{-50}}+0.24\left(1-\dfrac{1-e^{-50P_{D.ik}}}{1-e^{-50}}\right)-0.4\left(1-\dfrac{S_{ik}-5}{45}\right)$,

$B_{ik}(P_{D.ik}) = [0.1185 - 0.0548\ln(P_{D.ik})]^2$。所有单个银行必须根据资产负债表数据估计债务人违约概率和最低资本要求。

2. 模拟计算银行 i 的损失

使用校准的平均隐含债务人违约概率 $\hat{P}_{D.i}$ 生成系统中所有银行的一组相关损失。对于每个模拟 j,基于以下 FIRB 公式执行蒙特卡罗模拟计算银行 i 的损失 $L_{ij.t}$:

$$L_{ij}(z_{ij}, \hat{P}_{D.i}) = \left\{ 0.45 \times N\left[\sqrt{\frac{1}{1-R(\hat{P}_{D.i}, 50)}} N^{-1}(\hat{P}_{D.i})\right.\right.$$
$$\left.\left. + \sqrt{\frac{R(\hat{P}_{D.i}, 50)}{1-R(\hat{P}_{D.i}, 50)}} N^{-1}(z_{ij})\right] - 0.45 \times \hat{P}_{D.i} \right\}$$
$$\times [1 - 1.5 \times B(\hat{P}_{D.i})]^{-1} \times 1.06$$

其中,$i = 1, \cdots, H$ 是银行代码;$j = 1, \cdots, J$ 是每次的模拟运行。$z_{ij} \sim N(0, 1) \; \forall i \neq j$ 是相关的正态随机冲击。$\text{cov}(z_{ij}, z_{lj}) \; \forall i \neq j$,$i$ 和 l 是银行代码。

银行资产组合之间的相关性反映了共同因素的风险敞口,例如共同的借款人、宏观变量,或者经济周期。

3. 模拟计算银行破产及传导

将每家银行的模拟损失与可用于吸收冲击的总监管资本进行比较,当模拟损失超过资本(CAP)时,就认为银行破产。

根据内部评级法(巴塞尔监管协议,2011),可以计算出单个银行 h 的损失 $L_{ij.t}$:$Failure := L_{ji}(z_{ij}, \hat{P}_{D.i}) \geqslant CAP_i$。其经济含义为,如果单个银行的损失大于它的储备资本,该银行面临破产。破产银行无法清偿它向其他银行借的全部债务,其他银行不得不接受这一破产银行带来的传染风险。

假设当一家银行倒闭时,其 40% 的银行间债务将作为损失转嫁给其债权银行(James,1991),并按比例分配给各债权银行风险敞口份额。遵循 Furfine 序列算法(Furfine, 2003),无论何时,传染引发的额外损失会使银行的总体损失超过其资本,该银行也被视为破产,以此类推,另一家银行破产,直到再无银行破产。整个系统的总损失通过在每次模拟运行中计算系统中所有破产银行超过资本的损失($L_{ji} - CAP_i$)得到。

为了考虑银行系统的稳定性实际上受到威胁的情况,可将重点放在总体损失分布的尾部。换句话说,一旦在每个(子)系统中模拟了损失的总概率分布,就可计算每个(子)系统在给定百分比下的预期差额。LOO 方法原则上可以采用不同的风险度量方法,Zedda 和 Cannas(2017)通过预期不足来量化它,因为它更适合于评估与系统性危机相关的尾部风险。将系统性金融风险定义为在概率水平 p[其中系统事件的概率为 $(1-p)$]计算的银行系统负债的 ES。ES 代表了给定投资组合在最坏情况 $(1-p)$ 下的预期损失,因此它是比 VaR 更合适的外部性度量工具,而 VaR 只代表了最坏情况 $(1-p)$ 下的最小损失。

4. 单个银行的系统性金融风险和银行体系的系统性金融风险

用 L 描述了整个银行系统在概率 p 上的预期损失,L^h 描述了排除银行 h 后的银行系统的预期损失。L 和 L^h 的差别由两部分构成：一是银行 h 独立于银行系统时的单独损失 $L_{ij,t}$；二是银行 h 的传统风险对银行系统的影响作用 Sys_h。因此：

$$L - L^h = L_{ij,t} + Sys_h$$

事实上，当银行 h 与系统相连时，Sys_h 是系统较高损失的价值。这一指标量化了银行在系统中诱发或传导危机的作用。

因为银行可能违约的风险总是存在，因此银行独立的贡献总是正的；而传染的风险贡献通常是正的，但也可能是负的，从而预示着违约传播的障碍效应。

根据 Huang 等（2012），传染风险 $\sum_h Sys_h$、单独风险 $\sum_h L_h$ 和系统总风险 L 之间存在以下关系：

$$Sys_h^* = Sys_h \times \frac{L - \sum_h L_h}{\sum_h Sys_h}$$

最后，通过将独立分量 L_h 对重新标度的传染风险分量 Sys_h^* 求和，得到银行 h 的 LOO 风险贡献：$LOO_h^{contrib} = L_h + Sys_h^*$。

9.4 金融压力指数法

另一种测度系统性金融风险的方法是构建相关的金融指标体系，通过监测指标的取值来测度系统性金融风险。最早通过建立压力指数来测度系统性金融风险的是 Nelson 和 Perli（2005）。Illing 和 Liu（2006）从加拿大的金融市场四部门中选取构建金融压力指标，采用因子分析法、信贷加权法等方法对金融压力指标进行加权，建立了加拿大金融体系的综合指数（FSC）。IMF（2009）构建了一个包括核心指标与鼓励指标的金融稳健指标（financial soundness indicator），以此来估计系统性金融风险，其中，核心指标只涵盖了银行业，其中衡量了资本充足性、资产质量、盈利能力、流动性和对市场风险的敏感性这五个方面的程度，总共 12 项具体指标；而鼓励指标包括存款机构、其他金融机构、非金融公司部门、市场流动性、住户部门和房地产市场等方面共 27 项具体指标。随着研究的深入，Cardarelli 等（2010）发现通过等差权重法和主成分分析法等将选取的指标综合成独立的金融压力指数，能够有效地测度系统性金融风险。随后，Carlson 等（2014）在 Nelson 和 Perli（2005）的基础上构建了一个新的金融压力指数，其独特之处在于，综合了金融序列的共动性和波动性。此外，Billio 等（2012）基于主成分分析法，将主成分方差之和作为衡量系统性金融风险的指标；Brunnermeier 等（2014）通过构建流动性错配指数来衡量系统性金融风险。

现实讨论:中国商业银行的系统性金融风险估算

根据前文的计算方法和数据,可计算出中国上市银行的系统性金融风险 $\Delta CoVaR_t^{system}$ (95%)、$\Delta CoVaR_t^{system}$ (99%)和系统重要性银行(中国工商银行、中国银行、中国农业银行、中国建设银行)的系统性金融风险 $\Delta CoVaR_t^i$ (95%)、$\Delta CoVaR_t^i$ (99%)的动态变化,如图 9.1 和图 9.2 所示。分析图 9.1 和图 9.2 得出:

(1)与平常时期相比,2015 年股市震荡及熔断机制试行、中美贸易摩擦和美国新冠肺炎疫情时期,中国上市银行的系统性金融风险显著上升。其中,2015 年股市震荡及熔断机制试行期间,中国上市银行体系的系统性金融风险上升到近 10 年内的峰值 12.33(99%)和 6.95(95%)。在中美贸易摩擦时期,2018 年 9 月 18 日,美国政府宣布实施对从中国进口的约 2 000 亿美元商品加征关税的措施,自 2018 年 9 月 24 日起加征关税税率为 10%,2019 年 1 月 1 日起加征关税税率提高到 25%,中国上市银行的系统性金融风险(99%)模拟值为 1.46;2018 年 12 月 26 日,中国上市银行的系统性金融风险(99%)模拟值为 2.89,上升约 158%。这意味着中美贸易摩擦影响各金融行业的系统性金融风险的趋势效应显著较强,且更为持久;持久的趋势效应拉升了系统性金融风险整体均值(和文佳等,2019)。2020 年 3 月中下旬,美国暴发新冠肺炎疫情后,对中国上市银行的系统性金融风险形成一定的冲击,使模拟数值(99%)在 2.2—2.8 波动,处于近 10 多年来的较高水平。这可能导致商业银行的风险惯性预期,出现危机事件尚未发生而系统性金融风险已上升的现象。

(2)大型商业银行的系统性金融风险贡献与中小型银行差别不大,如果兼顾规模因素,意味着中小型银行的风险相对较高。首先,两者的系统性金融风险在重大事件发生时段都有明显的上升,上升幅度大约在 100% 以上。其中,系统性金融风险 2015 年的峰值比平常时期上升了 240% 多,2018 年 9 月下旬—12 月下旬,大型银行的系统性金融风

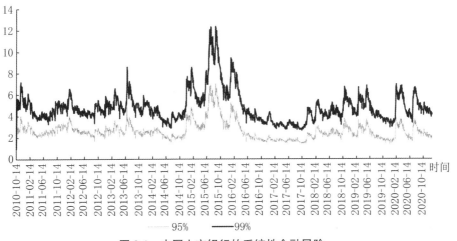

图 9.1　中国上市银行的系统性金融风险

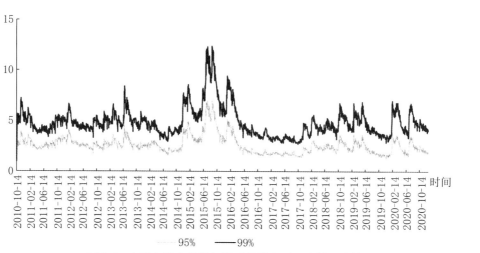

图 9.2 中国大型商业银行的系统性金融风险模拟计算

险上升幅度约为180％。这意味着,为防范系统性金融风险、维护中国银行体系稳定,在重大金融事件发生时期,中国上市银行应相应提高缓冲资本比例。其次,大型商业银行的系统性金融风险在95％的概率水平上较中小型银行略大,在2015年的峰值分别为6.98和6.87;但在99％的概率水平上较中小型银行略小,在2015年的峰值分别为12.31和12.38。其经济含义可能在于,由于制度延续、业务规模等因素影响,大型商业银行在一般风险状况上具有较大的系统性金融风险;但在极端情况下,中小型银行的抗风险能力较大型银行弱,更容易成为系统性金融风险传染的薄弱环节,因而更先发生清算或倒闭(图9.3)。例如,美国的州许可小型银行在2008年金融危机期间,倒闭数量近百家;中国国内被接管改组的有包商银行、锦州银行等。

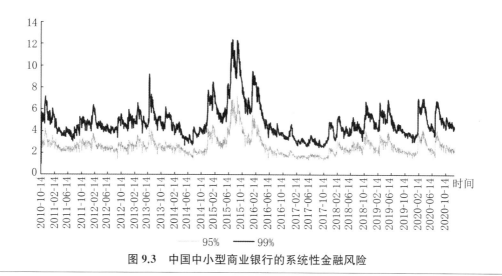

图 9.3 中国中小型商业银行的系统性金融风险

9.5　小结

　　系统性金融风险的计算方法主要包括三个方面：一是在时间维度上计算金融系统整体风险的动态变化和积累；二是在空间截面维度上计算金融风险的传染和结构；三是对特殊金融机构的风险及其对金融体系的影响进行计算。

　　时间维度上金融系统整体风险的计算方法主要有两类：基于金融机构系统违约概率的测度方法和构建金融指标的测度方法。金融机构系统违约概率的代表性方法有：在险价值法、期望损失法、系统性期望损失法。

　　在险价值法（VaR）一方面为金融机构抵御系统性金融风险、确定必要资本量提供科学依据，使其资本安排建立在精确的风险价值评估基础上，另一方面也为金融监管部门监控银行的资本充足率提供了科学、统一、公平的标准。但由于 VaR 方法只考虑了在设定置信水平下的可能损失，没有考虑极端情况下的潜在损失，其结果并不稳健。

　　期望损失法（CoVaR）主要计算金融机构投资组合的损失超过 VaR 阈值时所遭受的平均损失程度，CoVaR 被定义为某个特定金融机构处于危机时金融系统整体的 VaR 与处于正常状态下的 VaR 之差，作为该金融机构所承担的系统性金融风险。相比于 VaR，CoVaR 考虑了尾部损失，衡量了超过阈值的所有损失；同时，CoVaR 是一个连贯的风险度量工具。ΔCoVaR 将之前被忽略的金融机构之间的风险传染效应导致的金融风险加入金融系统整体风险的测度。

　　系统性期望损失法（ES）主要适用于事后观测，用能够动态观测的系统性金融风险指数 SRISK 来衡量单一金融机构在严重市场衰退条件下的资本缺口，并将其作为系统性金融风险的衡量指标。基于期望损失的去一法（LOO）将系统性金融风险界定为个体风险和传染风险的加总，并结合仿真模拟和银行系统损失概率分布 SYMBOL 模型，更加精确地度量银行业的系统性金融风险。

思考题

1. 从时间维度计算系统性金融风险的主要方法有哪些？
2. 从时间维度计算系统性金融风险有什么优点与不足？

10

截面维度的系统性金融风险计算

10.1 概述

《巴塞尔协议Ⅲ》强调,为了维护金融体系的稳定,在准确有效地测度金融系统整体风险的同时,还要特别防范和监管单个金融机构对金融系统中其他机构的风险传染效应。传染效应是指单个机构的违约或破产事件通过流动性、资产价格等因素的影响,传染给其他正常运转的金融机构,导致整个体系内金融业务停滞、金融机构大范围破产,最终形成对实体经济发展和进步的阻碍。Aldasoro 等(2015)证明了风险传染效应是系统性金融风险的主要形成方式。因此,对风险传染效应进行有效的测度和衡量,对防范系统性金融风险意义重大。系统性金融风险传染效应的测度方法大体可以分为基于金融网络关联性的方法、基于资本市场数据的方法和 Shapley 值法三类。

金融网络关联性的方法认为,可将金融系统视为一个大型的复杂网络,银行、证券、保险、对冲基金和其他金融机构在这个有形或者无形的金融网络中相互联系。在金融系统中,各个金融机构之间通过资金的流动,其资产负债表之间处于一种相互关联的状态。假设金融系统中,有两家金融机构(机构 A 和机构 B)出现违约,导致流动性不足甚至破产,则与机构 A 和机构 B 相关联的其他金融机构也会受到破产冲击,当受到冲击的金融机构的资本无法满足风险损失抵偿需求而出现流动性危机时,就会出现新一轮金融机构的破产风潮。上述传染过程的重复,最终会形成"多米诺骨牌"效应,单家金融机构产生的金融风险也就演化成了系统性金融风险。此外,随着各金融机构之间往来的深化,每家金融机构受其他金融机构行为的影响也会逐渐增大,从而使得系统性金融风险的传染机制变得更为复杂。

在 Allen 和 Gale(2000)提出网络关联模型后,网络关联模型被充分运用于系统性金融风险的测度。Eisenberg 和 Noe(2001)首先建立了一个银行间信用关联网络的基本算法——模拟潜在排序(fictitious sequential default,FSD),通过对银行间信用关联和风险传染建模,分析银行违约风险的传染过程。为了检验金融系统网络的关联性,Huang 等(2013)提出了一个描述风险传染效应的破产算法来甄别不同金融机构不同的风险传染程度。Levy-Carcient 等(2015)对 Huang 等(2013)的模型进行了动态扩展,加入两个并行的风险传染渠道——直接风险暴露和银行资产价值变化。然而,这些网络结构模型都是基于最大熵的假设,如果不遵循这个假设,就会导致对系统性金融风险传染效应的估计出现偏差(Mistrulli,2011)。问题在于,这一假设与实际银行间风险敞口网络的拓扑结构并不相符。

鉴于此,Martinez-Jaramillo 等(2014)对之前的网络模型进行了完善,提出了基于银行间交易和支付系统的网络拓扑法来测度系统性金融风险,克服了最大熵假设的局限性。与此类似的研究还有 Diebold 和 Yilmaz(2014)、杨子晖和周颖刚(2018)等的风险溢出网络分析方法。这些基于网络关联的风险传染分析方法,不仅可分析金融风险在各个市场之间的传递路径、传递强度和关联程度等,还可以甄别风险传染的中心来源。最重要的是,由于该方法考虑了金融系统的动态演变,因而可以更加有效地测度系统性金融风险的传染效应。Alter 等(2014)据此提出可以通过金融网络甄别出风险传染的中心来源,并使用中心性来确定其资本充足率要求。但这种针对不同银行确定不同资本充足率要求的监管政策在实践中会遇到挑战,因为每个银行的资本充足率要求都会受到其他银行行为的影响。

伴随着机器学习和人工智能的发展,更多研究逐渐将金融网络结构与机器学习结合起来,试图更加准确地测度各个金融机构之间的风险传染效应。Gandy 和 Veraart(2017)提出了一种基于贝叶斯方法的金融网络模型来测度系统性金融风险的传染效应。Khalil 等(2019)引入了具有潜在变量的离散贝叶斯网络,对金融机构的风险传染行为进行测度。该贝叶斯网络包含一个内置的聚类特性,给出了一个基于自定义期望最大化算法的参数学习过程,以更加精确地测度金融机构之间的风险传染效应。上述模型依靠贝叶斯估计,弥补了之前网络模型中缺失的未观察到的信息,使得金融网络模型更加完善。随着大数据在经济领域内的迅速发展,基于金融网络关联性的风险传染效应测度方法被广泛接受和运用,为更加准确地识别和测度系统性金融风险的传染性提供了重要途径。

综上,无论在数据的可获取性上,还是对系统性金融风险传染效应的特征把握上,金融网络分析法均具有明显优势。通过对不同金融网络的结构和拓扑性质的研究,能够更加深层次地把握金融风险传染机制,为宏观审慎监管提供更加精准的导向。但是由于真实的金融系统网络结构层次众多(多数不是标准网络)、异常复杂,又处在不停变化之中,因而难以获得"真实"数据,因此网络结构的信息可能并不完备。目前的研究大多基于外生网络模型的视角,未来的研究可以着重于金融网络生成与演化本身的内在规律,在理解、把握和运用好这些规律的基础上,通过对金融网络施加内外部激励和约束,构建更加稳定的金融网络,用于测度金融风险的传染效应。

10.2　基础指标法

基础指标法通过计算网络节点、层之间数量关系的指标，来描述金融网络结构。本节主要介绍其计算指标和步骤，进而介绍有向无环图的生成。

10.2.1　基础指标与网络计算步骤

1. 活跃点

金融网络节点由变量和描述变量的数据构成。由于节点之间关联指标的显著性不同，分为活跃节点和不活跃节点。通过计算节点之间的关联指标并检验其显著性，可测算出金融网络节点变量之间的数量关系，进而移去不活跃的节点，剩余活跃节点。这里列举四个测量指标。

（1）皮尔逊（Pearson）相关性指标。

皮尔逊相关性指标主要用于测算节点变量之间的线性相关性。在具体计算时，可采用该估计量的指数平滑法，以减轻对远程观测中异常值的过度敏感性。

$$\rho_{ij}^w = \frac{\sum_{u=1}^{\theta} w_u \left[\varepsilon_t^i(u) - \bar{\varepsilon}_t^{i,w} \right]\left[\varepsilon_t^j(u) - \bar{\varepsilon}_t^{j,w} \right]}{\sqrt{\sum_{u=1}^{\theta} w_u \left[\varepsilon_t^i(u) - \bar{\varepsilon}_t^{i,w} \right]^2} \sqrt{\sum_{u=1}^{\theta} w_u \left[\varepsilon_t^j(u) - \bar{\varepsilon}_t^{j,w} \right]^2}}$$

其中，$w_u = w_0 \exp\left(\frac{u-\theta}{T^*}\right)$；$T^*$ 为时间特征权重（$T^* > 0$），用于控制过去观察值失去相关性的比率；w_0 是一个与归一化约束相关的常数，$\sum_{u=1}^{\theta} w_u = 1$。根据先前建立的标准，选择 $T^* = \theta/3$。

（2）肯德尔（Kendall）相关性指标。

肯德尔相关性指标主要用于测算节点变量之间的非线性相关度。指标如下：

$$\tau_{ij}^w = \sum_{u=1}^{\theta} \sum_{v=u+1}^{\theta} w_{u,v} d_i(u,v) d_j(u,v)$$

其中，$w_{u,v} = w_0 \exp\left(\frac{u-\theta}{T^*}\right)\exp\left(\frac{v-\theta}{T^*}\right)$，$d_k(u,v) \equiv \mathrm{sgn}\left[\varepsilon_k^{FI\_i,FM\_i,n\_i}(u) - \varepsilon_k^{FI\_i,FM\_i,n\_i}(v)\right]$。

（3）尾部相关性指标。

这一指标是尾部 Copula 的非参数估计，提供了一种关注极端事件的依赖度量：

$$C_{ij}(P_1,P_2) = \frac{\sum_{u=1}^{\theta}\left\{ F^i(\varepsilon_t^i(u)) < P_1 \wedge F^j(\varepsilon_t^j(u)) < P_2 \right\}}{\sum_{u=1}^{\theta}\left\{ F^i(\varepsilon_t^i(u)) < P_1 \vee F^j(\varepsilon_t^j(u)) < P_2 \right\}}$$

其中，F^i 和 F^j 是 $\varepsilon_t^{FI\_i,\,FM\_i,\,n\_i}(u)$ 和 $\varepsilon_t^{FI\_j,\,FM\_j,\,n\_j}(u)$ 的经验累计概率；P_1 和 P_2 是描述高于瘦尾（lower tail）观察值的百分率的两个参数。

（4）偏相关性指标。

这一指标计算一个变量在多大程度上影响其他变量的相关性。偏相关 $\rho_{ik|j}$ 描述在变量 j 的基础上变量 i 和变量 k 的相关性；$k \neq i,j$。

$$\rho_{ik|j} = \frac{\rho_{ik} - \rho_{ij}\rho_{kj}}{\sqrt{[1-\rho_{ij}^2]}\sqrt{[1-\rho_{kj}^2]}}$$

采用费希尔（Fisher）的 z 统计检验量：$z[\rho(i,j|k)n] = \dfrac{(n-|k|-3)^{1/2}}{2} \times \ln\{\,|1+\rho(i,j|k)| \times$
$[\,|1-\rho(i,j|k)|\,]^{-1}\}$。

2. 活跃层

在一定的显著性水平上测度多层金融网络各层之间的非线性相关性，移去不活跃的层，剩余活跃层。

在 N 个节点上构建一个由 M 维加权邻接矩阵 $\mathcal{W} = \{W^{[1]}, W^{[2]}, \cdots, W^{[M]}\}$ 界定的加权复杂网络 $\mathcal{M}$，其中 $W^{[a]} = \{w_{ij}^{[a]}\}$ 是确定第 α 层拓扑结构的权重矩阵，可根据特定平面最大滤波图（the so-called planar maximally filtered graph, PMFG）过滤计算得到。$w_{ij}^{[a]}$ 描述 α 层上节点 i 和节点 j 之间的关联强度。与 $W^{[a]}$ 对应的 α 层非加权邻接矩阵为 $A^{[a]}$，当且仅当 $w_{ij}^{[a]} \neq 0$ 时 $a_{ij}^{[a]} = 1$。$K^{[a]} = \dfrac{1}{2}\sum_{ij} a_{ij}^{[a]}$ 表示 α 层的边数（edges number）。$K = \dfrac{1}{2}\sum_{ij}\big[1 - \prod_a(1-a_{ij}^{[a]})\big]$ 表示至少一个边在至少一个 M 层上的节点对的数量。在此基础上，可采用多层金融网络结构指标如下：

（1）边重叠平均指标（mean edge overlap）。

这一指标主要测算多层网络各层之间的相似度。该指标界定具有共同边的层的平均数，在共同边上随机选择两个节点 i 和 j：

$$\langle O \rangle = \frac{1}{2K}\sum_{i,j}\sum_a a_{ij}^{[a]}$$

仅当所有 M 层都相同时，$\langle O \rangle = 1$；即 $A^{[a]} \equiv A^{[\beta]}\ \forall\, \alpha,\beta = 1, \cdots, M$。如果没有一条边超过一层，则 $\langle O \rangle = 0$。

（2）节点多维度测算（multidegree of a node）。

这一指标可以测算节点在多层出现的更精确的信息。计算指标如下：

$$\overrightarrow{A_{ij}^m} \equiv \prod_{a=1}^{m}\big[a_{ij}^{[a]}m_a + (1-a_{ij}^{[a]})(1-m_a)\big]$$

其中，矢量 $\overrightarrow{m} = (m_1, m_2, \cdots, m_M)$，$M$ 为层数，m_a 的取值为 1 或 0。如果一对节点 i 和 j 只在 α 层链接（$m_a = 1$），它们之间存在一个矢量链接 $\overrightarrow{m}$。$A_{ij}^{\overrightarrow{m}}$ 为 M 层邻接矩阵 $a_{ij}^{[a]}$（$\alpha = 1, \cdots,$

M)的加和。据此可以界定节点 i 的多维度矢量为：$k_i^{\vec{m}} = \sum_j A_{ij}^{\vec{m}}$。

（3）一点多层及复杂参与相关度测算指标。

同时，可用 $o_i = \sum_\alpha k_i^{[\alpha]} = \sum_j a_{ij}^{[\alpha]}$ 测算一个节点在多层重叠边数；用 $P_i = \dfrac{M}{M-1}\Big[1 - \sum_\alpha \Big(\dfrac{k_i^{[\alpha]}}{o_i}\Big)\Big]$ 测算节点多层参与相关度。

（4）层相关度测算。

这一指标用于测算层之间的相关度：

$$\rho^{[\alpha,\beta]} = \frac{\sum_i (R_i^{[\alpha]} - \bar{R}^{[\alpha]})(R_i^{[\beta]} - \bar{R}^{[\beta]})}{\sqrt{\sum_i (R_i^{[\alpha]} - \bar{R}^{[\alpha]})^2 \sum_i (R_i^{[\beta]} - \bar{R}^{[\beta]})^2}}$$

其中，$R_i^{[\alpha]}$ 为节点 i 在 α 层的链接阶数，$\bar{R}^{[\alpha]}$ 是 α 层的平均阶数。$R_i^{[\beta]}$ 为节点 i 在 β 层的链接阶数，$\bar{R}^{[\beta]}$ 是 β 层的平均阶数。

3. 构建金融网络

图形过滤后移去不活跃层，基于活跃节点和活跃层构建多层金融网络。其中，多层贝叶斯金融网络考虑了影响各层金融网络的潜在变量，可以提高网络链接参数估计精度。这里主要介绍在活跃点和活跃层的基础上的多层贝叶斯金融网络结构计算方法。

贝叶斯网络由有向无环图（DAG）和一组相关的条件概率分布组成。DAG 反映了一组变量（节点）之间的一组条件独立关系。有限离散贝叶斯网络 $\mathcal{B}(G,P)$ 由具有有限数量取值的离散随机变量（$X_1,\cdots,X_{NN}$）节点构成。初步模型如下：

$$X \sim \sum_{I=1}^L \pi_I \mathcal{L}(\boldsymbol{G}, \Theta_l)$$

其中，潜在变量 C 的取值为 $\{1,\cdots,L\}$；NN 个离散随机变量（$X_1,\cdots,X_{NN}$）的条件独立性由函数 $DAG\,G = (X,E)$ 界定，其联合概率分布为 $P(X_1,X_2,\cdots,X_{NN}) = \prod_{i=1}^{NN} P\big(X_i \mid Pa(X_i)\big)$，$X_i \mid Pa(X_i)$ 的条件分布由概率矩阵 $\theta_i = (\theta_{ijk})_{1 \leqslant j \leqslant q_i,\,1 \leqslant k \leqslant r_i}$ 界定，$\theta_{ijk} = P(X_i = k \mid Pa(X_i) = j)$；所有参数集合表示为 $\Theta = (\theta_i)_{1 \leqslant i \leqslant NN}$，对于每一活跃节点 X_i，$\theta_{ij} = (\theta_{ij1},\cdots,\theta_{ijr_i})$ 是由 $X_i \mid Pa(X_i) = j$ 界定的条件概率变量，满足 $\sum_{k=1}^{r_i} \theta_{ijk} = 1$；$\pi_1,\cdots,\pi_1$ 为各类情形的先验概率，$\pi_I = P(C=1)$；对于 $0 \leqslant I \leqslant 1$，含有潜在变量 C 的贝叶斯网络 $X \mid C = I \sim B(G,\Theta_I)$；$\mathcal{L}(\boldsymbol{G},\Theta_I)$ 为由 $\mathcal{B}(G,\Theta_I)$ 推算得到的联合概率分布。

贝叶斯金融网络的关键在于怎样通过校准模型所使用的真实数据集来识别最合适的 DAG 和最可能的参数。模型估计包括两个部分：结构学习和参数学习。

4. 检验节点之间的非线性因果关系

根据构建的多层贝叶斯金融网络，采用非线性格兰杰因果检验法，测度节点链接的方向，即系统性金融风险传染方向。检验模型如下：

$$\varepsilon_t^{i,\,m} \equiv (\varepsilon_t^i,\ \varepsilon_{t+1}^i,\ \cdots,\ \varepsilon_{t+m-1}^i),\ 其中,m=1,\ 2,\ \cdots;\ t=1,\ 2,\ \cdots$$

$$\varepsilon_{t-Lx}^{i,\,Lx} \equiv (\varepsilon_{t-Lx}^i,\ \varepsilon_{t-Lx+1}^i,\ \cdots,\ \varepsilon_{t-1}^i),\ 其中,Lx=1,\ 2,\ \cdots;\ t=Lx+1,\ Lx+2,\ \cdots$$

$$Y_{t-Ly}^{Ly} \equiv (Y_{t-Ly},\ Y_{t-Ly+1},\ \cdots,\ Y_{t-1}),\ 其中,Ly=1,\ 2,\ \cdots;\ t=Ly+1,\ Ly+2,\ \cdots$$

给定 $m \geqslant 1$, $Lx \geqslant 1$, $Ly \geqslant 1$, $e>0$,如果以下检验式成立,则 Y 不严格是 ε_t^i 的格兰杰原因:

$$Pr(\,\|\varepsilon_t^{i,\,m} - \varepsilon_s^{i,\,m}\| < e \,|\, \|\varepsilon_{t-Lx}^{i,\,Lx} - \varepsilon_{s-Lx}^{i,\,Lx}\| < e,\ \|Y_{t-Ly}^{Ly} - Y_{s-Ly}^{Ly}\| < e\,)$$
$$= Pr(\,\|\varepsilon_t^{i,\,m} - \varepsilon_s^{i,\,m}\| < e \,|\, \|\varepsilon_{t-Lx}^{i,\,Lx} - \varepsilon_{s-Lx}^{i,\,Lx}\| < e\,)$$

其中,$Pr(\cdot)$ 为概率,$\|\cdot\|$ 为最大规范值(maximum norm)。假设 $\{\varepsilon_t^{i,\,m}\}$ 的滞后 Lx 长度的矢量和 $\{Y_t\}$ 的滞后 Ly 长度的矢量在彼此的 e 之内,上述检验方程的概率是 $\{\varepsilon_t^{i,\,m}\}$ 两个随意滞后 m 期矢量在 e 距离内的条件概率。由此得到联合概率:

$$C_1(m+Lx,\ Ly,\ e) \equiv Pr(\,\|\varepsilon_{t-Lx}^{i,\,m+Lx} - \varepsilon_{s-Lx}^{i,\,m+Lx}\| < e,\ \|Y_{t-Ly}^{Ly} - Y_{s-Ly}^{Ly}\| < e\,)$$
$$C_2(Lx,\ Ly,\ e) \equiv Pr(\,\|\varepsilon_{t-Lx}^{i,\,Lx} - \varepsilon_{s-Lx}^{i,\,Lx}\| < e,\ \|Y_{t-Ly}^{Ly} - Y_{s-Ly}^{Ly}\| < e\,)$$
$$C_3(m+Lx,\ e) \equiv Pr(\,\|\varepsilon_{t-Lx}^{i,\,m+Lx} - \varepsilon_{s-Lx}^{i,\,m+Lx}\| < e\,)$$
$$C_4(Lx,\ e) \equiv Pr(\,\|\varepsilon_{t-Lx}^{i,\,Lx} - \varepsilon_{s-Lx}^{i,\,Lx}\| < e\,)$$

上述严格格兰杰非因果检验方程可以描述为:

$$\frac{C_1(m+Lx,\ Ly,\ e)}{C_2(Lx,\ Ly,\ e)} = \frac{C_3(m+Lx,\ e)}{C_4(Lx,\ e)}$$

经过上述活跃节点测算、活跃层测算、节点非线性关联测算、层关联测算、非线性因果检验等,构建出链接强度和链接方向的国际三类多层金融网络。

10.2.2 有向无环图与金融网络

有向无环图(directed acyclic graphs, DAG)将计算机与人工智能的相关理论结合,直观地表示出多层网络变量间同期因果关系的依赖性和指向性。DAG 在对扰动项之间的相关系数和偏相关系数进行分析的基础上,识别变量之间的同期因果关系。因果数量关系由代表变量的节点以及连接这些节点的"有向边"构成,如果两个节点间有"有向边"相连,则表明变量之间在一定的显著性水平上存在着同期因果关系,否则表示两者之间相互独立。DAG 借助 PC 算法实现,主要包括以下两个过程:

1. 去边

(1)建立 DAG。(2)分析变量间的无条件相关系数,当无条件相关系数为零时,则说明变量间不具有相关性,将表示因果关系的连线移去。(3)计算变量间的偏相关系数,若偏相关系数为零时,则说明在消除其他变量影响的情况下,该两变量间仍不存在相关关系,因此可将连接两变量的线移去。为了检验相关系数是否为零,现采用费希尔的 z 统计检验量,表达形式如下:

$$z[\rho(i,j|k)n]=\frac{1}{2}(n-|k|-3)^{\frac{1}{2}}\times\ln\{(|1+\rho(i,j|k)|)\times(|1-\rho(i,j|k)|)^{-1}\}$$

$$(10.1)$$

其中,n 是估计相关系数的可观测值数目;$\rho(i,j|k)$ 表示以 k 个变量为条件变量下变量 i 和 j 的偏相关系数;k 表示条件变量的数目。令 $r(i,j|k)$ 为样本偏相关系数,如果变量 i、j 和 k 满足正态分布,则 $z[\rho(i,j|k)n]-z[r(i,j|k)n]$ 服从标准正态分布。

2. 定向

在上述分析的基础上,依据"相邻"和"隔离集"这两个准则,进一步识别变量间因果关系的方向。例如,当变量 a、b 和 c 之间的关系为 $a\to b\to c$ 时,则 a 与 b 相邻,b 与 c 相邻,而 a 与 c 不相邻;如果已知 b 不属于 a 与 c 的隔离集,可进一步推断出 a、b 和 c 三者的同期因果关系应为 $a\to b\leftarrow c$。

现实讨论:主要经济体的货币市场和资本市场有向无环图

(一) 节点、变量与数据

这里设计全球多层金融网络如下:按照金融市场分类方法,分为货币市场和资本市场,构建 x 个样本国(地区)货币和资本两个金融市场的多层金融网络,对货币市场编号为 FI_i,对资本市场编号为 FM_i。i 代表不同的样本国家(地区)。

节点代理变量:分别采用各国(地区)的货币市场利率和股指收益率作为其货币市场和资本市场的衡量指标。各代理变量符号为 R。为了克服全球金融市场交易时间非同步问题,这里对节点变量进行一阶差分,并计算其两天滚动平均值 $\Delta R_t^{FI\_i,FM\_i}$。

样本国(地区)选取为:同时包括发达国家、新兴经济国家(地区)、发展中国家(地区),并兼顾银行主导型金融体系国家(地区)和市场主导型金融体系国家(地区)。本节选择的样本国家(地区)包括:中国(Cn)、中国香港(CH)、韩国(K)、美国(A)、德国(G)、法国(F)、英国(E)、瑞士(S)、印度(I)、日本(J)、俄罗斯(R)、巴西(B)、墨西哥(M)、加拿大(Cn)等。

货币市场的具体变量为:美国基准利率(联邦基金利率)、英国基准利率、巴西银行隔夜拆借利率、德国 EURIOR 利率(周)、俄罗斯银行间隔夜拆借利率、法国国债收益率(1个月)、韩国银行间隔夜拆借中间利率、加拿大银行隔夜回购利率、墨西哥银行间利率(1个月)、日本 TIBOR 利率(1周)、瑞士 3 个月 LIBOR 目标利率、印度银行间隔夜拆借利率(MIBOR)、中国 SHIBOR(1周)、中国香港 HIBOR(1周)。

资本市场的具体变量为:中国上证综合指数、美国标准普尔 500 指数、英国伦敦金融时报 100 指数、法国巴黎 CAC40 指数、德国法兰克福 DAX 指数、瑞士苏黎世市场指数、俄罗斯 RTS 指数、日本东京日经 225 指数、中国香港恒生指数、印度孟买 Sensex30 指数、韩国综合指数、加拿大多伦多股票交易所 300 指数、墨西哥 MXX 指数、巴西圣保罗 IBOVESPA 指数。

观察时段选择为2007年1月1日—2019年11月22日。2007年12月11日,以中国全面开放金融业、给予外资银行国民待遇、人民币业务对外全面开放为标志,中国金融开放程度明显提高。在考虑中国金融开放程度的基础上,这里将近期国际重大金融危机事件纳入,因此初步选择样本数据时段为2007年1月1日—2019年11月22日;以60个交易日(大约为2个月)为滚动窗口,$\theta=60$。

(二)有向无环图

根据各样本国(地区)的货币市场利率和股指收益率的时间序列数据,首先进行变量协整检验,判断变量之间的变动关系。由于数据序列检验过程存在近奇异矩阵,因此进一步检验变量的平稳性。平稳性结果表明部分变量平稳、部分变量不平稳,因此进行一阶差分两日滚动平均处理,检验结果显示变量之间存在显著的协整关系。基于施瓦兹准则,估计并选择VAR模型最优的滞后阶数,进而计算出各节点变量的扰动项矩阵。以扰动项矩阵为基础,计算各节点变量之间的同期数量关系,得到各样本国(地区)货币市场和资本市场风险关系网络的有向无环图(DAG),如图10.1所示(显著性水平分别为10%和20%)。

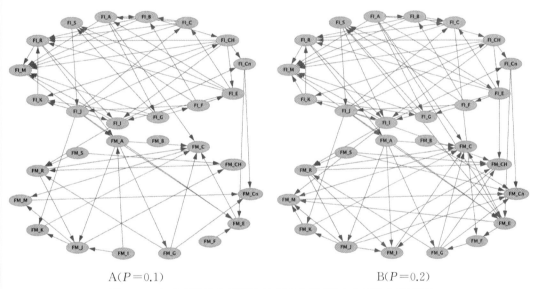

$A(P=0.1)$ $\qquad\qquad$ $B(P=0.2)$

图10.1 全球系统性金融风险的货币市场/资本市场有向无环图

(三)经济含义

1. 全球系统性金融风险可能通过不同国家(地区)的股票市场网络进行传染

单独分析全球股票市场网络部分的DAG可以得出:(1)在考察期内,部分国家(地区)股票市场的风险波动存在网络传染效应,拥有国际金融中心的国家(地区)对其他国家(地区)的传染效应更大。例如,美国对墨西哥、德国、巴西等国家具有显著影响。(2)未有明显证据表明,世界上存在一个样本国家(地区)的股票市场在长期内持续直接地对其他大部分或全部国家(地区)具有显著影响。(3)中国股市受中国香港、印度市场的影响更明显一些。

2. 全球系统性金融风险可能通过不同国家(地区)的货币市场网络进行传染

单独分析全球货币市场网络部分的 DAG 可以得出:(1)在考察期内,部分国家(地区)货币市场的风险波动存在网络传染效应,但网络关系较股票市场网络稀疏。这可能是因为不同国家(地区)的资本管制政策存在差异,进而影响跨国资本流动和货币市场的风险传染效应。(2)美国货币市场对英国、德国、日本等几个主要的发达国家具有更为显著的影响。这意味着发达国家的资本流动更为自由,货币市场联动性更强。(3)中国货币市场受到德国、日本、墨西哥、瑞士、巴西等国家的影响更明显一些。因此,美国货币市场可能通过对德国、日本等国家货币市场的传染影响,间接传染影响中国的货币市场。

3. 全球系统性金融风险可能通过不同国家的股票市场网络与货币市场网络联系进行跨市场传染

整体分析全球货币市场和资本市场网络的 DAG 可以得出:(1)在考察期内,少数国家(地区)的股票市场与其货币市场之间存在风险波动的网络传染效应。(2)中国货币市场受到国内股票市场的显著影响。同时,不容忽视的是,美国股市风险通过对德国、英国、巴西等国家股市的直接传染效应,进而对印度和中国香港股市形成间接传染效应;甚至通过对英国、加拿大等国家货币市场的直接传染效应,以及对加拿大、法国、德国、俄罗斯等国家的间接传染效应,间接影响中国货币市场风险。(3)股票市场往往是风险的主要输出方,货币市场、外汇市场等金融市场往往是风险的主要接受方。

10.3 基于资本市场数据的网络模型

较早利用资本市场数据测度风险传染效应的方法就是 VaR。其计算方法简单,并具有普遍适用性;但其缺点在于忽略了极端情况下的违约损失,会低估不同金融机构的风险溢出效应。后期研究者对 VaR 方法作了一定的变型和改进,检验了触发风险事件的共同市场因素,分析了规模、杠杆率、股票 Beta 值对系统性金融风险溢出效应的影响,并对比了不同金融业的系统性金融风险的溢出效应。

10.3.1 网络传染矩阵

系统性金融风险的定义和衡量指标较多。一般认为,系统性金融风险是指一个系统性事件对大量的金融机构或者金融市场产生了明显冲击,严重损害了金融系统的正常运行,进而妨碍经济增长,导致社会福利损失。因此,基于全球多层金融网络结构测度模型,全球系统性金融风险传染效应是一国金融市场的资产收益率变动引起的其他国家金融体系收益率波动幅度。本节界定全球系统性金融风险传染的计算指标为全球金融网络关联强度与方向。在 Diebold 和 Yilmaz(2014)、杨子晖和周颖刚(2018)计算方法的基础上,基于预测误差方差分解法,构建计算货币市场和资本市场的风险传染矩阵(表 10.1)。

表 10.1 多层网络活跃节点之间的波动传染矩阵

	ΔR_1^{FI}	$\cdots$	ΔR_N^{FI}	ΔR_1^{FM}	$\cdots$	ΔR_N^{FM}	IN_I	IN_M	IN
ΔR_1^{FI}	$S_{i1\leftarrow i1}^H$	$\cdots$	$S_{i1\leftarrow iN}^H$	$S_{i1\leftarrow m1}^H$	$\cdots$	$S_{i1\leftarrow mN}^H$	$\sum_j S_{i1\leftarrow ij}^H,\, j\neq 1$	$\sum_j S_{i1\leftarrow mj}^H,\, j=1,2,\cdots$	$\sum_j S_{i\leftarrow j}^H,\, j\neq 1$
$\cdots$	$\cdots$	$\cdots$	$\cdots$	$\cdots$	$\cdots$	$\cdots$	$\cdots$	$\cdots$	$\cdots$
ΔR_N^{FI}	$S_{iN\leftarrow i1}^H$	$\cdots$	$S_{iN\leftarrow iN}^H$	$S_{iN\leftarrow m1}^H$	$\cdots$	$S_{iN\leftarrow mN}^H$	$\sum_j S_{iN\leftarrow ij}^H,\, j\neq N$	$\sum_j S_{iN\leftarrow mj}^H,\, j=1,2,\cdots$	$\sum_j S_{N\leftarrow j}^H,\, j=1,2,\cdots$
ΔR_1^{FM}	$S_{m1\leftarrow i1}^H$	$\cdots$	$S_{m1\leftarrow iN}^H$	$S_{m1\leftarrow m1}^H$	$\cdots$	$S_{m1\leftarrow mN}^H$	$\sum_j S_{m1\leftarrow ij}^H,\, j=1,2,\cdots$	$\sum_j S_{m1\leftarrow mj}^H,\, j\neq 1$	$\sum_j S_{i\leftarrow j}^H,\, j\neq 1$
$\cdots$	$\cdots$	$\cdots$	$\cdots$	$\cdots$	$\cdots$	$\cdots$	$\cdots$	$\cdots$	$\cdots$
ΔR_N^{FM}	$S_{mN\leftarrow i1}^H$	$\cdots$	$S_{mN\leftarrow iN}^H$	$S_{mN\leftarrow m1}^H$	$\cdots$	$S_{mN\leftarrow mN}^H$	$\sum_j S_{mN\leftarrow ij}^H,\, j=1,2,\cdots$	$\sum_j S_{mN\leftarrow mj}^H,\, j\neq N$	$\sum_j S_{N\leftarrow j}^H,\, j\neq N$
OUT_I	$\sum_k S_{ik\leftarrow i1}^H,\, k\neq 1$	$\cdots$	$\sum_k S_{ik\leftarrow iN}^H,\, k\neq N$	$\sum_k S_{ik\leftarrow m1}^H,\, k=1,2,\cdots N$	$\cdots$	$\sum_k S_{ik\leftarrow mN}^H,\, k=1,2,\cdots N$			
OUT_M	$\sum_k S_{mk\leftarrow i1}^H,\, k=1,2,\cdots N$	$\cdots$	$\sum_k S_{mk\leftarrow iN}^H,\, k=1,2,\cdots N$	$\sum_k S_{mk\leftarrow m1}^H,\, k\neq 1$	$\cdots$	$\sum_k S_{mk\leftarrow mN}^H,\, k\neq N$			
OUT	$\sum_j S_{j\leftarrow 1}^H,\, k\neq 1$	$\cdots$	$\sum_j S_{j\leftarrow N}^H,\, k\neq N$	$\sum_j S_{j\leftarrow m1}^H,\, k\neq 1$	$\cdots$	$\sum_j S_{j\leftarrow mN}^H,\, k\neq N$			$\frac{1}{N}\sum_k\sum_j S_{k\leftarrow j}^H,\, k\neq j$

10.3.2 传染效应计算指标

表10.1的第一行变量描述风险传染的发源地,第一列向量表示风险传染的接收地。基于方差分解,计算两两对应的风险传染程度:

$$S_{k \leftarrow j}^H = \frac{\sum_{h=0}^{H-1} \phi_{kj,h}^2}{\sum_{h=0}^{H-1} trace(\Phi_h \Phi'_h)} \tag{10.2}$$

其中,$\sum_{h=0}^{H-1} \phi_{kj,h}^2$ 表示因节点 j 的波动冲击引发节点 k 波动在预测期为 H 的误差方差,$\sum_{h=0}^{H-1} trace(\Phi_h \Phi'_h)$ 表示 H 期的总体预测误差方差。$S_{k \leftarrow j}^H$ 计算了由节点 j 的扰动(信息)导致的节点 k 波动的比例,一定程度上测度了节点 j 到节点 k 的波动传染程度。在此过程中,也可能存在节点 k 波动对节点 j 波动的反馈效应,因此进一步计算节点 j 到节点 k 的波动传染的净效应,计算方法如下:

$$NS_{k \leftarrow j}^H = S_{k \leftarrow j}^H - S_{j \leftarrow k}^H \tag{10.3}$$

矩阵中"OUT"所在行的项,表示对应各列中非对角线上的元素进行加总,是从总规模的角度测度节点 j 对其他节点的传染效应,即:$TS_{OUT,\cdot \leftarrow j}^H = \sum_k S_{k \leftarrow j}^H$,$k \neq j$。"OUT_I"所在行的项,表示对各列中带有 I 标注的元素加总,测度节点 j 对其他资本市场节点的传染效应。"OUT_M"所在行的项表示对各列中带有 M 标注的元素加总,测度节点 j 对其他货币市场节点的传染效应。矩阵中"OUT"为 OUT_I 与 OUT_M 的和,从总规模的角度测度节点 j 对其他节点的传染效应 $TS_{OUT,\cdot \leftarrow j}^H$。

类似可以对"IN""IN_I"和"IN_M"所在行的项加和,计算出其他活跃节点对 k 的传染效应,即:$TS_{IN,k \leftarrow \cdot}^H = \sum_j S_{k \leftarrow j}^H$,$k \neq j$。从而推算出活跃节点的传染总效应为:$NTS_k^H = TS_{OUT,\cdot \leftarrow j}^H - TS_{IN,k \leftarrow \cdot}^H = \sum_j NS_{j \leftarrow k}^H$。

对"OUT"所在行的项或"IN"所在列的项加和求均值,可对全球系统性金融风险传染总效应进行测度:$STS^H = \frac{1}{NN} \sum_k TS_{IN,k \leftarrow \cdot}^H = \frac{1}{NN} \sum_j TS_{OUT,\cdot \leftarrow j}^H = \frac{1}{NN} \sum_k \sum_j S_{k \leftarrow j}^H$。

上述所有节点都代表一国金融市场的显著波动,因此可以测度出国际金融危机事件发生时全球系统性金融风险传染的网络拓扑结构演变。

现实讨论:全球货币市场/资本市场金融网络

(一)金融网络计算

在前一专栏全球金融网络 DAG 分析的基础上,对相关节点变量进行方差分解分析,考察主要样本国(地区)金融市场在全球系统性金融风险传染中的作用及关系。分别实验1天、5天、10天、15天预测,这里选择各变量方差分解贡献较为稳定的15天预测结果,形成全球货币市场/资本市场金融网络,如图10.2。

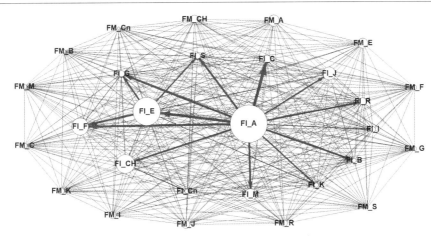

图 10.2　跨货币市场和股票市场风险传染网络

注：网络节点圆圈大小表示各国（地区）相应的金融市场在一定阈值上与其他金融市场存在风险传染关系的多少，连线粗细表示单向风险传染效应的大小，箭头方向表示风险传染方向。

（二）经济含义

1. 美国是全球系统性金融风险的原发国

（1）美国货币市场风险波动对其他国家具有显著的传染效应。从全球多层金融网络角度分析，美国货币市场的风险波动（FM_A）具有显著的溢出效应、净溢出效应和总效应，并且大于其他国家，甚至大于英国货币市场（FM_E）（英国基准利率）的影响。美国货币市场的风险波动对其他国家（地区）具有显著的溢出效应，这不仅意味着美国货币市场在全球系统性金融风险传染中具有主导作用和推动作用，而且意味着美国货币政策对其他国家（地区）的利率水平以及金融经济运行，具有不容忽视的影响。

（2）美国股票市场风险波动的传染效应。从全球多层金融网络角度分析，美国股票市场作为全球重要的资本市场，其风险波动（FI_A）的溢出效应、净溢出效应和总效应皆占据首屈一指的位置，远远大于英国股票市场（FI_E）、美国货币市场（FM_A）和英国货币市场（FM_E）的风险溢出效应。

2. 中国是全球系统性金融风险的净输入国

从全球多层金融网络角度分析，在全球系统性金融风险的传染中，中国是金融风险的净输入国。这主要表现在货币市场和股票市场两个方面。（1）中国货币市场是全球系统性金融风险的净输入市场。随着中国国际贸易规模的扩大和人民币被纳入国际货币基金组织的货币篮子，人民币在国际经济中的作用越来越大，人民币借贷及其利率既对其他国家（地区）金融活动产生一定的影响，也受到其他国家（地区）金融活动的影响。总体而言，人民币的溢出效应仍较为微弱，显示出中国具有较强的金融独立性和货币政策独立性。（2）中国股票市场是全球系统性金融风险的净输入市场，风险溢出效应和净输入效应皆大于货币市场。结合前文的 DAG 分析，股票市场与全球多层金融网络的联系更为紧密，在危机期间，中国股票市场更容易遭受境外金融市场的风险传染。

> 3. 欧洲国家受全球系统性金融风险的影响较大
>
> 从全球多层金融网络角度分析,在全球系统性金融风险的传染中,英国、德国、法国、瑞士等欧洲国家是金融风险受影响较大的国家。无论是从货币市场还是从股票市场来看,欧洲国家在全球金融风险传染中具有一定的溢出效应,但远小于来自其他国家和地区(特别是美国)的溢入效应。

10.4　基于资产负债表的网络模型

目前,一般认为商业银行之间的关联性有以下几类[①]:(1)银行持有相同或者相近的资产(比如对某个行业的贷款)导致的间接关联性;(2)银行之间的同业拆借、同业存放、回购业务导致的直接关联性;(3)银行之间面对同样的客户(比如同类存款人)导致的间接关联性;(4)银行之间类似的管理模式(比如用同样的风险管理模型)导致的间接关联性;(5)(上市)银行发行的股票、债券、信用违约互换(CDS)导致的间接关联性。

关于这几类关联性,需要采用不同的模型来度量风险。方意(2016)主要关注第(2)类关联性模型,即商业银行之间的直接借贷而产生的关联性,计算基于这种关联性的资产负债表网络模型。接下来将介绍其计算过程。

10.4.1　构建银行间资产负债双边网络矩阵

假设银行体系有 N 家银行,银行间的资产负债矩阵 $X = (X_{ij})_{N \times N}$ 表示银行之间的直接关联。其中,X_{ij} 为银行 i 对银行 j 的贷款资产,或者表示银行 j 对银行 i 的负债。

当银行体系中银行之间的双边敞口数据不可得时,只有银行对其他银行总资产 $IA_i = \sum_{j=1}^{N} X_{ij}$ 和总负债 $IB_i = \sum_{j=1}^{N} X_{ij}$ 的敞口数据可得。Degryse 和 Nguyen(2007)、马君潞等(2007)、方意(2016)等利用最大化信息熵方法给出银行之间的双边敞口矩阵。

最大化信息熵方法如下:

(1)标准化。将每个银行对银行体系其他银行的总资产头寸 IA_i 转化为其相对于整个银行体系直接关联总资产的比例 $a_i = \dfrac{IA_i}{\sum_{i=1}^{N} IA_i}$,将每个银行对银行体系其他银行的总负债头

---

① 还有一类比较广义的关联性是借助金融工具而产生的关联性。比如,一个金融创新产品同时涉及多个金融机构。就本质而言,金融机构之间的关联性大部分来源于此。直接针对金融工具研究关联性能从本质上理解系统性金融风险的生成机理。但是,由于对具体的金融工具(产品)进行研究太过于微观,且金融工具流动性过高、种类繁多,数据可得性较差。因此,与通常的系统性金融风险度量文献类似,本节也不以其为研究对象。

寸 IB_i 转化为其相对于整个银行体系直接关联总负债的比例 $b_i = \dfrac{IB_i}{\sum\limits_{i=1}^{N} IB_i}$。

同理,对于银行间资产负债矩阵 $X=(X_{ij})_{N\times N}$,则转化为 $x=(x_{ij})_{N\times N}$。其中,x_{ij} 为银行 i 对银行 j 的贷款资产占整个银行体系之间总资产的比例。因此,关于 x_{ij} 有:$\sum\limits_{i=1}^{N}\sum\limits_{j=1}^{N} x_{ij} = \sum\limits_{i=1}^{N} a_i = \sum\limits_{j=1}^{N} b_j = 1$。

(2) 构造虚拟矩阵 x^*。x^* 中元素 $x_{ij}^* = \begin{cases} 0, & i=j \\ a_i b_j, & i\neq j \end{cases}$,即银行与其自身之间不存在相互借贷关系,且银行和其他银行之间的借贷与这两家银行的银行间总头寸成正比。

(3) 求解矩阵 x。x^* 并不为最终的银行间双边敞口矩阵,因为 x^* 中所有元素之和不满足等于 1 的条件。因此,需要找到矩阵 x,使得其在满足元素之和为 1 的条件下与 x^* 的偏离(以交叉熵代替)最小,即:$\min\limits_{x_{ij},\,i\neq j} \sum\limits_{i=1}^{N}\sum\limits_{j=1}^{N} x_{ij}\ln\left(\dfrac{x_{ij}}{x_{ij}^*}\right)$。约束条件为:$\sum\limits_{j=1}^{N} x_{ij}=a_i$,$\sum\limits_{i=1}^{N} x_{ij}=b_j$。再通过 X 与 x 之间的换算关系得到最终银行间资产负债矩阵 X。

10.4.2 构建传染网络理论模型

1. 基本思路

在正式建立理论模型之前,这里先给出理论模型的时间轴(图 10.3)。这里的“时间”指的是冲击损失发生的轮数,其中第一轮为外生冲击(即初始冲击 $Loss_1$),后续轮数则是由传染损失导致的冲击(即传染冲击)。为了阐述方便,称 X_{ij} 所对应的银行 j 为银行 i 的债务方银行,X_{ij} 所对应的银行 i 为银行 j 的债权方银行。第 t 期开始时,银行的资产和资本均因冲击 $Loss_t$ 而遭受损失,部分银行因损失过大而破产。

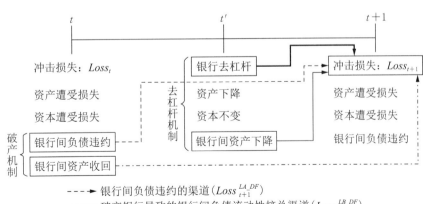

图 10.3 系统性金融风险演变机制的时间图

破产银行有两种方式对其交易对手方银行造成传染损失:(1)银行间负债违约渠道 $Loss_{t+1}^{IA\_DF}$;(2)破产银行导致的银行间负债流动性挤兑渠道 $Loss_{t+1}^{IB\_DF}$。其中,银行间负债违约渠道是传统资产负债表网络模型关注的传染渠道,指的是银行破产使得其债权方银行的银行间资产遭受冲击损失。破产银行导致的银行间负债流动性挤兑渠道指的是破产银行为了偿还其债务,收回其所有的银行间资产,从而导致债务方银行的银行间负债遭受融资流动性风险(具体见后文解释)。这两种传染冲击仅在非常大的冲击并导致有银行破产的情况下才会发生,因此以虚线箭头来表示。需要指出的是,一旦银行破产,其在造成上述两种传染冲击之后,就立即退出银行网络。

在遭受冲击损失后,未破产的部分银行(这些银行的杠杆较高;杠杆与杠杆率的意义不同,杠杆是资产/权益,杠杆率是权益/资产)在杠杆率监管要求下会主动去杠杆(第 t' 期)。去杠杆的方式主要通过卖出资产实现,当金融周期处于下行期时,卖出资产会遭受损失,这个损失即为主动去杠杆降价抛售损失($Loss_{t+1}^{DEL}$,以加粗实线箭头表示)。由于银行卖出的资产之中有部分来源于银行间资产,而这会导致债务方银行面临融资流动性风险。受流动性挤兑的银行,其负债被迫下降,也只能通过卖出资产满足监管要求,进而导致其面临流动挤兑型降价抛售损失($Loss_{t+1}^{IB\_DF}$,以实线箭头表示)。由此可以发现,关联性与降价抛售成本存在以下联系和区别:降价抛售成本直接来源于商业银行卖出资产遭受的损失,本质上源于卖出资产的流动性不够以及整个金融市场的流动性不足。从表面上看,关联性与降价抛售成本没有关系,但是关联性会加剧金融市场的流动性不足程度。原因在于,商业银行的关联性蕴含了商业银行卖出资产的同向性,从而加剧金融市场的流动性不足,进而导致降价抛售成本的增加。

2. 理论模型

假设 t 时刻,未受冲击之前银行 i 的资产负债表如表 10.2 所示。其中,银行间资产为 $IA_{i,t}=\sum_{j=1}^{N}X_{ij,t}$,其他资产数量为 $OA_{i,t}$,银行 i 的银行间负债为 $IB_{i,t}=\sum_{j=1}^{N}X_{ij,t}$,其他负债为 $OB_{i,t}$,资本金数量为 $E_{i,t}$。

表 10.2　银行 i 资产负债表

资　　产	负　　债
银行间资产:$\sum_{j=1}^{N}X_{ij,t}$	银行间负债:$\sum_{j=1}^{N}X_{ij,t}$
其他资产:$OA_{i,t}$	其他负债:$OB_{i,t}$
	资本金:$E_{i,t}$

由此,银行 i 的总资产 $OA_{i,t}$ 和总负债 $OB_{i,t}$ 分别为:$A_{i,t}=IA_{i,t}+OA_{i,t}$,$B_{i,t}=IB_{i,t}+OB_{i,t}$。遭受冲击 $Loss_{i,t}$ 之后,银行 i 的资产负债表规模下降,具体的资产负债情况如下(时刻为 t' 期):

$$E_{i,t}=\max\{E_{i,t}-Loss_{i,t},\ 0\} \tag{10.4}$$

$$B_{i,t} = \max\{\min\{B_{i,t}, A_{i,t} - Loss_{i,t}\}, 0\} \tag{10.5}$$

$$A_{i,t} = \max\{A_{i,t} - Loss_{i,t}, 0\} \tag{10.6}$$

其中,max、min 分别表示取最大值、最小值。式(10.4)—式(10.6)考虑了银行 i 破产的可能。当银行 i 破产时,其资本和资产都变为零,将收回所有剩余资产用以偿债,从而负债也转变为零。由于资不抵债,因而会对其负债违约,其债权方最终得到的价值为($A_{i,t} - Loss_{i,t}$)与零中的较大者。银行 i 一旦破产,即退出银行网络,不再参与之后的传染过程。

为简化模型,关于银行破产有如下假设:(1)银行破产过程中没有交易成本。此假设借鉴了 Angeloni 和 Faia(2013),在建立包含银行的 DSGE 模型时也假设银行破产没有任何交易成本。假设存在破产交易成本,并不会显著影响本节的结论,但却增加了模型的计算成本。(2)银行的负债偿付等级完全相同,即任何类别的负债在单位负债上承受的损失相同。(3)银行在破产后将收回其所有资产,且银行破产影响其债务方资产的价值,这一假设与现实比较相符。根据假设(2),银行将对其债权方银行进行违约,从而破产银行 i 对银行 j 的负债实际价值变为:

$$X_{ji,t} = \frac{X_{ji,t}}{B_{i,t}} B_{i,t} \tag{10.7}$$

根据式(10.7),可以计算银行 i 因其他银行破产导致的其银行间资产总损失 $Loss_{t+1}^{IA\_DF\,t+1}$ 为:

$$Loss_{t+1}^{IA\_DF\,t+1} = \sum_{j \in \langle Default\ Set \rangle_t} \left(X_{ij,t} - \frac{X_{ij,t}}{B_{j,t}} B_{j,t} \right) \tag{10.8}$$

$\{Default\ Set\}_t = \{i \,|\, E_{i,t} = 0, 且\ E_{i,t} \neq 0\}$ 为在第 t 期的违约银行集,$\in (\notin)$ 为属于(不属于)。

银行 i 一旦破产会退出银行网络,从而其债权方银行 j 的银行间资产为 $X_{ij,t+1} = 0 (i \in \{Default\ Set\}_t)$。为方便起见,假设这些银行间资产直接转化为银行 j 的其他资产。

根据假设(3),银行 i 还将收回其所有银行间资产,即有 $X_{ij,t+1} = 0 (i \in \{Default\ Set\}_t)$。关于破产银行收回其银行间资产导致的传染损失,详见后文。

由于银行体系引入了杠杆率监管,因此,有必要在此理论模型中考虑此项监管措施,即资本/总资产 $\geqslant LEV$(LEV 为最低杠杆率要求)。需要指出的是,一个更现实的模型需要考虑更多的金融监管措施(如资本充足率、流动性比例等),以及金融机构在各种管制框架下的套利行为等。但是基于以下原因,不必都一一考虑。①

---

① (1)在模型中引入资本充足率、流动性比例等其他金融监管措施在一定程度上与引入杠杆率的作用类似。原因在于无论是引入杠杆率监管,还是引入其他监管措施,本质上都是要让商业银行在监管不达标时有卖出资产的压力,只不过面临不同的监管措施,商业银行卖出资产的种类存在差异。就杠杆率要求而言,商业银行对于卖出资产的种类没有偏好(本节后续将沿用此假设);就资本充足率要求而言,商业银行可能更倾向于卖出高风险资产;就流动性比例要求而言,商业银行可能更倾向于卖出低流动性资产。(2)加入其他金融监管措施,将进一步增加传染渠道,在一定程度上不仅增加了研究的复杂度,而且可能冲淡了研究主题。(3)由于模型包含的银行数目较多,考虑"各种管制框架下的套利行为",又需要引入商业银行的最优化行为,这也将增大模型复杂度。

在遭遇冲击之后,如果银行 i 还未倒闭($i \notin \bigcup_{\tilde{t}=1}^{t} \{Default\ Set\}_t$,即银行 i 截至第 t 期都未倒闭),其杠杆率会下降。当其杠杆率下降至不满足监管要求时,银行即会通过卖出资产来降低杠杆,从而达到监管杠杆率要求,此即银行主动去杠杆。令 $i \in \{Deleverage\ Set\}_t$,其中 $\{Deleverage\ Set\}_t$ 为去杠杆银行集合,进而有:$E_{i,t'}/A_{i,t'} < LEV$。

由式(10.8)可知,$\{Deleverage\ Set\}_t = \{i \mid E_{i,t'}/A_{i,t'} < LEV\ \text{且}\ i \notin \bigcup_{\tilde{t}=1}^{t} \{Default\ Set\}_t\}$。由此,去杠杆银行集合一定是非违约银行集合的子集。为了达到杠杆率监管要求,银行 i 将卖出(或回收)资产 $DEL_{i,t}$ 以达到监管要求,即 $E_{i,t'}/(A_{i,t'} - DEL_{i,t}) < LEV$。

为便于模型递归计算,这里暂不考虑卖出资产会导致损失,而在期末时再统一考虑。由 $E_{i,t'}/(A_{i,t'} - DEL_{i,t}) < LEV$ 得到:$DEL_{i,t} = A_{i,t'} - E_{i,t'}/LEV$。从而,银行去杠杆之后的资产负债情况如下所示:

$$E_{i,t+1} = E_{i,t'} \tag{10.9}$$
$$B_{i,t+1} = B_{i,t'} + DEL_{i,t} \tag{10.10}$$
$$A_{i,t+1} = A_{i,t'} - DEL_{i,t} \tag{10.11}$$

需要注意的是,式(10.9)—式(10.11)只针对银行去杠杆这一情形。根据上述分析,还有两种情形:(1)银行 i 破产情形,此时有 $E_{i,t+1} = B_{i,t+1} = A_{i,t+1} = 0$;(2)银行 i 既未破产,又未去杠杆,此时有 $E_{i,t+1} = E_{i,t'}$,$B_{i,t+1} = B_{i,t'}$,$A_{i,t+1} = A_{i,t'}$。

借鉴 Greenwood 等(2015),假设商业银行去杠杆时,对各类资产没有任何偏好,从而所有类别资产按比例同时卖出(此即银行间负债流动性挤兑冲击)。则银行 i 对银行 j 的贷款资产 $X_{ij,t+1}$($i \in \{Deleverage\ Set\}_t$ 且 $j \notin \bigcup_{\tilde{t}=1}^{t} \{Default\ Set\}_t$),如下所示:

$$X_{ij,t+1} = \frac{X_{ij,t}}{A_{i,t'}} A_{i,t+1} \tag{10.12}$$

结合式(10.12)以及关于银行违约对银行间资产负债矩阵的影响分析可知,第 $t+1$ 期的银行间资产负债矩阵为:

$$X_{ij,t+1} = \begin{cases} \dfrac{X_{ij,t}}{A_{i,t'}} A_{i,t+1}, & i \in \{Deleverage\ Set\}_t\ \text{且}\ j \notin \bigcup_{\tilde{t}=1}^{t} \{Default\ Set\}_t \\ 0, & i \in \bigcup_{\tilde{t}=1}^{t} \{Default\ Set\}_t \\ 0, & j \in \bigcup_{\tilde{t}=1}^{t} \{Default\ Set\}_t \\ X_{ij,t}, & i \in \{Deleverage\ Set\}_t\ \text{且}\ j \notin \bigcup_{\tilde{t}=1}^{t} \{Default\ Set\}_t \end{cases}$$

假设银行 i 面临负债流动性挤兑冲击时,只有 α 部分可以被重置,即 α 部分的负债可以通过重新举债获得。一般来说,能够被重置的负债主要是零售存款,因为零售存款比较稳定,不太受金融市场波动的影响,相反,银行间市场批发融资完全不能重置。这种假设主要来源于 Shin(2009)的序列研究(Hahm et al.,2013):银行间市场的批发融资非常不稳定,在经济繁荣时期其扩张非常迅猛,在金融危机等风险敏感时期,则容易遭到流动性挤兑。

一般来说,当处于上升金融周期时,银行持有的资产流动性较好(原因在于其很容易找到交易对手方),卖出资产并不会导致资本遭受损失;当处于下行金融周期时(即本节模拟的情形),由于所有银行都急于出售自己的资产以达到监管要求,因此银行卖出资产将遭受额外的资本损失,此即银行的降价抛售机制。模型中以参数 $\kappa(0\leqslant\kappa\leqslant1)$ 来代表商业银行卖出资产的价格折扣率,κ 越大,意味着资产价格折扣率越高,银行遭受的损失就越大。

基于前文分析,本模型有三类降价抛售冲击损失:(1)银行受其交易对手方银行破产的流动性挤兑冲击损失 $Loss_{i,t+1}^{IB\_DF}$;(2)银行主动去杠杆遭受的冲击损失 $Loss_{i,t+1}^{DEL}$;(3)银行受交易对手方主动去杠杆而遭受的流动性挤兑冲击损失 $Loss_{i,t+1}^{IB\_DEL}$。其表达式分别如下所示:

$$Loss_{i,t+1}^{IB\_DF}=(1-\alpha)\kappa\sum_{j\in\{Default\ Set\}_t}X_{ji,t} \tag{10.13}$$

$$Loss_{i,t+1}^{DEL}=\kappa DEL_{i,t}(i\in\{Deleverage\ Set\}_t) \tag{10.14}$$

$$Loss_{i,t+1}^{IB\_DEL}=(1-\alpha)\kappa\sum_{j\in\{Deleverage\ Set\}_t}\left(X_{ji,t}-\frac{X_{ji,t}}{A_{j,t'}}A_{j,t+1}\right) \tag{10.15}$$

从而,第 $t+1$ 期总冲击公式总结如下:

$$Loss_{i,t+1}=\begin{cases}Loss_{i,t+1}^{IA\_DF}+Loss_{i,t+1}^{DEL}+Loss_{i,t+1}^{IB\_DF}+Loss_{i,t+1}^{IB\_DEL}, & i\notin\bigcup_{\bar{t}=1}^{t}\{Default\ Set\}_{\bar{t}}\\0, & i\in\bigcup_{\bar{t}=1}^{t}\{Default\ Set\}_{\bar{t}}\end{cases} \tag{10.16}$$

每轮传染的总损失为:

$$Loss_{t+1}=Loss_{t+1}^{IA\_DF}+Loss_{t+1}^{DEL}+Loss_{t+1}^{IB\_DF}+Loss_{t+1}^{IB\_DEL} \tag{10.17}$$

10.4.3 系统性金融风险相关指标构建

为了度量系统性金融风险,借鉴 Greenwood 等(2015),本节利用传染损失之和与银行体系初始总股权之比来度量整个银行体系的系统性金融风险(SR):

$$SR=\sum_{i=1}^{N}\sum_{t\geqslant2}Loss_{i,t}/\sum_{i=1}^{N}E_{i,1} \tag{10.18}$$

在系统性金融风险指标基础之上,我们还可以定义脆弱性指标(VBI_i)和传染性指标(CBI_i),它们都是单家银行与系统性金融风险相关的测度指标。其中,脆弱性指标度量了商业银行参与整个银行体系网络,并遭受网络传染的风险大小,本质上为银行体系风险向单家银行的传染。具体而言,脆弱性指标(VBI_i)由每家银行的传染损失之和 $\left(\sum_{t\geqslant2}Loss_{i,t}\right)$ 与其期初的权益之比来定义:

$$VBI_i = \sum_{t \geq 2} Loss_{i,t}/E_{i,1} \tag{10.19}$$

传染性指标(CBI_i)度量了商业银行对银行体系系统性金融风险的贡献程度,刻画了商业银行在银行网络之中将其风险传染给银行体系之中其他银行的行为特征。为给出 CBI_i 指标,这里需要刻画银行 i 对银行体系之中每家银行造成的传染损失。由模型阐述可知,银行体系传染渠道有四种,可以依据这四种渠道分别给出银行 i 遭受的传染损失 $SysLoss_{i,t+1}^{IA\_DF}$、$SysLoss_{i,t+1}^{IB\_DF}$、$SysLoss_{i,t+1}^{DEL}$ 和 $SysLoss_{i,t+1}^{IB\_DEL}$。因此,每家银行的传染性指标由这四个渠道造成的传染损失加总得到,具体的计算公式见式(10.24)。根据传染性指标的定义,所有银行传染性指标加总将等于整个银行体系的系统性金融风险(SR)。因此,本节的传染性指标具有可加总性,而可加总性有利于实施金融监管。

$$SysLoss_{i,t+1}^{IA\_DF} = \sum_{j=1}^{N} \left(X_{ji,t} - \frac{X_{ji,t}}{B_{i,t}} B_{i,t'} \right) \tag{10.20}$$

$$SysLoss_{i,t+1}^{IB\_DF} = (1-\alpha)\kappa \sum_{j=1}^{N} X_{ij,t} \tag{10.21}$$

$$SysLoss_{i,t+1}^{DEL} = Loss_{i,t+1}^{DEL} \tag{10.22}$$

$$SysLoss_{i,t+1}^{IB\_DEL} = (1-\alpha)\kappa \times \sum_{j=1}^{N} \left(X_{ij,t} - \frac{X_{ij,t}}{A_{i,t'}} A_{i,t+1} \right) \tag{10.23}$$

$$SysLoss_{i,t+1} = SysLoss_{i,t+1}^{IA\_DF} + SysLoss_{i,t+1}^{IB\_DF} + SysLoss_{i,t+1}^{DEL} + SysLoss_{i,t+1}^{IB\_DEL} \tag{10.24}$$

$$CBI_i = \frac{SysLoss_{i,t}}{\sum_{i=1}^{N} E_{i,1}}$$

10.5 小结

从截面维度计算系统性金融风险的方法主要包括基础指标法、有向无环图法、基于资本市场数据的网络模型、基于资产负债表的网络模型等。通过这些方法可以计算出风险中心和节点之间的风险关系。

不同国家(地区)的货币市场、资本市场、外汇市场、系统重要性银行等链接成强度不一的金融网络,金融风险可能通过这一网络进行跨国跨市场传染,对其他国家(地区)的货币市场、资本市场或外汇市场形成直接或间接的风险冲击。

全球系统性金融风险传染网络具有明显的分层,网络核心层的风险溢出效应和风险输入效应都较大;全球系统性金融风险传染网络节点的作用不同,有的国家(地区)的金融市场表现为风险净输出效应,有的国家/地区的金融市场表现为风险净输入效应。

随着国家(地区)之间经济实力的调整和不同时期国际金融重大事件的变化,不同国家

（地区）金融市场对风险事件的反应程度不同,全球跨货币市场/外汇市场网络的核心国家(地区)存在一定变化,系统性金融风险跨市场传染的网络路径也存在差别。核心国家(地区)可能并非全部都是重大金融风险事件的源发地,风险传染效应不完全由该国(地区)的经济实力、国际贸易规模、国际金融影响等因素决定,更多由具体国家(地区)金融市场的行为反应和波动程度来决定。

全球系统性金融风险是未来宏观审慎监管的一个重点。随着中国金融行业的全面开放和资本账户管制的弱化,国际金融风险可能超过国内风险因素,成为中国系统性金融风险的主要来源。宏观审慎监管的重要内容之一是,进一步精确计算全球多层金融网络结构,计算中国金融体系同全球多层金融网络的链接强度和方向,特别是模拟发达国家(例如美国、英国等)系统性金融风险对中国金融体系的净冲击效应,建立灵敏有效的全球金融风险全天候监测体系。同时,设计改进金融部门留存缓冲资本机制和水平,达到既能及时应对全球系统性金融风险,又能提高灵活性、降低缓冲资本成本等目的。

防范全球系统性金融风险(即金融稳定)是未来制定和实施精准货币政策必须考虑的重要内容之一。货币政策作为中国金融稳定的双支柱之一,政策当局在制定相关政策时需要充分估计国际资本流动、发达国家利率政策和金融市场预期等因素,对中国基础货币、基准利率、金融体系和经济体系的影响,通过计算全球金融周期规律以及发达国家金融周期和国内金融周期的差异性、联动性,计算不同国家各类型金融市场风险溢出效应的差异性,进而实施尽可能独立的货币政策。

切实加强货币政策、金融监管政策的国际协调是各国应对全球系统性金融风险的必然选择。各国政策协调的关键基础是,各国应明确短期纾困与长期支持政策的界限,不断优化财政收入和支出结构,增强本国金融市场的效率,提高本国企业的公司治理水平,从而增强各国金融体系在脆弱的全球经济环境中的韧性。

思考题

1. 截面维度计算系统性金融风险的方法主要有哪些?
2. 截面维度计算系统性金融风险的方法有哪些优点与不足?
3. 如何有效结合时间维度和截面维度的系统性金融风险计算方法?

11

系统重要性银行

11.1　基本内涵

2008 年国际金融危机使 FSB、IMF、BIS、巴塞尔银行监管委员会（BCBS）等国际金融组织和各国监管当局开始关注"太关联而不能倒"问题。此时，作为系统重要性金融风险监测和防控的重要内容，引出系统重要性银行这一关注对象。由于系统性金融风险考察范围的不同，系统重要性银行可分为全球系统重要性银行和本国系统重要性银行。

11.1.1　全球系统重要性银行

全球系统重要性银行是，权威的国际金融组织根据银行的跨辖区活动情况、规模、互联性、复杂性、替代性/金融基础设施等指标和相应权重，计算出的达到一定分值的银行或金融机构。全球系统重要性银行因为具有更高的复杂性，在面临重大流动性风险或清算风险时，不仅可能存在"太大而不能倒"的救助困境问题，而且可能存在"太关联而不能倒"的救助困境问题。[①]

全球系统重要性银行在面临给定违约或发生倒闭后，其负的外部性对全球金融体系甚至更广泛的经济体系的稳定运行具有至关重要的影响。全球系统重要性银行不仅自身倒闭对经济体系具有重要影响，由于机构间关联程度的提高，其个体风险会迅速通过资产负债联接、市场预期变化、交易行为改变等多种方式影响到其他机构乃至整个经济体系，其重大风险冲击也会对其他全球系统重要性银行进行传染，形成全球系统重要性银行的风险共振，最终

---

① 如果不救助，则会对更广泛的金融体系和经济活动造成更大的破坏；如果救助，不仅救助成本非常之高，而且破坏市场规则，诱发更多的道德风险。

形成或增大了系统风险。

FSB 根据 IMF、BCBS 等的研究成果,设计指标、认定全球系统重要性银行,并按年对名单进行更新。FSB 在 2019 年列出的全球系统重要性银行主要有 30 家,纳入全球系统重要性银行名单的银行,需要增加 1‰—3.5‰ 的附加资本要求、满足更高的损失吸收能力、执行其他更高的监管标准,具体见表 11.1。

表 11.1　全球系统重要性银行

序号	监管桶	每栏按首字母排序的全球系统重要性银行	名　称	变量
1	5 (3.5%)	无		
2	4 (2.5%)	JP Morgan Chase	摩根大通(美国)	JP
3	3 (2.0%)	Citigroup	花旗集团(美国)	CIT
4		HSBC	汇丰银行(英国)	HSBC
5	2 (1.5%)	Bank of America	美国银行(美国)	BoA
6		Bank of China	中国银行(中国)	BoC
7		Barclays	巴克莱银行(英国)	BAR
8		BNP Paribas	法国巴黎银行(法国,以下简称巴黎银行)	BNP
9		Deutsche Bank	德意志银行(德国)	DEU
10		Goldman Sachs	高盛集团(美国)	GOL
11		Industrial and Commercial Bank of China	中国工商银行(中国)	ICBC
12		Mitsubishi UFJ FG	三菱日联金融集团(日本,以下简称三菱日联金融)	UFJ
13		Wells Fargo	富国银行(美国)	FAR
14	1 (1.0%)	Agricultural Bank of China	中国农业银行(中国)	ABC
15		Bank of New York Mellon	纽约梅隆银行(美国)	MEL
16		China Construction Bank	中国建设银行(中国)	CCB
17		Credit Suisse	瑞士信贷银行(瑞士)	CRE
18		Groupe BPCE	法国人民储蓄银行(法国)	BPCE
19		Groupe Credit Agricole	法国农业信贷集团(法国,简称法国农信银行)	GCA
20		ING Bank	荷兰国际集团银行(荷兰,简称荷兰国际集团)	ING
21		Mitzuho FG	瑞穗银行(日本)	MIT
22		Morgan Stanley	摩根士丹利(美国)	MOR
23		Royal Bank of Canada	加拿大皇家银行(加拿大,简称皇家银行)	ROY
24		Santander	桑坦德银行(西班牙)	SAN
25		Societe Generale	法国兴业银行(法国)	SOC
26		Standard Chartered	渣打银行(英国)	STA
27		State Street	道富银行(美国)	STS
28		Sumitomo Mitsui FG	三井住友金融集团(日本,简称三井住友金融)	MFG
29		Toronto Dominion	多伦多道明银行(加拿大)	TOR
30		UBS	瑞银集团	UBS
31		UniCredit	瑞士联合银行(瑞士)	UCR

注:在 2013 年 7 月,巴塞尔委员会文件"全球具有系统重要性的银行:更新的评估方法和更高的损失吸收能力要求"的表 2 中定义了桶式方法。第二列括号中的数字是额外普通股损失吸收能力相对于风险百分比的要求水平。全球系统重要性银行将需要在 2021 年持有加权资产。

11.1.2　本国系统重要性银行

　　根据中国人民银行 2020 年 12 月发布的《系统重要性银行评估办法》，系统重要性是指金融机构因规模较大、结构和业务复杂度较高、与其他金融机构关联性较强，以及在金融体系中提供难以替代的关键服务，一旦发生重大风险事件而无法持续经营，可能对金融体系和实体经济产生不利影响的程度，具备系统重要性的银行为系统重要性商业银行。监测系统重要性商业银行风险状况、设计相关风险防控措施，是防控系统性金融风险的重要内容。

　　中国人民银行、中国银保监会基于 2020 年数据，评估认定了 19 家国内系统重要性银行，包括 6 家国有商业银行、9 家股份制商业银行和 4 家城市商业银行。按系统重要性得分从低到高分为五组：第一组 8 家，平安银行、中国光大银行、华夏银行、广发银行、宁波银行、上海银行、江苏银行、北京银行；第二组 4 家，浦发银行、中信银行、中国民生银行、中国邮政储蓄银行；第三组 3 家，交通银行、招商银行、兴业银行；第四组 4 家，中国工商银行、中国银行、中国建设银行、中国农业银行；第五组暂无银行进入。[①]

11.2　界定方法

11.2.1　全球系统重要性银行的界定方法

　　BCBS(2013)在 IMF、BIS 和 FSB(2009)提交的 G20 财长和中央银行行长报告的基础上，设计跨境活跃程度和复杂性两方面的指标，对原来的规模、互联性和可替代性等指标进一步完善，并对系统重要性的五类指标分别给予 20% 的权重，除规模类别指标外，在每个类别中确定了多个二级指标，每个二级指标在其类别中的权重均相等，根据这一指标体系和权重评估出全球系统重要性银行。[②]具体见表 11.2。

---

　　① 参见中国人民银行宏观审慎管理局：《中国人民银行　中国银行保险监督管理委员会发布我国系统重要性银行名单》，http://www.pbc.gov.cn/huobizhengceersi/214481/3868581/3868587/4360688/index.html。

　　② 一级指标包括银行的跨辖区活动情况(cross-jurisdictional activity)、规模(size)、互联性(interconnectedness)、复杂性(complexity)、替代性/金融基础设施(substitutability/financial institution infrastructure)等五个方面，在一定程度上可以衡量银行相对于全球经济活动的系统重要性。但目前没有一种方法能够完美地衡量所有银行在全球的系统重要性。银行的结构和业务活动，以及对国际金融体系构成的风险的性质和程度，差异都很大。因此，基于定量指标的方法可以通过监督判断框架纳入定性信息加以补充。并且，监督判断过程仅是在特殊情况下，超越基于指标的测量方法的结果，需要接受国际同行审查以确保其应用的一致性(BCBS，2013)。

表 11.2　全球系统重要性银行评估办法

一级指标及权重	二级指标	权重
跨境活动 （cross-jurisdictional activity）	跨境所有权（cross-jurisdictional claims）	20%
	跨境负债（cross-jurisdictional liabilities）	
规模 （20%）	在巴塞尔协议 III 杠杆率中衡量的总风险敞口（the measure of total exposures used in the Basel III leverage ratio）	20%
关联度 （interconnectedness）	金融系统内资产（intra-financial system assets）	20%
	金融系统内负债（intra-financial system liabilities）	
	证券敞口（securities outstanding）	
可替代性/金融机构基础设施 （substitutability/financial institution infrastructure）	资产托管（assets under custody）	20%
	支付活动（payments activity）	
	债券和股票市场的承销交易（underwritten transactions in debt and equity markets）	
复杂性 （complexity） （20%）	场外（OTC）衍生品的名义金额（notional amount of over-the-counter (OTC) derivatives）	20%
	三级资产（Level 3 assets）	
	交易和可供出售的证券（trading and available-for-sale securities）	

11.2.2　国内系统重要性银行的界定方法

根据《系统重要性银行评估办法》，系统重要性银行的评估按照以下流程每年开展一次。

1. 基本流程

基本流程包括五个环节：一是确定参评银行范围。二是向参评银行收集评估所需数据。三是计算各参评银行系统重要性得分，形成系统重要性银行初始名单。四是结合其他定量和定性分析作出监管判断，对系统重要性银行初始名单作出调整。五是确定并公布系统重要性银行最终名单。

2. 评估方法

根据表 11.3 所列指标，采用定量评估指标计算参评银行的系统重要性得分，并结合其他定量和定性信息作出监管判断，综合评估参评银行的系统重要性。

表 11.3　中国人民银行和中国银保监会的系统重要性银行评估办法

一级指标及权重	二级指标	二级指标内容	权重
规模 （25%）	调整后的表内外资产余额		25%
关联度 （25%）	金融机构间资产	银行与其他金融机构交易形成的资产余额	8.33%
	金融机构间负债	银行与其他金融机构交易形成的负债余额	8.33%
	发行证券和其他融资工具	银行通过金融市场发行的股票、债券和其他融资工具余额	8.33%

续表

一级指标及权重	二级指标	二级指标内容	权重
可替代性 （25%）	通过支付系统或代理行结算的支付额	银行作为支付系统成员,通过国内外大额支付系统或代理行结算的上一年度支付总额,包括为本银行清算的支付总额和本银行代理其他金融机构进行清算的支付总额	6.25%
	托管资产	上年末银行托管的资产余额	6.25%
	代理代销业务	银行作为承销商或代理机构,承销债券,代理代销信托计划、资管计划、保险产品、基金、贵金属等业务的年内发生额	6.25%
	客户数量和境内营业机构数量	银行的公司和个人客户数,以及在境内设立的持牌营业机构总数	6.25%
复杂性 （25%）	衍生产品	银行持有的金融衍生产品的名义本金余额	5%
	以公允价值计量的证券	以公允价值计量且其变动计入当期损益类和以公允价值计量且其变动计入其他综合收益类的证券余额	5%
	非银行附属机构资产	银行控股或实际控制的境内外非银行金融机构的资产总额	5%
	理财业务	银行发行的非保本理财产品余额	5%
	境外债权债务	银行境外债权和境外债务之和	5%

注:银行境外债权和境外债务之和,其中境外债权指银行持有的对其他国家或地区政府、中央银行、公共部门实体、金融机构、非金融机构和个人的直接境外债权扣除转移回境内的风险敞口之后的最终境外债权;境外债务指银行对其他国家或地区政府、中央银行、公共部门实体、金融机构、非金融机构和个人的债务。

资料来源:中国人民银行、中国银保监会 2020 年 12 月发布的《系统重要性银行评估办法》。

3. 参评范围

若某银行满足下列任一条件,则应纳入系统重要性银行评估范围:(1)以杠杆率分母衡量的调整后表内外资产余额在所有银行中排名靠前。(2)曾于上一年度被评为系统重要性银行。

4. 数据收集

中国银保监会每年根据《系统重要性银行评估办法》制作数据报送模板和数据填报说明。数据填报说明包含各级指标及定义、模板较上年的变化等内容。参评银行于每年 6 月底之前填写并提交上一会计年度数据。中国银保监会进行数据质量检查和数据补充修正后,与中国人民银行共享参评银行的监管报表、填报数据和其他相关信息。

5. 系统重要性得分

中国银保监会在完成数据收集后,计算参评银行的系统重要性得分。除另行规定计算方法的情形外,每一参评银行某一具体指标的得分是其该指标数值除以所有参评银行该指标的总数值,然后用所得结果乘以 10 000 后得到以基点计的该指标得分。各指标得分与相应权重的乘积之和,即为该参评银行的系统重要性得分。

6. 阈值和分组

得分达到 100 分的银行被纳入系统重要性银行初始名单。按系统重要性得分进行分组,实行差异化监管。各组分界值如下：第一组，100—299 分；第二组，300—449 分；第三组，450—749 分；第四组，750—1 399 分；第五组：1 400 分以上。

中国银保监会后续可根据实际年度数据测算结果，商中国人民银行并报国务院金融稳定发展委员会（以下简称金融委）批准后，对阈值和分组进行调整。

7. 监管判断

中国人民银行、中国银保监会可根据其他定量或定性辅助信息，提出将系统重要性得分低于 100 分的参评银行加入系统重要性银行名单的监管判断建议，与初始名单一并提交金融委办公室。

使用监管判断的门槛应较高，即只在个别情况下改变根据系统重要性得分确定的系统重要性银行初始名单。

8. 名单确定和披露

系统重要性银行初始名单、相应银行填报的数据和系统重要性得分、监管判断建议及依据于每年 8 月底之前提交金融委审议。系统重要性银行最终名单经金融委确定后，由中国人民银行和中国银保监会联合发布。

11.3 系统重要性银行的监管方法

全球系统重要性银行的宏观审慎监管主要要求较高的损耗吸收，提高资本充足率。本节主要以中国系统重要性银行的宏观审慎监管规定为例进行说明。对于本国系统重要性银行，除了日常微观审慎监管外，还可以根据风险状况采取以下监管方法和措施。

11.3.1 附加监管要求

1. 数量标准

系统重要性银行在满足最低资本要求、储备资本和逆周期资本要求的基础上，还应满足一定的附加资本要求，由核心一级资本满足。系统重要性银行分为五组，第一组到第五组的银行分别适用 0.25％、0.5％、0.75％、1％和 1.5％的附加资本要求。若银行同时被认定为中国系统重要性银行和全球系统重要性银行，附加资本要求不叠加，采用二者孰高原则确定。

2. 时限要求

银行应在进入系统重要性银行名单或者系统重要性得分变化导致组别上升后，在经过一个完整自然年度后的 1 月 1 日满足附加资本要求。若银行退出系统重要性银行名单或者系统重要性得分变化导致组别下降，立即适用新的资本要求。中国人民银行、中国银保监会可以根据宏观经济形势、金融风险变化和银行业发展实际对系统重要性银行附加资本要求进行调整，报金融委审议通过后实施。

3. 附加杠杆率标准

系统重要性银行在满足杠杆率要求的基础上,应额外满足附加杠杆率要求。附加杠杆率要求为系统重要性银行附加资本要求的50%,由一级资本满足。银行应在进入系统重要性银行名单或者系统重要性得分变化导致组别上升后,在经过一个完整自然年度后的1月1日满足附加杠杆率要求。若银行退出系统重要性银行名单或系统重要性得分变化导致组别下降,立即适用新的杠杆率要求。中国人民银行、中国银保监会可以根据宏观经济形势、金融风险变化和银行业发展实际对系统重要性银行附加杠杆率要求进行调整,报金融委审议通过后实施。

11.3.2 恢复与处置计划

1. 基本内容

恢复计划应详细说明银行在持续经营能力出现问题等压力情景下,如何通过实施该恢复计划恢复持续经营能力。处置计划应详细说明银行在无法持续经营时,如何通过实施该处置计划实现安全、快速、有效处置,保障关键业务和服务不中断,避免引发系统性金融风险。

2. 时限要求

首次进入系统重要性银行名单的银行,应当根据自身经营特点、风险和管理状况,按照中国人民银行、中国银保监会的要求,制定集团层面的恢复计划和处置计划建议,并于下一年度8月31日前提交危机管理小组审查。

系统重要性银行每年更新恢复计划、每两年更新处置计划建议并于更新年度8月31日前报送危机管理小组,并且在内外部经营环境、风险状况发生重大变化时,按照中国人民银行、中国银保监会要求进行更新。

3. 恢复计划内容

在系统重要性银行持续经营能力可能或者已经出现问题等压力情景下,满足预先设定的触发条件,系统重要性银行启动并执行恢复计划,快速补充资本和流动性,以度过危机并恢复持续经营能力。恢复计划包括但不限于:(1)机构概览,恢复计划治理架构与职责划分。(2)关键功能与核心业务、关键共享服务和重要实体识别,风险领域和薄弱环节。(3)恢复措施的触发机制,包括触发指标定义及设置等。(4)压力情景设计、分析及各压力情景下的措施有效性检验。(5)银行在面临资本不足或流动性困难时可以采取的措施及具体执行方案,包括补充流动性、资产出售、补充资本、暂停或限制分红、压缩经营成本等。(6)银行向中国人民银行、中国银保监会等部门报告和沟通策略等安排。(7)银行实施恢复计划的障碍及解决障碍的措施。

4. 处置计划内容

处置计划建议应立足于机构自救,落实自救资金来源和制度安排,采取内部纾困模式,落实股东和债权人的风险化解与损失承担责任,具体内容包括但不限于:(1)机构概览,处置计划治理架构与职责划分。(2)关键功能与核心业务、关键共享服务和重要实体识别。(3)处置策略分析,处置权力分析(例如更换负有责任的管理层等相关人员),处置工具分析(例如收购与承接、过桥银行、经营中救助)等。(4)处置措施的触发机制。(5)处置措施和方案,包括对实现快速稳定、提升长期生存能力的分析，以及采取的主要措施，例如内部财务纾困、业务转让、部分或全部资产及负债转让等。(6)保障有效处置的支持性分析，包括处置资金计划和来源、估值能力、关键服务持续运营安排、金融市场基础设施及持续接入安排、消费者权益保护方案等。(7)与境内外相关部门的协调和信息共享、沟通策略等。(8)处置实施障碍分析及解决障碍的计划措施。(9)处置时的损失吸收安排。

11.3.3　审慎监管内容

1. 统计报表与信息披露

（1）统计报表。

系统重要性银行应执行中国人民银行牵头制定的系统重要性金融机构统计制度，按要求向中国人民银行、中国银保监会报送统计报表；按要求报送财务会计报告、年度业务发展计划、信贷计划和利润计划、压力测试报告和其他资料。每年应当向中国人民银行、中国银保监会报送全面风险管理报告，包括对银行风险状况的全面分析、风险防控体系有效性的评估、资产质量报告、改进风险管理水平的具体措施以及中国人民银行、中国银保监会要求报送的其他信息。及时向危机管理小组报送审查恢复计划和处置计划建议、开展可处置性评估所需要的相关信息，确保自身管理信息系统能够迅速、全面满足相关信息报送要求。发生兼并、收购、重组等重大变化时，及时向危机管理小组报送相关重大变化对恢复计划和处置计划等的影响分析报告。

（2）信息披露。

系统重要性银行应每年通过官方网站或年度报告披露资本充足率、杠杆率、流动性、大额风险暴露等监管指标情况，并说明附加监管要求满足情况。披露时间不得晚于每年4月30日。因特殊原因不能按时披露的，应当至少提前15个工作日向中国人民银行、中国银保监会申请延迟披露。

（3）风险数据加总和风险报告体系。

系统重要性银行应当全面梳理经营管理中的风险领域和薄弱环节，建立覆盖所有实质性风险领域的风险数据加总和风险报告体系。风险数据加总应确保风险数据的定义、收集和处理能够真实反映银行的风险容忍度和风险偏好，客观衡量风险调整后的经营表现，满足风险报告的需要。系统重要性银行基于规范的汇报路径和程序，按要求将风险信息及时、准确、清晰、完整地报告给中国人民银行、中国银保监会等部门。[1]

---

[1]　风险数据加总和风险报告体系包括但不限于：(1)在集团层面建立风险数据加总和风险报告体系的治理架构，明确董事会、高级管理层和各相关部门职责，确保与集团整体治理架构相适应，并保证相应的资源安排。(2)在集团层面加强信息技术基础设施建设，统一数据结构，建立精细化的数据分类体系和数据字典，健全各业务条线、法人机构、各类资产、各个行业和地区风险敞口及潜在风险的数据库。(3)提高数据加总和分类的自动化程度，确保在整个集团范围内全部风险数据加总的及时性和准确性，并能够满足正常、压力和危机情况下的定期、临时或突发性数据需求。(4)风险报告的内容应当与集团的经营特点、复杂性、关联度等相适应，能够准确反映各类实质性风险的真实状况和发展趋势，风险报告的频率应当随风险变化及时调整，随着压力或危机程度加深相应提高风险报告频率。

11.3.4 董事会承担最终责任

银行进入系统重要性银行名单后,由董事会承担相关工作的最终责任。董事会的职责包括但不限于:(1)负责推动系统重要性银行达到附加监管要求,并承担最终责任。(2)制定有效的资本规划,建立资本内在约束机制,定期审查评估资本规划的实施情况,确保资本水平持续满足监管要求。(3)负责审批恢复计划和处置计划建议,对恢复计划和处置计划建议的制定与更新承担最终责任。(4)审批集团风险数据加总和风险报告框架,确保充足的资源支持,定期听取专题汇报,充分了解和掌握风险数据加总和风险报告工作的进展情况。(5)负责推动落实中国人民银行、中国银保监会作出的风险提示和整改要求,并承担最终责任。

11.3.5 监管分工

1. 监测分析和风险评估

中国人民银行在并表基础上加强对系统重要性银行的监测分析和风险评估,包括但不限于:(1)在并表基础上收集和分析系统重要性银行的财务数据、资本充足情况、流动性、大额风险暴露、关联交易和内部交易等定量信息。(2)收集系统重要性银行集团层面的公司治理、内部控制、防火墙建设和风险管理等定性信息。(3)定期评估系统重要性银行集团层面的风险及风险管理状况、跨境经营情况、跨业经营情况以及内部风险交叉传染途径。

2. 并表监督管理与强化性监管要求

中国银保监会依法对系统重要性银行实行并表监督管理,实施强化性监管要求。

11.3.6 监管合作

1. 信息共享

中国人民银行、中国银保监会及时共享系统重要性银行的统计报表、监管报告以及其他重大风险报告。在对系统重要性银行发生的兼并、收购、重组等重大变化进行审批时,中国银保监会应及时将相关信息告知中国人民银行。

2. 压力测试

中国人民银行、中国银保监会从防范系统性金融风险的角度,设定不同的压力测试情景,指定压力测试模型和方法,定期对系统重要性银行开展压力测试,评估银行的资本规划及资本充足状况、流动性、大额风险暴露等风险状况,检验恢复计划和处置计划的可行性,并根据压力测试结果对系统重要性银行提出相应的监管要求。

3. 风险预警

中国人民银行、中国银保监会可基于监测分析和压力测试结果,评估系统重要性银行的信贷集中度、复杂性、业务扩张速度等关键指标情况,强化事前风险预警,引导银行降低系统性金融风险。

4. 惩处措施

系统重要性银行存在违反审慎经营规则或威胁金融稳定情形的,中国人民银行可向该银行直接作出风险提示,并抄送中国银保监会。必要时,中国人民银行商银保监会按照法定程序对系统重要性银行的业务结构、经营策略和组织架构提出调整建议,并推进有效实施。系统重要性银行应按要求限期整改,并在规定期限内向中国人民银行和中国银保监会提交整改报告。系统重要性银行违反附加监管规定的,中国人民银行、中国银保监会应当要求其限期整改。对于逾期未完成整改的,中国人民银行、中国银保监会可以与银行的董事、高级管理人员进行监督管理谈话,中国人民银行可以建议银保监会采取审慎监管措施,银保监会积极采纳建议并及时作出回复。

现实讨论:全球系统重要性银行网络

根据 FSB(2019)列出的全球系统重要性银行名单,总共有 30 家。基于观察时段 2010 年 1 月 1 日—2020 年 6 月 30 日间数据的连续性,这里选择 23 家银行作为研究样本[①]。根据这 23 家全球系统重要性银行的资产价格收益率,计算它们之间的网络结构。这里的实验数据来源于 Wind 数据库。由于个别银行在观察期内发生关停牌等原因,造成数据缺失。进行数据清洗之后,剩余有效样本银行 22 家,共计 88 803 个数据,各样本银行股票收盘价变量及数据特征如表 11.4。

表 11.4　全球系统重要性银行资产价格变量统计描述

	均值	中位数	最大值	最小值	标准差	偏度	峰度	概率
巴克莱银行	−0.000 1	0.000 0	0.077 4	−0.084 5	0.009 1	−0.497 6	17.979 5	0.000 0
巴黎银行	−0.000 1	0.000 0	0.054 5	−0.081 2	0.008 2	−0.649 2	14.261 3	0.000 0
德意志银行	−0.000 2	0.000 0	0.067 1	−0.066 5	0.008 7	−0.002 2	12.016 6	0.000 0
多伦多道明银行	0.000 0	0.000 0	0.050 6	−0.052 5	0.006 2	0.022 2	10.797 9	0.000 0
法国兴业银行	−0.000 2	0.000 0	0.090 3	−0.098 2	0.008 7	−0.709 4	18.055 0	0.000 0
法国农信银行	0.000 1	0.000 0	0.041 5	−0.046 3	0.005 4	0.100 9	17.563 1	0.000 0
中国工商银行	0.000 1	0.000 0	0.041 8	−0.044 8	0.004 8	0.001 2	19.531 7	0.000 0
高盛集团	0.000 0	0.000 0	0.070 3	−0.059 4	0.006 7	−0.500 7	18.180 8	0.000 0
汇丰银行	−0.000 1	0.000 0	0.080 9	−0.096 9	0.010 1	−0.632 4	16.751 7	0.000 0
荷兰国际集团	0.000 0	0.000 0	0.088 3	−0.080 9	0.009 2	−0.187 0	14.187 1	0.000 0
花旗银行	0.000 0	0.000 0	0.071 8	−0.093 1	0.008 2	−0.769 8	20.407 1	0.000 0
中国建设银行	0.000 1	0.000 0	0.063 0	−0.068 1	0.006 2	−0.619 1	18.398 8	0.000 0
皇家银行	0.000 0	0.000 0	0.039 0	−0.055 0	0.005 9	−0.164 6	10.525 8	0.000 0

[①] 这不同于 IMF(2020)提到的"具有系统重要性金融部门的经济体",后者指每五年必须进行一次金融稳定评估规划的经济体(即"S29 经济体"),包括澳大利亚、奥地利、比利时、巴西、加拿大、中国、丹麦、法国、芬兰、德国、中国香港特别行政区、印度、爱尔兰、意大利、日本、韩国、卢森堡、墨西哥、荷兰、挪威、波兰、俄罗斯、新加坡、西班牙、瑞典、瑞士、土耳其、英国和美国。

续表

	均值	中位数	最大值	最小值	标准差	偏度	峰度	概率
摩根大通	0.000 1	0.000 0	0.487 7	−0.492 5	0.012 9	−0.447 1	1 093.021 0	0.000 0
纽约梅隆银行	0.000 0	0.000 0	0.058 9	−0.075 1	0.006 6	−0.532 3	20.806 4	0.000 0
瑞穗银行	0.000 0	0.000 0	0.098 1	−0.098 7	0.009 6	−0.552 4	18.369 4	0.000 0
瑞士联合银行	0.000 1	0.000 0	0.064 7	−0.065 1	0.004 9	−0.282 3	33.992 5	0.000 0
瑞士信贷银行	0.000 1	0.000 0	0.054 0	−0.067 8	0.007 0	−0.117 4	13.835 9	0.000 0
三井住友金融	0.000 0	0.000 0	0.027 1	−0.046 9	0.005 2	−0.773 5	11.983 8	0.000 0
三菱日联金融	0.000 0	0.000 0	0.048 4	−0.052 7	0.006 4	−0.049 7	10.138 1	0.000 0
桑塔德银行	0.000 1	0.000 0	0.055 4	−0.048 3	0.004 9	−0.237 9	23.282 3	0.000 0
中国银行	0.000 0	0.000 0	0.042 3	−0.045 2	0.004 9	0.456 7	22.318 4	0.000 0

　　根据各全球系统重要性银行资产价格波动的时间序列数据,基于施瓦兹准则,估计并选择 VAR 模型最优的滞后阶数,进而计算出各节点变量的扰动项矩阵。以扰动项矩阵为节点变量,进行方差分解分析,考察系统重要性银行在金融风险跨国传染中的作用及关系。分别实验1天、5天、10天、15天预测,这里选择各变量方差分解贡献较为稳定的15天预测结果。全球系统重要性银行间金融风险传染矩阵分析结果和传染效应结果情况如图11.1所示。在此基础上,采用系统聚类分析法对网络节点变量进行分类,结果如图11.2所示。

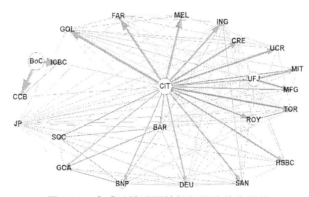

图 11.1　全球系统重要性银行风险传染网络

　　注:图11.1中网络节点圆圈大小表示各国相应的金融市场在一定阈值上与其他金融市场存在风险传染关系的多少,连线粗细表示单向风险传染效应的大小,箭头方向表示风险传染方向。

(一) 全球系统重要性银行风险传染网络的板块性

　　全球系统重要性银行风险传染网络具有一定板块性和差别性,在不同的风险时期,板块构成银行可能发生局部变动。根据各系统重要性银行的风险波动情况,可以将其分为四个板块(如图11.2):(1)摩根大通;(2)法国兴业银行、法国农信银行、巴黎银行、巴克莱银行;(3)中国工商银行、中国银行、中国建设银行;(4)德意志银行、荷兰国际集

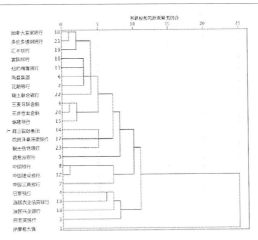

图 11.2　全球系统重要性银行系统聚类分析

注:图 11.2 中连线的横轴值表示新连接的两家银行间的距离,距离越小则表明两类银行的风险结构越接近,更易发生风险传染,距离越大则表示两类银行之间存在较大的风险结构异质性。

团、桑塔德银行、加拿大皇家银行、多伦多道明银行、汇丰银行、富国银行、纽约梅隆银行、高盛集团、瑞士联合银行、瑞士信贷银行、花旗银行、三菱日联金融、三井住友金融、瑞穗银行。

(二) 美国的全球系统重要性银行多为风险的传染方

在观察期内,摩根大通、花旗银行、巴克莱银行、纽约梅隆银行、高盛集团等多数美国的全球系统重要性银行,除了具有明显的本国银行体系内部风险传染效应外,一般对其他国家的银行具有显著的风险传染效应。此外,美国的富国银行可能遭受荷兰国际集团的风险传染,高盛集团可能遭受德意志银行和荷兰国际集团的风险传染。这可能意味着:

(1) 不仅美国的金融市场在全球经济体系中处于核心地位,而且美国的系统重要性银行也具有不容忽视的影响。因此,美国对其他国家的风险传染,不仅通过其金融市场的波动和冲击,还可能通过其系统重要性银行的资产、负债、国际结算等业务,对其他国家的系统重性银行产生风险冲击。

(2) 从全球系统重要性银行网络角度分析,美国全球系统重要性银行的风险波动具有显著的传出效应、净传染效应和总效应,并且大于其他国家。

(3) 从 5 日、10 日、15 日的预测方差分解结果分析,美国的系统重要性银行 5 日的风险传出效应和传入效应都较低,后期则迅速表现为对其他欧洲国家银行的风险传出效应。其原因可能在于,全球金融风险传染源不一定都是美国,但由于美国强大的金融体系以及和世界其他国家金融体系联系中的核心地位,使得美国银行体系对全球金融风险传染具有放大效应。

(三) 欧洲国家、加拿大和日本的全球系统重要性银行多表现出风险传入效应

欧洲国家的全球系统重要性银行的风险传入效应较为显著。(1)在观察期内,英国的汇丰银行可能受到美国花旗银行、富国银行、巴克莱银行、纽约梅隆银行、高盛集团、西班牙桑塔德银行、日本三菱日联金融、瑞士信贷银行、荷兰国际集团、加拿大皇家银行、中国银行等全球系统重要性银行的风险传染。(2)法国农信银行可能受到荷兰国际集团、巴克莱银行、巴黎银行、德意志银行等全球系统重要性银行的风险传染;法国兴业银行可能受到摩根大通、巴克莱银行、巴黎银行、德意志银行、法国农信银行等全球系统重要性银行的风险传染。(3)加拿大多伦多银行可能受到花旗银行、富国银行、加拿大皇家银行、西班牙桑塔德银行、瑞士联合银行等全球系统重要性银行的风险传染。德意志银行可能受到瑞士信贷银行、巴黎银行、巴克莱银行等全球系统重要性银行的风险传染。(4)三井住友金融集团可能受到高盛集团、荷兰国际集团、瑞穗银行、三菱日联金融等银行的风险传染;三菱日联金融对瑞士信贷银行、瑞穗银行、汇丰银行、桑塔德银行等具有风险传染效应。(5)除巴黎银行风险传出效应(59.535 3)略大于风险传入效应(49.588 1)外,德意志银行、三菱日联金融、法国农信银行、法国兴业银行、荷兰国际集团、瑞穗银行、桑塔德银行、汇丰银行、三井住友金融、瑞士联合银行、瑞士信贷银行,以及加拿大皇家银行、多伦多银行等,风险净传染效应值多在−30 至−70 之间;风险主要来源于花旗银行、摩根大通、巴克莱银行等。

从预测方差分解结果分析,除瑞士信贷银行外,欧洲国家系统重要性银行在初期就表现出显著的风险传入效应,但由于美国花旗银行等的风险效应较低,因此风险传染的总效应可能大于美国的银行,甚至成为全球的金融风险传染源,例如2012年欧洲债务危机时期。其经济含义为:欧洲市场经济体、加拿大、日本等,与美国存在密切的经济联系,其系统重要性银行之间也存在规模较大的业务往来,但美国金融体系的主导地位更为明显,因此美国的全球系统重要性银行对这些国家的全球系统重要性银行的风险传染效应更显著,被这些国家传染银行风险的效应则较弱。

(四) 中国的全球系统重要性银行尚未显著受到这一渠道的风险传染,传染效应主要作用于国内

(1)根据观察期数据计算结果,中国银行对中国工商银行、中国建设银行具有一定的风险传染效应,中国银行和中国建设银行对汇丰银行具有一定的风险传染效应,但尚未受到其他银行较大的风险传染影响。

(2)根据全球系统重要性银行风险网络结构,中国的全球系统重要性银行的风险传染效应主要作用于国内。

11.4 小结

系统重要性银行可分为本国系统重要性银行和全球系统重要性银行。全球系统重要性银行是,权威的国际金融组织根据银行的跨辖区活动情况、规模、互联性、复杂性、替代性/金融基础设施等指标和相应权重,计算出的达到一定分值的银行或金融机构。国内系统重要性是指金融机构因规模较大、结构和业务复杂度较高、与其他金融机构关联性较强，以及在金融体系中提供难以替代的关键服务，一旦发生重大风险事件而无法持续经营，可能对金融体系和实体经济产生不利影响的程度，具备系统重要性的银行为系统重要性商业银行。监测系统重要性商业银行风险状况、设计相关风险防控措施，是防控系统性金融风险的重要内容。

全球系统重要性银行的评估指标包括跨境活跃程度、复杂性、规模、互联性和可替代性等五个一级指标，以及跨境所有权、跨境负债、在《巴塞尔协议 III》杠杆率中衡量的总风险敞口、金融系统内资产、金融系统内负债、证券敞口、资产托管、支付活动、债券和股票市场的承销交易、OTC 衍生品的名义金额、三级资产、交易和可供出售的证券等多个二级指标。中国的系统重要性银行的评估指标包括规模、关联度、可替代性、复杂性等四个一级指标，以及调整后的表内外资产余额、金融机构间资产、金融机构间负债、发行证券和其他融资工具、通过支付系统或代理行结算的支付额、托管资产、代理代销业务、客户数量和境内营业机构数量、衍生产品、以公允价值计量的证券、非银行附属机构资产、理财业务、境外债权债务等多个二级指标。

对于系统重要性银行，除了日常微观审慎监管外，还可以根据风险状况采取以下监管方法和措施：增加附加监管资本、风险评估及纾困、恢复与处置计划、宏观审慎监管分工与合作等内容。

思考题

1. 比较单一规模标准下的系统重要性银行与多指标标准下的系统重要性银行的具体构成有无差别。
2. 如何全面计算系统重要性银行之间的风险传染关系？

12

宏观审慎政策

12.1 概述

12.1.1 系统性金融风险的外部性

系统性金融风险具有较强的外部性。这体现在三个方面：

（1）金融系统具有放大负向冲击的倾向。

当金融系统放大负向冲击对经济的作用时，外部性就会加强（Hanson et al.，2011）。大多数银行通过削减新增贷款应对普遍的负向冲击时，必然造成信贷紧缩，进而减少投资和就业，使经济体系进一步收缩。众多银行或企业为了收缩资产和出售流动性较差的证券，可能会压低证券价格，导致贱卖效应，这进一步削弱其资产负债表，增加信贷成本，造成信贷进一步收缩和经济进一步恶化。

（2）宏观金融对负向冲击过度暴露的反馈机制。

一系列外部性可能导致整个系统过度暴露冲击。竞争压力和资本流动可能助长信贷过度繁荣，导致信贷标准下降，通过信贷和资产价格之间的内生反馈机制引发过度杠杆风险，在资产价格转向时不仅增加了金融系统的脆弱性，而且加剧了宏观经济冲击的风险敞口。过度依赖短期批发融资使整个体系面临信心冲击和突然停息。

（3）金融系统内部联系增加了特殊冲击或总体冲击时系统的脆弱性。

外部性也可能在整个金融系统中出现（Acharya and Richardson，2009）。信贷过度增长可能会使经济体系及金融体系过度依赖银行和非银行机构提供的短期批发融资，加剧系统的流动性风险。融资和衍生品市场风险敞口的累积会使个体中介机构"太关联而不能倒"，这种隐性担保导致相关中介机构风险敞口的进一步过度增长，降低了系统重要性机构控制风险的动机。对关键市场运作至关重要的中介机构（如市场基础设施提供商）监管失败，也可能给整个系统带来一种外部性。

12.1.2　宏观审慎政策的基本内涵

为了控制这些外部性,相关政策部门通过宏观审慎政策工具来限制系统性金融风险(IMF,FSB and BIS,2016)。具体而言需要完成三个子目标:一是通过建立缓冲机制来吸收冲击,帮助金融系统维持向经济体系提供信贷的能力,从而提高金融体系对系统性冲击的韧性。二是在时间维度上,通过减少资产价格与信贷之间的顺周期反馈,控制不可持续的杠杆增长和不稳定的融资,遏制系统脆弱性随着时间变化而累积。三是在结构或横向维度上,控制金融系统由中介机构之间及其与系统重要性机构之间的关联导致的脆弱性累积。

根据中国人民银行 2021 年 12 月发布的《宏观审慎政策指引》,宏观审慎政策框架包括宏观审慎政策目标、风险评估、政策工具、传导机制与治理机制等,是确保宏观审慎政策有效实施的重要机制。随着政策部门、金融业界和学术研究的探索,宏观审慎政策框架亦在不断丰富和完善。

宏观审慎政策的目标是防范系统性金融风险,尤其是防止系统性金融风险顺周期累积以及跨机构、跨行业、跨市场和跨境传染,提高金融体系的韧性和稳健性,降低金融危机发生的可能性和破坏性,促进金融体系的整体健康与稳定。

系统性金融风险评估是指综合运用风险评估工具和监管判断,识别金融体系中系统性金融风险的来源和表现,衡量系统性金融风险的整体态势、发生可能性和潜在危害程度。及时、准确地识别系统性金融风险是实施宏观审慎政策的基础。

宏观审慎政策工具是,根据系统性金融风险的特征,结合本国实际和国际经验,开发和储备适用于本国国情的一系列政策工具或措施。针对评估识别出的系统性金融风险,使用适当的宏观审慎政策工具,以实现宏观审慎政策目标。不断丰富和完善的宏观审慎政策工具,是提升宏观审慎政策执行效果的必要手段。

宏观审慎政策传导机制是指通过运用宏观审慎政策工具,对金融机构、金融基础设施施加影响,从而抑制可能出现的系统性金融风险顺周期累积或传染,最终实现宏观审慎政策目标的过程。顺畅的传导机制是提高宏观审慎政策有效性的重要保障。

宏观审慎政策的治理机制是指为监测识别系统性金融风险、协调和执行宏观审慎政策以及评估政策实施效果等,所进行的组织架构设计和工作程序安排。良好的治理机制可以为健全宏观审慎政策框架和实施宏观审慎政策提供制度保障。

12.1.3　宏观审慎政策的主要工具

1. 宏观审慎政策工具区别于微观审慎监管的基本特征

(1) 不同的基本属性。宏观审慎政策工具主要用于防范金融体系的整体风险,具有"宏观、逆周期、防传染"的基本属性,这是其有别于主要针对个体机构稳健、合规运行的微观审慎监管的重要特征。

（2）不同的重点问题。宏观审慎政策会运用一些与微观审慎监管类似的工具,例如对资本、流动性、杠杆等提出要求,但两类工具的视角、针对的问题和采取的调控方式不同,可以相互补充,而不是替代。

（3）不同的监管要求。宏观审慎政策工具用于防范系统性金融风险,主要是在既有微观审慎监管要求之上提出附加要求,以提高金融体系应对顺周期波动和防范风险传染的能力。

（4）不同的监管变化。宏观审慎管理往往具有"时变"特征,即根据系统性金融风险状况动态调整,以起到逆周期调节的作用。

2. 基本分类

针对不同类型的系统性金融风险,宏观审慎政策工具可按照时间维度和结构维度两种属性划分,也有部分工具兼具两种属性。中国人民银行在《宏观审慎政策指引》中界定,时间维度的工具用于逆周期调节,平滑金融体系的顺周期波动;结构维度的工具,通过提高对金融体系关键节点的监管要求,防范系统性金融风险跨机构、跨市场、跨部门和跨境传染。

（1）时间维度的工具。

一是资本管理工具,主要通过调整对金融机构资本水平施加的额外监管要求、特定部门资产风险权重等,抑制由资产过度扩张或收缩、资产结构过于集中等导致的顺周期金融风险累积。

二是流动性管理工具,主要通过调整对金融机构和金融产品的流动性水平、资产可变现性和负债来源等施加的额外监管要求,约束过度依赖批发性融资以及货币、期限严重错配等,增强金融体系应对流动性冲击的韧性和稳健性。

三是资产负债管理工具,主要通过对金融机构的资产负债构成和增速进行调节,对市场主体的债务水平和结构施加影响,防范金融体系资产过度扩张或收缩、风险敞口集中暴露,以及市场主体债务偏离合理水平等引发的系统性金融风险。

四是金融市场交易行为工具,主要通过调整对金融机构和金融产品交易活动中的保证金比率、融资杠杆水平等施加的额外监管要求,防范金融市场价格大幅波动等可能引发的系统性金融风险。

五是跨境资本流动管理工具,主要通过对影响跨境资本流动顺周期波动的因素施加约束,防范跨境资本"大进大出"可能引发的系统性金融风险。

（2）结构维度的工具。

一是特定机构附加监管规定,通过对系统重要性金融机构提出附加资本和杠杆率、流动性等要求,对金融控股公司提出并表、资本、集中度、关联交易等要求,增强相关机构的稳健性,减轻其发生风险后引发的传染效应。

二是金融基础设施管理工具,主要通过强化有关运营及监管要求,增强金融基础设施稳健性。

三是跨市场金融产品管理工具,主要通过加强对跨市场金融产品的监督和管理,防范系统性金融风险跨机构、跨市场、跨部门和跨境传染。

四是风险处置等阻断风险传染的管理工具,例如恢复与处置计划,主要通过强化金融机构及金融基础设施风险处置安排,要求相关机构预先制定方案,当发生重大风险时根据预案恢复持续经营能力或实现有序处置,保障关键业务和服务不中断,避免引发系统性金融风险或降低风险发生后的影响。

按照对政策实施对象约束力大小,宏观审慎政策工具可分为强约束力工具和引导类工具。强约束力工具是指政策实施对象根据法律法规要求必须执行的工具;引导类工具是指宏观审慎管理牵头部门通过研究报告、信息发布、评级公告、风险提示等方式,提出对系统性金融风险状况的看法和风险防范的建议。根据系统性金融风险的来源和表现,由宏观审慎管理牵头部门会同相关部门开发新的宏观审慎政策工具。

压力测试可以为开展宏观审慎管理提供重要参考和支撑。宏观审慎管理牵头部门通过测试极端情况下金融体系对冲击的承受能力,识别和评估系统性金融风险,启用和校准宏观审慎政策工具等。宏观审慎压力测试不仅包括宏观层面压力测试,还包括系统重要性金融机构压力测试、金融控股公司压力测试、金融行业压力测试等针对特定机构和行业的压力测试。

3. 使用环节

宏观审慎政策工具的使用一般包括预判、启用、沟通、校准和调整五个环节:

(1) 在风险未触及启用宏观审慎政策工具阈值时,宏观审慎政策部门通过综合分析评估,认为可能出现系统性金融风险时,也可基于监管判断启用宏观审慎政策工具。

(2) 当潜在的系统性金融风险已触及启用宏观审慎政策工具阈值时,宏观审慎政策部门结合监管判断,适时启用应对系统性金融风险的宏观审慎政策工具。

(3) 宏观审慎政策工具启用后,宏观审慎政策部门开展动态评估,综合判断宏观审慎政策工具是否达到预期、是否存在监管套利和未预期后果等。根据评估结果对宏观审慎政策工具进行校准,包括工具适用范围、指标设计和政策要求等。

(4) 宏观审慎政策部门建立健全宏观审慎政策沟通机制,做好预期引导,定期或不定期以公告、报告、新闻发布会等方式与市场进行沟通。沟通内容包括宏观审慎政策框架、政策立场、系统性金融风险评估、宏观审慎政策工具使用,以及未来可能采取的政策行动等,增强宏观审慎政策的透明度及可预期性。

(5) 宏观审慎政策部门动态评估系统性金融风险态势,根据评估结果并结合监管判断,适时调整宏观审慎政策工具的具体值。

12.2　防控机制

宏观审慎政策在确定目标和工具后,主要通过五个环节来实现对系统性金融风险的控制,参见图 12.1。

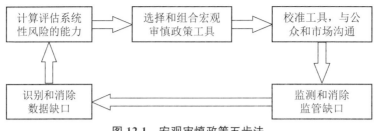

图 12.1 宏观审慎政策五步法

资料来源：IMF，2020，"Key Aspects of Macroprudential Policy"，IMF Working Paper。

12.2.1 评估系统性金融风险

一个有效的系统风险监测框架是宏观审慎政策实施的关键。其中需要考虑的关键因素有：信贷规模增长和失衡的宏观经济驱动因素；金融部门和国内实体经济部门（家庭和公司）之间的金融联系，以及每个部门与世界其他地方之间的金融联系；金融体系结构，以及关键类型中介机构与市场基础设施之间的联系。在此基础上，通过比较成熟的测算方法，对大量的监管数据、统计数据、市场情报和发展趋势的软信息进行计算评估。

1. 评估时间维度的系统性金融风险

（1）信贷的强劲增长可能预示着系统性金融风险的累积。实证文献发现，私营部门信贷与 GDP 之比的增长超过趋势 1—3 年（可以通过信贷相对于 GDP 的增长或与其长期趋势的偏差来衡量）是危机概率上升最好的单项监测指标（Drehmann and Tarashev，2011；Drehmann and Juselius，2012；Mitra et al.，2011；Lund-Jensen，2012）。使用非银行机构信贷和跨境信贷等广义信贷指标，可以改善评估指标的准确性（Drehmann et al.，2011；Mitra et al.，2011；Arregui et al.，2013a）。但不可忽视的是，当实体经济基础良好且贷款增长有助于健康的金融深化时，信贷繁荣并非以泡沫破裂而告终（Bakker，2012）。因此，重要的是要考虑导致信贷增加的宏观经济环境和系统性金融风险累积的其他补充指标。

（2）将信贷增长与其他指标相结合的分析，有助于判断信贷过度增长是否构成系统性金融风险。这些指标包括：用作担保贷款抵押品的资产价格，以及可能在杠杆率和资产价格之间产生反馈的资产价格（Borio and Lowe，2003；Mitra et al.，2011；Arregui et al.，2013b；Lund-Jensen，2012）；借款人在这些资产市场上的平均杠杆率以及新增贷款的杠杆率（Geanakoplos and Pedersen，2011）；贷款标准的变化；衡量家庭和企业部门资产负债表的指标明显扩张，例如每个部门的偿债收入比率；家庭和企业部门对利率及货币风险的敞口造成的脆弱性（Drehmann and Juselius，2012）；经常账户赤字和实际汇率升值所反映的外部失衡，可能增加危机发生的可能性（Kaminsky and Reinhart，1999；Barrell et al.，2010；Jordan et al.，2010）。

（3）密切监测金融体系内部脆弱性的累积至关重要。监测分析金融体系内部脆弱性的累积情况，需要重点判断的是：信贷对 GDP 的增长是可持续的，还是承受了信贷、外汇和流动性风险的不可持续增长。进一步衡量的方法是：金融体系吸收违约风险和资产估值变化的能力，可以用杠杆率、盈利能力以及各种指标的压力测试来衡量；银行信贷扩张对批发融资的依赖程度,可以通过非核心资产与核心资产的比率或信贷与存款的比率来衡量。

2. 评估横向结构维度的系统性金融风险

在结构维度上,评估系统性金融风险需要分析金融体系连接结构形成风险威胁的程度。2008 年金融危机表明,信贷违约互换等新产品,可能导致整个金融部门风险集中程度发生快速变化,并使某些机构面临更大的尾部风险敞口,进而使这些机构变得"太重要而不能倒"。同时,还要分析金融体系非银行结构的变化(例如,货币市场共同基金可能成为银行的重要资金来源),此类机构的流动性错配,可能导致内部资产贱卖,从而削弱金融体系(FSB,2012)。

监测和分析金融联系结构,对于宏观审慎政策判断是否采取必要的反应十分重要。金融体系内部联系既可以作为冲击吸收器(shock absorber)用以削弱风险,又可以作为冲击转移器(shock transmitter)用以增强系统的关联性从而分担风险。网络结构分析、或有债权结构分析等风险评估方法有助于评估横向上相互关联的风险(Arregui et al.,2013a)。

3. 评估系统性金融风险的有效条件

(1) 需要综合定量分析和定性判断决定何时采取行动。慢速指标(slow-moving indicators)更有助于监测风险的累积,高频和基于市场的指示器(high-frequency and market-based indicators)更有助于预测即将到来的系统性金融风险,帮助决策当局提前几个月做好应对措施(Blancher et al.,2013;Arsov et al.,2013)。

(2) 系统性金融风险评估与监测还需要在几个关键维度取得进展。现有工具可以评估大多数部门和总体水平。目前,这些工具仅提供部分潜在风险,仅提供有关系统性金融风险事件概率和影响的初步信号,无法为政策制定者提供充分且准确的信息。需要进一步解决的问题包括:一是早期预警,提高系统性金融风险措施的前瞻性。二是系统性金融风险的阈值,准确给出系统性金融风险值为多少时采取什么类型的工具。三是系统行为,在反馈机制、多轮效应、非线性风险相关性等风险冲击的内生反应方面提高模拟系统行为的能力。

12.2.2 选择和组合宏观审慎工具包

政策当局需要选择和组合一套能解决系统性金融风险关键来源和维度的宏观审慎工具。系统性金融风险可能取决于国家特点和发展阶段,因此没有"包打天下"和一劳永逸的宏观审慎政策工具或组合。相互关联的多个工具有助于避免某一工具的缺点,使决策者能够针对各种风险状况调整整体策略响应,从而提高策略响应的作用和效率。

1. 针对时间维度系统性金融风险的宏观审慎政策工具组合

在时间维度上,可考虑三组工具:增强抵御冲击能力的反周期资本缓冲(CCB)和拨备,遏制特定部门风险累积的部门工具,遏制融资风险的流动性工具。见图 12.2。

(1) 反周期资本缓冲和拨备。

反周期资本缓冲通过《巴塞尔协议 III》在许多国家使用。它的优点是可以提高金融系统应对一系列风险冲击的弹性,释放缓冲,有助于减轻银行去杠杆化时的财务压力,避免信贷紧缩。它的缺点是灵敏度较低,执行时滞较长,不加区别地统一应用于所有的风险暴露,很可能

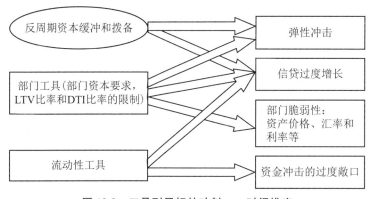

图 12.2 工具到目标的映射——时间维度

资料来源：IMF，2013，"Key Aspects of Macroprudential Policy"，IMF Working Paper。

会减缓对信贷市场特定领域风险累积的反应。另外，如果银行将自愿性缓冲保持在最低水平以上，或者可以通过强劲的收益轻松产生资本，则缓冲的释放可能不会明显减慢整体信贷增长速度和控制系统性金融风险。

（2）部门资本要求。

增加信贷市场上特定部门的风险权重可以补充反周期资本缓冲的缺陷。原则上，有针对性地增加风险权重可以适用于任何超速增长的贷款类别，包括抵押贷款、无担保消费信贷，或者此类信贷的具体部分；也可适用于特定部门特定业务领域的贷款，包括企业贷款或企业商业地产贷款等。风险权重的增加预计会增加目标行业的贷款利率，还会增加贷方对信贷质量恶化的抵御能力。

（3）流动性工具。

比较典型的流动性工具有贷款价值比（LTV ratio）和债务收入比（DTI ratio），它们通过提高抵押贷款的资本金要求，可以控制资产价格与信贷强劲增长相互促进时的贷款增长。LTV 比率为相对于房产价值的抵押贷款规模设定了上限（最低首付），DTI 比率将抵押贷款的规模限制在家庭收入的固定倍数范围内，遏制家庭债务出现难以承受的不可持续增长。为了减少对系统范围内脆弱的非核心资金的依赖，流动性工具采取基于数量或基于价格的措施对批发融资、短期融资和外汇融资进行限制，控制信贷增长，补充了反周期资本缓冲或拨备和部门资本要求等工具的不足。

2. 一系列辅助性工具能够控制金融系统内部相互联系和传染的结构性风险

一是为了提高那些破产会给整个金融体系带来系统性金融风险的机构的冲击弹性和风险化解能力，宏观审慎政策需要对此类机构强化管理，例如对全球（及国内）系统重要性金融机构的强化监管。具体形式为，对金融体系的风险敞口或增长过快的特定类型敞口部门提高资本要求；根据资本水平对相关的风险敞口进行数量限制，将现有的大型风险敞口机制扩展至整个金融体系；由于非核心资金通常在批发金融市场中筹集，流动性工具有助于减少金融机构的国内或跨境敞口（Shin，2010）。二是为了降低金融体系内部交易导致的信贷风险敞口累积，对支付、结算、清算安排等市场基础设施进行改变。2008 年金融危机后，衍生品交易增加了交易对手的信用风险,G20倡议引入中央交易对手衍生品的清算。三是缺乏信息通常会增加传染性影响,增加风险敞口方面的透明度是控制结构方面系统性金融风险的必要措施。如图12.3所示。

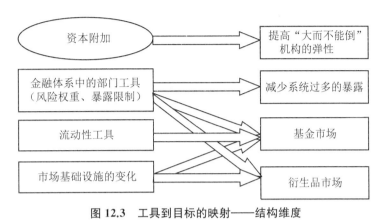

图 12.3　工具到目标的映射——结构维度

资料来源:IMF,2013,"Key Aspects of Macroprudential Policy",IMF Working Paper。

12.2.3　校准宏观审慎政策工具

宏观审慎政策需要权衡其收益和成本,需要综合分析系统性金融风险的来源及其水平的变化,需要理解宏观审慎政策工具的传导,评估宏观审慎政策行动所引发的成本与扭曲(Arregui et al.,2013a)。结构维度的宏观审慎政策措施往往采取持续主动的形式,施加新的约束;时间维度的宏观审慎政策措施可能涉及环境条件的动态变化,限制条件忽紧忽松。

宏观审慎政策工具的传导机制受到较大不确定性的影响。尽管可以从理论概念上绘制宏观审慎工具的传导渠道,但这些渠道作用的强度仍不确定。一些文献实证了宏观审慎政策工具对金融系统冲击弹性、信贷增长、资产价格的影响(Lim et al.,2011a;Heedon et al.,2013;Arregui et al.,2013b),评估了宏观审慎政策工具对产出变化的影响(Heedon et al.,2013;Arregui et al.,2013b)。然而,各个工具效果的相对强度及精确定量影响都很难衡量。此外,宏观审慎政策的最终目标(降低未来危机发生的概率和深度)仍难以实现量化。因此,需要进一步研究,提高政策制定者对每种工具收益和成本的理解,监控宏观审慎政策措施的关键传导脆弱性指标,并进行实时调整校准。

(1) 有效的校准需要一定程度的判断,以便能够应对不断变化的风险。静态或以规则为基础的校准能有效减少政治对宏观审慎政策工具自由裁量权的影响;然而,为了防范系统性金融风险累积,静态或以规则为基础的校准可能导致一以贯之的紧缩低效,扭曲了金融活动,为规避提供了激励(Goodhart,2008)。为了平衡两方面因素,一是根据关键性指标引入指导性酌处权(guided discretion);二是补充充当自动稳定器的工具(例如动态准备金),针对不断变化的风险进行自动动态调整。

(2) 使用多种工具改善政策权衡。严格使用任何一种工具都可能引发扭曲和规避行为,造成工具的边际收益下降。互补工具的互锁使用可以降低此类成本，并使决策者能针对当前的风险状况进行及时调整，从而更有效地实现宏观审慎政策的目标。

（3）宏观审慎政策工具的使用需要与市场主体进行及时、清晰的沟通。与市场及时、清晰沟通，可以促进市场充分理解宏观审慎工具的意义和作用；同时，可以用来引导市场预期，有助于市场理解什么情况下将实施什么样的给定政策工具以及怎样被使用。对预期的引导反过来可以降低宏观审慎工具变化带来的成本（Giese et al.，2013）。

（4）不同宏观审慎工具的权衡可能有所不同。例如，放松流动性限制的工具有助于在压力时期维持信贷（Heedon et al.，2013），还可以缩短压力条件下银行资金的到期日，适应投资者的偏好，维持市场信心。放宽部门新增贷款的约束，有助于在保持弹性的需求和向经济提供信贷的愿望之间取得平衡。此外，当宏观审慎政策工具得到以下措施补充时，权衡可以得到改善。例如，健全的解决方案框架和对单个银行压力测试结果的披露，可以使当局可靠地处理单个薄弱机构，从而更有信心地放宽系统范围的资本缓冲（Osiński et al.，2013）。同样，中央银行提供紧急流动性的承诺能有效放松流动性约束。

12.2.4 监测和填补监管漏洞

政策当局需要监测超出宏观审慎工具作用范围的风险转移情况，并填补监管缺口。宏观审慎政策当局需要通过扩展宏观审慎政策工具监测和评估风险转移程度，根据系统性金融风险在不同行业的分布结构比例，将监管范围延伸至非银行和非金融市场（FSB，2012）。

宏观审慎的方法要求将政策工具扩展到所有影响市场上短期融资和杠杆周期的信贷提供业务。根据FSB的建议，类银行中介机构尽管不吸收存款，但其依赖短期债务融资并向经济实体提供信贷，应该遵循相同的审慎监管标准。此外，宏观审慎政策还应扩展到依赖短期资金或有担保资金的市场杠杆提供者，以及证券借贷和回购市场的减价、衍生产品市场的保证金要求等，以避免导致杠杆过度和保证金顺周期螺旋上升（Geanakoplos，2010；Longworth，2010；Hanson et al.，2011；FSB，2012）。

但宏观审慎政策干预也需要意识到边界问题。如果监管有效，但其范围仅限于某些类型的受监管机构，它将限制受监管的公司获得它们的首选地位，并降低其股本回报率。这往往会导致受监管公司将商业活动转向监管范围之外的受限制较少的中介，也可能导致受监管公司转向基于市场的融资，以及在受监管程度较低的行业开放关联业务。

12.2.5 缩小数据和信息差距

宏观审慎政策的有效性将受益于持续缩小的信息缺口。数据和信息缺口会阻碍系统性金融风险的早期监测，增加对已确定问题进行政策反应的不确定性，阻碍宏观审慎工具的设计和执行，复杂化监管范围。

1. 信息缺口阻碍家庭部门和企业部门的风险评估

在许多国家，有关家庭部门的数据较为稀缺，甚至需要更大粒度（greater granularity）的数据来进行风险评估。例如,为了实施和执行有效 LTV 比率和 DTI 比率,区域层面的房地产价格信息不可或缺。另外,信用记录需要提供现有高级贷款的有关信息,以便研究者能够计算总比率。类似地,评估企业部门的外汇风险敞口,需要获取流向这些机构的跨境信贷颗粒数据。此外,贷款级别的数据通常无法获得,缺少数据则无法计算杠杆率和资产价格脆弱性,以及借款人和资产类别之间的利率冲击。

2. 信息缺口阻碍评估结构维度风险的联系与转移

金融机构之间,包括系统重要性金融机构之间,有关国内和跨境的敞口数据常常缺失;融资市场上交易对手和到期日的详细信息往往没有收集到;此外,有关场外衍生品市场的风险敞口数据也经常缺失。这些数据信息缺口降低了政策当局评估风险集中度和设计并执行监管约束的能力,例如对系统重要性机构的监管能力。信息缺口也阻碍了审慎政策的横向监管边界。

3. 消除信息缺口需要统计和监督数据的改进

消除信息缺口不仅需要新数据,还需要改进现有数据的粒度、频率和及时性。在消除信息缺口时,重要的是确保国际一级数据的同质性和可比性,并充分利用现有的官方数据库,例如由 IMF 和 BIS 维护的数据库。还需要考虑金融业和官方部门的信息收集成本,这需要有针对性地改进国家数据和国际数据。IMF/FSB/G20 数据缺口倡议和特殊数据发布标准(SDDS)在这方面取得了重要进展。

12.3 机构安排

一个强有力的机构框架对宏观审慎政策的有效运作至关重要。该框架需要培养政策当局在面对不断演变的系统性威胁时采取行动的能力、关键信息数据的获取能力,以及宏观审慎工具适当范围的拓展能力,需要建立强有力的问责机制、明确的目标,以及宏观审慎政策权力的引导与行使,建立强有力的沟通,提高公众对风险的意识,使其理解政策当局采取审慎行动的必要性。尤为重要的是,这一机构安排需要确保政策当局具有积极采取行动的意愿,消除对相关部门不作为或行动不够及时的偏见。这些偏见可能是由于采取宏观审慎政策行动的好处难以量化而产生的,但更多的是源自金融企业的游说、政治压力以及各机构之间协调的需要。

12.3.1 宏观审慎的权力

由于金融体系功能及结构的动态演变,为更好防范和控制系统性金融风险,宏观审慎政策当局需要拥有培养行动能力的权力;当实体部门与金融机构之间的联系随时间发生变化时,政策制定者需要具有相应调整其方法的权力;需要获得必要信息数据、影响金融体系监管力度、界定系统重要性机构、扩大监管范围到共同重要的信贷和流动性提供者等方面的权力

（IMF，2011a）。

宏观审慎政策当局的权力可分为三种程度：一是"硬"（hard）权力型，政策制定者可以直接校准宏观审慎工具；二是"半硬"（semi-hard）权力型，政策制定者能够提出正式建议和"遵守或解释"机制；三是"软"（soft）实力型，政策制定者能够表达不服从或解释的意见或建议。每一种类型的权力都是有用的，政策框架的有效性需要这些力量的结合。

（1）硬权力适用于校准界定明确的宏观审慎工具集合。这种类型权力的优点主要有：一是可以避免与其他政策合作时的政策时滞和摩擦，因而在设计和实施控制时间维度上系统性金融风险累积的工具时经常被采用。二是可以提高政策的有效性，因为它们使决策者能够与金融市场进行可靠的沟通。对一套定义明确的工具的直接权力，为宏观审慎政策制定者提供了一根可信的威胁使用的"大棒"。

（2）建议"行动的权力＋'遵守或解释'"机制的优势在于实用范围较为广泛。这种类型权力的优点主要体现在：一是可以用来影响其他监管机构采取监管行动的作用范围。特别是，在宏观审慎干预不频繁的情况下，或者在监管机构需要进一步判断的情况下，这些建议可以用来解决系统性金融风险的结构组成部分。二是可以提高政策效率。这种机制增加了参与者遵守规则的机会，并确保了与其他机构合作的透明度和公众问责机制。当独立的监管机构能够指出宏观审慎政策当局的建议时，这种权力可以加强它们的力量，帮助缓解行业的反对或政治压力。

（3）软实力有助于扩大宏观审慎政策制定者的影响力，使其超越现有审慎工具所产生的影响力。当宏观审慎政策制定者向立法机构提出建立新的宏观审慎工具，或改变法律框架以扩大监管范围时，一个软实力建议是合适的。当宏观审慎政策制定者担心更广泛的宏观经济失衡会加剧系统性金融风险的累积时，意见等软工具也可能是合适的。宏观审慎监管机构可以利用它们敦促政府采取政策行动，遏制这种失衡。当然，单凭软实力不太可能足以确保整体政策框架的有效性。

（4）信息收集的权力需要与政策工具的权力相辅相成。宏观审慎政策当局需要信息收集权力来填补信息缺口，此时需要的主要制度安排是：一是宏观审慎监管当局应设法获得其他机构可以得到的信息，而且需要经常审查信息交换的法律障碍，进而避免金融业的重复监管，降低金融机构的合规成本。二是政策制定者需要拥有监管范围之外收集信息的权力，以此应对金融活动以意想不到的方式对监管作出的反应。因此，建立一种广泛的后备权力，使政策当局能够直接从金融公司收集数据资料，对控制系统性金融风险非常有用。

12.3.2 目标与责任

1. 政策目标

宏观审慎权力的行使，需要以明确的政策目标为指导和约束，其不但构成政策框架的基础，而且使政策制定者对实现目标负责，防止有关部门滥用防控宏观审慎政策风险的权力，将其作为逃避其他政策领域（如财政政策和结构性政策）更困难的政策的替代品。

政策目标至少在时间和结构方面明确宏观审慎政策制定者的责任和范围，规定决策者应该:确保系统的全面复原力,遏制信贷、杠杆和资产价格不可持续增长的风险,以及金融系统内部相互联系造成的结构性风险;确保宏观审慎政策制定者意识到交易对金融稳定的影响。

2. 责任框架

责任框架包括策略发布、会议记录、定期报告等一系列沟通工具。这些工具可以帮助公众确定政策当局是否正在采取适当行动来实现其目标,还可以以促进有效追求目标的方式影响宏观审慎政策制定者的行为。

策略发布:这种战略可以鼓励决策者制定和公布政策战略,并在部署其直接控制的特定宏观审慎工具时遵循该战略,从而产生一定程度的政策承诺。

会议记录:如果政策决定是由宏观审慎委员会作出的,该框架可以对委员会会议记录的公布进行规定,以提高讨论问题的透明度和成员在政策决定上投票的清晰度。

定期报告:这个机制要求定期发布关于宏观审慎政策制定者活动的报告,包括风险评估和为降低风险而采取的政策行动。

3. 任务分配

为了加强行动意愿,将宏观审慎任务指派给某人、某一机构或某一委员会是非常重要的(IMF,2011a)。在缺乏明确任务分配的情况下,集体行动问题会导致跨机构在查明和减轻系统风险方面投入不足,因最终没有人对危机结果负全部责任而弱化了问责制效果。

(1)中央银行的角色。

中央银行在宏观审慎政策中应扮演重要角色(IMF,2011a;Nier,2011;IMF,2013):一是利用自身在系统性金融风险识别及其激励机制方面的专长,确保宏观审慎政策得到有效实施;二是有助于保护宏观审慎政策的制定不受政治干预的影响,避免减缓工具的部署或使工具的使用偏离目标。

(2)制定模式。

目前普遍采用的宏观审慎政策制定模式主要有三种:

一是宏观审慎的任务被分配给中央银行,宏观审慎的决策最终由中央银行的金融稳定委员会作出。在中央银行已经集中货币金融相关监管和监督权力的高度一体化安排中,这种模式是自然选择。在中央银行之外设立监督和管理机构,使得中央银行的任务分配得到协调机制(例如,由中央银行担任主席的协调委员会)的有效补充。

二是宏观审慎授权被分配给中央银行内的一个专门委员会。通过为货币和宏观审慎政策创建专门的决策结构,帮助中央银行应对承担双重使命的风险。它还允许独立监督机构和决策委员会的外部专家参与,借此促进对权衡的公开讨论,有助于约束中央银行的权力。

三是宏观审慎授权被分配给中央银行之外的一个委员会,中央银行参与宏观审慎委员会。当需要修改立法以扩大宏观审慎工具包或监管范围时,财政部的参与更能发挥作用。然而,财政部的主导作用可能会拖延宏观审慎行动,并可能损害参与机构的独立性,包括中央银行和金融监管部门(Nier et al.,2011)。其中一些风险可以通过任命中央银行行长、发出强烈声音、否决政策决定、建立决策委员会软实力等方式来制衡。研究和实践经验认为,无论根据本国传统、政治、法律、经济、货币和监管政策安排等因素确定何种模式,都有必要对宏观审慎政策的执行进行制衡。

12.4 与其他政策的关系

宏观审慎政策主要使用审慎工具来实现其目标。审慎工具既包括逆周期资本缓冲、风险拨备、部门资本要求等措施,也包括流动性和外汇(FX)错配、LTV 比率、DTI 比率等监管指标。此外,宏观审慎政策还可能通过影响零售市场向借款人提供的产品的设计,以及批发市场的功能和制度基础;还可能寻求使用货币政策、财政政策、竞争政策等传统上与其他政策领域相关联的工具。总体而言,宏观审慎政策既与其他政策存在明确不同的目标和分工,但又存在一定的交叉和联系。

12.4.1 货币政策

货币政策与宏观审慎政策既存在正向互补关系,也可能存在负向抑制关系。

1. 货币政策与宏观审慎政策的正向互补关系

首先,一个强有力的宏观审慎政策框架需要与货币政策具有较强的互补性。其原因在于:一是中央银行对确保宏观审慎政策的有效实施来说必不可少,甚至中央银行走在推动建立宏观审慎框架的最前沿;二是需要货币政策与宏观审慎政策之间具有较高程度的协调性,同时保持货币政策已确立的独立性和可信度。

其次,强大的宏观审慎政策,为追求价格稳定的货币政策创造了更多的回旋空间。宏观审慎政策被分配了适当的工具范围,能从源头上更好地解决问题,缓解货币政策追求中的冲突,减轻不利于金融稳定的货币政策依赖负担,从而为货币当局追求价格稳定创造更大的回旋余地。此外,宏观审慎政策在一定程度上降低了系统性金融风险,有助于货币政策在不利的金融冲击面前执行任务,降低了货币政策陷入条件约束(比如零利率下限)时的风险冲击。然而,由于宏观审慎不能被期望是完全有效的,因此货币政策的执行也需要考虑金融稳定的因素(Heedon et al., 2013)。

2. 货币政策与宏观审慎政策的负向抑制关系

货币政策在维护价格稳定的过程中,可能会对金融稳定产生一定的负向作用。如果低利率政策与低通胀措施相一致,则可能仍会导致通胀过高、信贷增长和资产泡沫的累积,为金融不稳定埋下隐患。在开放经济背景下,面对通货膨胀,可能有必要提高利率,但这又可能吸引资本流入,导致过度的金融风险。相反,应对国内需求低迷的低利率政策,又可能会导致大量资本外逃,从而危及国内金融稳定。

3. "双支柱"框架的调控效果受到政策协调性、冲击类型、部门异质性等因素的影响

苏嘉胜和王曦(2019)基于包含金融摩擦的 DSGE 模型,重点分析了家庭借贷约束中的贷款价值比以及商业银行资本充足率这两种逆周期宏观审慎工具。研究发现,在面对技术冲击与金融冲击时,宏观审慎工具能够缓解经济波动,在面对来自财政支出紧缩的冲击时,宏观审

慎工具过度抑制了银行系统的流动性释放效率,对经济自我复苏进程产生了负向作用,并且与非协调的政策实施相比,"双支柱"框架协调施政可以显著减少福利损失。黄继承等(2020)基于银行与企业数据实证发现,宏观审慎政策能够有效抑制在宽松货币政策环境下银行过度承担风险的行为和企业过度负债的动机,而"双支柱"调控框架能够强化宏观审慎政策在降低企业依赖银行贷款程度、促进企业债务结构优化方面的作用,且"双支柱"调控政策效果受到经济周期及银行与企业异质性的影响。陈国进等(2020)在建立监管当局和商业银行的道德风险理论模型的基础上,选取中国上市商业银行数据,采用 CoVaR 与 CCA 方法研究发现,宽松的货币政策、宏观审慎政策及高杠杆会提高银行对系统性金融风险的承担度,较"紧松"组合而言,货币政策与宏观审慎政策的"紧紧"组合降低系统性金融风险的效果更佳,在危机时期,"双支柱"框架可能会无法限制系统性金融风险,且其对大型商业银行的作用效果不明显。

12.4.2 财政政策及结构性政策

适当的财政政策和结构性政策有助于降低宏观经济冲击,但宏观经济可能会推动系统性金融风险的内部累积或外部不平衡。2018 年金融危机表明,稳健的财政政策对维护主权债务安全、避免主权风险至关重要,与金融系统之间存在逆向反馈循环系统。因此,尽管宏观审慎政策制定者无法控制财政政策和结构性政策,但他们可以帮助分析潜在的宏观经济风险和失衡,揭示系统性金融风险,并向那些有能力采取适当行动的决策者提出建议。

1. 现有的税收政策可能使经济金融体系产生偏离,导致系统性金融风险

第一,企业税收制度通常鼓励使用债务融资,而非股权融资。因为支付的利息在计算应纳税利润时是允许作为扣除的,但不是返还给股权,公司税通常会造成一种"债务偏向"。研究表明,这种效应并不是金融企业和金融机构的杠杆选择问题(Keen and Mooij, 2012)。因此,税收激励与旨在促使银行增持股票的监管措施之间存在一定的冲突关系,并可能导致银行减少资本。

第二,对住房的税收处理会使家庭更容易受到冲击和伤害,从而加重系统性金融风险。许多国家没有(或者只是轻微地)对估算租金征税且宽免按揭利息。这可能严重扭曲收入来源,因为家庭被鼓励以住房资产作为抵押借款,或投资于非住房资产或为即时消费提供资金。高按揭债务可能使家庭更容易受到冲击,从而加剧经济渠道传导的金融体系危机。

2. 庇古税也可以更直接地用于解决系统性问题外部效应

庇古税可以帮助抑制杠杆和批发融资,同时与之挂钩可以为一个可信和有效的解决机制提供资金。它可以按统一税率征收,或者反映不同单个机构对系统性金融风险的贡献,以及反映随着时间的推移总体风险的差异。

3. 税收也会影响资产价格

随着未来的税项资本化,原则上,在繁荣时期征税可以降低泡沫出现的可能性;或者未来纳税的公告对资产回报的放松可以在泡沫破裂时支撑资产价格。例如,在危机期间,国家通过取消房产交易印花税,利用税收措施来提振房价或者延长抵押贷款利息减免时间。印花税最近也被大量使用在新加坡等国家和地区,这些国家和地区的房价上涨幅度有限。这些措施

可能会起到一定作用,尤其是在房地产价格受资本流入推动的情况下绕过国内金融体系。然而,这些措施也可以进一步引入扭曲并可能最终加剧价格波动。

4. 税收措施与影响供应的结构性措施对住房的影响相辅相成

这些税收措施与影响供应的结构性措施包括土地使用政策,以及更普遍的住房市场的运作(IMF,2011)。从严格意义上讲,这些措施不应被视为宏观审慎政策,但它们对房价动态的影响可能有助于降低系统性金融风险。因此,宏观审慎政策当局往往有兴趣影响这些政策的设计。

12.4.3 微观审慎政策

微观审慎监管原则上应该与宏观审慎政策密切配合。2008 年金融危机爆发后,巴塞尔核心原则进行了修订并更加强调宏观审慎政策在监管中的必要性。共享信息、共同分析风险和加强对话可以加强微观审慎监管与宏观审慎政策之间的互补关系。

微观审慎和宏观审慎之间可能出现紧张关系,特别是在经济"糟糕的时候"(Osiński et al.,2013)。微观审慎和宏观审慎需要通过类似的传递机制发挥作用。在经济繁荣时期,不良贷款少而利润充裕,微观审慎监管机构可能对判断银行建立缓冲是否谨慎的标准进行放宽。在经济不景气时期,紧张关系可能会更强,宏观审慎政策可能要求放松监管要求,避免对经济的信贷供应形成阻碍,或者造成贱卖的影响;传统的微观审慎监管可能寻求保留或收紧监管,保护个别银行和存款人的利息。在"坏时期"解决冲突的一种方法是在"好时期"建立足够的冲突缓冲区。

当缓冲区不足以生效时,有时仍然可以通过它来解决冲突、精心设计审慎措施。微观审慎监管当局可能在经济不景气的时候要求提高资本比率,宏观审慎监管当局则担心这会导致资本比率过度,对经济产生不利的去杠杆化的影响。此时,鼓励增加更高的资本水平(由私人或政府提供)可以避免这种去杠杆化,并可以保持微观审慎目标和宏观审慎目标一致。处理这些冲突的另一种方法是建立制度机制,例如宏观审慎决策者被建立为宏观审慎委员会,允许监管机构参与宏观审慎决策。

12.4.4 金融危机管理与危机解决政策

危机管理和解决政策与宏观审慎政策相辅相成。应对金融危机需要中央银行放松货币政策,提供流动性紧急援助,有效处置破产银行机构,加上资本支持部门提供潜在的公共担保和财政政策。

首先,妥善设计能够支持宏观审慎政策目标的处置机制。有效和可信的解决机制可以加强市场纪律,减少对过度冒险的鼓励,减轻宏观审慎干预。相比之下,在帮助特定困难依然存在的金融机构时,需要更多的资金和强有力的宏观审慎行动,而这又会导致更大的规避动机。

其次,危机管理需要所有金融部门之间的密切协调。宏观审慎政策当局可能会根据他们的评估,继续提供有关系统性金融风险的层次、来源、演变等的建议,也可能积极控制风险放大。然而,在一场系统性危机中,财政当局可能会采取行动,牵头协调整体政策响应。

12.4.5 其他政策

第一,宏观审慎政策区域与跨境资本流动管理(CFMs)。CFMs旨在限制资本流动,宏观审慎政策旨在限制系统脆弱性,可能包括与资本流入相关的脆弱性,以及金融体系对汇率冲击的敞口。虽然两者可能存在重叠,但宏观审慎政策并不寻求影响资本流动的强度或汇率本身(IMF,2012)。

第二,宏观审慎政策并不适合控制资产价格,包括证券(股票和债券)的价格,以及利率和汇率,原因在于这些价格更多受到一系列基本面因素和投机因素(包括其他政策)的驱动。相反,宏观审慎政策可以寻求控制系统在资产价格逆转时的脆弱性,比如从杠杆敞口到资产价格。在存在这些脆弱性的情况下,宏观审慎政策应采取行动,增强系统对资产价格冲击的弹性。

第三,宏观审慎政策需要以遏制系统脆弱性为目标,但不应扩展更广泛的目标,如管理总需求的水平和构成(IMF,2013)。宏观审慎政策可以通过抑制不可持续的信贷繁荣和减少对经济的信贷供应的冲击来促进宏观经济稳定,但不应在宏观经济管理中发挥更广泛的作用。

现实讨论:中国宏观审慎政策与其他政策之间的协调指引[①]

中国人民银行2021年发布的《宏观审慎政策指引》明确,宏观审慎管理牵头部门组织会同相关部门建立宏观审慎工作协调机制。宏观审慎政策执行中如遇重大问题,提交金融委研究决定。跨部门协调议定的事项则通过会议纪要、备忘录等形式予以明确。

1. 健全货币政策和宏观审慎政策"双支柱"调控框架,强化宏观审慎政策与货币政策的协调配合,促进实现价格稳定与金融稳定"双目标"

第一,宏观审慎政策可通过约束金融机构加杠杆以及货币、期限错配等行为,抑制金融体系的顺周期波动,通过限制金融机构间关联程度和金融业务的复杂程度,抑制风险传染,促进金融机构、金融基础设施稳健运行,从而有利于货币政策的实施和传导,增强货币政策执行效果。货币政策环境及其变化也对金融稳定构成重要影响,是制定宏观审慎政策需要考虑的重要因素。

第二,宏观审慎政策和货币政策协调配合加强的内容包括:(1)加强经济形势分析、金融风险监测方面的信息沟通与交流;(2)在宏观审慎政策制定过程中考虑货币政策取向,充分征求货币政策制定部门的意见,评估政策出台可能的溢出效应和叠加效应,把握政策出台的次序和节奏;(3)在政策执行过程中,会同货币政策制定部门定期评估政策执行效果,适时校准和调整宏观审慎政策。

[①] 本部分摘自《宏观审慎政策指引》。

2. 强化宏观审慎政策与微观审慎监管的协调配合,充分发挥宏观审慎政策关注金融体系整体、微观审慎监管强化个体机构稳健性的优势,形成政策合力,共同维护金融稳定

首先,宏观审慎政策从宏观视角出发,可对金融机构的一致性预期及其行为开展逆周期调节,提高对金融体系关键节点以及可能引发风险跨市场传染的金融产品、金融活动的管理要求,从而与微观审慎监管形成互补。微观监管部门较为全面的监管数据有助于提高系统性金融风险评估的准确性,有效的微观审慎监管措施有助于提高宏观审慎政策执行效果。

其次,宏观审慎政策和微观审慎监管协调配合加强的内容包括:(1)加强金融风险监测方面的信息沟通与交流;(2)在宏观审慎政策制定过程中综合考虑微观审慎监管环境,充分征求微观监管部门意见,评估政策出台可能的溢出效应和叠加效应,涉及微观监管部门所辖领域时,会同微观监管部门共同制定宏观审慎管理要求;(3)在政策执行过程中,会同微观监管部门定期评估政策执行效果,适时校准和调整宏观审慎政策。

3. 加强宏观审慎政策与国家发展规划、财政政策、产业政策、信贷政策等的协调配合,提高金融服务实体经济能力

宏观审慎政策通过影响金融机构的行为可能会对实体经济产生溢出效应,制定和执行宏观审慎政策时,需要做好与其他宏观调控政策制定部门的信息沟通,促进形成政策合力。

12.5 经验实践

这一节首先介绍 IMF 对其成员国开展的宏观审慎政策方面的调查,分析各国宏观审慎政策工具的结构特征,其次介绍相关研究文献对宏观审慎工具政策实施效果的评价。

12.5.1 基本内容

IMF 已经开始建立一个基于组织成员的全球宏观审慎政策调查数据库。该调查每年进行一次,第一个年份(截至 2018 年 2 月)的调查数据已经公布并被用于分析。

该数据库调查了 IMF 各成员国采取的宏观审慎政策措施,可为中央银行、监管机构、国际组织、学术界等科研人员分析有关政策措施在各国内部和各国之间的影响提供参考,有助于他们深入了解此类措施在减轻系统性金融风险方面的有效性。

该数据库完全根据 IMF 成员国提供的信息编制,首先调查了全球关于支持各国宏观审慎政策的机构安排的信息。这些信息对各国完善自己的宏观审慎政策部门设计具有一定的参考价值。随着时间的推移,研究人员会使用它来分析什么样的安排可能最有利于宏观审慎政策的制定,或哪个国家的具体情况可能与选择一种类型的框架相关联。

12.5.2　工具包

IMF 对成员国采取的宏观审慎政策工具进行简单分类,主要包括:与借款者、手段、行为等有关的约束工具,对金融部门资产负债表的约束工具,资本需求、供应、附加费工具,征税措施,其他(包括基础设施)工具。这些工具在经济扩张阶段和收缩阶段具体体现为不同的指标。具体如表 12.1。

表 12.1　宏观审慎政策工具包

	与借款者、手段、行为等有关的约束工具	对金融部门资产负债表的约束工具	资本需求、供应、附加费工具	征税措施	其他(包括基础设施)工具
扩张阶段	DTI、LTI、LTV、部门贷款;信贷增长等变量时变的上限/限制/规则	外汇/汇率不匹配;准备金要求等变量时变的上限/限制	反周期资本要求;杠杆限制;一般(动态)配置	对特定资产和(或)负债征税	会计(例如,按市值计价的不同规则);薪酬、市场纪律和治理方面的变化
收缩阶段:大甩卖,信贷紧缩	通过对特定的贷款损失准备或利润进行周期、动态调整	流动性限制(如净稳定资金比率、流动性覆盖比率)	反周期资本要求;一般(动态)拨备	征费/税(如非核心负债)	标准化的产品:场外交易与交易所交易;安全网(中央银行/财政部流动性支持)
传染、来自系统重要性金融机构的冲击或网络的冲击	对资产结构、活动的不同限制	对(双边)金融风险敞口的机构特定限制,其他资产负债表措施	与系统性金融风险相关的资本附加费	根据外部性(规模、网络)进行差异化征税/收费	机构基础设施(如CCP)决议(如生前遗嘱)不同的信息披露

资料来源:根据 Claessens 等(2013)整理。

12.5.3　实施情况

总体上,141 个成员国共报告了 1 313 项宏观审慎措施,每个国家的平均措施达 9.3 项。宏观审慎措施的使用和组别收入差距的关系不大,发达经济体宏观审慎政策措施的平均数量为 9.9,新兴经济体宏观审慎政策措施的平均数量为 9.1。

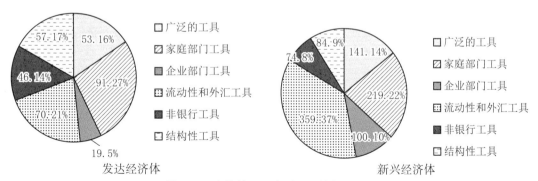

图 12.4　实施的不同类型工具的数量比例

资料来源:IMF,2018,"The IMF's Annual Macroprudential Policy Survey—Objectives, Design, and Country Responses", https://www.imf.org/en/Publications/Policy-Papers/Issues/2018/04/30/pp043018-imf-annual-macroprudential-policy-survey。

发达经济体和新兴经济体对广泛的工具、家庭部门工具、企业部门工具、流动性和外汇工具、非银行工具、结构性工具等的实施情况如图 12.4 所示。广泛的工具、家庭部门工具、企业部门工具、流动性和外汇工具、非银行工具、结构性工具等不同类型工具的内容实施情况及结构比例如表 12.2—表 12.7 所示;其中,数字表示报告措施的频率,百分比表示在报告的全部测量中所占的比例。

表 12.2 广泛适用工具的实施情况及结构比例

政策工具	资本保护缓冲	杠杆率限制	前瞻性贷款损失准备金要求	信贷增长缺口	逆周期资本缓冲	其他
实施情况	76	35	23	14	9	37
结构比例	39%	18%	12%	7%	5%	19%

资料来源:同图 12.4。

表 12.3   家庭部门工具的实施情况及结构比例

政策工具	贷款价值比限制	债务收入比限制	家庭部门资本要求	对无担保贷款的限制	限制摊销期限	外币贷款上限	贷款收入比限制	家庭部门信贷增长限制	遏制系统性金融风险的财政措施	其他
实施情况	62	42	39	28	26	20	13	12	8	60
结构比例	20%	14%	13%	9%	8%	6%	4%	4%	3%	19%

资料来源:同图 12.4。

表 12.4   企业部门工具的实施情况及结构比例

政策工具	企业部门资本要求	外汇贷款限制	对特定行业或部门的贷款设限	商业房地产贷款价值比上限	企业部门信贷增长限制	其他
实施情况	28	17	14	12	4	44
结构比例	24%	14%	12%	10%	3%	37%

资料来源:同图 12.4。

表 12.5   流动性和外汇工具的实施情况及结构比例

政策工具	净外汇头寸	流动性覆盖率	流动比率	存款准备金率	外汇互换或衍生品头寸	不同货币的流动性覆盖比率	外汇资金的限制	存贷比	要求和不同货币税	按货币区分的流动资产比率	净稳定资金比率	其他
实施情况	75	74	55	30	24	23	12	20	17	16	12	71
结构比例	17%	17%	13%	7%	6%	5%	3%	5%	4%	4%	3%	17%

资料来源:同图 12.4。

表 12.6   非银行部门工具的实施情况及结构比例

政策工具	资产管理行业	保险公司	中央对手方清算	养老基金	证券借贷市场	证券化	其他
实施情况	28	27	19	18	18	6	4
结构比例	23%	23%	16%	15%	15%	5%	3%

资料来源:同图 12.4。

表 12.7　结构性工具的实施情况及结构比例

政策工具	对系统重要性机构征收资本附加费	限制金融机构之间的风险敞口	金融机构之间风险敞口的额外权重	其他
实施情况	61	40	8	32
结构比例	43%	28%	6%	23%

资料来源:同图 12.4。

12.5.4　工具特点与评价

伴随各国政策当局对宏观审慎政策的实施和研究,人们对不同政策工具的原理、作用和缺点的认识逐渐加深。对此,简单概括为表 12.8。

总体而言,宏观审慎政策在一定程度上能够削弱货币政策造成的金融波动,协助有关部门达成货币政策所无法兼顾的金融稳定目标。相较于单一货币政策,"双支柱"调控平抑宏观经济波动的能力相对较强,但是其作用效果在实际运作过程中可能会受到冲击的不同、各部门的异质性、汇率制度的灵活程度等环境因素的影响。此时,在不同环境下,针对价格稳定的货币政策和针对金融稳定的宏观审慎政策应该如何协调以达到帕累托最优就成了一个亟待解决的问题。为了进一步指导实践,可以进一步探讨不同冲击强度对"双支柱"调控的影响与多重因素叠加下"双支柱"调控的作用效果以弥补现有理论的不足。同时,"双支柱"调控效果的差异性也侧面展示出货币政策与宏观审慎政策的实际执行应该根据具体国情进行调整,不能过于教条化。

表 12.8　宏观审慎政策工具及其优缺点

	选项	目　标	问　题	争　议
资本金	更高的资本(按风险贡献比例计算资本附加)	解决外部性造成的横截面风险;减轻结构性脆弱性,并在压力时期限制系统性溢出效应	辨识系统重要性金融机构;如何评估其对风险的贡献;是否会引发道德风险	能否引进不公平的竞争环境;是否会被证明是一种道德风险——诱发系统重要性金融机构进一步冒险;能否诱导系统重要性金融机构作出结构上的改变来规避监管
	更高质量的资本要求	所有银行应对横截面风险;增强抵御冲击的能力	是否限于普通股或允许其他工具	能够激励企业向非银行金融部门转移;地方市场是否具有支持高质量资本动员的能力
	逆周期资本缓冲	所有银行:应对顺周期性过度信贷扩张和资产繁荣对金融稳定的威胁;在经济低迷时期,通过消耗缓冲来维持信贷流动	激活或失活的时间;校准缓冲器的大小	在经济低迷时期是否有效;是否会在一段时间后生效;国际泄漏会破坏效率;如果快速增长是部门性的,这是一个粗糙的工具
	留存缓冲	所有银行:横截面;建立一个审慎的缓冲,以吸收市场波动的影响	按公式计算还是相机处理;校准缓冲器的大小	为监管响应留出时间;如果违约期限延长,是否无效

续表

	选项	目 标	问 题	争 议
资本金	杠杆率（非风险权重）	所有银行；横截面；基于风险测度的支撑；控制资产负债表的增长	是固定的还是时变的；是一级资本还是核心权益资本；是采用巴塞尔转换系数还是比较保守	如果不与基于风险的资本一起使用，是否会促进风险的逆向选择；会阻碍更好的风险管理吗；可能导致企业向非银行部门迁移
	风险权重调整	所有银行；反周期；具体的交易对手部门/类别；影响贷款增长；阻止银行为导致系统性金融风险的特定部门提供资金；应对过度信贷扩张和资产繁荣对金融稳定的威胁	如何证明更高/更低的要求，直到更高/更低的风险被证明；这是否会扭曲市场；激活或失活的时间；如何调整：是前瞻性应用（流量）还是回顾性应用（存量）	需要细粒度的数据；可能导致企业向非银行金融部门迁移；可能导致规避法规；如果回溯性地应用，尤其是当银行无法为其过去的贷款定价时，扭曲风险定价是否会发生；更高的合规成本；可能被视为侵入性信贷分配——当目标明确时
	股利分配限制	所有银行；横截面；建立资本缓冲	是限制分红还是禁止分红；股息可以被限制的基础	是否会阻碍现有股东进一步注资；可以被视为对健康银行的惩罚吗；若与资本充足率挂钩能否导致去杠杆化
准备金	动态准备金	所有银行；反周期；采用循环法处理损失；应对过度信贷扩张和资产繁荣对金融稳定的威胁	能与会计准则冲突吗；不管是规则驱动还是自由支配；如何调整	需要细粒度的数据；可能导致超额或不足的准备金取决于校准；与反周期资本缓冲和可变风险权重重叠
	标准资产规定	所有银行；反周期；具体的交易对手部门/类别；解决信贷质量问题，影响贷款增长；阻止银行为特定领域提供资金，增加系统风险（当有目标时）；应对过度信贷扩张和资产繁荣对金融稳定的威胁	如何证明更高/更低的要求，直到更高/更低的风险被证明；激活或失活的时间；如何调整；是前瞻性应用（流量）还是回顾性应用（库存）	可能导致企业向非银行金融部门迁移；如果目标区域没有明确定义，是否可以规避；如果回溯性地应用，尤其是当银行无法为其过去的贷款定价时，扭曲风险定价是否会发生；可能被视为侵入性信贷分配——当目标明确时
	针对高风险敞口的不同监管规定	所有银行；横向；贷款给特定部门/类别的交易对手；鼓励银行认识到，在向特定部门或特定类别的交易对手发放贷款时，存在较高的损失风险；增强银行对低迷或压力的适应能力	是否与遵守监管拨备要求的司法管辖区相关；如何校正指定曝光的规定；是前瞻性应用（流量）还是回顾性应用（库存）；计时——无论是在明显的损失之后还是在预期损失之后	当行业/类别没有明确定义时，通过错误的风险分类导致规避风险；更高的遵从性和管理成本；是否需要定期审查和修订准备金率；是否可视为侵入性信贷分配；如果回溯性地应用扭曲风险定价，尤其是当银行不能重新定价其过去的贷款时，会不会扭曲风险定价；将是数据密集型的
流动性与基金	流动性覆盖率	所有银行；横截面；提高对资金短期冲击的抵御能力	流动资产的定义；资产是否会在压力时期保持流动性；是采用巴塞尔决胜率还是更保守；确定适当的径流率；是否可以作为时变测度	在流动性资产有限或市场流动性可能是个问题的司法管辖区，可能难以经营；如果没有明确的定义，流动资产在压力时期可能不会具有流动性；需要细粒度的数据，更高的遵从性和管理成本；可能会影响市场流动性，因为银行将被激励持有流动性资产

续表

	选项	目 标	问 题	争 议
流动性与基金	净稳定基金率	所有银行:横截面;改进的稳定资金措施	是采用巴塞尔决胜率还是更保守;确定适当的径流率;是否可以作为时变度量	需要细粒度的数据;更高的遵从性和管理成本
	存贷比	各银行:横截面;解决资金风险	在一个国内储蓄较低或金融包容性较低的司法管辖区,是否会产生相反的效果;是否也可以作为一种反周期的措施——如何校准	如果比率没有很好地定义和表达,可以促进规避;可能导致企业向非银行金融部门迁移
	流动比率	所有银行:截面尺寸;改善流动资金状况	需要谨慎定义流动资产;是否也可以作为反周期措施——如何校准;如何对待或有流动性索偿权和表外业务(OBS)承诺	在流动性资产有限或市场流动性可能是个问题的司法管辖区,可能难以运营;可能会影响市场流动性,因为实体可能倾向于持有流动资产
	流动储备要求	各银行:横截面尺寸;改善流动性状况	如何处理或有流动性要求和OBS承诺;是否可以作为一种反周期措施;是否需要外汇的流动性储备	如果薪酬低于市场利率或未获薪酬,可能像税收作用一样增加贷款成本;激励企业向非银行机构迁移;如果执行很复杂,会限制信贷的可得性
	期限错配限制	所有银行:截面尺寸;主要货币	如何对待或有流动性索偿权和OBS承诺;计算期限结构(合同的还是行为的);如何界定短期流动性以及如何定义短期;如何处理没有明确到期时间的项目	可能会被视为侵入性信贷分配或微观管理;在压力时期,行为不匹配可能不是一个可靠指标
	外汇借款限制	所有银行:横截面和反周期	是否区分总部融资和市场融资	如果主要资金来源是国内借款,可能无助于抑制信贷增长
	非核心基金征税	确保更稳定和可持续的资金来源;解决跨境外币融资带来的信贷增长问题	是否区分短期资金和长期资金	如果用国内借款来替代,可能不会改善融资模式;可能会鼓励企业向非银行金融部门转移
	净未平仓头寸	所有银行:横截面;限制外汇风险	如何计算未平仓头寸	能否促进外币贷款给未进行对冲的借款人,以帮助其遵守限制
资产方	有担保融资交易的保证金要求	所有的市场参与者:横截面风险与传染;抑制低折价或低利润率的担保贷款所造成的系统性金融风险的定价过低;降低对抵押品质量的风险认知突然改变时,融资供应急剧收缩的风险	是否也可以作为一种反周期措施	固有的顺周期性,除非在周期中被调制;能鼓励风险承担,获取更多利润,抵消更高的成本;是否容易渗漏和套利

	选项	目　标	问　题	争　议
资产方	外币贷款规范/限制向无套期保值借款人贷款的外币	各银行:横截面尺寸;解决外汇风险引发的系统性金融风险;解决家庭部门的风险	如何避免对经济活动的负面影响	可能会鼓励企业向非银行金融机构转移;可能促使规避(外币挂钩贷款);会鼓励企业在国外市场直接借款
	LTV 比率	所有银行:反周期	在计算比例时,如何对待其他资金来源	需要细粒度的数据;更高的遵从性和管理成本
	利润担保物	解决信贷过度增长和资产繁荣对金融稳定的威胁;限制对房地产市场低迷的风险敞口;阻止高杠杆的房地产投资	如何评估价值	可能需要在不同的周期阶段重新校准;可以通过向不受监管的部门借款来规避;可能被视为侵入性信贷分配
	DTI 比率	所有银行:反周期;解决家庭部门的风险;解决信贷过度增长和资产繁荣对金融稳定的威胁;限制家庭部门的杠杆;阻止高杠杆的房地产投资		需要细粒度的数据;更高的遵从性和管理成本;可以通过向不受监管的部门借款来规避;可能被视为侵入性信贷分配
	信贷增长限制	所有银行:反周期;解决信贷过度增长和资产繁荣对金融稳定的威胁	是适用于总信贷水平还是部门水平;如何校准极限	如果在只涉及特定部门的情况下全面应用,会影响信贷流向需要的部门
	对特定部门的贷款设限	所有银行:反周期和横截面;对特定部门的贷款;解决信贷质量问题;影响贷款增长和资产繁荣	如何定义干预的阈值;如何确定上限水平	如果部门没有很好的定义,能否规避;是否有针对性措施,如果没有正确校准限度,是否会导致效率低下;会导致业务流向不受监管的实体或非银行机构
结构性工具	资本控制	所有银行:反周期;外国交易税,促进外国直接投资的激励措施,对短期对外借款的抑制措施;解决企业增长对资本流动的依赖	如何定义干预的阈值;如何校准政策反应	重要的权衡;会扭曲并损害金融发展
	银行间头寸限制;非银行非被监管部门之间的头寸限制	各银行:横截面尺寸	是否只适用于短期贷款或长期贷款和融资;是否包括风险对冲、证券销售等其他市场交易	能导致非银行金融部门的增长;会导致非银行机构和不受监管的部门相互关联;能导致银行间联系不会有效减少的规避
	对集团实体的风险敞口限制	所有银行集团:横截面	是仅限于金融实体还是非金融实体;如何确定极限;是否可以作为一种反周期工具	如果仅适用于资产方面,仍将使银行通过融资风险受到传染;如果不扩展到所有金融交易,可能不会有效
	对规模、活动范围和团体结构的限制/子公司化	所有银行集团:横截面	如何确定极限;是否适用于所有银行集团或仅适用于大型集团;是否适用于外国金融机构	可以促进集团实体结构创新,避免监管

	选项	目 标	问 题	争 议
结构性工具	恢复和解决计划;生前预嘱	系统重要性金融机构:横截面;减轻紧缩时期结构漏洞,限制系统性溢出效应	在涉及跨境问题时,这种做法的效果如何;对于大型金融企业和混合企业集团来说,这种做法的效果如何;需要彻底的审查机制,以确保可行性	处理跨境交易时可能面临一定的问题;这些问题和过程较为烦琐和复杂;需要法律/监管方面的配套修改;国内和国外机构之间需要高度的合作和协调
	金融市场基础设施	金融市场,横截面风险与传染,降低系统风险和相互联系;支付结算系统、中央对手方、贸易仓库、规范场外交易合同、交易及结算基础设施	其中一些选择本身就可能成为系统性金融风险的来源;需要找到应对由此产生的系统性金融风险问题的解决方案	提高市场基础设施的系统重要性;能促进规避行为,例如通过市场创新将活动转移到境外的其他集团实体
	改进解决大型复杂金融机构的框架	横截面;降低系统性机构破产的影响	是否限于银行或扩展至集团内的所有金融机构;是否扩大到银行集团的非金融机构;是否为系统重要性金融机构设立特别决议机制	需要大量努力和资源来解决在几个司法管辖区运作的大型机构的问题
	更大的披露要求	所有的市场参与者:横截面风险与传染;常见的风险,共同的风险因素和相互关联;在压力时期,减轻结构性脆弱性;限制系统性溢出效应	是适用于所有参与者和市场,还是仅限于系统性实体	一些信息披露可能会对市场情绪产生负面影响;如果没有被市场参与者正确理解,可能会无效或适得其反

注:本表中的所有银行指的是由宏观审慎监管部门确定的金融体系的所有重要组成部分,包括业务水平、实体数量和活动类型。

资料来源:根据世界银行报告《宏观审慎政策框架——实践指南》(Macroprudential Policy Framework—A Practice Guide)整理。

12.6 小结

系统性金融风险具有较强的外部性:(1)金融系统具有放大负向冲击的倾向。(2)宏观金融对负向冲击有过度暴露的反馈机制。(3)金融系统内部联系增加了特殊冲击或总体冲击时系统的脆弱性。

为了控制这些外部性,相关政策部门通过宏观审慎工具来限制系统性金融风险,完成三个子目标:一是通过建立缓冲机制来吸收冲击,帮助金融系统维持向经济体系提供信贷的能力,从而提高金融体系对系统性冲击的韧性。二是在时间维度上,通过减少资产价格与信贷之间的顺周期反馈,控制不可持续的杠杆增长和不稳定的融资,遏制系统脆弱性随着时间变化而累积。三是在结构或横向维度上,控制金融系统由中介机构之间及其与系统重要性机构之间的关联导致的脆弱性累积。

宏观审慎政策在确定目标和工具后,主要通过五个环节来实现对系统性金融风险的控制:(1)评估系统性风险;(2)选择和组合宏观审慎工具包;(3)校准宏观审慎政策工具;(4)监测和填补监管漏洞;(5)缩小数据和信息差距。

一个强有力的机构框架对宏观审慎政策的有效运作至关重要。该框架需要培养政策当局在面对不断演变的系统性威胁时采取行动的能力、关键信息数据的获取能力,以及宏观审慎工具适当范围的拓展能力,需要建立强有力的问责机制、明确的目标,以及宏观审慎政策权力的引导与行使,建立强有力的沟通,提高公众对风险的意识并使其理解政策当局采取审慎行动的必要性。尤为重要的是,这一机构安排需要确保政策当局具有积极采取行动的意愿,消除对相关部门不作为或行动不够及时的偏见。

宏观审慎政策主要使用审慎工具来实现其目标。审慎工具既包括逆周期资本缓冲、风险拨备、部门资本要求等措施,也包括流动性和外汇错配、LTV 比率、DTI 比率等监管指标。此外,宏观审慎政策还可能通过影响零售市场向借款人提供的产品的设计,以及批发市场的功能和制度基础实现目标;还可能寻求使用货币政策、财政政策、竞争政策等传统上与其他政策领域相关联的工具。总体而言,宏观审慎政策既与其他政策存在明确不同的目标和分工,又存在一定的交叉和联系。

根据 IMF 的全球宏观审慎政策调查数据,其成员国采取的宏观审慎政策工具可简单分类为:与借款者、手段、行为等有关的约束工具,对金融部门资产负债表的约束工具,资本需求、供应、附加费工具,征税措施,其他(包括基础设施)工具。141 个成员国共报告了 1 313 项宏观审慎措施,每个国家的平均措施达 9.3 项。宏观审慎措施的使用和组别收入差距的关系不大,发达经济体宏观审慎政策措施的平均数量为 9.9,新兴经济体宏观审慎政策措施的平均数量为 9.1。

思考题

1. 宏观审慎政策的目标和工具分别是什么?

2. 如何准确评价宏观审慎政策工具的效果?

3. 如何将宏观审慎政策工具体系与货币政策工具体系有效整合,使其服务于现代中央银行政策目标?

第四篇
国际金融政策

13

跨境资本流动

13.1 基本问题

经济大国一般都与其他国家有着一定规模的经济往来,在以国内经济发展为主体的基础上,积极参与国际经济合作。党的十九届五中全会明确,加快建设现代化经济体系,加快构建以国内大循环为主体、国内国际双循环相互促进的新发展格局,推进国家治理体系和治理能力现代化。这些国际经济合作有助于往来国家之间的互补共赢和风险共担,但也可能成为国家之间系统性金融风险传染的通道。1998 年东南亚金融危机、2008 年国际金融危机、2009 年欧洲债务危机等,都是比较有力的证明。因此,在构建双循环新发展格局、促进经济发展的同时,需要严密分析监测新发展格局下系统性金融风险的传染机制及变化。本章计算全球主要国家/地区的跨境信贷网络,分析网络结构变化及其对系统性金融风险传染的影响,旨在为双循环新发展格局下监测和防范系统性金融风险作出贡献。

这一领域仍然存在较大的研究空间。第一,缺乏真实的一对一的国家/地区间金融数据是研究计算全球金融网络的主要挑战。由于研究主体之间的确切联系数据、资产负债表头寸数据或风险敞口数据难以获取,多数研究基于模拟数据网络而非真实经济金融数据网络。比较经典的研究文献,如采用最大熵方法估算德国银行业拆借矩阵及银行网络(Elsinger et al.,2006)和中国商业银行间双边拆借矩阵及银行网络(包全永,2005;马君潞等,2007;李守伟等,2010),采用最小生成树法计算银行部门网络(McGuire and Tarashev,2006;Garratt et al.,2011;Spelta and Araújo,2012),采用模拟风险暴露分析历史上银行网络的恐慌传播(Richardson,2007;Carlson et al.,2014;James et al.,2013),利用管制数据获得有关暴露程度的银行信息进而分析银行间网络流动性风险的传递过程(Calomiris and Carlson,2017)等。这些处理方法对风险传染分析具有一定的优势,但与实际数据生成的网络结构相比会有一定的偏离。贾彦东(2011)、方意(2016)、Gandy 和 Veraart(2017)根据中国银行业支付清算数据和资产负债表数据等计算银行网络,使研究结论更为可信,但对于不同国家/地区的金融部门,详细且真实的数据仍然是限制研究推进的重要因素。

第二,在金融网络结构变动对金融风险传染效应和金融稳定的影响方面,研究结论存在一定的争议,不利于监管政策的准确制定和执行。近年来,一些学者运用复杂网络方法分析金融网络特点,发现美联储商业银行间同业支付网络、荷兰银行市场网络、哥伦比亚银行市场网络等均表现出核心—外围特征(Soramaki et al.,2007;Lelyveld and Veld,2014;Fricke and Lux,2015;Leon et al.,2018)。问题在于,研究者对于金融网络的这种外围特征对系统性金融风险传染影响的方向却莫衷一是。一些研究认为,完全连接的金融网络结构在应对外部风险冲击时更具有韧性和稳定性,非完全连接的金融网络结构较为脆弱(Allen and Gale,2000;Acemoglu et al.,2015)。另有一些研究反而认为,完全连接的网络结构转向多重中心结构会增强风险传染,导致金融脆弱性自我强化,加强金融体系的不稳定性(Mistrulli,2011;Battiston et al.,2012)。

第三,准确计算和判断中国跨境金融结构及其可能遭受的国际风险冲击是理论研究面临的困难。少量研究文献开创性地计算了包含中国在内的全球跨境信贷网络并分析得出,中国银行业在国际银行体系中总体上处于外围地位,但在国际银行网络中的地位及重要程度不断提高,对冲击的敏感性降低,金融稳定性逐步增强,国际银行跨境联系存在结构性变化,国际金融网络关系地缘化增强,金融危机对国际银行网络结构影响巨大等(陈梦根、赵雨涵,2019),但文献对于全球跨境信贷网络结构变动及其对金融风险传染的影响未作进一步计算。本章在现实讨论中,以 BIS 统计的主要国家/地区的银行部门实际跨境信贷季度数据为依据,计算全球跨境信贷的真实金融网络及变动,分析不同类型节点爆发风险情形下网络结构变动对系统性金融风险传染和金融体系稳定的不同影响。

此外,鉴于这一部分的分析主要基于国际收支平衡表、国际投资头寸表、跨境信贷资金流动统计表等统计报表的内容结构和指标,本章附表提供了相应的表格示例,帮助加深理解。例如,附表 13.1 展示了国际收支平衡表,国际收支平衡表比较全面地统计了一国/地区与其他国家/地区的商品、劳务、转移、跨境投资、债券投资、股权投资等经济规模。附表 13.2 展示了国际投资头寸,国际投资头寸主要统计一国/地区跨境的直接投资、证券投资、其他投资及储备资产状况。BIS 发布的跨境信贷资金流动统计则如附表 13.3 所示,跨境信贷是描述国家/地区之间经济往来最直接、最有效的工具之一。如前所述,通过分析一国/地区的跨境信贷规模与结构,可以直观判断该国/地区参与国际经济循环的地位和方式,以及该国/地区可能遭受的国际经济影响的大小。监测全球跨境信贷数据规模与结构,是从金融部门跨境业务联系和风险跨境传染的角度,对国际现有以金融机构资产负债表为核心监管方法的重要补充(Johnston et al.,2009;陈梦根和赵雨涵,2019)。

13.2 跨境信贷资金流动与风险传染的理论分析

为分析全球跨境信贷网络结构变化对金融部门间系统性风险传染的影响机制,这一部分以银行部门为例①,对 Acemoglu 等(2015)和 Anderson 等(2019)的银行间结算模型进行扩展,从理论上论证跨国信贷风险敞口下国际银行间债务违约的传染蔓延。

13.2.1 基本模型

1. 基本条件

全球银行跨境信贷债权债务网络中有 N 个国家,每个国家都有一家代表性银行 i,$i=\{1, 2, \cdots, N\}$。每家银行都有一个代表性当地存款者。在考察期内,经济体系存在三个重要时期($t=0$,1,2),并且不考虑折现。

在 $t=0$ 时,银行 i 获得权益资本 K_i、代表性存款者零售存款 D_{ii}、来自其他跨境银行的存款 $\sum_{j\neq i} D_{j\to i}$;其中,$K_i>0$。由于这里的分析目的主要是研究银行跨境信贷网络结构变化如何影响系统性金融风险的传染和系统脆弱性的变化,而非研究网络结构变化的原因,所以这里用 **D** 表示外生给定的存款矩阵:$D_{ii}>0$ 是银行 i 从零售存款者那里获得的存款;矩阵非对角元素 $D_{i\to j}\geq 0$ 是银行 i 存放在银行 j 的银行间存款,银行 i 是债权者,银行 j 是债务者。在银行 i 的同业存款总量为 $\sum_{j\neq i} D_{j\to i}$。这些存款期限为 2 期($t=1$,2),但可能在 $t=1$ 期进行提现。此外,银行 i 还有现金 $C_i>0$、贷款和债券投资 $I_i>0$、存放在其他银行的存款 $\sum_{j\neq i} D_{i\to j}$。银行 i 的资产负债表如表 13.1 所示。

表 13.1 银行 i 的资产负债表

资　　产	负债和所有者权益
库存现金 C_i	权益资本 K_i
贷款和债券投资 I_i	零售存款 D_{ii}
存放在其他银行的存款 $\sum_{j\neq i} D_{i\to j}$	其他银行在本行的存款 $\sum_{j\neq i} D_{j\to i}$

银行的贷款和债券投资 I_i 的期限为 2 期($t=1$,2),2 期的到期收益率为 R_i^2,投资收益总额为 $I_i R_i^2$。这些投资存在风险,因此 R_i^2 满足:

$$R_i^1 = R_i^0 + \varepsilon_i^1, \ R_i^2 = R_i^1 + \varepsilon_i^2 \tag{13.1}$$

其中,R_i^0 为 $t=0$ 时的预期回报率,R_i^1 为 $t=1$ 时的预期回报率,ε_i^1、ε_i^2 分别为相应时期的冲击。ε_i^t 服从均值为 0、协方差矩阵为 Σ 的多元正态分布。

2. 银行间清算

一国预期发生金融危机时,本国的零售存款者和其他跨境银行会大量取款,引发该国银

---

① 这里选用银行部门的主要原因:一是本章数据来源于 BIS 统计的各国银行报告数据。二是银行是跨国债权债务资金流动的主要渠道,47 个国家 2019 年银行部门跨境债权债务流动资金占这些国家跨境债权债务总规模比例平均约为 50%,中国的这一比例为 59.96%(债权)和 68.29%(债务)。三是债权债务是银行部门的主要资产和负债,更容易受到跨国债权债务资金流动的冲击,因此应注重流动性管理。

行的流动性短缺,甚至导致银行违约或被清算。银行的最终清算风险取决于其能否赎回存放在其他国家/地区银行的存款。

假定模型只有两期($t = 1, 2$),$\mathbf{W}^t$ 表示存款者在 $t = 1$ 和 $t = 2$ 时的取款决定。如果零售存款者在时间 t 取出他在银行 i 的所有存款,则 $W_{ii}^t = 1$,否则 $W_{ii}^t = 0$。如果银行 i 在时间 t 取出它所有存放在其他银行 j 的存款,则 $W_{ij}^t = 1$,否则 $W_{ij}^t = 0$。特别地,$\mathbf{W}^1$ 反映了到期之前的流动性取款。存款期限只有 2 期,在时期 t 银行 i 面临的总取款需求为 $\sum_j W_{ji}^t D_{j \to i}$,最终取款 $\sum_j W_{ji}^2 D_{j \to i} = \sum_j (1 - W_{ji}^1) D_{j \to i}$ 在 $t = 1$ 时已被确定,因此 $W_{ij}^2 = 1 - W_{ij}^1$。矩阵 $\mathbf{X}^t$ 表示清算支付,X_{ii}^t 为银行 i 在时期 t 支付给零售存款者的取款,X_{ji}^t 为银行 i 在时期 t 支付给银行 j 的取款。

在 $t = 1$ 时,银行的流动性需求取决于它面临的流动性取款数量与其拥有的流动性资产。在 $t = 1$ 时,银行 i 的流动性资产包括现金 C_i、银行间存款赎回 $\sum_{j \neq i} X_{ij}^1$。如果银行 i 的流动性资产数量不能满足它所面临的市场的流动性取款数量,就不得不对长期投资资产进行清算。$\mathbf{L}_i^l$ 为指示器变量,当银行 i 清算事件发生时取值为 1,否则为 0。

$$\mathbf{L}_i^l = \begin{cases} 1, \text{如果 } C_i + \sum_{j \neq i} X_{ji}^1 < \sum_{j \neq i} W_{ji}^1 D_{j \to i} \text{ 且 } \sum_{j \neq i} W_{ij}^1 D_{i \to j} = \sum_{j \neq i} D_{i \to j} \\ 0, \text{其他} \end{cases} \tag{13.2}$$

在银行进行清算时,银行 i 清算长期投资时需要耗费一定的成本,回收资产价值为 ξI_i,$\xi < 0$。A_i^t 表示银行 i 在时期 t 可利用的资产数量。如果这个数量大于银行 i 面临的存款者取款要求数量,银行 i 就会满足市场的取款要求并保持剩余资产,否则银行 i 就违约。$\mathbf{L}_i^{dt}$ 为指示器变量,当银行 i 违约时取值为 1,否则为 0。

$$\mathbf{L}_i^{dt} = \begin{cases} 1, \text{如果 } A_i^t - \sum_j W_{ji}^t D_{j \to i} < 0 \\ 0, \text{其他} \end{cases} \tag{13.3}$$

考虑到中期清算的可能,A_i^1 等于库存现金数量 C_i、从往来银行赎回的银行同业存款 $\sum_{j \neq i} X_{ij}^1$ 及清算收入 $\mathbf{L}_i^l \xi I_i$ 的和:

$$A_i^1 = C_i + \sum_{j \neq i} X_{ij}^1 + \mathbf{L}_i^l \xi I_i \tag{13.4}$$

如果银行 i 在 $t = 1$ 时违约,它就被移除出最终清算系统,$A_i^2 = 0$。如果银行能持续经营到 $t = 1$ 时,可利用资产 A_i^2 包括 $t = 1$ 时取款后的剩余资产、$t = 2$ 时往来银行的到期付款、持有到期实现的投资收益,如下所示:

$$A_i^2 = (1 - \mathbf{L}_i^{d1}) \left(A_i^1 - \sum_j W_{ji}^1 D_{j \to i} + \sum_{j \neq i} X_{ij}^2 + (1 - \mathbf{L}_i^l) I_i R_i^2 \right) \tag{13.5}$$

违约银行按比例向存款者支付所有款项,导致权益资本为零。银行 i 在 $t = 1, 2$ 时向存款者支付金额为：

$$X_{ki}^1 = \frac{W_{ki}^1 D_{k \to i}}{\sum_j W_{ji}^1 D_{j \to i}} \min\left\{ \sum_j W_{ji}^1 D_{j \to i}, A_i^1 \right\}, \quad X_{ki}^2 = \frac{(1 - \mathbf{L}_k^{d1}) W_{ki}^2 D_{k \to i}}{\sum_j W_{ji}^2 D_{j \to i}} \min\left\{ \sum_j W_{ji}^2 D_{j \to i}, A_i^2 \right\}$$

$$(13.6)$$

13.2.2　债权人的取款决定

银行 i 为了避免违约并最大化 $t=1$ 时的期望利润 $E_1\left[\left(A_i^2 - (1 - \mathbf{L}_i^{d1}) \sum_j W_{ji}^2 D_{j \to i} \right)^+ \right]$，最优选择是尽早从往来银行提款。其中，$(\cdot)^+$ 表示 $\max\{\cdot, 0\}$，$E_1[\cdot]$ 表示 $t=1$ 时的期望。代入式(13.4)和式(13.5)，可以得到 $E_1\left[(1 - \mathbf{L}_i^{d1}) \left(A_i^1 - \sum_{j \neq i} W_{ji}^2 D_{j \to i} + \sum_{j \neq i} X_{ij}^2 + (1 - \mathbf{L}_i^l) I_i R_i^2 - \sum_j W_{ji}^2 D_{j \to i} \right) \right]^+$。因为 $1 - \mathbf{L}_i^{d1} > 0$，并且在 $t=1$ 时确定 $\mathbf{L}_i^{d1}$，所以银行 i 的决策函数为：

$$\max_{\left\{ W_{ij}^1 \in \langle 0, 1 \rangle \right\}_{j \neq i}} (1 - \mathbf{L}_i^{d1}) E_1\left[\left(\sum_{j \neq i} (X_{ij}^1 + X_{ij}^2) - \mathbf{L}_i^l (R_i^2 - \xi) I_i + I_i R_i^2 - \sum_j D_{j \to i} \right)^+ \right]$$

$$(13.7)$$

式(13.7)满足以下条件：

(1) 为了避免早期违约，一国银行根据自身流动性需求从往来银行取款。根据式(13.2)—式(13.4)，如果银行 i 的流动性资产不能满足流动性取款要求，它将取出所有它存放于往来银行的存款，有：

$$C_i + \sum_{j \neq i} X_{ij}^1 - \sum_j W_{ji}^1 D_{j \to i} < 0 \Rightarrow \sum_{j \neq i} W_{ij}^1 D_{i \to j} = \sum_j D_{i \to j} \qquad (13.8)$$

(2) 为了最大化赎回存款，如果银行 i 早期违约或预期在 $t=2$ 时违约，它的往来银行会取款。这具体还取决于银行 i 的投资清算情况。如果 $\mathbf{L}_i^l = 1$，因为银行 i 在 $t=1$ 时从往来银行提取所有存款，根据式(13.2)，银行 i 将没有更多的现金流，所以银行 i 当且仅当可利用资产低于总负债时违约，例如 $A_i^1 < \sum_{j \neq i} D_{j \to i}$。如果 $\mathbf{L}_i^l = 0$，投资收入具有随机性，所以银行 i 被预期在 $t=2$ 时违约，例如 $E_1\left[\mathbf{L}_i^{d2} \mid \mathbf{L}_i^l = 0 \right] = 1$，此时银行 i 将获得足够低的预期收益 R_i^1。对于银行 i 的往来银行 k 而言，存在以下条件：

$$(\mathbf{L}_i^l = 1) \wedge \left(A_i^1 - \sum_j D_{j \to i} < 0 \right) \Rightarrow W_{ki}^1 = 1 \qquad (13.9)$$

$$(\mathbf{L}_i^l = 0) \wedge \left(A_i^1 + \sum_{j \neq i} E_1[X_{ij}^2] + I_i R_i^1 - \sum_j D_{j \to i} < 0 \right) \Rightarrow W_{ki}^1 = 1 \qquad (13.10)$$

其中，$\wedge$ 表示两种情况同时成立。

(3) 零售存款者缺少必要的均衡信息，在面临银行偿付能力不确定时作出取款决定。根据 Caballero 和 Simsek(2013),这里采用最大化最小化(maxmin)期望效用描述银行 i 的零售存款者决策问题:$\max\limits_{\left\{W_{ij}^1 \in \{0,1\}\right\}} \min\limits_{\tilde{\mathbf{L}}_i^{d1} \in \Theta_i} E_1\left[(X_{ii}^1 + X_{ii}^2) \mid \tilde{\mathbf{L}}_i^{d1}\right]$。其中,$\tilde{\mathbf{L}}_i^{d1}$ 表示零售存款在感知的银行 i 在 $t=1$ 时的违约结果,Θ_i 表示受零售存款者信息集约束的感知的可能结果的集,$\tilde{\mathbf{L}}_i^{d1} \in \Theta_i$。$\min\limits_{\tilde{\mathbf{L}}_i^{d1} \in \Theta_i}$ 评估出所有感知 $\tilde{\mathbf{L}}_i^{d1}$ 的可能结果并选择最坏情景。

零售存款者假定主要掌握两种情况:一个零售存款者了解他的银行取款需求,也知道其银行的往来银行的违约(他的银行未能全部赎回应得款项),例如 $\sum\limits_{j \neq i}(X_{ij}^1 - W_{ij}^1 D_{i \to j}) < 0$。这些事件都释放了银行的不利信号,使零售存款者感知到这个银行可能在取等号时违约。如果 $\sum\limits_{j \neq i} W_{ji}^1 D_{j \to i} > 0$ 或 $\sum\limits_{j \neq i}(X_{ij}^1 - W_{ij}^1 D_{i \to j}) < 0$,那么 $\tilde{\mathbf{L}}_i^{d1} \in \{0,1\}$;否则,$\tilde{\mathbf{L}}_i^{d1} = 0$。有:

$$\Theta_i = \begin{cases} \{0,1\}, & \text{如果} \sum\limits_{j \neq i} W_{ji}^1 D_{j \to i} > 0 \text{ 或 } \sum\limits_{j \neq i}(X_{ij}^1 - W_{ij}^1 D_{i \to j}) < 0 \\ \{0\}, & \text{其他} \end{cases} \tag{13.11}$$

零售存款者的主要诉求在于最大化存款赎回。如果银行 i 被早期感知到违约,这意味着 $X_{ii}^1 > 0$ 和 $X_{ii}^2 = 0$。根据条件式(13.11),当他感知到他的银行在 $t=1$ 时可能违约,一个零售存款者面临不确定性就会选择取款。对于任意银行 i,存在:

$$\Theta_i = \{0,1\} \Rightarrow W_{ii}^1 = 1 \tag{13.12}$$

式(13.12)的经济含义在于,不知情的零售存款者会在从其他知情零售储户那里接收到有关银行的基本信息后,跟随后者取款,并可能形成恐慌性挤兑(Chari and Jagannathan, 1988;Kiss et al., 2018);进而,银行间风险敞口很高时,容易遭遇大额存款提取失败(Iyer and Peydró, 2011),存在一家银行会引发另一家与其存在紧密经济联系的银行的恐慌性挤兑(Brown et al., 2017)。

除了内源性提款决定外,零售存款者的提款决定也可能是外源冲击导致的。Ω_W 表示面临零售存款者外源性取款的一组银行,对于任意银行 i,都有:

$$i \in \Omega_W \Rightarrow W_{ii}^1 = 1 \tag{13.13}$$

13.2.3 银行的系统性金融风险计算

1. 基本方法与指标

Haelim 等(2019)主要用三类量化指标计算银行系统性金融风险:一是分析银行清算的数量(Furfine, 2003)和银行倒闭的数量(Cifuentes et al., 2005);二是测算银行网络中联合清算事件的概率和联合违约事件的概率(Eisenberg and Noe, 2001);三是计算银行网络所有节点的总损失(包括清算损失和违约损失)[1](Glasserman and Young, 2015),进而计算经济体

---

① 清算总成本和违约总成本的预期价值,两者都用当年银行资产负债表的总价值进行标准化处理。

表 13.2 银行网络结构与系统性金融风险计算指标

风险类型	基本计算指标	银行债权网络中心加剧的系统性金融风险计算指标	银行债务网络中心加剧的系统性金融风险计算指标
银行网络中清算银行的概率	$p_l = E_0\left(\sum_i \mathbf{L}_i/N\right)$	$p_{l\_q} = E_0\left(\sum_i r_{cij}\mathbf{L}_i^t\right)$	$p_{l\_w} = E_0\left(\sum_i r_{tij}\mathbf{L}_i^t\right)$
银行网络中倒闭银行的概率	$p_d = E_0\left(\sum_i (\mathbf{L}_i^{d1}+\mathbf{L}_i^{d2})/N\right)$	$p_{d\_q} = E_0\left(\sum_i r_{cij}(\mathbf{L}_i^{d1}+\mathbf{L}_i^{d2})\right)$	$p_{d\_w} = E_0\left(\sum_i r_{tij}(\mathbf{L}_i^{d1}+\mathbf{L}_i^{d2})\right)$
银行网络中联合清算事件的概率	$\mathrm{Pr}_l^{joint} = \mathrm{Pr}\left(\sum_i \mathbf{L}_i^t/N \geq \theta_l\right)$	$\mathrm{Pr}_{l\_q}^{joint} = \mathrm{Pr}\left(\sum_i r_{cij}\mathbf{L}_i^t \geq \theta_l\right)$	$\mathrm{Pr}_{l\_w}^{joint} = \mathrm{Pr}\left(\sum_i r_{tij}\mathbf{L}_i^t \geq \theta_l\right)$
银行网络中联合倒闭事件的概率	$\mathrm{Pr}_d^{joint} = \mathrm{Pr}\left(\sum_i (\mathbf{L}_i^{d1}+\mathbf{L}_i^{d2})/N \geq \theta_d\right)$	$\mathrm{Pr}_{d\_q}^{joint} = \mathrm{Pr}\left(\sum_i r_{cij}(\mathbf{L}_i^{d1}+\mathbf{L}_i^{d2}) \geq \theta_d\right)$	$\mathrm{Pr}_{d\_w}^{joint} = \mathrm{Pr}\left(\sum_i r_{tij}(\mathbf{L}_i^{d1}+\mathbf{L}_i^{d2}) \geq \theta_d\right)$
银行网络所有节点总共的清算损失	$V_l = \dfrac{E_0\left[\sum_i \mathbf{L}_i(1-\xi)I_i\right]}{\sum_i (K_i+\sum_j D_{ji})}$	$V_{l\_q} = \dfrac{E_0\left[\sum_i Nr_{cij}\mathbf{L}_i^t(1-\xi)I_i\right]}{\sum_i (K_i+\sum_j D_{ji})}$	$V_{l\_w} = \dfrac{E_0\left[\sum_i Nr_{tij}\mathbf{L}_i^t(1-\xi)I_i\right]}{\sum_i (K_i+\sum_j D_{ji})}$
银行网络所有节点总共的倒闭损失	$V_d = \dfrac{E_0\left[\sum_i \sum_{t=1,2} \mathbf{L}_i^{dt}\left(\sum_j W_{ji}^t D_{J\to i} - A_i^t\right)\right]}{\sum_i (K_i+\sum_j D_{ji})}$	$V_{d\_q} = \dfrac{E_0\left[\sum_i \sum_{t=1,2} Nr_{cij}\mathbf{L}_i^{dt}\left(\sum_j W_{ji}^t D_{J\to i} - A_i^t\right)\right]}{\sum_i (K_i+\sum_j D_{ji})}$	$V_{d\_w} = \dfrac{E_0\left[\sum_i \sum_{t=1,2} Nr_{tij}\mathbf{L}_i^{dt}\left(\sum_j W_{ji}^t D_{J\to i} - A_i^t\right)\right]}{\sum_i (K_i+\sum_j D_{ji})}$

系的溢出效应(Acharya et al.，2017)。相应的系统性金融风险计算为表 13.2 第一列。

2. 信贷债权网络中心加剧与系统性金融风险计算指标

在银行跨境信贷债权网络中,银行 i 在银行 j 的存款占银行 j 同业存款的比例 $r_{cij} = D_{i \to j} / \sum_{k \neq j} D_{k \to j}$ 越高,银行 i 发生清算或违约时对银行 j 的传染影响就越大;同理,银行 i 在整个银行体系中存放在其他银行的存款占其他银行同业存款的比例 $r_{ci} = \dfrac{\sum\limits_{j \neq i} D_{i \to j}}{\sum\limits_{i} \sum\limits_{k \neq j} D_{k \to j}}$ 越高,银行 i 发生清算或违约时对银行体系的传染影响就越大。因而,需要对银行清算或违约事件进行加权平均计算,权重分别为 r_{cij} 和 r_{ci}。考虑全球银行债权网络结构因素后,系统性金融风险计算指标可归纳为表 13.2 第二列。

3. 银行债务网络中心加剧与系统性金融风险计算指标

在银行跨境信贷债务网络中,银行 i 吸收银行 j 的存款占银行 i 同业存款的比例 $r_{lij} = D_{j \to i} / \sum_{j \neq i} D_{j \to i}$ 越高,银行 i 发生清算或违约时对银行 j 的损失影响就越大;同理,银行 i 在整个银行体系中吸收其他银行的存款占其他银行同业存款的比例 $r_{li} = \dfrac{\sum\limits_{j \neq i} D_{j \to i}}{\sum\limits_{i} \sum\limits_{k \neq i} D_{k \to i}}$ 越高,银行 i 发生清算或违约时对银行体系造成的损失就越大,风险传染效应就越大。因而,从银行债务网络结构角度来讲,也需要对银行体系的清算或违约风险进行加权计算,权重分别为 r_{lij} 和 r_{li}。考虑全球银行债务网络结构因素后,系统性金融风险计算指标可归纳为表 13.2 第三列。

13.2.4 跨境信贷债权债务网络中心加剧对全球系统性金融风险的影响

1. 跨境信贷债权网络中心加剧对全球系统性金融风险的影响

跨境信贷债权网络中心加剧是相对于均衡化的跨境信贷债权网络而言的,前者对全球系统性金融风险的影响变化也是相对后者而言的。因此,这里主要比较两种情形下一系列金融风险指标的大小。为了简化分析,这里假设样本国家/地区的跨境信贷业务由各自的一家银行来做,有多少样本国家/地区就简化为有多少家相应规模的银行。

(1) 当跨境信贷债权大国(即跨境信贷网络中的核心国家/地区)因投资收益下降引发银行清算时,因为 $r_{cij} > 1/N$,显然 $\dfrac{p_{l\_q}}{p_l} = \sum_{i=1}^{n} N r_{cij} > n$,$n$ 为跨境信贷债权均衡网络中发生清算的银行数量。因此,跨境信贷债权越集中,虽然发生银行清算的国家/地区数量没有发生变化,但发生银行清算的跨境信贷规模及其占全球跨境信贷总规模的比重越大。同理,可以得出 $\dfrac{p_{d\_q}}{p_d} = \sum_{i=1}^{n} N r_{cij} > n$,$n$ 为银行网络中倒闭的银行数量,跨境信贷债权越集中,发生银行倒闭的跨境信贷规模及其占全球跨境信贷总规模的比重就越大。

由于 $r_{cij} > 1/N \to \sum_i r_{cij} > \dfrac{n}{N} \to \sum_i r_{cij}\mathbf{L}_i^l > \sum_i \mathbf{L}_i^l/N \to \Pr\left(\sum_i r_{cij}\mathbf{L}_i^l \geqslant \theta_l\right) >$

$\Pr\left(\sum_i \mathbf{L}_i^l/N \geqslant \theta_l\right)$，可以得出 $\dfrac{\Pr_{l\_q}^{joint}}{\Pr_l^{joint}} > 1$。其经济含义为：跨境信贷债权越集中，债权追索引发的联合清算事件的概率就越高，系统性金融风险也越大。同理可以得出，$\Pr_{d\_q}^{joint} > \Pr_d^{joint}$，这意味着：跨境信贷债权越集中，债权追索引发的联合倒闭事件的概率就越高，系统性金融风险也越大。

由 $\dfrac{V_{l\_q}}{V_l} = \dfrac{E_0\left[\sum_i Nr_{cij}\mathbf{L}_i^l(1-\xi)I_i\right]}{\sum_i\left(K_i + \sum_j D_{ji}\right)} \Bigg/ \dfrac{E_0\left[\sum_i \mathbf{L}_i^l(1-\xi)I_i\right]}{\sum_i\left(K_i + \sum_j D_{ji}\right)} = \sum_i Nr_{cij}$ 得出，跨境信贷债

权较为集中的大国银行发生清算事件时，引发的清算损失是小国银行的 $\sum_i Nr_{cij}$ 倍。由

$\dfrac{V_{d\_q}}{V_d} = \dfrac{E_0\left[\sum_i \sum_{t=1,2} Nr_{cij}L_i^{dt}\left(\sum_j W_{ji}^t D_{j\to i} - A_i^t\right)\right]}{\sum_i\left(K_i + \sum_j D_{ji}\right)} \Bigg/ \dfrac{E_0\left[\sum_i \sum_{t=1,2} L_i^{dt}\left(\sum_j W_{ji}^t D_{j\to i} - A_i^t\right)\right]}{\sum_i\left(K_i + \sum_j D_{ji}\right)} =$

$\sum_i Nr_{cij}$ 得出，跨境信贷债权较为集中的大国银行发生倒闭事件时，引发的倒闭损失是小国银行的 $\sum_i Nr_{cij}$ 倍。

（2）当跨境信贷债权小国（即跨境信贷网络中的外围国家/地区）因投资收益下降引发银行清算时，因为 $r_{cij} < 1/N$，其效应恰好与跨境信贷大国的影响相反。

2. 跨境信贷债务网络中心加剧对全球系统性金融风险的影响

（1）当跨境信贷债务大国因投资收益下降引发银行违约清算时，因为 $r_{lij} > 1/N$，因此

$\dfrac{p_{l\_w}}{p_l} = \sum_{i=1}^n Nr_{lij} > n$，$n$ 为跨境信贷债务均衡网络中发生违约清算的银行数量。跨境信贷债务越集中，发生银行违约清算的信贷规模及其占全球信贷的比重就越大。同理，可以得出

$\dfrac{p_{d\_w}}{p_d} = \sum_{i=1}^n Nr_{lij} > n$，$n$ 为跨境信贷债务均衡网络中违约倒闭的银行数量，跨境信贷债权越集中，发生银行倒闭的信贷规模及其占全球信贷的比重就越大。

进而，有 $r_{lij} > 1/N \to \sum_i r_{lij} > \dfrac{n}{N} \to \sum_i r_{lij}\mathbf{L}_i^l > \sum_i \mathbf{L}_i^l/N \to \Pr\left(\sum_i r_{lij}\mathbf{L}_i^l \geqslant \theta_l\right) >$

$\Pr\left(\sum_i \mathbf{L}_i^l/N \geqslant \theta_l\right)$，从而可以得出 $\dfrac{\Pr_{l\_w}^{joint}}{\Pr_l^{joint}} > 1$。其经济含义为：跨境信贷债务越集中，其违约时引发其他国家/地区银行违约清算的概率越高，系统性金融风险越大。同理可以得出，$\Pr_{d\_w}^{joint} > \Pr_d^{joint}$，这意味着：跨境信贷债务越集中，大国银行债务违约引发的联合倒闭事件的概率就越高，系统性金融风险也越大。

由 $\dfrac{V_{l\_w}}{V_l} = \sum_i Nr_{lij}$ 得出，全球跨境信贷债务网络核心化后，大国银行发生清算事件时，引

发的清算损失是小国银行的 $\sum\limits_i Nr_{lij}$ 倍。由 $\dfrac{V_{d\_w}}{V_d} = \sum\limits_i Nr_{lij}$ 得出，全球跨境信贷债务网络核心化后，大国银行发生倒闭事件时，引发的倒闭损失是小国的 $\sum\limits_i Nr_{lij}$ 倍。

（2）当跨境信贷债务小国因投资收益下降引发银行违约、清算或倒闭时，因为 $r_{lij} < 1/N$，其效应恰好与跨境信贷大国的影响相反。

13.3　跨境信贷资金流动网络

13.3.1　全球跨境信贷债权网络

根据 BIS 按报告银行所在地和交易对手部门分类统计的包括银行部门和非银行部门的债权季度数据，计算每一季度样本国家/地区对其他各样本国家/地区居民的跨境信贷债权[①]结构。计算公式为：$d_{i \to j,\ t} = \dfrac{D_{i \to j,\ t}}{\sum\limits_{j=1}^{n} D_{i \to j,\ t}}$。其中，$d_{i \to j,\ t}$ 为第 t 期国家/地区 i 对国家/地区 j 的跨境信贷债权占其对所有样本国/地区跨境信贷债权总和的比重，$D_{i \to j,\ t}$ 为第 t 期国家/地区 i 对国家/地区 j 的跨境信贷债权，$\sum\limits_{j=1}^{n} D_{i \to j,\ t}$ 为第 t 期国家/地区 i 对其他所有样本国家/地区跨境信贷债权的总和，n 为国家/地区 i 交易对手国家/地区的数量。

根据观察期内每期的 $d_{i \to j,\ t}$，分别计算国家/地区 i 在 2005 年第一季度—2012 年第四季度、2013 年第一季度—2020 年第二季度的债权结构的平均值 $\bar{d}_{ij,\ T}$。计算公式为：$\bar{d}_{i \to j,\ T} = \dfrac{1}{T} \sum\limits_{t=1}^{T} d_{i \to j,\ t}$。其中，$T$ 为观察期的季度个数。根据各样本国/地区两个时段的 $\bar{d}_{ij,\ T}$，以其对具体样本国/地区的跨境信贷债权比例为权重，计算 $i \to j$ 的有向 Hubs-Authorities 向量中心，形成包含不同国家/地区的全球跨境信贷债权同心（concentric）分区（partition）有向网络图。

13.3.2　全球跨境信贷债务网络

根据各样本国/地区在两个时段的 $\bar{d}_{i \leftarrow j,\ t}$，以跨境信贷债务比例为权重，计算 $i \leftarrow j$ 的有向 Hubs-Authorities 向量中心，形成包含不同国家/地区的全球跨境信贷债务同心分区有向网络图。其中，$\bar{d}_{i \leftarrow j,\ t} = \dfrac{1}{T} \sum\limits_{t=1}^{T} d_{i \leftarrow j,\ t}$，$d_{i \leftarrow j,\ t} = \dfrac{D_{i \leftarrow j,\ t}}{\sum\limits_{j=1}^{n} D_{i \leftarrow j,\ t}}$，$D_{i \leftarrow j,\ t}$ 为第 t 期国家/

[①]　这一指标实质上描述了信贷资金从其他国家/地区银行部门流向观察国/地区居民，是观察国/地区的债务。

地区 j 的跨境信贷债务，$\sum_{j=1}^{n} D_{i \leftarrow j,t}$ 为国家/地区 i 对其他所有样本国/地区的跨境信贷债务的总和，$d_{i \leftarrow j,t}$ 为第 t 期国家/地区 i 对国家/地区 j 的跨境信贷债务占国家/地区 i 对所有样本国/地区跨境信贷债务总和的比例，$\bar{d}_{i \leftarrow j,t}$ 为国家/地区 i 在观察期债务结构的平均值，其他符号含义同上。

13.3.3　全球跨境信贷网络的风险传染

系统性金融风险这个术语被广泛使用，当前亦有不少研究系统性金融风险计算方法的文献，但其仍然很难被准确量化。概括而言，主要有两大类计算方法：（1）通过金融机构清算倒闭数量以及不良贷款率等数据直接计算风险结果。例如，分析银行清算的数量（Furfine，2003）和银行倒闭的数量（Cifuentes et al.，2005）；测算银行网络中联合清算事件的概率和联合违约事件的概率（Eisenberg and Noe，2001）；计算银行网络所有节点的总损失（包括清算损失和违约损失）（Glasserman and Young，2015），进而估计对经济体系的溢出效应（Acharya et al.，2017）。（2）通过不同概率显著性水平间接模拟计算风险及尾部风险的影响，例如在险价值法、增量条件在险价值法、系统性期望损失法，以及边际期望损失法等。

为了简化分析，可以假设样本国/地区的跨境信贷业务由各自的一家银行来做，有多少样本国/地区就简化为有多少家相应规模的银行。由于数据限制和以下原因，本章未能按照第一大类方法计算：一是实际发生跨境信贷风险冲击时，具体国家/地区内部不同规模的银行之间可能放大来自国际的风险冲击，也可能相互冲销这种冲击，而本章的潜在条件是将一个国家/地区的不同商业银行视为一家整体银行，必然忽略了这种内部效应，但这种内部效应对跨国信贷风险的实际传染结果却有较大的影响。二是用清算银行和倒闭银行的数量及概率来描述系统性金融风险，面对同样的融资违约概率，在不同的国家/地区，银行发生清算和倒闭的概率却显著不同。而对于第二大类方法，研究所采用的数据一般是金融市场的高频数据——至少是日频数据，本章仅收集到了 BIS 公布的季度数据，数据量非常有限，简单引用第二大类方法也必然降低分析的准确性，甚至难以实现。

这里界定全球系统性金融风险传染的计算指标为全球跨境信贷网络结构关联强度与变动，并分析其传染效应和对中国的影响。鉴于此，本章用各样本国/地区跨境信贷的随机波动来描述系统性金融风险的传染关系，并进一步计算全球跨境信贷风险网络结构，并比较两个时段网络结构的变化。对 $D_{i \leftarrow j,t}$ 取对数后进行一阶向量自回归，得到随机扰动项 $\varepsilon_{c,ij,t}$，然后借助 PC 算法[①]，对扰动项之间的相关系数与偏相关系数进行分析，去除在 10% 显著性水平上相关系数为零的联系，进而将剩下的扰动项视为除债权变量趋势因素之外的风险冲击。

---

① PC 算法从"无向完全图"出发，先分析变量间的（无条件）相关系数，当相关系数为零时，则将表示因果关系的连线移去；在完成对所有（无条件）相关系数的分析后，便接着分析一阶偏相关系数、二阶偏相关系数、三阶偏相关系数……与无条件相关系数分析相类似，当变量间的偏相关系数为零时，则移去两者之间的连线（杨子晖、周颖刚，2018）。

计算公式为：$\ln D_{i\rightarrow j,t}=\ln D_{i\rightarrow j,t-1}+\varepsilon_{d.i\rightarrow j,t}$。进而计算观察期内债权残差绝对值的平均值 $\bar{\varepsilon}_{d.i\rightarrow j,T}=\frac{1}{T}\sum_{t=1}^{T}\varepsilon_{d.i\rightarrow j,t}$，将 $\bar{\varepsilon}_{d.i\rightarrow j,T}$ 作为国家/地区 i 对其他国家/地区 j 跨境信贷债权风险冲击的平均程度。利用同样的方法，可计算出国家/地区 i 对国家/地区 j 跨境信贷债务风险冲击的平均程度 $\bar{\varepsilon}_{d.i\leftarrow j,T}=\frac{1}{T}\sum_{t=1}^{T}\varepsilon_{d.i\leftarrow j,t}$，$\ln D_{i\leftarrow j,t}=\ln D_{i\leftarrow j,t-1}+\varepsilon_{d.i\leftarrow j,t}$。变量含义同前。

这一处理方法的缺点显而易见：残差项绝对值的均值仅仅反映了趋势因素以外的扰动项，国家/地区 i 与国家/地区 j 两两之间的跨境信贷规模变化，可能由其他经济体的冲击引发。本章在这里主要考虑这一跨境信贷变动作为两国/地区之间直接发生的现实结果，必然对其中一国/地区产生冲击影响，而不在于分析这一跨境信贷变动发生的原因。本章将不显著相关的关系部分去除，在一定程度上能反映这种非平滑因素之外的冲击影响。

现实讨论：24 个主要经济体跨境信贷网络结构及变化

（一）变量、样本与数据

1. 全球跨境信贷网络节点变量

本章将全球跨境信贷网络分为两类：一类是债权网络，另一类是债务网络。两个网络相互印证。根据 BIS 网站公布的以报告银行对手所在地为标准的国际银行部门信贷债权债务敞口数据，分别计算出主要经济体对报告银行部门所在地交易对手居民经济体的债权债务，并以此作为全球跨境债权网络节点变量和全球跨境债务网络节点变量。

2. 主要样本经济体

由于统计数据缺漏，为实现本章研究目的，主要样本经济体的选择标准为：（1）尽量包括"具有系统重要性金融部门的经济体"[①]，将存在较多不完整数据的主要样本经济体排除在外。（2）跨境信贷债权债务达到一定规模。以 2020 年第二季度为标准，跨境信贷的债权或债务其中一项达到 100 亿美元，代表在全球跨境信贷网络中具有一定影响力。（3）具体与某一经济体的跨境信贷债权或债务占该经济体同期跨境信贷总规模的比例达到 1%。（4）在本章考察时段，所有相关数据完整。根据这些标准，最后确定样本经济体 24 个，具体见表 13.3。

值得注意的是，这里基于两点原因未将中国纳入样本：一是中国数据在考察时段不完整，缺失与部分经济体的交易数据。二是 BIS 统计的 24 个样本经济体的跨境信贷债权债务对手不包括中国，对中国的跨境信贷交易对手的相关统计数据不完全与这些经济体一致。由于中国银行业在国际银行体系中总体上处于外围地位（陈梦根、赵雨涵，2019），

[①] 具体指 IMF 每 5 年进行一次金融稳定评估规划的"S29 经济体"，包括澳大利亚、奥地利、比利时、巴西、加拿大、中国台湾、丹麦、芬兰、法国、德国、希腊、中国香港特别行政区、印度、爱尔兰、意大利、日本、韩国、卢森堡、墨西哥、荷兰、挪威、波兰、俄罗斯、新加坡、西班牙、瑞典、瑞士、土耳其、英国和美国。

这里的计算结果不会影响跨境信贷网络总体结构和结构变化比较的分析结论。①

表 13.3　主要样本经济体及其对应变量

序号	经济体	变量	序号	经济体	变量	序号	经济体	变量	序号	经济体	变量
1	澳大利亚	AUSt	7	丹麦	DAN	13	爱尔兰	IRE	19	荷兰	NET
2	奥地利	AUS	8	芬兰	FIN	14	意大利	ITA	20	西班牙	SPA
3	比利时	BEL	9	法国	FRA	15	日本	JAN	21	瑞典	SWE
4	巴西	BRA	10	德国	GER	16	韩国	KOR	22	瑞士	SWI
5	加拿大	CAN	11	希腊	GRE	17	卢森堡	LUX	23	英国	ENG
6	中国台湾	CHT	12	中国香港	HK	18	墨西哥	MEX	24	美国	AME

3. 数据

这里使用的数据主要来源于 BIS 官网和国家外汇管理局官网。按照报告银行交易对手居民所在经济体,整理出各样本经济体 2005 年第一季度—2020 年第二季度的数据。根据这一时段国际金融事件发生情况,细分为两个时段:2005 年第一季度—2012 年第四季度和 2013 年第一季度—2020 年第二季度。其原因在于:在 2005 年第一季度—2012 年第四季度,2008 年发生了全球金融危机,2009 年发生了欧洲债务危机,经过宏观审慎监管改进,2012 年全球跨境信贷网络结构趋于稳定。在 2013 年第一季度—2020 年第二季度,全球经济结构逐渐发生变化,并且经历了多次大国之间的贸易摩擦等事件,跨境信贷网络与前期相比可能发生了变化。因此,这里分为两个时段和多个国际重大事件时期,静态比较全球跨境信贷网络结构的变化及其对系统性金融风险传染的影响。

（二）全球跨境信贷债权网络特点及变化

按照前述方法和数据,计算全球跨境信贷债权网络结果如图 13.1 所示。分析图 13.1 可得出:

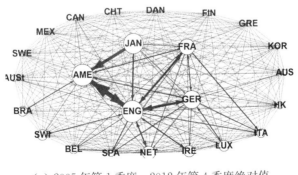

(a) 2005 年第 1 季度—2012 年第 4 季度绝对值

---

① 例如,中国香港跨境信贷债权债务规模占中国总量比例最低时分别为 2019 年第一季度的 43% 和 2014 年第二季度的 41%;而中国香港占比最高的是日本,在对应时间的比例分别为 13.91% 和 19.63%;在对应时间,占美国的比例分别为 3.31% 和 3%。

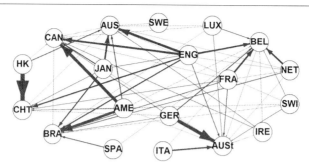

（b）2005 年第 1 季度—2012 年第 4 季度比例

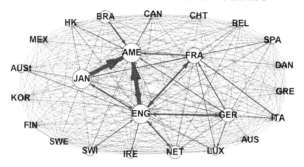

（c）2013 年第 1 季度—2020 年第 2 季度绝对值

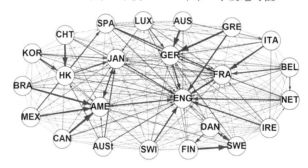

（d）2013 年第 1 季度—2020 年第 2 季度比例

图 13.1　样本经济体跨境信贷债权结构比较

注:箭头表示信贷资金流向,圆圈大小表示中心程度,连线粗细表示跨境信贷规模和比例的大小。

（1）按照图中圆圈大小和连线粗细,可将样本经济体分为三类。英国、美国、法国、德国、日本为第一类;卢森堡、比利时、爱尔兰、荷兰、瑞士、中国香港、澳大利亚、巴西为第二类;瑞典、意大利、西班牙、加拿大、丹麦、希腊、韩国、墨西哥、奥地利、中国台湾为第三类;第二类的跨境信贷规模明显大于第三类。从网络中心程度角度而言,第一类基本上处于全球跨境信贷债务网络中心的位置,形成中心层;第二、三类形成外围层。

（2）直观比较两个时段的全球跨境信贷债权规模网络:2005 年第一季度—2012 年第四季度网络中心层的经济体主要有英国、美国、德国、法国、日本等,其他经济体为网络的外围层。美国、英国的中心地位最显著,德国、法国、日本接近,其他经济体规模接近。英国、德国、法国的联系更密切,美国、英国、日本的联系更密切。信贷资金明显从日本流向美国,从德国流向英国,从英国流向美国的信贷资金规模略大于从美国流向英国的规模,英国、法国的信贷资金流动规模基本相当。2013年第一季度—2020年第二季度网络中心层的经济体主要有英国、美国、德国、法国、日本等,日本、法国、中国香港的中心性提高;中心层经济体的跨境信贷规模差距加大,英国、美国的中心地位进一步提升。

(3)直观比较两个时段的全球跨境信贷债权比例网络:2005年第一季度—2012年第四季度,全球跨境信贷债权网络结构较为均衡,基本上可以分为两类即美国、德国、法国、英国、日本等经济体构成网络中心,其他经济体为外围。2013年第一季度—2020年第二季度,全球跨境信贷债权网络结构明显不均衡,英国、美国、法国、德国、中国香港、日本构成整个全球跨境信贷债务网络的六个中心,其他经济体在该网络中的中心性显著减弱。

(4)全球跨境信贷债权网络的区域板块性明显,板块构成经济体明显不平衡。分析2013年第一季度—2020年第二季度全球跨境信贷债权比例网络,相较于2005年第一季度—2012年第四季度:(1)英国、德国、法国的区域化强化,成为欧洲板块的中心层;其中,瑞典、芬兰、丹麦构成一个小板块,法国、比利时、意大利构成一个小板块,德国、希腊、奥地利、西班牙构成一个小板块。(2)美国、日本、中国香港的区域化强化,成为亚太板块的中心层;其中,美国、巴西、加拿大、澳大利亚、墨西哥构成一个小板块,日本、韩国构成一个小板块,中国香港、中国台湾构成一个小板块。(3)各板块经济体的实力明显不均衡,欧洲板块的均衡程度高于亚太板块。其经济原因可能在于,由于地域文化、制度认同、信息条件、经济密切程度等因素对跨境信贷风险管理成本的影响,金融全球化实际上先要经过金融区域化。因此,作为全球化伴生物的区域化进程一直在前行,而且随着北美自由贸易区(NAFTA)和欧元区的创立、东盟"10+1"和东盟"10+3"合作机制的成型,以及跨太平洋伙伴关系(TPP)等协定的签署,更高标准的区域一体化进程也在加速(张宇燕,2020)。

因此,可以初步归纳出:跨境信贷债权结构在区域板块强化的基础上,进一步向发达经济体集中。

(三)跨境信贷债权债务网络中心加剧对全球系统性金融风险的影响

根据 $\bar{\varepsilon}_{d,j\to i,T}$ 和 $\bar{\varepsilon}_{l,i\to j,T}$,计算经济体 j 与经济体 i 的有向 Hubs-Authorities 向量中

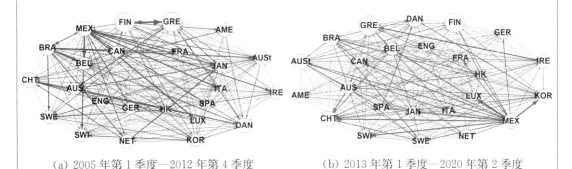

(a) 2005年第1季度—2012年第4季度　　(b) 2013年第1季度—2020年第2季度

图 13.2　跨境信贷债权风险网络

注:箭头表示风险传染方向,连线粗细表示风险传染大小,圈大小表示样本经济体风险传染其他经济体的中心程度。

心,形成全球跨境信贷债权风险同心分区有向网络和全球跨境信贷债务风险同心分区有向网络,分别如图 13.2 和图 13.3 所示。

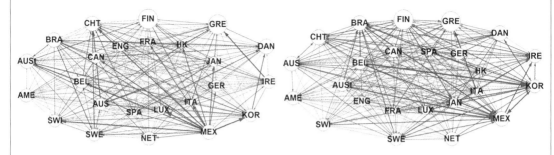

(a) 2005 年第 1 季度—2012 年第 4 季度　　　　(b) 2013 年第 1 季度—2020 年第 2 季度

图 13.3　跨境信贷债务风险网络

注:箭头表示风险传染方向,连线粗细表示风险传染大小,圈大小表示样本经济体风险传染其他经济体的中心程度。

　　分析图 13.2 的图(a)和图(b)初步得出:(1)部分样本经济体跨境信贷债权的不确定性,对其他交易对手经济体形成较为明显的冲击。2005 年第一季度—2012 年第四季度,墨西哥、芬兰、荷兰、巴西、希腊等对其他经济体的跨境信贷债权具有显著的不稳定性,形成显著的风险冲击。2013 年第一季度—2020 年第二季度,样本经济体对其他经济体跨境信贷债权的不稳定性冲击普遍减小,其中风险冲击较大的经济体为墨西哥、爱尔兰、巴西、澳大利亚、奥地利、美国、瑞典、西班牙等。(2)前文计算的全球跨境信贷债权网络中的规模中心层和比例中心层经济体,例如日本、德国、法国、英国等,在跨境信贷债权风险网络中并没有表现出突出作用。其原因可能在于:这里描述的风险只是该经济体跨境信贷的不稳定性因素,尚未考虑这种不稳定性因素究竟引起交易对手经济体多大程度上的系统性金融风险;全球跨境信贷债权网络的中心层经济体多是经济金融发达经济体,已经形成了比较稳定的经济优势和金融优势,对全球其他经济体形成了较为稳定的信贷规模,不稳定性因素较小。同时也表明,如果全球跨境信贷网络的中心层经济体发生剧烈震荡,其所引发的全球系统性金融风险和损失要更为巨大。(3)这也意味着,在关注全球跨境信贷债权网络中心层经济体的同时,亦要加强对处于外围层的经济发达经济体的金融风险的监测。

　　分析图 13.3(a)和图 13.3(b)初步得出:(1)全球跨境信贷债务风险网络具有一定的均衡性,随着金融事件的减少,样本经济体的跨境债务的平稳性提高,对其他经济体的风险冲击较少。与 2005 年第一季度—2012 年第四季度相比,2013 年第一季度—2020 年第二季度,希腊、中国香港、日本、奥地利等经济体的跨境债务不稳定性降低。(2)前文计算的全球跨境信贷债务网络中的规模中心和结构中心经济体,例如日本、德国、美国、法国、英国等,在跨境信贷债务风险网络中并没有表现出突出作用。其原因类似于跨境债权风险网络。

综合上述分析,可以得出:从全球跨境信贷债权债务风险网络角度分析,强化全球金融网络结构中心后,金融网络整体风险主要取决于中心层经济体金融体系的稳定性,及其与其他经济体之间金融交易规模的波动性,如果中心经济体没影响到跨境金融交易规模的稳定性,金融风险被内部消化,此时强化金融结构中心层后反而有利于金融体系的稳定。经济规模次于美国、英国、德国、日本、法国的其他经济发达经济体,其跨境信贷具有较高的不确定性,在一定的重大事件冲击下可能成为全球系统性金融风险爆发的源头。传染风险的渠道主要是市场情绪和预期,而这一渠道风险冲击的大小和持续时间取决于被传染经济体金融体系的稳定情况。

13.4 小结

跨境信贷网络结构对全球系统性金融风险传染具有重要影响。如果跨境信贷债权债务越集中,跨境信贷债权债务网络中核心国家/地区发生银行大面积清算时,其清算或倒闭的信贷规模占全球信贷的比重越大,债权追索或债务违约所引发的其他国家/地区银行联合清算或倒闭的概率越高,传染的全球系统性金融风险则越大;而外围国家/地区发生银行违约、清算或倒闭时,传染的全球系统性金融风险则越小。

从全球跨境信贷债权债务网络角度分析,美国、英国、法国等发达经济体中心地位进一步强化,美国跨境信贷净债权中心进一步强化,日本跨境信贷净债务中心进一步强化,金融这可能引起全球系统性金融风险传染效应的变化。从全球跨境信贷债权债务风险网络角度分析,经济规模次于美国、英国、德国、日本、法国的其他经济发达经济体,跨境信贷具有较高的不稳定性,在一定条件下更容易成为全球金融危机爆发的脆弱环节。

中国的跨境信贷网络结构较为均衡,有利于降低其他国家/地区通过全球跨境信贷网络对中国的风险冲击。

思考题

1. 跨境资本流动的形式有哪些?
2. 跨境资本流动分别传导了什么风险?
3. 跨境资本流动下系统性金融风险传染有什么特征?

附表 13.1　中国国际收支平衡表(季度表)　　　　　　　　(单位:亿美元)

项　　　目	2020 年 第一季度	2020 年 第二季度	2020 年 第三季度	2020 年 第四季度
1. 经常账户	−2 823	6 894	6 460	8 177
贷方	38 754	52 445	57 531	58 457
借方	−41 577	−45 551	−51 071	−50 280
1. A　货物和服务	−2 091	8 783	7 996	10 579
贷方	36 239	46 527	51 454	53 705
借方	−38 331	−37 744	−43 459	−43 126
1. A. a 货物	1 192	10 874	10 784	12 461
贷方	32 440	42 577	47 482	49 238
借方	−31 248	−31 703	−36 698	−36 777
1. A. b 服务	−3 283	−2 090	−2 788	−1 882
贷方	3 799	3 951	3 972	4 467
借方	−7 082	−6 041	−6 761	−6 349
1. B　初次收入	−843	−1 954	−1 728	−2 678
贷方	1 875	5 339	5 411	4 049
借方	−2 718	−7 293	−7 139	−6 727
1. C　二次收入	111	66	193	276
贷方	640	579	666	703
借方	−529	−514	−473	−427
2. 资本和金融账户	1 731	−3 765	−2 463	−2 768
2.1　资本账户	−6	−1	−1	3
贷方	1	3	3	4
借方	−8	−4	−4	−1
2.2　金融账户	1 737	−3 764	−2 463	−2 771
资产	−2 618	−11 052	−14 389	−14 859
负债	4 355	7 288	11 926	12 088
2.2.1　非储备性质的金融账户	−12	−2 408	−1 820	−1 143
资产	−4 366	−9 697	−13 746	−13 231
负债	4 355	7 288	11 926	12 088
2.2.1.1　直接投资	1 138	333	1 736	3 730
2.2.1.2　证券投资	−3 712	3 006	3 039	3 580
2.2.1.3　金融衍生工具	−324	−317	−160	2
2.2.1.4　其他投资	2 888	−5 430	−6 435	−8 455
2.2.2　储备资产	1 749	−1 356	−642	−1 628
2.2.2.1　货币黄金	0	0	0	0
2.2.2.2　特别提款权	−3	11	3	−4
2.2.2.3　在国际货币基金组织的储备头寸	18	−104	11	−56
2.2.2.4　外汇储备	1 733	−1 262	−656	−1 567
2.2.2.5　其他储备资产	0	0	0	0
3. 净误差与遗漏	1 093	−3 129	−3 997	−5 409

　　注:(1)本表计数采用四舍五入原则。(2)根据《国际收支和国际投资头寸手册》(第六版)编制,资本和金融账户中包含储备资产。(3)"贷方"按正值列示,"借方"按负值列示,差额等于"贷方"加上"借方"。本表除标注"贷方"和"借方"的项目外,其他项目均指差额。(4)金融账户下,对外金融资产的净增加用负值列示,净减少用正值列示。对外负债的净增加用正值列示,净减少用负值列示。(5)季度以人民币计值的国际收支平衡表数据,由当季以美元计值的国际收支平衡表通过当季人民币对美元季平均汇率中间价折算得到。(6)国际收支平衡表采用修订机制,最新数据以此表为准。

附表 13.2　中国国际投资头寸表　　　　　　　　　　（单位:亿美元）

项　　目	2019	2020 年 3 月	2020 年 6 月	2020 年 9 月	2020 年 12 月
净头寸	22 996	23 362	24 182	23 682	21 503
资产	78 464	77 778	80 233	83 446	87 039
1　直接投资	22 366	22 262	22 737	23 571	24 134
1.1　股权	19 341	19 231	19 622	20 375	20 844
1.2　关联企业债务	3 026	3 032	3 115	3 197	3 290
1.a　金融部门	2 839	2 642	2 751	2 901	3 077
1.1.a　股权	2 739	2 548	2 664	2 809	2 990
1.2.a　关联企业债务	100	94	87	92	87
1.b　非金融部门	19 528	19 620	19 986	20 671	21 057
1.1.b　股权	16 602	16 683	16 957	17 566	17 854
1.2.b　关联企业债务	2 926	2 937	3 028	3 105	3 203
2　证券投资	6 575	6 517	7 150	7 890	8 999
2.1　股权	3 853	3 734	4 249	4 977	6 043
2.2　债券	2 722	2 783	2 900	2 913	2 955
3　金融衍生工具	67	105	99	144	191
4　其他投资	17 226	17 092	17 814	19 029	20 149
4.1　其他股权	84	84	84	88	89
4.2　货币和存款	3 962	3 876	4 159	4 507	4 865
4.3　贷款	6 963	7 315	7 488	8 033	8 389
4.4　保险和养老金	135	148	164	177	166
4.5　贸易信贷	5 604	5 136	5 290	5 602	5 972
4.6　其他	479	532	628	621	668
5　储备资产	32 229	31 803	32 433	32 812	33 565
5.1　货币黄金	954	1 008	1 108	1 182	1 182
5.2　特别提款权	111	110	110	112	115
5.3　在国际货币基金组织的储备头寸	84	81	96	97	108
5.4　外汇储备	31 079	30 606	31 123	31 426	32 165
5.5　其他储备资产	0	—2	—3	—4	—5
负债	55 468	54 416	56 051	59 764	65 536
1　直接投资	27 964	27 767	28 173	29 718	31 793
1.1　股权	25 296	25 109	25 470	26 880	28 814
1.2　关联企业债务	2 668	2 658	2 704	2 838	2 979
1.a　金融部门	1 605	1 559	1 633	1 667	1 826
1.1.a　股权	1 426	1 387	1 447	1 492	1 627
1.2.a　关联企业债务	179	172	186	175	199
1.b　非金融部门	26 359	26 208	26 540	28 051	29 967
1.1.b　股权	23 869	23 722	24 023	25 388	27 187
1.2.b　关联企业债务	2 490	2 486	2 518	2 663	2 780
2　证券投资	14 526	13 363	14 528	16 056	19 545
2.1　股权	9 497	8 326	9 215	9 910	12 543
2.2　债券	5 029	5 037	5 312	6 146	7 002
3　金融衍生工具	65	119	107	113	122
4　其他投资	12 913	13 166	13 244	13 878	14 076
4.1　其他股权	0	0	0	0	0
4.2　货币和存款	4 245	4 606	4 545	5 021	5 266
4.3　贷款	4 605	4 722	4 827	4 787	4 555
4.4　保险和养老金	135	142	147	154	167
4.5　贸易信贷	3 644	3 267	3 241	3 498	3 719
4.6　其他	189	334	388	318	267
4.7　特别提款权	97	95	96	98	101

　　注:(1)本表计数采用四舍五入原则。(2)净头寸是指资产减负债,"＋"表示净资产,"－"表示净负债。(3)从2015 年第一季度开始,本表按照国际货币基金组织《国际收支和国际投资头寸手册》(第六版)标准进行编制和列示。(4)2017 年末以来贸易信贷数据根据最新调查结果修订,未追溯调整之前数据。(5)国际投资头寸表采用修订机制,最新数据以本表为准。

附表 13.3　中国银行业对外金融资产和负债存量

	总量 (1=2+3, 1=10+19)	其中:人民币 (2=11+20)	其中:外币 (3=4+5+6+7+8+9, 3=12+21)	其中:外币						对境外银行部门 (10=11+12)	其中:人民币	其中:外币 (12=13+14+15+16+17+18)	其中:外币						对境外非银行部门 (19=20+21)	其中:人民币	其中:外币 (21=22+23+24+25+26+27)	其中:外币					
				美元	欧元	日元	英镑	瑞士法郎	其他外币				美元	欧元	日元	英镑	瑞士法郎	其他外币				美元	欧元	日元	英镑	瑞士法郎	其他外币
	1	2	3	4	5	6	7	8	9	10	11	12	13	14	15	16	17	18	19	20	21	22	23	24	25	26	27
资产	13 724	1 496	12 228	9 430	791	101	107	5	1 795	7 084	647	6 437	4 658	390	86	42	5	1 255	6 640	849	5 792	4 771	401	14	65	0	539
存款和贷款	10 033	1 339	8 695	7 188	663	79	83	5	677	5 096	596	4 500	3 617	296	75	34	5	444	4 938	743	4 195	3 541	367	4	49	0	233
债券	1 816	115	1 701	1 570	60	10	7	0	54	577	24	553	489	26	0	0	0	38	1 239	91	1 148	1 081	34	10	7	0	16
其他资产	1 875	42	1 833	672	68	11	17	1	1 064	1 411	28	1 384	523	67	11	8	1	774	464	15	449	149	0	0	9	0	290
负债	14 847	5 852	8 995	5 614	485	35	45	2	2 815	6 134	3 418	2 716	2 120	288	12	15	0	280	8 713	2 434	6 279	3 494	196	23	30	1	2 535
存款和贷款	8 095	2 604	5 492	4 683	346	26	19	1	417	3 527	1 093	2 434	1 885	272	11	14	0	253	4 568	1 510	3 057	2 798	74	16	5	1	164
债券	2 916	1 984	932	757	129	7	24	0	15	1 466	1 386	80	74	6	0	0	0	0	1 450	598	852	682	123	7	24	0	15
其中:短期债券	634	368	266	249	8	7	0	0	2	308	303	4	4		0	0	0	0	326	65	261	245	8	7	0	0	2
其他负债	3 835	1 265	2 571	174	10	1	1	0	2 384	1 140	939	201	161	10	1	1	0	27	2 695	325	2 370	14	-1	0	0	0	2 357

注:(1)国家外汇管理局按照国际清算银行的国际银行业统计(International Banking Statistics,IBS)表式,发布中国银行业对外金融资产和负债存量。该项统计与国际货币基金组织的《国际收支和国际投资头寸手册》统计原则一致。银行指中央银行以外的存款类金融机构。存贷款资产指中国银行业存放境外的存款或对非居民发放的贷款。存贷款负债指中国银行业吸收非居民存款、接受非居民贷款。债券资产指中国银行业持有的非居民发行的债券类投资产品。债券负债指由非居民持有的中国银行业发行的债券类投资产品。其他指除存款、贷款和债券外金融资产或负债,包括但不限于股权、金融衍生产品、其他股权等金融工具,不含储备资产和特别提款权负债。(2)根据IBS要求,本表境外银行部门含境外关联银行。境外非银行部门含境外关联部门和非金融部门。(3)根据国际收支统计原则,一国对外债务负债统计的是居民对外发行的债券。由于属于居民对居民的投资,因此不构成该国的对外债务负债。加居民机构在境外发行的债券为居民债务,剔除由居民投资者在境外购买的部分后得到。但由于部分居民投资者难以准确区分境外债券发行人的居民地位,存在将非居民发行的债券申报为居民发行的债券的情况,使中国银行业对外债务负债部分项目可能因多剔除而呈现负值。(4)本表计数采用四舍五入原则。

14

跨境资本流动宏观审慎政策——以中国为例

近年来,中国金融开放程度明显加速,面临的全球金融风险冲击显著加大。跨境资本流动作为全球金融风险传染的重要载体,呈现出大幅波动的势态。这主要体现在两个方面:一是资本与金融账户下资本流入流出总规模占跨境资本流动总规模的百分比(图14.1),在2006年第四季度达到考察时段的峰值58.98％后,从2007年第一季度开始,出现明显的下降,2019年第四季度降到约10％。二是经常账户下跨境资本流动波动幅度和资本与金融账户跨境资本流动波动幅度(图14.2),从2007年第一季度开始,明显加剧。2001年之前中国的经常账户下跨境资本流动总量一阶差分取值范围为200左右,2020年第一季度这一数值高达3 500左右;资本与金融账户跨境资本流动总量一阶差分取值范围从考察时段初期的200左右,扩大到2015年的3 700左右(根据国家外汇管理局披露的中国国际收支平衡表时间序列BPM6数据计算得到)。这两个经济事实意味着:经常账户下跨境资本流动规模较大,是引发跨境资本流动的主要因素;资本与金融账户(特别是金融账户)下跨境资本流动规模所占比例虽然降

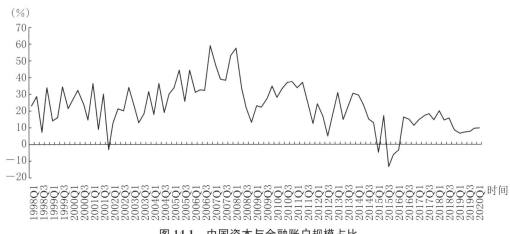

图 14.1　中国资本与金融账户规模占比

资料来源:根据 Wind 数据库数据计算。

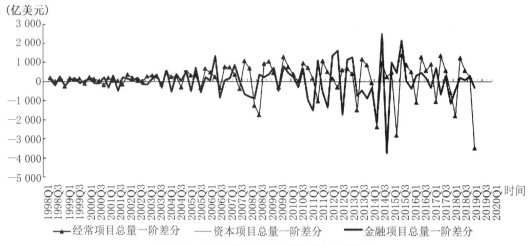

图 14.2　中国国际收支平衡表账户规模波动

资料来源：根据 Wind 数据库数据计算。

低,但可能是引发跨境资本流动波动的主要因素。因此,监测经常账户和金融账户是监测跨境资本流动与全球金融风险冲击的重要内容。

14.1　基本框架、政策目标与政策工具

鉴于跨境资本流动的金融风险传染及其对本国金融体系、宏观经济政策的冲击较大,设计较为完善的监管框架显得非常必要。IMF 强调将资本控制作为宏观审慎监管工具,从而更为严格地治理系统性金融风险。根据中国相关法规和政策措施,这里构建包含最终目标—操作目标—操作工具的跨境资本流动宏观审慎监管政策框架,接下来将进行一一介绍。

14.1.1　最终目标

跨境资本流动宏观审慎监管的最终目标是促进国际收支平衡。《中华人民共和国外汇管理条例》明确指出,中国的外汇管理目标是保持国际收支基本平衡,促进国民经济健康发展。外汇管理通过审核国际收支交易真实性来防范虚假外汇资金流出流入;通过调整外债和证券投资等资本项目收结汇、购付汇等政策,以及跨境资本流动监测监管体系,防控异常资金流入和流出,促进国际收支平衡。

14.1.2　操作目标

外汇管理的操作目标介于政策工具和中间目标之间,是外汇管理政策工具影响中间目标

的传送点。由于国际收支基本平衡不仅受外汇管理政策措施的影响,而且受非外汇管理政策措施的影响,为了将这些影响与外汇管理政策的影响区分开来,需要在政策工具与中间目标之间设置一些能够及时、准确反映外汇管理政策操作力度及方向的中间变量。政策当局一般未对外汇管理的中间目标和操作目标进行界定,虽然有文献进行了一定的讨论,但远远没有形成共识。因此,这里不再区分中间目标和操作目标。

从对操作工具的要求来看,外汇管理的操作目标最优选择是汇率、外汇储备、短期资本流动。原因如下:

(1)汇率和外汇储备分别从数量和价格两个方面衡量一国国际收支是否平衡。数量调控和价格调控是一个相互作用的过程,当数量没有处于合理的区间时,价格传导就会出现问题;同样,不考虑价格因素,数量手段的效率就会受到影响。外汇储备数量可以影响汇率水平,汇率变化可以影响外汇储备数量的积累。在实际实施政策时,汇率和外汇储备既是政策目标——保持在一定范围内的波动和稳定运行,又是政策工具——通过一定程度上的汇率管理调控资本流动和国际收支,通过外汇储备实现跨境资本流动,增强国际市场对本国的信心,预防全球金融风险冲击等。

(2)短期资本流动是影响汇率和外汇储备变动的重要因素。基于贸易、服务和直接投资项下的基础性资本流动,不以套利为主要目的,通常比较稳健;主要与生产要素的价格、国际分工等因素密切相关,与产业周期和经济周期同步波动;资金进出具有一定的进展性和节奏性。短期资本流动主要受利差、汇差和资产价格差的影响,流动方向难以预测,流动规模庞大且进出速度迅速,投机攻击性较强,一旦获取超额利润将会迅速撤离,从而对一国经济带来破坏性冲击。因此,在外汇管理过程中,要密切关注短期资本流动,将其与汇率一起,视为外汇管理政策的操作目标。

14.1.3 操作工具

跨境资本流动宏观审慎监管的工具主要可分为限制型、价格型、数量型和信贷管理型四类。涉及跨境资本流动的政策措施主要有三种:宏观经济政策、宏观审慎监管和资本管制手段(IMF,2011),如表 14.1 所示。

表 14.1 IMF 资本流动管理指导原则、政策框架及工具

	内　　　容	说　　　明
指标原则	汇率没有被低估,国际储备已经超过应对风险的审慎水平,或者中央银行对冲成本较高,经济过热使得无法放松银根且缺乏财政政策操作空间	启用针对资本流动管理措施的前提条件
政策框架	(1)多边汇率未被低估时,允许汇率升值;(2)外汇储备不足时,则积累储备;(3)当经济不存在过热情况时,降低利率,或者收紧财政政策,为放松银根提供空间;(4)以上措施成效不显著或操作成本过大时,启用资本流动管理措施,优先使用不带居民地歧视的措施;(5)以上措施不可行时,采取基于居民地的资本流动管理政策	IMF 特别强调使用资本流动管理政策之前的宏观经济调整,以及不同类型的资本流动管理政策使用顺序

续表

			内　　容	说　　明
政策工具		宏观政策工具	汇率政策、外汇储备政策、货币财政政策组合	
	资本流动管理措施工具	审慎工具	外汇相关审慎工具	针对不同交易币种采取不同政策,主要限制银行外汇活动和外汇贷款;对象为国内金融机构,主要为银行	典型工具有外汇敞口限制、外汇抵押贷款限制、外汇贷款准备金等
			其他审慎工具	旨在降低系统性金融风险(例如,通过金融系统内的借款增速来减低系统性金融风险),并不根据住所或计价货币进行歧视性对待	典型工具有最大担保品贷款率、控制信贷增速、控制信贷集中度等
		资本控制工具		旨在影响资本流动,并且因居民属地不同而差别对待,即对居民和非居民实行不同管理方式的资本流动管理措施	典型工具有对非居民的资本流动征税、资本流动无息准备金,甚至禁入政策等

资料来源:根据 IMF(2011)资料整理。

近年来,中国采用的主要监管工具有:不同账户下银行结售汇综合头寸管理、全口径跨境融资管理等数量型监管工具,以及无息外汇风险准备金、境外金融机构境内存放存款准备金率等价格型监管工具。

1. 银行结售汇综合头寸管理

银行结售汇综合头寸管理工具的核心是通过逆周期的头寸上下限设定和调整来管理跨境资本流动。在外汇汇率上行时,银行增加外汇持有头寸,获取汇率收益,从而使外汇市场流动性紧缺,加速人民币汇率贬值和市场主体恐慌性购汇;在外汇汇率下行时,银行减少外汇持有头寸,降低汇率风险,从而使外汇市场流动性过剩,加速人民币汇率升值,增加储备压力。据此,当外汇跨境资本持续流入时,可提高银行持有结售汇综合头寸的下限,防止银行过多抛售外汇,从而缓解外汇储备增长和本币升值压力,抑制部分套利资本流入;当外汇持续流出时,可降低银行持有结售汇综合头寸的下限,防止银行过多持有外汇,从而缓解外汇储备减少和本币贬值压力,抑制部分套利资本流出。中国的银行结售汇综合头寸管理工具的政策应用及变革情况如表 14.2 所示。

表 14.2　中国的银行结售汇综合头寸管理工具的政策应用及变革情况

时　　间	管理方式	具体内容
2005 年 9 月以前	结售汇周转头寸外汇限额管理	银行用于结售汇业务周转的外汇资金不得超过核定的区间,否则须进入银行间外汇市场进行平补
2005 年 9 月—2006 年 6 月	收付实现制下的银行结售汇综合头寸正区间管理	现阶段结售汇综合头寸限额的管理区间下限为零,上限为外汇局核定的限额
2006 年 7 月—2010 年 10 月	权责发生制下的银行结售汇综合头寸正区间管理	在权责发生制下,银行与客户进行远期结售汇签约,或者在银行间外汇市场进行远期交易时,远期合同可以纳入即期的结售汇周转头寸中,从而可以在即期平盘
2010 年 11 月—2012 年 3 月	在原有综合头寸限额管理基础上,对银行按照收付实现制原则计算的头寸余额实行临时性下限管理	在此期间,为遏制外汇流入,国家外汇管理局曾在 2010 年 11 月和 2011 年 3 月两次对下限进行调整
2012 年 4 月—2013 年 4 月	权责发生制下的银行结售汇综合头寸正负区间管理	取消对银行收付实现制头寸余额的下限管理,在之前结售汇综合头寸上下限管理的基础上,将下限下调至零以下

续表

时　　间	管理方式	具体内容
2013 年 5 月— 2014 年 12 月	将结售汇综合头寸限额与外汇贷存比挂钩 除政策性银行外,银行结售汇综合头寸限额计算公式为:各银行当月结售汇综合头寸下限＝(上月末境内外汇贷款余额－上月末外汇存款余额×参考贷存比)×国际收支调节系数	其中:中资银行的参考贷存比为 75%,外资银行的参考贷存比为 100%,国际收支调节系数为 0.25;境内外汇贷款余额、外汇存款余额根据中国人民银行《金融机构外汇信贷收支月报》中的数据计算,境内外汇贷款不含境外筹资转贷款 外汇贷存比超过参考贷存比的银行,应在每月初的 10 个工作日内将综合头寸调整至下限以上;银行综合头寸下限调整后,其上限随之上调相同额度。外汇贷存比低于参考贷存比的银行,原有的头寸限额保持不变,但应把握外汇贷款的合理增长,防止外汇贷存比过度波动
2015 年 1 月至今	将银行结售汇综合头寸按日考核调整为按周考核,取消结售汇综合头寸与外汇贷存比挂钩的政策,并逐步扩大银行结售汇综合头寸下限	对于政策性银行、全国性商业银行以及在银行间外汇市场行使做市商职能的银行,由国家外汇管理局根据银行的结售汇业务规模和银行间市场交易规模等统一核定头寸限额,并按年度或定期调整。其他银行由所在地外汇分局负责核定头寸限额,并按年度调整

资料来源:根据国家外汇管理局官网披露的相关规定及通知整理。

2. 全口径跨境融资管理

全口径跨境融资管理工具将市场主体借债空间与其资本实力和偿债能力挂钩,通过调节跨境融资杠杆率、风险转换因子、宏观调节参数等,使跨境融资水平与宏观经济热度、整体偿债能力、国际收支状况相适应,控制杠杆率和货币错配风险,实现跨境资本流动宏观管理。中国全口径跨境融资宏观管理工具实施及变革情况如表 14.3 所示。全口径跨境融资管理工具的难点在于参数的调整依据以及调整频率的选择,这将直接影响政策实施效果。

表 14.3　中国全口径跨境融资宏观审慎管理工具实施及变革情况

时　　间	文　　件	具体内容
2015 年 2 月 12 日	《中国(上海)自由贸易试验区分账核算业务境外融资与跨境资金流动宏观审慎管理实施细则(试行)》	允许试验区内企业和非银行金融机构在外债及境外借款管理模式和宏观审慎管理模式下任选一种模式。在宏观审慎管理模式下,上述主体的境外融资采用境外融资杠杆率、风险转换因子和宏观审慎调节参数的方式进行管理,融资总规模计算公式为:分账核算境外融资 = ∑ 境外融资余额×期限风险转换因子×币种风险转换因子×类别风险转换因子。分账核算境外融资的上限不得超过其资本×境外融资杠杆率×宏观审慎调节参数
2016 年 1 月 22 日	《中国人民银行关于扩大全口径跨境融资宏观审慎管理试点的通知》	将本外币一体化的全口径跨境融资宏观审慎管理试点,扩大至 27 家金融机构和注册在上海、天津、广东、福建四个自贸试验区的企业。规定试点企业和金融机构开展跨境融资按风险加权计算余额,且跨境融资风险加权余额不应超过跨境融资风险加权余额上限。跨境融资风险加权余额 = ∑ 本外币跨境融资余额×期限风险转换因子×类别风险转换因子＋∑ 外币跨境融资余额×汇率风险折算因子;跨境融资风险加权余额上限 = 资本或净资产×跨境融资杠杆率×宏观审慎调节参数
2016 年 4 月 30 日	《中国人民银行关于在全国范围内实施全口径跨境融资宏观审慎管理的通知》	将全口径跨境融资宏观审慎管理政策推广至全国,中国人民银行根据宏观经济热度、国际收支状况和宏观金融调控需要,对跨境融资杠杆率、风险转换因子、宏观审慎调节参数等进行调整,并对 27 家银行类金融机构跨境融资进行宏观审慎管理。国家外汇管理局对企业和除 27 家银行类金融机构以外的其他金融机构跨境融资进行管理

时 间	文 件	具体内容
2017 年 10 月 18 日	《中国人民银行关于全口径跨境融资宏观审慎管理有关事宜的通知》	进一步完善了中国人民银行和国家外汇管理局原有的外债管理政策,扩大了企业跨境融资额度上限,新政下企业可按照 2 倍净资产借入外债(原来为 1 倍),适用的金融机构范围进一步扩大,对跨境融资余额涵盖的范围也进行了调整

3. 无息外汇风险准备金

无息外汇风险准备金是外汇管理部门对银行远期售汇及跨境人民币购售业务征收的风险准备金,相当于让银行计提风险准备以应对未来可能出现的亏损,提高衍生品投机成本,通过价格传导抑制企业远期售汇的顺周期行为,属于非歧视性价格型逆周期调节,是对宏观政策框架的完善。中国无息外汇风险准备金工具应用情况如表 14.4 所示。

表 14.4　中国无息外汇风险准备金工具应用情况

时 间	文 件	具体内容
2015 年 8 月 31 日	《中国人民银行关于加强远期售汇宏观审慎管理的通知》	规定自 2015 年 10 月 15 日起对开展代客远期售汇业务的金融机构(含财务公司)收取 20％的无息外汇风险准备金,冻结期为 1 年
2015 年 9 月 2 日	《中国人民银行办公厅关于加强远期售汇宏观审慎管理有关事项的通知》	将无息外汇风险准备金的征收范围扩展至期权、货币掉期等衍生品业务
2016 年 7 月 6 日	《中国人民银行办公厅关于加强境外金融机构进入银行间外汇市场开展人民币购售业务宏观审慎管理有关事项的通知》	提高跨境人民币购售业务存在异常的个别银行购售平盘手续费率,将外汇风险准备金的征缴主体扩展到银行间外汇市场的境外金融机构
2017 年 9 月 8 日	《关于调整外汇风险准备金政策的通知》	自 2017 年 9 月 11 日起,将外汇风险准备金率调整为零

这一工具对银行衍生品业务的影响主要体现在三个方面:一是中国人民银行针对远期购汇业务加收 20％的风险准备金,而对期权业务加收 10％的风险准备金,银行和企业基于成本考虑,转而选择使用期权或者期权组合业务去替代传统远期结售汇以达到特定的避险要求。二是《中国人民银行关于在全国范围内实施全口径跨境融资宏观审慎管理的通知》下发后,一些有融资需求的中资企业也可以借入外债,不少企业出于风险管理和预期还款需求办理了"近结远购"的掉期业务。三是监管部门对于"近购远结"的掉期业务加大了核查力度,银行出于审慎原则也逐步缩小了该类业务规模,掉期业务结构得到优化。

4. 境外金融机构境内存放存款准备金率

境外金融机构境内存放存款准备金率是指外汇管理部门通过对境外金融机构在境内金融机构存放存款征收存款准备金率,间接提高离岸人民币的回流成本,从而影响离岸市场流动性,抑制跨境人民币资本流动的顺周期行为,旨在稳定汇率,并实现对跨境资本流动的宏观管理目标。

为提高境外投机力量融资做空人民币的成本,控制境内人民币流向境外的规模,自 2016 年 1 月 25 日起,中国人民银行对境外金融机构在境内金融机构存放执行正常存款准备金率。这一工具建立了对跨境人民币资金流动进行逆周期调节的长效机制,抑制了跨境人民币资金流动的顺周期行为,引导境外金融机构加强人民币流动性管理,促进境外金融机构稳健经营,防范宏观金融风险。这一工具的实施情况如表 14.5 所示。

表 14.5 中国境外金融机构境内存放存款准备金率工具应用情况

时 间	文 件	具 体 内 容
2014 年 12 月 27 日	《中国人民银行关于存款口径调整后存款准备金政策和利率管理政策有关事项的通知》	规定将境外金融机构在境内金融机构存放纳入存款准备金交付范围,存款准备金率暂定为零
2016 年 1 月 17 日	《中国人民银行关于境外人民币业务参加行在境内代理行存放执行正常存款准备金率的通知》	自 2016 年 1 月 25 日起,对境外金融机构在境内金融机构存放执行正常存款准备金率政策
2017 年 9 月 8 日	《关于调整境外人民币业务参加行在境内代理行存放存款准备金政策的通知》	境内代理行、除港澳人民币业务清算行以外的其他人民币业务清算行境内母行,可不再为境外人民币业务参加行和清算行单独开立"参加行人民币存款准备金"账户或"清算行人民币存款准备金"账户。原账户内资金相应释放,可用于支付清算等其他用途 境内代理行、中国银行(香港)有限公司和中国银行澳门分行、其他人民币业务清算行境内母行吸收的境外金融机构人民币存放的存款准备金政策仍按照此前有关规定执行

14.2 经验实证

由于对国际"热钱"(hot money)无规律大规模进出、跨境资本流动的剧烈波动、对本国货币政策独立性影响等方面的担忧,发展中国家决策者普遍采取了不同形式、不同程度的跨境资本流动控制或监管(Magud et al.,2018)。显然,制定什么样的监管政策框架、实施什么样的政策工具对跨境资本流动调控效果具有重要影响。为此,政策当局和研究学者从多个角度探索跨境资本流动的监测与调控。相关研究文献集中在跨境资本流动风险冲击和跨境资本流动监测(Berg and Coke,2004;陈卫东、王有鑫,2017)、跨境资本流动的影响因素(Fratzscher,2012;Fogli and Perri,2015;谭小芬等,2018;谭小芬、左振颖,2020;孙天琦、王笑笑,2020)、国内外金融周期中跨境资本流动变化特征(孙天琦等,2020),以及跨境资本流动审慎监管效果四个方面。这里主要关注与本章研究内容相关程度较高的跨境资本流动监管设计及效果评价的主要文献。

14.2.1 监管工具归纳

跨境资金流动的宏观审慎监管工具应体现宏观总量和逆周期审慎调控的特征,在跨境资金流动管理和调控中,构建市场化的制度基础,充分发挥市场化手段的作用,并针对宏观审慎的时间和横截面维度提出相应的政策工具。根据国际金融组织研究和不同国家跨境资本流动监管方法,比较具有代表性的跨境资本流动宏观审慎工具可归纳为表 14.6。

表 14.6　跨境资本流动宏观审慎监管工具

工具类型	工具名称	工具具体措施与内容
限制型工具	限制银行的外汇衍生品头寸	规定银行的外汇衍生品头寸不能超过股本的一定比例,以限制银行的外汇负债。这一政策的目标是改善外资银行负债到期结构,减少"热钱"大规模进出的可能
	对外汇敞口头寸实施限制	规定未平仓的外汇头寸不能超过基础资本的一定比例,根据跨境资本流动情况来动态调节外汇敞口的比例
	非银行机构的管理措施	对非银行机构的集合投资计划作出限制
价格型工具	对非居民购买住房征收更高的印花税	限制或者减缓非居民进入不动产市场的节奏
	对银行外汇负债征税	对银行非存款类外汇负债(票面期限小于一年的)征税。非核心债务包括批发融资如跨国银行间债务,或者境外发行的债券
	对非居民的资本利得征税	对非居民购买金融产品或工具所获收益进行征税
	对交易环节征税(IOF)	通过征税提高金融交易的成本,增加摩擦,既可以减少交易规模,又能通过价格手段减缓市场的震荡
	对外汇交易征收预扣税	由东道国政府按支付给外国投资者的股利、利息、无形资产特许权使用费等计征的税种,当支付相应款项给非居民的时候,必须预提该款项的一定百分比作为预扣税
	提高外汇交易手续费	提高非居民购买中央银行存单(CDS)的费率,提高非居民投资股票收益的资本所得税率
数量型工具	与产品种类挂钩的存款准备金制度	通过调整国内银行与非居民之间的外汇互换和远期交易等衍生产品需缴纳存款准备金的比率来对国内的外汇投放进行调节
	与期限挂钩的存款准备金制度	根据期限的不同,中央银行对银行不同到期日的外汇存款采取不同的存款准备金率规定
	调节外汇贷款的风险权重	该举措旨在通过提高企业获取外汇贷款的成本来减少外汇敞口,抑制外汇贷款的过度增长,较高的风险权重能为汇率风险提供缓冲
	规定外汇贷款价值比	贷款价值比是贷款额与抵押品价值的比值,该比值越高意味着银行面临的风险越大,多用于房地产贷款的风险控制中
	规定外汇贷款的债务收入比	债务收入比是贷款额与收入的比值,该比值越高,意味着贷款人的债务负担越重
	规定非居民存款的流动性覆盖比率	流动性覆盖比率旨在确保商业银行在设定的严重流动性压力情景下,能够保持充足的、无变现障碍的优质流动性资产
信贷管理型工具	限定外汇贷款的借款人资格	对外债的借债主体有限制,有外汇收入的进出口企业才被允许借外债
	限定企业借入外汇贷款的用途	例如,禁止向国内企业发放外汇贷款在国内使用,即使该贷款用于厂房设备投资;禁止金融机构购买由国内企业为筹集资金在国内使用而发行的外币债券
	对外汇贷款的风险管理标准作规定	规定信贷机构向无对冲借款人发放外汇时,要求银行提高对外汇贷款的风险管理标准,敞口上限为自身资本的一定比例
	期限错配的限制	

14.2.2 国际经验

国际上对跨境资本流动监管进行了一系列研究。托宾税的设想通过对所有与货币兑换有关的国内证券和外汇即期交易征收税率统一的国际税,提高短期投机资金跨境流入、流出的交易成本,降低跨境资金的流动性及其导致的汇率波动性。Sphan(1996)提出在对金融交易征收较低税率税收的基础上,对异常跨境资金流动征收临时性、惩罚性高税率。Lim 等(2011b)研究发现,巴西、韩国、土耳其等国家在应对跨境资金流动方面普遍使用的审慎工具主要包括金融交易税、无息准备金、对外汇敞口头寸进行限制以及资本充足要求等。IMF(2011)提出了跨境资本流动宏观审慎监管的主要工具类型。

在此基础上,更多文献是从理论模型上进行探讨。Bianchi 和 Mendoza(2015)、Bianchi(2011)、Jeanne 和 Korinek(2010)以及 Korinek(2011)等文献侧重分析如何采取审慎监管政策应对过度国际借贷导致的货币外部性问题,认为跨境资本监管的底线是固定汇率,资本管制有助于恢复货币独立性,但汇率灵活有助于稳定贸易条件。Bianchi 和 Mendoza(2015)在存在货币外部性的环境中,着重关注宏观审慎监管政策的最优时间一致性问题。Benigno 和 Fornaro(2013)在荷兰病模型下分析得出,跨境资本监管可以减少跨境资本流动冲击引起的资源错配问题,从而改善本国社会福利。Buss(2013)使用包含不完善金融市场和异质性代理人的动态一般均衡模型,研究多商品多国模型中资本管制的影响,结果发现对不同金融市场构成部分的影响也存在差别,总体而言,跨境资本流动监管措施减少了货币市场的波动,但加剧了国际股票市场的价格波动,同时也限制了外部冲击对一个国家造成的溢出效应。Farhi 和 Werning(2014)在新凯恩斯模型中纳入现金变量研究最优资本监管与控制,认为最优资本管制应补充汇率的灵活性,丰富了理论模型对真实经济的分析。Klein 和 Shambaugh(2015)研究发现,资本管制仅在很短时间内有效,而 Cheung 和 Herrala(2014)利用中国数据分析得出资本管制长期有效。Fernandez 等(2013)证明了资本管制具有一定的顺周期性。Devereux 和 Yetman(2014)通过利率零下限模型分析得出,即使是弹性浮动汇率,本国货币政策亦可能失效,跨境资本流动监管可以使货币政策恢复有效。

就理论分析而言,相关研究一般认为跨境资本流动监管在控制国际游资及"热钱"冲击、稳定跨境资本流动进出、保护货币政策自主性等不同方面起到了一定的作用。但从实证性研究文献结论来看,现有的跨境资本流动监管政策存在很多争议。部分代表性文献如表 14.7 所示。

表 14.7 跨境资本流动审慎监管工具效果

研究文献	样本及时间	减少跨境资本净流动量	改变跨境资本流动构成	减少真实汇率压力
Edison 和 Reinhart(2001)	巴西,1994 年			否
Habermeier、Okter-Robe、Canales-Kriljenko 和 Kirilenko(2000)	巴西,1993—1997 年	否	否	否

续表

研究文献	样本及时间	减少跨境资本净流动量	改变跨境资本流动构成	减少真实汇率压力
Chamon 和 Garcia(2013)	巴西,2009—2012 年	否	否	否
Baba 和 Kokenyne(2011)	巴西,2000—2008 年	否	否	否
De Gregorio、Edwards 和 Valdes(2000)	智利,1988I—1998II 年	是	是(ST)	是(ST)
Edwards(1999)	智利,1991 年 6 月—1998 年 9 月			是
Edwards 和 Rigobon(2005)	智利,1991 年 1 月—1999 年 9 月	是(ST)	是(ST)	否
Laban、Larrain 和 Chumacero(1997)	智利,1985—1994 年	否	是	
Le Fort 和 Budnevich(1998)	智利,1990—1994 年	否	是	是
Valdes Prieto 和 Soto(1995)	智利,1987—1995 年	否	是	否
Ariyoshi、Habermeier、Laurens、Okter-Robe、Canales-Kriljenko 和 Kirilenko (2000)	智利,1993—1998 年	否	否	否
Rincon and Toro(2010)	哥伦比亚,1993—2010 年			否
Clements 和 Kamil(2009)	哥伦比亚,2006—2009 年	是		否
Baba 和 Kokenyne(2011)	哥伦比亚,2004—2008 年	是(ST)	是	否
Reinhart 和 Smith(1998)	马来西亚,1989 年	是	是	
Ariyoshi、Habermeier、Okter-Robe、Canales-Kriljenko 和 Kirilenko(2000)	马来西亚,1994 年	是	是	是(ST)
Ariyoshi、Habermeier、Okter-Robe、Canales-Kriljenko 和 Kirilenko(2000)	泰国,1995—1997 年	是	是	是
Baba 和 Kokenyne(2011)	泰国,2000—2008 年	是		否
Montiel 和 Reinhart(1999)	印度尼西亚、马来西亚、菲律宾、斯里兰卡、泰国、阿根廷、巴西、智利、哥伦比亚、哥斯达黎加、墨西哥、捷克共和国、埃及、肯尼亚、乌干达,1990—1996 年	否	是(ST)	否
Reinhart 和 Smith(1998)	巴西、智利、哥伦比亚、捷克共和国、马来西亚、墨西哥、泰国、印度尼西亚、菲律宾,1998 年	是(ST)	是(ST)	
Edison 和 Reinhart(2001)	西班牙,1991—1993 年;巴西、马来西亚、泰国,1995—1999 年。控制组:菲律宾、韩国,每日数据			否
Miniane 和 Rogers(2007)	澳大利亚、奥地利、比利时、加拿大、智利、哥伦比亚、丹麦、芬兰、法国、德国、希腊、印度、意大利、日本、韩国、马来西亚、墨西哥、荷兰、挪威、菲律宾、葡萄牙、南非、西班牙、瑞典、土耳其、英国,月度数据:1975 年 1 月—1998 年 12 月			是(ST)

注:根据 Mgud、Reinhart 和 Rogoff(2011)整理。空白栏是指相关研究未对特定问题进行分析的情况关系。括号中的 ST 指仅检测到短期效应的情况。

14.2.3 国内经验

国内一些学者从单个工具的视角出发,利用不同数量方法检验跨境资本流动监管的效果。王志强和李青川(2014)利用非线性门限向量自回归方法计算动态差别存款准备金的政策效果时得出,当外汇占款增长较快时,可以通过调整准备金率政策抑制信贷增长和控制资本流动的冲击。根据跨境资金流动风险的不同来源选择不同工具,对于跨境资本流动导致的信贷规模增减或者杠杆上升或下降带来的系统性金融风险,可选用诸如逆周期资本要求、逆周期拨备要求、贷款市值比上限、贷款收入比上限、杠杆率限制等资产负债工具;对于跨境资本流动导致流动性剧烈扩张或紧缩带来的系统性金融风险,可选用诸如流动性覆盖比率、币种错配净头寸限制、外汇头寸限额、外汇储备要求等流动性监管工具;对于大规模跨境资本,可选用诸如无息准备金、外汇交易税、资本流动规模限制、最低停留期限等资本管制工具或措施。姜哲等(2019)分析认为,影响跨境资本流动的主要因素是中国经济基本状况和国际经济金融环境,随着中国资本账户开放的不断推进,国际传染等渠道逐渐成为影响中国跨境资本流动的重要因素,他主张实施有预见性的跨境资金流动宏观审慎措施。赵胜民和张瀚文(2020)通过构建包括国内外金融机构的小国开放经济 DSGE 模型,研究资本流动宏观审慎政策的效果,发现国外加息冲击会使国内金融机构的资产负债表收紧,导致本国货币贬值和资本外流。这为从宏观政策视角完善跨境资本流动审慎监管机制提供了启示。

梳理文献可以看出,不同监管工具对跨境资本流动的作用究竟如何、作用大小怎样等问题,还需要进一步准确检验,特别是目前尚未形成内在统一、协调有效的监管体系。潘功胜(2019)提出,随着中国高水平开放对资本项目可兑换要求的不断提高,传统的以合规监管为主的外汇管理方式已不能适应发展需要,急需在总结 2015 年以来防控跨境资本流动风险冲击经验基础上,引入宏观审慎管理的视角和机制,加快建立并不断完善跨境资本流动"宏观审慎+微观监管"两位一体管理框架。苗文龙(2021)通过构建包括监管工具—操作目标—最终目标的跨境资本流动宏观审慎监管框架,利用中国 2010 年 1 月—2020 年 3 月的数据检验监管工具对操作目标和最终目标的作用,研究发现:现有的宏观审慎监管工具对经常账户跨境资本流出和流入的作用不显著;全口径跨境融资管理对短期资本流动具有一定的调控作用,银行结售汇和无息外汇风险准备金率、境外金融机构境内存放存款准备金率等价格型监管工具难以有效调控短期资本流出和流入,但对国家外汇储备增减具有重要作用;价格型监管工具和利差对汇率具有显著影响。相关监管工具对经常账户跨境资本流动的最终目标作用十分有限,价格型监管工具联同汇率对资本与金融账户跨境资本流动的最终目标具有一定影响。这意味着,现有跨境资本流动宏观审慎监管工具的监管效果有限,需要寻求和设计新的监管工具,体现宏观总量和逆周期调控的特征;日常监管应充分发挥市场化手段的作用,但在资本外逃严重等非常时期,可考虑采取外汇管理政策实现国际收支平衡。

14.3 小结

中国对经常账户下跨境资本流动全面放开,现有的宏观审慎监管工具对经常账户跨境资本流出和流入的作用不显著,经常账户跨境资本流动主要由本国和国际商品和劳务等实体经济往来决定。

全口径跨境融资管理对短期资本流动具有一定的调控作用,银行结售汇、无息外汇风险准备金率、境外金融机构境内存放存款准备金率等监管工具,难以有效调控短期资本流出和流入;但这四种监管工具对国家外汇储备增减具有重要作用,无息外汇风险准备金率、境外金融机构境内存放存款准备金率、利差等因素对汇率具有显著影响。

相关监管工具对经常账户跨境资本流动的最终目标作用十分有限,价格型监管工具对资本与金融账户跨境资本流动方面的最终目标具有一定影响。引入汇率及汇率与有关工具的交叉项后,无息外汇风险准备金率、境外金融机构境内存放存款准备金率等价格型政策工具对资本与金融账户资本流动具有一定显著水平的影响作用;全口径跨境融资管理对资本与金融账户资本流动具有一定的调控作用。

思考题

1. 跨境资本流动宏观审慎监管工具有哪些?

2. 跨境资本流动宏观审慎监管和宏观审慎政策有什么关系?

3. 如何从经济稳定发展角度合理实施跨境资本流动宏观审慎监管?

第五篇
中央银行政策与宏观经济治理

15

中央银行政策优化与宏观经济治理——以中国为例

　　宏观经济治理体系的主要问题是,财政政策和货币政策作为主要治理手段,常常表现出冲突关系。这些冲突实质上反映了中央与地方之间财政及金融相关权力结构的不协调。推进宏观经济治理体系建设,就必须研究解决中央与地方之间财政及金融相关权力结构的协调问题。

　　中央与地方之间财政权力结构问题的核心内容是财政分权。财政分权是在两级或多级政府体系下,依企业行政隶属关系形成财政收入组织方式、控制方式的行政性分权和以分税制为基础的经济性分权(贾康,2013)。关于这一方面的研究文献非常丰富,并且这一观点还被用于解释中国的经济增长和经济失衡(Montinola et al.,1995;Eyraud and Lusinyan,2013;詹新宇、刘文彬,2020;王文甫等,2020;吕炜、王伟同,2021)。

　　中央与地方之间金融权力结构问题的核心内容是金融分权。金融分权是指中央与地方在金融监管权、金融稳定权、金融资源配置权和金融公司治理权等方面的权力划分(苗文龙、何德旭,2018)。近年来,这一方面的研究取得了一定的进展,大多研究实证金融分权变量对地方隐性债务(李一花、乔栋,2020)、经济增长、通货膨胀(傅勇、李良松,2017)、金融波动等经济变量的影响,对深层次经济原理分析较少。

　　财政分权与金融分权之间存在不容忽视的作用关系,由于分权结构不平衡,两者之间的作用关系引发了三个层面的问题:

　　一是财政分权结构不匹配引发地方收支不平衡。财政分权可分为财政收入分权和财政支出分权两个方面。以分税制为主要内容的财政收入分权在使地方获得税收分享的同时也约束了地方的收入来源;并且,由于中央和地方事权划分不清晰,地方事务复杂且责任广泛,进而使财政支出分权模糊,产生财政收入分权与财政支出分权不匹配问题。

　　二是金融分权结构不一致引发金融显性集权、隐性分权。金融分权可分为政府层级间(主要为中央与地方)金融分权、政府与市场间金融分权、同级政府不同部门间金融分权等三个方面。政府层级间金融分权使商业银行等主要金融机构的监管权、稳定权集中在中央,而地方对各地商业银行(特别是地方拥有较大股权的商业银行)的资金配置又有一定的间接影响,从而使政府与市场间金融分权和政府层级间金融分权出现不一致问题。

　　三是财政分权结构不匹配与金融分权结构不一致相互作用并交叉,引发风险连锁反应和宏观经济治理政策冲突。财政分权收支结构不匹配导致地方财政支出压力较大,为了解决地方发展压力和民生问题,地方政府不得不寻求金融资源以支持重大投资项目,引发金融和财政两种资源配置手段的替代、金融风险和财政风险的转化,进而导致财政政策与货币政策的行为冲突,暴露出宏观经济治理体系的缺陷。

　　这三个层面问题的根源在于财政分权和金融分权的结构安排。它决定着地方财政行为和地方金融行为,直接和间接影响不同层级政府之间财政政策的协调性、地方政府对货币政策的支持方式和力度、中央财政政策和货币政策的调控效果,进而决定着宏观经济治理体系的科学性,影响金融风险状况和经济发展质量。然而,将财政分权和金融分权结合进行经济分析的文献仍然较少,这进一步影响了宏观经济治理体系建设建议的合理性。

15.1　政府层级间经济政策的协调

　　从宏观经济治理视角来看,在中央—地方两级政府主体下,中央经济政策与地方经济政策存在较大差异,主要有:一是中央的主要经济政策包括财政政策和货币政策,地方的经济政策主要是财政政策;二是中央经济政策的目标包括地方经济政策所不关注的币值稳定、金融稳定、国际收支平衡、区域收入平衡等内容;三是中央经济政策的工具包括地方经济政策所不具备的控制货币供给量、征收铸币税、金融救助等手段。因此,本节分别建立中央经济政策目标函数和地方经济政策目标函数,进而在各自约束条件下求解各自的财政金融行为。

15.1.1　中央经济政策函数

1. 目标函数

　　根据中央财政政策和货币政策,这里尝试设计纳入金融稳定的中央经济政策的目标函数:$\max[\mu_Y Y_t - \mu_\pi(\pi_t - \pi^*)^2 - \mu_S(S_t - S^*)^2]$。其经济含义为,综合求解产出的最大值和有关损失变量的最小值,进而达到社会福利最大化。式中,Y_t 为 t 期产出,$\pi_t - \pi^*$ 为 t 期通货膨胀缺口,$S_t - S^*$ 为 t 期系统性金融风险缺口。μ_Y、μ_π、μ_S 分别为产出、通货膨胀缺口、系统性金融风险缺口的权重系数,$0 < \mu_Y < 1$,$0 < \mu_\pi < 1$,$0 < \mu_S < 1$。该目标函数的经济事实依据为:在赶超型经济模式下,政府总是偏好于较高的产出,经济增长往往是财政政策和货币政策共有的目标,这里直接将产出作为社会福利的正相关变量;通货膨胀水平 π_t 无论高于还是低于最优通胀率 π^*,对经济平稳增长都是不利的,都会给社会福利带来负向冲击,这里引入 $\mu_\pi(\pi_t - \pi^*)^2$;系统性金融风险 S_t 存在经济最优界值 S^*,在此附近,既可以防控系统性金融风险造成的损害,又可以支持经济高质量发展。

本章假设政府支出与产出形成函数关系 $Y_t = g(G_{c,t} + \sum_{l=1}^{N} G_{l,t} + \sum_{i=1}^{n} I_{i,t} + \sum_{l=1}^{N} I_{l,t}) - \bar{G}_{c,t}$。[①] 中央政府支出 $G_{c,t}$ 的最小值大于一定时期内保障国家战略项目的必要性支出 $\bar{G}_{c,t}$;$G_{l,t}$ 为地方政府 l 的支出,N 为地方政府数量;$I_{i,t}$ 为中央企业 i 在 t 期的投资,n 为中央企业数量,$\sum_{i=1}^{n} I_{i,t}$ 为中央企业总投资;$I_{l,t}$ 为地方 l 的企业在 t 期的投资,$\sum_{l=1}^{N} I_{l,t}$ 为地方企业总投资。此时,假设一个地方有一个地方政府、一个代表性企业。

实证研究表明,货币供给增长率和通货膨胀之间的相关系数几乎是唯一确定的,根据货币供给口径的不同,其数值波动范围为 0.92—0.96(Mccandless and Weber,1995),本章假设 $\pi_t = \lambda_\pi \Delta M_t$,$\Delta M_t$ 为广义货币供给量的增量,λ_π 为货币供给增加对通货膨胀率的影响系数。

当系统性金融风险 $S_t > S_1^*$ 时,为实现 $S_t - S^*$ 的最小需要采用逆周期超额资本、前瞻性拨备、留存超额资本等常规性政策工具,甚至对风险较大、难以自救的(系统重要性)银行采用更强的政策工具,例如购买特定机构的风险资产、注资救助等,两者通过政策乘数和基础货币影响货币供给总量。从而有 $S_t = \lambda_S \Delta M_t$,$\lambda_S$ 为化解系统性金融风险时采用政策工具对货币供给增加的影响系数。

此时,中央经济政策的目标函数转化为:

$$\max\{\mu_Y[g(G_{c,t} + \sum_{l=1}^{N} G_{l,t} + \sum_{i=1}^{n} I_{i,t} + \sum_{l=1}^{N} I_{l,t}) - \bar{G}_{c,t}]$$
$$- \mu_\pi(\lambda_\pi \Delta M_t - \pi^*)^2 - \mu_S(\lambda_S \Delta M_t - S^*)^2\}$$

2. 政策工具及约束方程

中央政府支出项目包括:$G_{c,t}$,支付上期债务所欠的利息 $i_{t-1} B_{c,t-1}$;在经济转型期,银行贷款坏账增加规模 $\Delta L_{b,t} = L_{b,t} - L_{b,t-1}$ 最终被最后贷款人救助和中央财政税收冲销,这也正是财政分权影响金融分权的重要内在联系之一。中央政府收入项目包括:税收 $T_{c,t} = \tau_{c,t} Y_t$($\tau_{c,t}$ 为所得税税率)、增发货币 $\Delta M_t = M_t - M_{t-1}$、增发国家债券 $\Delta B_{c,t} = B_{c,t} - B_{c,t-1}$。$B_{c,t} - B_{c,t-1}$ 通过中央银行购买影响基础货币规模,$B_{c,t} - B_{c,t-1} = \frac{1}{m} \Delta M_t$,$m$ 为货币乘数。中央政府预算约束方程初步简化为:$G_{c,t} + \Delta L_{b,t} + i_{t-1} B_{c,t-1} = \tau_{c,t}[g(G_{c,t} + \sum_{l=1}^{N} G_{l,t} + \sum_{i=1}^{n} I_{i,t} + \sum_{l=1}^{N} I_{l,t}) - \bar{G}_{c,t}] + (1 + \frac{1}{m}) \Delta M_t$,据此可解出 $G_{c,t} = \frac{1}{1 - \tau_{c,t}g} \tau_{c,t}g \sum_{l=1}^{N} G_{l,t} + \frac{1}{1 - \tau_{c,t}g} \tau_{c,t}g \sum_{i=1}^{n} I_{i,t} + \frac{1}{1 - \tau_{c,t}g} \tau_{c,t}g \sum_{l=1}^{N} I_{l,t} - \frac{1}{1 - \tau_{c,t}g} \tau_{c,t} \bar{G}_{c,t} +$

---

① 中央财政支出包括购买性支出和转移性支出,购买性支出分为投资性购买支出和消费性购买支出,投资性购买支出和消费性购买支出的产出乘数效应(购买性支出的产出乘数效应)大于转移性支出,由于后者比例较低,这里只考虑购买性支出的产出效应。同时,这里忽略了财政支出的挤出效应,当中央政府支出较少时,随着中央政府支出增加,产出增加,且产出增长速度较高;当中央政府支出增加到一定水平以后,继续增加的挤出效应越来越显著,产出增大速度下降。如果设置为对数函数或幂小于 1 的幂函数,推理结果并不影响变量之间影响关系的方向。

$$\frac{1}{1-\tau_{c,t}g}\left(1+\frac{1}{m}\right)\Delta M_t - \frac{1}{1-\tau_{c,t}g}\Delta L_{b,t} - \frac{1}{1-\tau_{c,t}g}i_{t-1}B_{c,t-1}。$$

3. 中央经济政策的决策

将 $G_{c,t} = \frac{1}{1-\tau_{c,t}g}\tau_{c,t}g\sum_{l=1}^{N}G_{l,t} + \frac{1}{1-\tau_{c,t}g}\tau_{c,t}g\sum_{i=1}^{n}I_{i,t} + \frac{1}{1-\tau_{c,t}g}\tau_{c,t}g\sum_{l=1}^{N}I_{l,t} -$

$\frac{1}{1-\tau_{c,t}g}\tau_{c,t}\bar{G}_{c,t} + \frac{1}{1-\tau_{c,t}g}\left(1+\frac{1}{m}\right)\Delta M_t - \frac{1}{1-\tau_{c,t}g}\Delta L_{b,t} - \frac{1}{1-\tau_{c,t}g}i_{t-1}B_{c,t-1}$ 代入中央

经济政策的目标函数得到：

$$\max\left\{\begin{array}{l}\mu_Y\tau_{c,t}g\left[\dfrac{1}{1-\tau_{c,t}g}\tau_{c,t}g\sum_{l=1}^{N}G_{l,t} + \dfrac{1}{1-\tau_{c,t}g}\tau_{c,t}g\sum_{i=1}^{n}I_{i,t} + \dfrac{1}{1-\tau_{c,t}g}\tau_{c,t}g\sum_{l=1}^{N}I_{l,t}\right.\\[2mm] -\dfrac{1}{1-\tau_{c,t}g}\tau_{c,t}\bar{G}_{c,t} + \dfrac{1}{1-\tau_{c,t}g}\left(1+\dfrac{1}{m}\right)\Delta M_t - \dfrac{1}{1-\tau_{c,t}g}\Delta L_{b,t}\\[2mm] \left.-\dfrac{1}{1-\tau_{c,t}g}i_{t-1}B_{c,t-1}\right] + \mu_Y\tau_{c,t}g\sum_{l=1}^{N}G_{l,t} + \mu_Y\tau_{c,t}g\sum_{i=1}^{n}I_{i,t} + \mu_Y\tau_{c,t}g\sum_{l=1}^{N}I_{l,t}\\[2mm] -\mu_Y\tau_{c,t}\bar{G}_{c,t} + \mu_Y\left(1+\dfrac{1}{m}\right)\Delta M_t - \mu_Y\Delta L_{b,t} - \mu_Yi_{t-1}B_{c,t-1} - \mu_Y\bar{G}_t\\[2mm] -\mu_\pi\left(\lambda_\pi\Delta M_t - \pi^*\right)^2 - \mu_S\left(\lambda_S\Delta M_t - S^*\right)^2\end{array}\right\}$$

即

$$\max\left\{\begin{array}{l}\dfrac{\mu_Y(\tau_{c,t}g)^2}{1-\tau_{c,t}g}\sum_{l=1}^{N}G_{l,t} + \dfrac{\mu_Y(\tau_{c,t}g)^2}{1-\tau_{c,t}g}\sum_{i=1}^{n}I_{i,t} + \dfrac{\mu_Y(\tau_{c,t}g)^2}{1-\tau_{c,t}g}\sum_{l=1}^{N}I_{l,t} - \dfrac{\mu_Y(\tau_{c,t})^2g}{1-\tau_{c,t}g}\bar{G}_{c,t}\\[2mm] +\dfrac{\mu_Y\tau_{c,t}g}{1-\tau_{c,t}g}\left(1+\dfrac{1}{m}\right)\Delta M_t - \dfrac{\mu_Y\tau_{c,t}g}{1-\tau_{c,t}g}\Delta L_{b,t} - \dfrac{\mu_Y\tau_{c,t}g}{1-\tau_{c,t}g}i_{t-1}B_{c,t-1}\\[2mm] +\mu_Y\tau_{c,t}g\sum_{l=1}^{N}G_{l,t} + \mu_Y\tau_{c,t}g\sum_{i=1}^{n}I_{i,t} + \mu_Y\tau_{c,t}g\sum_{l=1}^{N}I_{l,t} - \mu_Y\tau_{c,t}\bar{G}_{c,t} +\\[2mm] \mu_Y\left(1+\dfrac{1}{m}\right)\Delta M_t - \mu_Y\Delta L_{b,t} - \mu_Yi_{t-1}B_{c,t-1} - \mu_Y\bar{G}_t - \mu_\pi\left(\lambda_\pi\Delta M_t - \pi^*\right)^2\\[2mm] -\mu_S\left(\lambda_S\Delta M_t - S^*\right)^2\end{array}\right\}$$

从货币政策调控方式转型来看,近期内货币供应量调控仍是主要机制,货币政策仍在一定程度上依靠数量调控手段。因此,求解该函数关于 ΔM_t 的一阶导数并令之为零,得出货币

供给增量最优值：$\Delta M_t = \dfrac{\left(\dfrac{\mu_Y}{1-\tau_{c,t}g}\right)\left(1+\dfrac{1}{m}\right) + 2\lambda_\pi\mu_\pi\pi^* + 2\lambda_S\mu_S S^*}{2\mu_S\lambda_S^2 + 2\mu_\pi\lambda_\pi^2}$。

15.1.2　地方经济政策函数

1. 目标函数

比较之下,地方经济政策更多关注本辖区的经济增长,而不必过多关注通货膨胀、系统性

金融风险(包括本地区域性金融风险)等目标。除个别商品价格异常波动外,对通货膨胀的调控一般和中央银行货币政策密切相关,地方政府不用对货币金融扩张效果负责。地方经济政策目标函数为:$\max \mu_Y Y_{l,t}$。假定地方 l 产出 $Y_{l,t}$ 与地方政府支出满足关系式 $Y_{l,t}=G_{l,t}+I_{l,t}-\bar{G}_{l,t}$,$G_{l,t} \geqslant \bar{G}_{l,t}$,$\bar{G}_{l,t}$ 为保持地方政府基本功能正常运转的支出,$I_{l,t}$ 为地方企业在 t 期的投资。代入目标函数得到:$\max \mu_Y (G_{l,t}+I_{l,t}-\bar{G}_{l,t})$。

2. 政策工具与约束方程

地方政府公共支出一般包括:$G_{l,t}$(例如公共工程支出、公共教育支出、社会保障支出、行政管理费支出等)、地方债券利息支出 $i_{t-1}B_{l,t-1}$ 和前期地方债券还本支出 $B_{l,t-1}$。地方政府收入项目主要有税收 $\tau_l Y_{l,t}$、地方债券本期发行规模 $B_{l,t}$。地方政府预算约束方程为 $G_{l,t}+i_{t-1}B_{l,t-1}=\tau_l(G_{l,t}+I_{l,t}-\bar{G}_{l,t})+\Delta B_{l,t}$。其中,地方债券增加规模为 $\Delta B_{l,t}=B_{l,t}-B_{l,t-1}$。据此可解出:$G_{l,t}=\frac{\tau_l}{1-\tau_l}I_{l,t}-\frac{\tau_l}{1-\tau_l}\bar{G}_{l,t}+\frac{1}{1-\tau_l}\Delta B_{l,t}-\frac{1}{1-\tau_l}i_{t-1}B_{l,t-1}$。

3. 地方政府行为与经济决策

在分析地方政府行为与经济决策均衡解之前,需要引入两个金融分权变量——政府债券形式的金融分权 $f_{ls,t}$ 和银行贷款形式的金融分权 $f_{lb,t}$,$f_{ls,t}$ 为地方 l 政府债券规模增加占全国政府债券增加量的比例,$f_{lb,t}$ 为地方 l 的银行贷款规模占全国银行贷款规模的比例。

银行贷款规模增量 ΔL_t 与货币供给增量 ΔM_t 存在线性关系,$f_{lb,t}=\frac{\Delta L_{l,t}}{\Delta L_t}=\frac{\Delta M_{l,t}}{\Delta M_t}$。地方 l 第 t 期的投资 $I_{l,t}$ 与当地银行贷款规模增量 $\Delta L_{l,t}=L_{l,t-1}-(L_{l,t-1}-L_{bl,t-1})$ 成正比,$L_{bl,t-1}$ 为第 $t-1$ 期地方 l 的银行坏账规模,第 t 期 $L_{bl,t-1}$ 的增加规模为 $\Delta L_{b,t}=\sum_{l=1}^{N}\Delta L_{bl,t}=\sum_{l=1}^{N}(L_{bl,t}-L_{bl,t-1})$,$L_{blt}$ 为地方国有企业银行贷款的坏账规模。从而存在关系式 $I_{l,t}=f_{lb,t}\Delta M_t$。

由于 $B_{c,t}-B_{c,t-1}=\frac{1}{m}\Delta M_t$,地方政府债券总规模 $\sum_{l=1}^{N}\Delta B_{l,t}$ 与中央政府债券 $\Delta B_{c,t}$ 的比值为 $\eta(0<\eta<1)$,所以 $\Delta B_{l,t}=f_{l,s,t}\times(\sum_{l=1}^{N}\Delta B_{l,t}+\Delta B_{c,t})=f_{ls,t}\times(\eta+1)\frac{1}{m}\Delta M_t$。

根据金融分权情况,地方 l 政府的预算约束方程为 $G_{l,t}=\frac{\tau_l}{1-\tau_l}I_{l,t}-\frac{\tau_l}{1-\tau_l}\bar{G}_{l,t}+\frac{1}{1-\tau_l}f_{ls,t}\times(\eta+1)\frac{1}{m}\Delta M_t-\frac{1}{1-\tau_l}i_{t-1}B_{l,t-1}$,代入 $\max \mu_Y(G_{l,t}+f_{lb,t}\Delta M_t-\bar{G}_{l,t})$,得:$\max\left(\frac{\mu_Y}{1-\tau_l}f_{l,b,t}\Delta M_t+\frac{\mu_Y}{1-\tau_l}f_{l,s,t}\times(\eta+1)\frac{1}{m}\Delta M_t-\mu_Y\frac{i_{t-1}B_{l,t-1}+\bar{G}_{l,t}}{1-\tau_l}\right)$。求目标函数关于 $f_{lb,t}$、$f_{ls,t}$ 的一阶导数得到:$\frac{\partial U_{l,t}}{\partial f_{lb,t}}=\frac{\mu_Y \Delta M_t}{1-\tau_l}>0$,$\frac{\partial U_{l,t}}{\partial f_{l,s,t}}=\frac{\mu_Y}{1-\tau_l}(\eta+1)\frac{1}{m}\Delta M_t>0$。

一阶导数条件的经济含义为:其一,在财政分权变量 τ_l 无法改变的情况下,当地方经济规模低于一定水平,税收分享低于维系地方政府支出的必要规模时,地方政府可通过金融分权(争夺银行贷款和争取地方债券规模)提升地方产出增长,提升的幅度取决于货币供给量的增长情况 ΔM_t、政府支出的产出系数 μ_Y、地方政府债券比例 η。这也表明,地方政府如果不能采用发行公债方式为其支出融资,就必然想方设法从银行获取贷款,而且辖区内国有银行贷款越多,越有利于缓解辖区金融资源压力。因此,在风险收益不匹配的情况下,地方政府具有竞争金融资源的激励,这些行为在一定程度上会引发银行坏账风险和地方债务风险。其二,如果地方政府鼓励辖区企业逃废银行贷款 $L_{bl,t-1}$,有利于提升当地银行贷款规模增量 $\Delta L_{l,t} = L_{l,t} - (L_{l,t-1} - L_{bl,t-1})$ 和 f_{lbt},进而提高辖区产出。如果许多地方默许辖区银行坏账 L_{blt-1},则可能发生系统性金融风险,中央银行会提高 $\lambda_s \Delta M_t$ 化解这些坏账,从而提高 ΔM_t,进而扩大了金融分权对地方产出的增长效应,也加剧了全国通货膨胀的压力。地方政府扩大地方债务的经济效应与此相似。

15.1.3 财政分权下金融分权与金融风险的内在逻辑

通过前述分析可以发现,(系统性或重大)金融风险似乎是财政分权下金融分权的直接结果。而金融改革和金融发展又需要一定的金融分权,让市场在金融资源配置中发挥决定性作用。由此就引申出一个不可回避的问题——金融分权深化为什么加剧了金融风险。鉴于此,本章进一步分析市场化改革过程中金融分权的内在逻辑及其对金融风险的影响。

1. 金融分权与市场化

(1) 政府—市场间金融分权与市场化改革具有明显的正向关系。历史演变表明,中国的财政分权较为清晰,中央政府具有市场化改革导向。在此情形下,当中央政府向金融机构及金融市场让渡更多的资源配置权时,政府与市场间金融分权深化。从"让市场在资源配置中起基础性作用"到"让市场在资源配置中起决定性作用",体现了中国市场化改革的实质性变化和纵深化推进。因此,政府—市场间金融分权与市场化改革是正向关系。如图 15.1、图 15.2 和图 15.4 中"政府—市场间金融分权与市场化"函数曲线所示。

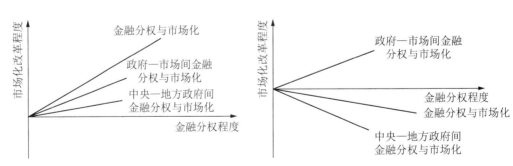

图 15.1 不同类型金融分权的市场化方向一致 图 15.2 不同类型金融分权的市场化方向相反

(2) 政府层级间金融分权可能促进也可能抑制市场化改革。政府层级间金融分权与市场化改革的关系较为复杂,可分为三种情形:

第一,当中央政府与地方政府间金融分权深化适度时,地方政府拥有了一定的金融监管权、金融资源配置权和金融公司治理权。如果地方政府根据中央总体改革意图,完善当地金融环境,提高监管能力,利用市场提高金融资源配置效率,提高金融治理水平,则进一步推动了金融分权深化,提高了市场在资源配置中的作用和效率。此时,中央—地方政府间的金融分权、政府—市场间金融分权与市场化方向一致,金融分权合力与市场化发展一致,如图 15.1 和图 15.4 中区间 $[0, Fg]$ 的金融分权合力与市场化函数曲线所示。

第二,当中央政府与地方政府间金融分权深化过度时,地方政府拥有了非常高的金融监管权、金融资源配置权和金融公司治理权。如果地方政府为了本地利益最大化,过度争夺金融资源,干预金融资源配置,反而约束甚至降低了市场对资源的配置作用。此时,中央政府与地方政府的金融分权开始降低市场在资源配置中的作用,如图 15.2 和图 15.4(Fg 之后)中央—地方政府间金融分权与市场化函数曲线所示。经验和研究证明,部分地方官员出于仕途考虑,会动用自身行政控制力扩张经济规模,此时,城市商业银行成为重要的融资渠道(纪志宏等,2014);晋升压力会通过增加中长期贷款、增加房地产贷款、提高集中度的途径形成不良贷款(钱先航等,2011)。并且,第一大股东的控股能力越强,银行的不良贷款率就越高,第一大股东为地方政府的银行不良贷款率更高(祝继高等,2012)。此时,中央政府与地方政府之间的金融分权深化和市场化改革一定程度上就会存在负向关系。

第三,当中央—地方政府间金融分权与市场化函数曲线相交于政府—市场间金融分权与市场化函数曲线时(图 15.4 的横坐标值 Fp),金融分权对市场化的推动作用达到最大值。当中央—地方政府间金融分权与市场化函数曲线迅速下降时,中央政府推动的政府—市场间金融分权政策对市场化改革的效果被中央—地方政府间金融分权对市场化抑制的影响耗损完毕,金融分权深化开始降低市场化程度(图 15.4 横坐标值 Fp 之后)。在区间 $[Fb, Fe]$ 之间,许多地方政府的干预行为几乎抵消了中央层面推动的政府与市场间金融分权的政策效果,此时金融分权与市场化基本不相关;在 Fe 之后,金融分权与市场化呈显著的负相关关系,如图 15.3 和图 15.4 所示。

2. 金融过度分权与市场化对金融风险的影响

不可忽略的是,金融分权及市场化程度与金融风险及经济质量之间并非简单的线性关系。当政府与市场间金融分权和金融市场化达到一定程度后,继续深化金融分权与市场化可能会恶化市场竞争,加大金融风险甚至酿成金融危机。例如,美国近百年来在经济大萧条时

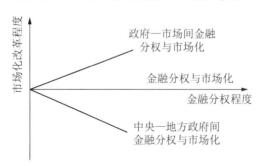

图 15.3　不同类型金融分权的市场化作用完全抵消

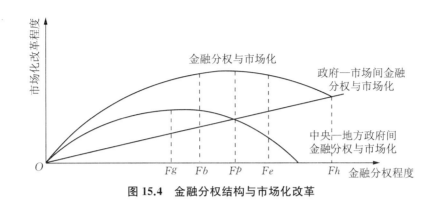

图 15.4　金融分权结构与市场化改革

期、1982—1986 年和 2009—2011 年发生的银行倒闭潮,都伴随着政府—市场间金融过度分权。

　　监管当局的外部监管和限制准入的牌照价值达到一定平衡后,才能降低银行的风险(戈登,2011)。银行牌照可被视为银行资本的一部分,因为它可以在未来给银行带来垄断利润。特许经营牌照的价值有效激励了银行所有者回避那些可能损害其牌照的危险行为,极大地促使为私利进行高风险投资活动的银行向维持银行体系稳定的社会目标靠拢。而市场化进程迅速降低了银行牌照的价值,导致金融竞争加剧。为了应对竞争压力,传统银行或降低贷款利率,或进行高风险投资,或规避金融监管。市场化和自由化降低了银行牌照的价值,不仅会导致原来的垄断利润减少,银行将资本转向政府监管视野之外的业务并由此催生"影子银行体系";而且降低了银行体系内部的自我监督激励,并由此产生外溢效应,进一步加重了监管当局的监管负担以及对外部监管的依赖(张杰,2017)。因此,随着政府与市场间金融分权的深化,初始阶段会提高银行经营效率,降低金融风险;但超过一定限度时,银行竞争过度,金融风险又会加剧;政府过度向市场金融分权,会导致金融风险的加剧和膨胀,如图 15.5 所示。

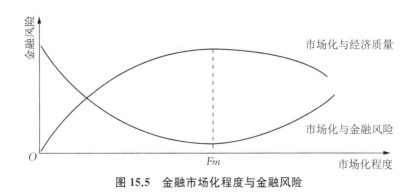

图 15.5　金融市场化程度与金融风险

　　由此可见,尽管财政分权的意图在于调动地方政府积极性,推进市场化改革,提高资源配置效率,但同时也强化了地方政府在辖区市场上资源配置的权力,由于政策目标和工具的显著差别,其有意愿和权力来竞争金融资源,从而提高地方政府(相对于市场)的金融集权。在一定时期或一定区域,当中央政府与地方政府之间的金融分权深化对市场化改革的负向作用大于中央政府与市场间金融分权深化对市场化改革的正向作用时,金融分权深化综合表现为阻碍市场化改革和市场经济发展,制约金融功能的有效发挥和金融资源的优化配置,进而积累更多的金融风险,降低经济发展质量。

15.2　宏观经济治理体系的建设

财政分权和金融分权的制度安排是影响宏观经济治理科学性、有效性的重要因素,有必要构建基于财政分权和金融分权的宏观经济治理体系。

15.2.1　财政政策与货币政策定位

提高财政政策和货币政策定位与协调的准确程度,从顶层设计层面提高宏观经济政策制定的科学性,进而提高宏观经济治理的实际效果和国际经济治理的协调程度。在中国特色社会主义市场经济发展过程中,需要发挥市场在资源配置中的决定性作用,同时发挥政府弥补市场失灵、科学宏观调控、公平有序竞争环境的监管维护等作用。财政政策和货币政策作为政府调控市场、弥补市场失灵的重要工具,是宏观经济治理的主要手段。在宏观经济调控中,财政政策和货币政策的协调配合是否得当,直接影响宏观经济稳定目标的实现。财政政策和货币政策的定位与协调状况影响两者的预期管理水平、跨周期设计效果、逆周期调节能力,在很大程度上影响着就业、科技、产业、区域、环保等其他宏观政策的成效,进而影响着经济总量平衡、结构优化和内外均衡等。因此,应进一步明确财政政策和货币政策的定位,以及中央政府对地方政府的货币救助和财政救助边界。

(1) 货币政策定位于保持物价(币值)稳定,为经济高质量发展提供总量平衡的货币金融环境。

无论是后凯恩斯主义还是新古典主义,一个共识是货币政策能够在短期内调控产出总量,但无法长期推动产出持续增长。并且,即使是凯恩斯主义,由于流动性陷阱问题,也不主张在经济萧条时实施扩张型货币政策,而是主张采取积极的财政政策。因此,货币政策应侧重于保持价格稳定,调节短期总需求和经济总量平衡。中央政府对地方政府的货币救助亦在这一框架下进行。货币政策的这一定位从根本上明确了逆周期调节的原则,也明确了其与财政政策协调的基本准则。

(2) 财政政策定位于公共财政,为经济高质量发展发挥自动调节器作用。

财政政策对经济总量增长和经济结构调整都具有重要作用,但由于资金流转环节增加造成效率损耗、市场挤出效应、李嘉图等价命题等原因,财政政策更适合在经济过度萧条和过度膨胀时发挥自动调节器作用,而非将财政的经济建设支出作为经济体长期经济增长的主引擎。因此,财政政策应更侧重于弥补市场失灵、增加公共支出、平稳经济增长,服务于中长期经济发展战略。值得注意的是,财政政策此时不再作为日常频繁使用的调控手段,特别是不能作为一国经济增长的主引擎,而是在中长经济周期的萧条阶段才发挥威力。财政政策的这一定位从根本上明确了其跨周期调节的原则,也明确了其与货币政策协调的基本准则。

（3）财政政策和货币政策的协调。

切实完善宏观经济治理机制体系、提高宏观经济治理能力,还需要在政策目标、政策工具、政策传导等层面准确设计财政政策与货币政策的协调机制,从数量上提高政策对宏观经济调控的准确程度,进而引领就业、产业、环保、国际合作等其他宏观政策积极配合。

一是在政策目标上,寻求财政政策目标和货币政策目标的契合点,根据契合点,把财政政策、货币政策、宏观审慎政策等有机融合在一个统一的框架内,建立社会福利损失最小化原则下财政政策和货币政策的共同目标函数。财政政策目标主要有经济增长、物价稳定、充分就业、公平分配等,货币政策目标主要有物价稳定、经济增长、金融稳定、国际收支平衡等。两者的目标重合点包括物价稳定、经济增长、充分就业等。此时,可将物价稳定、潜在产出、金融稳定设置为共同的目标函数变量,使目标函数中各变量的实际值与最优值的偏离均达到最小。

二是在政策工具上,加强对实现共同目标的工具的协调性和实现自身特殊目标的实施工具的协调性。根据丁伯根原则,对于财政政策和货币政策的共同目标函数,可选择两者针对性最强的工具来实现。例如,货币政策的基础货币工具针对性调控物价稳定,基准利率工具和税收工具针对性调控就业和产出,逆周期资本拨备针对性控制系统性金融风险等。在统一的目标函数框架下代入政策工具的原理方程,求解均衡。同时,对于未被纳入财政政策和货币政策的共同目标函数的变量,在各自政策范围内单独运用针对性较强的工具。例如,运用全国经济建设支出规模和结构调整针对性调控就业和产出,运用跨境资本审慎监管及汇率调整针对性调控国际收支平衡,运用贷款价值比等工具针对性调控系统性金融风险,等等。另外,需要提高政策工具对政策目标及其他宏观经济变量数量影响计算的准确性,在不断试错和磨合中提高政策工具的协调性。

三是在传导机制上,提高预期管理能力,完善宏观经济政策制定和执行机制,缩短政策认知时滞、制定时滞和执行时滞,提高政策调控的科学性。在此基础上,进一步纳入经济大国的财政政策函数、货币政策函数、金融政策函数等,计算国际上重大经济政策调整对中国的影响以及对全球经济结构和经济发展的影响,设计兼顾各方、互利共赢的国际合作规则,促进经济总量平衡、结构优化、内外均衡,提升国际金融治理能力和全球经济治理能力。

15.2.2 地方政府职能边界

明确地方政府的主要职责和行为边界,从执行层面提高宏观经济政策的实际效果,进而提高宏观经济政策执行机制的完善程度。政府层级间金融分权深化降低经济发展质量、加剧金融风险的内在逻辑是:部分地方政府在职责不清晰和地方利益最大化背景下过度投资,并通过金融体系和中央对金融风险的救助,将本地的财政收入不足、长期依赖的非规范行为和非规范收入以及经济发展低质量等风险转嫁给国家(图15.6)。基于此,围绕中国特色社会主义市场经济建设主线,明确地方政府的职责和行为边界、明确中央政府对地方政府的救助边界,是推进金融制度改革、建设和完善宏观经济治理体系、保障经济高质量发展的必要前提。

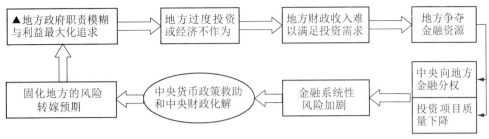

图 15.6 金融分权、经济发展质量与金融风险传导机制

1. 地方政府的主要职责

在中国,政府主要承担经济调节、市场监管、社会管理、公共服务和生态环境建设等职能(江小涓,2020)。需要进一步明确的是,地方政府的职责和中央政府的职责有着较大的差异。制定战略规划、集中力量办大事是社会主义制度的优势,中央政府在航空航天、量子信息、人工智能、生物育种、高铁远洋等战略性国家重大项目方面具有主导优势和主要职责,地方政府则需要增强基层公共服务能力。推动建设型地方财政向公共财政转型,核心是为维护市场稳定提供必要的公共物品和公共服务。通过清晰地方政府主要职责,确保中央政府的"各项纾困措施直达基层,直接惠及市场主体",这种宏观经济政策的"直达机制",本质上是宏观调控的创新与完善,对促进中国经济发展具有重要意义(周人杰,2020)。

党的十八届三中全会明确指出,政府的职责和作用主要是"保持宏观经济稳定,加强和优化公共服务,保障公平竞争,加强市场监管,维护市场秩序,推动可持续发展,促进共同富裕,弥补市场失灵"。围绕这一总体职责,地方政府的职责主要体现在三个层面。一是加强和优化地方公共服务。这是地方政府的首要职责和存在基础,是对当地经济社会发展有重要影响的、直接影响每一个家庭或个人的、当地社会公众最普遍关注的、与当地经济和财政能力匹配的基础性公共服务,如义务教育、公共卫生和基本医疗、基本社会保障、公共就业服务等。二是加强市场监管,维护市场秩序,保障公平竞争。这是地方政府职责的拓展和首要职责履行的保障。地方政府只有依法依规开展市场监管,维护当地公平竞争的市场秩序,才能激发市场活力,保障市场交易主体的利益,从长远层面增加地方财政收入,为政府首要职责的履行提供保障。三是弥补市场失灵,推动经济可持续发展,促进实现共同富裕。这是地方政府职责的边界。地方政府的职责并不能无限制拓展,边界在于有效弥补市场失灵,如处理不完全竞争、外部性、公共物品供给、信息不对称、收入分配不公平等问题。这一职责是健全市场秩序、促进本地经济长期稳定发展的需要,是对地方政府职责拓展的进一步巩固。地方政府通过正确履行这三个层面的职责,最终实现地方经济高质量发展(苗文龙、何德旭,2020)。

2. 地方政府财政支出边界

围绕地方政府三个层面的职责和《中共中央关于坚持和完善中国特色社会主义制度、推进国家治理体系和治理能力现代化若干重大问题的决定》对政府事权的初步划分,可以探索进一步明确地方政府财政支出的主次及其边界。一是履行地方政府首要职责的财政支出。二是维护市场秩序、保障公平竞争、加强地方市场监管的财政支出,如立法机构、行政机构和司法机构等提供公共服务的必要支出。三是消除收入不平等和贫困的财政救济,以及水、电、气、交通与通信等基础设施支出和价格补贴支出等。四是中央政府通过安排转移支付委托给地方政府的部分事权支出,如跨区域且对其他地区影响较大的公共服务等。地方政府的财政支出应与其财政收入匹配,在满足首要职责的基础上再满足其他职责,但要止于职责边界,否则就会本末倒置、偏离政府本质,影响当地经济稳定和经济发展质量。

3. 地方政府支出结构调整

围绕中国地方政府的定位与职责,逐渐调整地方政府支出结构。自改革开放以来,地方利益竞争日趋激烈,地方政府在作经济决策时常常把能否给本地迅速带来经济收入作为主要依据,与提供文教、科学、卫生和社会保障等公共品相比,商业中心、产业园等工程及其他重复性经济建设的短期经济收益往往更高(徐忠等,2010)。因此,一些地方政府在经济增长"共融利益"的驱动下,营利性投资扩张倾向明显,无形中增加了短期内的准公共物品供给,减少了更具长远利益的纯公共物品供给(苗文龙,2012),造成地方政府在"三农"、教育、医疗、社会保障、节能减排等领域的纯公共产品和服务投入不足,倒逼中央政府不得不通过货币救助等方式弥补地方政府的供给缺口,影响了宏观调控的总体效果和整体经济发展质量。为适应经济高质量发展需要,地方政府有必要增加纯公共物品支出比例,更多通过市场将金融资源配置到营利性准公共物品的投资上,并在分散决策机制下筛选技术创新项目和经济增长点,依靠本地经济的长期稳定发展获得持续的政府收入,从根本上解决地方政府对市场机制和金融资源的干预与依赖。

4. 科学管控地方政府债务风险

明确了地方政府职责边界,优化了地方政府支出结构,科学管控地方政府债务便简单易行,而且还可以从执行层面为财政政策和货币政策的协调打下基础。一是分债务类型防控地方政府债务风险,分别针对经济增速低、负债水平高的省市区实施不一样的管理。对经济增速低的省市区,应着力于提高经济增速,在负债水平可控的范围内,可适当增加地方政府债务限额;对负债水平高的省市区,应着力于降低地方政府杠杆率,可适当约束地方政府债务限额(何德旭、王学凯,2020)。二是构建全面准确的债务风险预警指标体系。将现有地方政府债务风险的指标与经济增速、财政收入增速以及动态指标或模型测算指标等有机整合,客观准确预判地方经济发展趋势和地方政府债务压力。

15.2.3 金融适度分权

在明确地方政府主要职责的基础上推进适度的金融分权,从传导机制层面提高宏观经济治理及各项政策的实施效果。金融是市场经济的血脉,金融分权及其与财政分权的关系决定着生产要素及市场资源的最终配置。金融需要市场在其资源配置中发挥决定性作用,需要国家向市场分权和放权,同时金融由于其公共性需要审慎监管和救助,需要国家对市场收权和治理。因此,适度分权的金融治理体系可以从传导机制层面提高宏观经济治理中财政、货币、就业、产业、区域、环保等经济政策的配合程度和落实效果。结合金融分权的类别,可以从金融资源配置、金融公司治理、金融监管、金融稳定等层面强化金融治理体系建设。这与魏革军

(2020)从微观治理与宏观治理、中央治理与地方治理、重大突发事件应对与治理等视角分析金融治理体系建设具有一致性。

1. 金融资源配置适度分权与金融治理

政府向市场进行适度的金融分权,建立现代金融体系,有助于减少地方政府干预行为,更加充分地发挥市场在金融资源配置中的决定性作用。现代金融体系具有市场化、法制化、普惠化、绿色化、国际化、数字化等特征(何德旭、苗文龙,2018),而市场化和法治化是根本与前提。因此,市场在金融资源配置中起决定性作用的核心条件,包括法治化与市场化两个方面。

提升金融资源配置效率需要公平、竞争、有序的金融市场,以及透明、公正、高效的法律法规。法律是金融市场运行的基础规则,法律体系(包括执法体系)的健全程度决定着能否将国家治理宏观经济的问题转变为法律治理国家宏观经济治理权力的问题,决定着宏观经济政策的制定和实施所设定的体制结构和程序机制的完善程度,即以通贯良法善治逻辑的体制、机制和程序设计来确保科学合理公平的宏观经济政策的制定和实施(刘红臻,2021)。就金融市场而言,基本的法律法规包括三个层面:一是建立公平、清晰的法律法规,使金融交易规则明确、交易机会公平开放、风险责任和权利分享清晰,明确各主体的行为责任,提高信息披露水平,提高金融市场参与程度,只由市场决定金融资源的流动。在发生金融风险和金融契约纠纷时,有准确、公平的法律作为裁决准绳,且它能随着金融的发展而及时调整更新。二是建立公正、严谨的执法程序,使金融风险事件能够得到及时、客观、公正的裁决,对违反规则的行为追究相应的法律责任。三是发生金融风险事件和系统性金融风险时,责任主体能够依法承担风险损失。

市场化主要体现在产权清晰、权责明确、政企分开、管理科学等方面,金融市场化的主要内容亦是如此。这主要体现在两个方面:一是金融产权清晰。金融的本质是以信用为基础的资金融通。这意味着资金的供给方对资金具有清晰的产权,资金的需求方对资金偿还具有明确的责任;否则,金融体系难以有效运行。现代金融具有更高的信用要求,对权利和责任的划分也更明确。二是金融权责明确。金融的本质还在于一种契约关系。金融产品和金融工具实质上都是契约安排,金融契约则体现为市场化的金融交易约定。现代金融体系对金融交易约定的公平性、公正性都提出了更高的要求。决定产权是否清晰、权责是否明确、政企是否分开的关键标志,就是风险责任是否严格按照契约落实。

2. 金融公司治理适度分权与金融治理

政府向市场进行适度的金融分权,有助于改善资本结构,优化金融公司治理,提高宏观经济治理的实施效果,防止地方政府既当裁判员又当运动员。金融作为关系国家安全、国民经济命脉的战略性行业和关键领域,涉及国有资本、集体资本、非公有资本等交叉持股和相互融合的问题,设计科学的公司治理制度尤为必要。概言之,金融公司治理的优化内容包括两个方面。

一是厘清地方政府的股东职责与经营职责的边界。相当一部分金融机构,或多或少、或直接或间接都存在地方政府(地方国资委)持股,甚至其达到控股地位(如部分城市商业银行和农村商业银行)。无论国有资本是否控股,金融机构都应不断优化现代公司治理结构,董事会、监事会、经理层各司其职。地方政府即使身为控股股东,主要职责范围仍是股东的权利范围,仍要通过董事会任免高管人员,不能直接干预金融机构的日常经营,切实做到政企分开、政资分开、特许经营,建立有效制衡的金融公司法人治理结构,更好地发挥专业金融管理者的作用。

二是厘清地方政府的股东职责与金融监管的边界。作为部分金融机构国有资本的出资人,地方政府的职能应仅限于通过股东身份完善金融公司治理、放权并激励专业金融管理者尽职经营,实现国有资产保值增值。地方政府不应在金融项目决策时扮演经营者,在公司治理中扮演管理者,在合规经营方面又扮演监管者。可见,政府向市场进行适度的金融分权,能够推动金融机构完善现代企业制度、提高经营效率、合理承担社会责任、促进经济增长。

3. 金融监管适度分权与金融治理

由于存在外部性和公共性,除了正常的法律规范,金融还需要进行专业监管。根据"有效市场"和"良法善治"的内在要求与基本逻辑,法律对宏观经济治理的制度安排应遵循"法治与正当程序"原则和"民主与多元共治"原则,核心领域是国家规划法、现代财税体制、现代金融监管体系的健全与完善(刘红臻,2021)。而现代金融监管体系的健全和完善状况与金融监管分权程度密切相关。在现实中,由于地区经济特征和金融需求的差异性,中央政府向地方政府进行适度的金融分权,有利于金融多元化和金融市场多层次发展,并以此推进经济高质量发展。为提高金融监管效率,中央政府向地方政府进行适度金融监管分权时,需要明确地方政府金融监管内容,提升地方政府金融监管能力。

第一,明确地方政府金融监管内容。探索适度金融监管分权的核心之一,就是要明确地方政府在金融监管领域享有的权力,落实地方金融风险需承担的责任,构建以合理的金融分权为基础、中央与地方分层次的金融安全网和金融风险防范体系。地方政府对地区金融市场监管承担第一责任,在对应层级的金融市场,对地方政府非控股和非最大股东的金融公司拥有法人执照审批的权力、承担日常监管责任,可以采用撤销执照、审核高管等监管措施规范其日常经营行为。同时,地方政府在对应层级的金融市场,拥有对相关企业在该市场发行债券、进行股权融资的审核权,也有必要采取管理措施确保二级市场交易公开、公平、公正,保障辖区金融市场稳定运行。中央政府对全国性金融市场监管承担第一责任,对进入全国性金融市场的金融机构和地方政府作为最大股东的金融机构进行审核、监管,对地方政府金融监管具有业务指导、数据统计、地方管理评级等权力。通过适度金融监管分权,激励地方政府承担起维护区域金融稳定运行的重要角色。

第二,提升地方政府金融监管能力。有效市场与有为政府是完善新时代宏观经济治理体系、提升宏观经济治理能力的重要体现。有为政府的关键在于提升政府调控能力。从经验事实来看,部分地方政府调控能力不足是制约整个政府体系调控能力的瓶颈。金融监管能力是地方政府调控能力的重要内容。金融监管能力表现在金融体系风险的分析能力、评估监测能力、控制处理能力等方面,如果涉及多个监管部门时,还涉及监管协调与监管资源整合能力。地方政府提升金融监管能力的重点,在于评估和控制地区金融风险。

金融风险评估需从评估组织、评估内容与方法、评估应用等方面进行设计:(1)评估组织。为了保证评估的客观性和准确性,地方金融风险评估组织应当由中央金融监管部门牵头、随机抽调其他地方金融监管部门成员组成。这一方法既可以落实中央金融监管部门对地方金融监管部门的指导和管理,评估地方金融监管能力,又可以交叉提高地方金融监管能力,同时避免监管重复和监管空白。(2)评估内容与方法。评估内容主要包括三个层面:一是地方单个重要金融机构的风险状况,包括信用风险、操作风险、市场风险、流动性风险等;二是地方金融体系的风险状况,包括地方金融机构之间风险传染的脆弱性、地方金融机构和全国性金融机构之间风险传染的脆弱性;三是评估现有金融监管体系和风险防控力量在应对当地金融体系风险及金融危机时的能力。(3)评估应用。评估结果主要应用于四个方面:一是指导督促地方金融监管部门提高监管能力、关注地方重点金融风险、制定风险防范和化解方案;二是将其纳入国家金融体系的风险评估,综合判定金融的系统性风险和区域性风险,并根据风险状况和演化趋势制定防控措施;三是把握金融发展速度,根据各地金融风险情况推动或限制当地的金融发展,从全国层面优化空间结构;四是为早期制定金融风险预防措施和控制措施、降低金融风险冲击和影响提供依据。

4. 金融稳定适度分权与金融治理

在提升地方政府金融监管能力的基础上,中央政府向地方政府进行适度金融稳定分权,明确地方政府金融风险防范和化解责任,降低地方政府冒险冲动和成本转嫁预期,探索设计财政分权与金融分权相结合的地方金融风险救助责任分担机制。①

地方金融风险救助的原则在于收益与责任对等、降低地方政府冒险冲动和成本转嫁预期。围绕这一原则,探索设计财政分权与金融分权相结合的地方政府区域性风险救助最优责任分担机制,探索中央与地方统筹的风险救助基金以及危机救助模式。因而,当前的金融安全网络不是做大的问题,而是优化的问题。各地政府不仅要负责区域金融监管,而且在金融风险救助和化解上应承担一定责任。具体而言,地方政府在最后贷款基金等金融稳定制度方面能够独立发挥作用,激励地方政府不仅利用金融发展经济,而且要规范金融防范风险,跳出单纯地方金融管理体制设计思路,避免一味地补全、做大金融安全网络,甚至将两者割裂开来。维护地方金融稳定、设计地方金融风险救助体系的思路如下:

一是建立适度分权的存款保险制度。建立与分层金融市场对应层级的存款保险,用于防范相应层面金融市场的金融风险。各层级政府对本层面的存款保险拥有管理权,并研究制定存款保险范围、保险费率、赔付条件等。为防止风险向其他地方性银行机构蔓延,保障存款人的利益,并消除公众挤兑的预期,地方存款保险主要用于区域性银行机构发生流动性危机时,为该银行的存款户提供一定额度的存款保障。为防止系统重要性银行机构发生流动性危机和挤兑风险,中央存款保险主要用于全国性银行机构存款保障。

二是适度分权的最后贷款基金制度。金融适度分权下的最后贷款基金制度,中央银行仍承担主要角色,但不是唯一角色。由中央银行及分支机构牵头和对应层级政府一起成立最后贷款基金。最后贷款基金的资金来源于两个方面:中央银行的最后贷款资金和地方政府的一部分财政资金。最后贷款基金主要用于防范本地区的金融风险,具体包括防范本地地方性金融机构出现流动性风险,以及系统重要性银行本地分支机构出现流动性风险。最后贷款的利率、期限、对象等条件由最后贷款基金管理部门根据风险状况确定,但必须确保最后贷款能够收回。

---

① 中共中央政治局 2021 年 4 月 30 日召开会议,中共中央总书记习近平主持会议,分析研究当前经济形势和经济工作,进一步明确提出"要防范化解经济金融风险,建立地方党政主要领导负责的财政金融风险处置机制"。

此外，宏观经济治理能力的提升需要现代技术手段的支撑。前文论及的财政政策的准确制定与实施、货币政策的准确制定与实施、财政政策和货币政策准确协调的数量程度、地方性债务风险状况、系统性金融风险缺口、潜在产出及自然利率的计算、国际经济政策的冲击和协调等宏观经济治理问题，都需要详实、及时的统计数据，以及精确、高效的计算技术。在数字技术、网络技术、人工智能等现代技术手段迅速发展的背景下，充分运用现代技术创新宏观经济治理方式，是完善宏观经济治理体系不可或缺的内容。因此，完善宏观经济治理需要创新统计理论和统计方法，不断提高统计数据质量，建立并完善宏观经济治理大数据库，依据大数据和数字技术掌握宏观经济系统运行的总体态势，提高宏观经济预测效果，预判宏观经济在需求侧和供给侧的结构性变化，充分发挥互联网、大数据、云计算、人工智能等现代技术的辅助决策作用，提高市场分析、政策模拟的准确性和实时性，为宏观经济治理提供有力支撑。

15.3 中央银行政策优化

15.3.1 货币政策、宏观审慎政策与财政政策的协调及设计

一些文献开始研究货币政策、宏观审慎政策与财政政策的协调关系，特别是在数量方面较之前的研究有了进一步提高。典型做法是分别设计货币政策规则方程、宏观审慎政策方程与财政政策方程，进而以国民经济部门决策函数为基础，模拟分析三者之间的关系。

1. 金融部门

银行经理人面临两种选择：保留借贷收入实现持续经营，或者侵占部分银行资产并退出金融市场（Gertler and Karadi，2011；马勇、吕琳，2022）。假设选择持续经营的银行经理人占比为 θ_p，退出金融市场的比例为 $1-\theta_p$。因此，银行 j 在 t 期的持续经营价值为未来每期净资本的现值之和，可表示为如下形式：

$$V_t^j = \sum_{i=1}^{\infty} \Lambda_{t,t+i} \theta_p^{i-1}(1-\theta_p) N_{t+i}^j \tag{15.1}$$

其中，V_t^j 为银行 j 持续经营的特许权价值，$\Lambda_{t,t+i}$ 为折现因子，N_{t+i}^j 表示商业银行的净资本规模。

银行贷款 S_t^j、储户存款 D_t^j 和银行净资本 N_t^j 将满足 $Q_t S_t^j = N_t^j + D_t^j$ 形式的资产负债约束条件，其中，银行贷款由企业贷款 $S_{e,t}^j$ 和政府债券 B_t^j 组成。由于政府债券的信用水平高于企业贷款，这里假设政府债券利率等于无风险利率 R_t。因此，发生银行资本冲击前，N_{t+1}^j 由银行贷款收益与负债支出的差值表示，并且可以进一步简化为如下形式：

$$N_{t+1}^j = (1+R_{t+1}^s)Q_t S_{e,t}^j + (1+R_t)Q_t B_t^j - (1+R_t)D_t^j$$
$$= (R_{t+1}^s - R_t)Q_t S_{e,t}^j + (1+R_t)N_t^j \tag{15.2}$$

其中,R_t^s 为实际贷款利率。针对商业银行体系,净资本由持续经营的银行和新银行提供,可表示为:

$$N_{t+1} = \theta_p [(R_{t+1}^s - R_t) Q_t S_{e,t}^j + (1 + R_t) N_t] + \varepsilon Q_{t+1} S_{e,t}^j \tag{15.3}$$

参数 ε 表示新银行注入的资本比例。由式(15.1)和式(15.2)可知持续经营价值变量 V_t^j 由企业贷款 $Q_t S_{e,t}^j$ 和净资本 N_t^j 决定,并存在以下关系:

$$V_t^j = \nu_t^j Q_t S_{e,t}^j + \eta_t^j N_t^j \tag{15.4}$$

ν_t^j 表示企业贷款的边际价值,η_t^j 表示净资本的边际价值。一般而言,商业银行的负债规模越高,对外部融资的依赖程度就越高。当系统性金融风险导致外部融资渠道阻塞时,该类商业银行的违约概率和成本远高于低负债型银行。为了避免代理人问题的负面效应,商业银行总资产规模受到激励约束条件的限制:$V_t^j \geqslant \lambda_p Q_t S_{e,t}^j$,参数 λ_p 表示银行违约时所侵占的资产比例。这表明商业银行的激励约束条件仅对风险资产成立。

根据式(15.3)和式(15.4),发生资本冲击前,商业银行风险资产对应的杠杆率 $\phi_t^j = Q_t S_{e,t}^j / N_t^j$ 满足条件 $\phi_t^j \leqslant \dfrac{\eta_t^j}{\lambda_p - \nu_t^j}$,这一条件中的参数及变量满足集合 $\{\nu_t^j, \lambda_p, \eta_t^j | 0 < \nu_t^j < \lambda_p, \eta_t^j > 0\}$。发生银行资本冲击前,基于式(15.1)和式(15.4),分别求 $Q_t S_{e,t}^j$ 和 N_t^j 的一阶导数,得到银行 j 的最优化条件:$\nu_t^j = E_t \Lambda_{t,t+1} \left\{ (1 - \theta_p)(R_{t+1}^s - R_t) + \theta_p \dfrac{\phi_{t+1}^j}{\tilde{\phi}_t^j} [(R_{t+1}^s - R_t) \phi_t^j + (1 + R_t)] \nu_{t+1}^j \right\}$,$\eta_t^j = (1 - \theta_p) + E_t \theta_p \Lambda_{t,t+1} [(R_{t+1}^s - R_t) \phi_t^j + (1 + R_t)] \eta_{t+1}^j$,将这两个条件代入 $\phi_t^j \leqslant \dfrac{\eta_t^j}{\lambda_p - \nu_t^j}$,得到银行杠杆率约束方程的递推形式:

$$\phi_t^j = \frac{(1 - \theta_p) + \theta_p \Lambda_{t,t+1} (1 + R_t) [\eta_{t+1}^j + \phi_{t+1}^j \nu_{t+1}^j]}{\lambda_p - \Lambda_{t,t+1} (R_{t+1}^s - R_t) [(1 - \theta_p) + \theta_p \phi_{t+1}^j \nu_{t+1}^j + \theta_p \eta_{t+1}^j]} \tag{15.5}$$

式(15.5)阐述了信贷价格和规模的关系,表示商业银行的信贷供给曲线。根据式(15.5),银行风险资产对应的杠杆率水平与信贷利差正相关,两者相互作用的机制为:从存款供给端来看,信贷利差上升表明银行未来的盈利能力将有所提高,这会使储户感觉银行违约倾向降低,从而购买更多的存款产品,推动银行杠杆上升;从存款需求端来看,信贷利差越大,预期未来杠杆率越高,商业银行吸收存款和发放贷款的意愿更强,也成为银行杠杆抬升的原因之一。

2. 货币政策

一般假定货币政策采用如下常见的泰勒规则形式:

$$\ln \left(\frac{1 + r_t^{nom}}{1 + \bar{r}^{nom}} \right) = \rho_r \ln \left(\frac{1 + r_{t-1}^{nom}}{1 + \bar{r}^{nom}} \right) + (1 - \rho_r) \left[\rho_{ry} \ln \left(\frac{Y_t}{Y_{t-1}} \right) + \rho_{r\pi} \ln \left(\frac{\pi_t}{\pi_{t-1}} \right) \right] + \varepsilon_t^r$$

其中,$\bar{r}^{nom}$ 为名义政策利率的稳态值,Y_t 为产出,π_t 为通货膨胀,ρ_r 为货币政策的利率惯性系数,ρ_{ry} 为货币政策的产出系数,$\rho_{r\pi}$ 为货币政策的通胀系数,ε_t^r 为独立同分布的利率冲击。

3. 财政政策

一般界定财政政策收支平衡,财政部门遵守预算约束 $T_t + Q_t B_t = G_t + (1 + R_{t-1}) Q_{t-1} B_{t-1}$。财政收入(税收 T_t 和债券收入 $Q_t B_t$)用于支付当期政府支出和上一期政府债务本息。G 为政府支出,R_{t-1} 为政府债券利率,Q_t 为政府债券价格,B_t 为政府债券规模。在基准模型中,财政政策采用如下简单规则:

$$\ln\left(\frac{g_t}{\bar{g}}\right) = \rho_g \ln\left(\frac{g_{t-1}}{\bar{g}}\right) + (1 - \rho_g)\rho_{gy} \ln\left(\frac{Y_t}{Y_{t-1}}\right) + \varepsilon_t^g$$

$$\ln\left(\frac{\tau_t}{\bar{\tau}}\right) = \rho_\tau \ln\left(\frac{\tau_{t-1}}{\bar{\tau}}\right) + (1 - \rho_\tau)\rho_{\tau b} \ln\left(\frac{b_{gov,t}}{\bar{b}_{gov}}\right) + \varepsilon_t^\tau$$

其中,$g_t = G_t / Y_t$,表示政府支出比率;$\tau_t = T_t / Y_t$,为税收比率;$b_{gov,t} = (Q_t B_t)/Y_t$,代表政府债务杠杆;$\bar{\tau}$、$\bar{b}_{gov}$、$\bar{g}$ 分别为对应比值的稳态值;ρ_g、ρ_τ 为政府支出冲击和税收冲击的一阶自回归系数;ρ_{gy}、$\rho_{\tau b}$ 分别为财政规则的产出系数和政府债务系数;ε_t^g、ε_t^τ 分别为独立同分布的财政支出冲击和税收冲击。

4. 宏观审慎政策

宏观审慎政策的设计方法较多。一般根据宏观审慎政策以《巴塞尔协议Ⅲ》中的逆周期资本缓冲,引入宏观审慎政策变量 ζ_t,反映资本监管政策对银行资本和信贷规模的影响(马勇、吕琳,2022)。此时,商业银行的资产负债约束条件和风险资产的杠杆率变量变为:

$$Q_t S_t^j = (1 - \zeta_t) N_t^j + D_t^j, \ \tilde{\phi}_t^j \leqslant \frac{\phi_t^j}{1 - \zeta_t} = \frac{\eta_t^j}{\lambda_p - \nu_t^j}$$

令 $\tilde{\phi}_t^j = \dfrac{\phi_t^j}{1 - \zeta_t}$ 为商业银行遭受资本冲击后的杠杆水平临界值。银行 j 的一阶条件、信贷供给曲线和银行体系净资本运动方程可分别描述为如下形式:

$$\nu_t^j = E_t \left\{ (1 - \theta_p)(R_{t+1}^s - R_t) + \theta_p \frac{\tilde{\phi}_{t+1}^j}{\tilde{\phi}_t^j} [(R_{t+1}^s - R_t)\tilde{\phi}_t^j + (1 + R_t)](1 - \zeta_{t+1})\nu_{t+1}^j \right\}$$

$$\eta_t^j = (1 - \theta_p) + E_t \theta_p \Lambda_{t,t+1} [(R_{t+1}^s - R_t)\tilde{\phi}_t^j + (1 + R_t)](1 - \zeta_{t+1})\eta_{t+1}^j$$

$$\tilde{\phi}_t^j = \frac{(1 - \theta_p) + \theta_p \Lambda_{t,t+1}(1 + R_t)[(1 - \zeta_{t+1})\eta_{t+1}^j + \tilde{\phi}_{t+1}^j(1 - \zeta_{t+1})\nu_{t+1}^j]}{\lambda_p - \Lambda_{t,t+1}(R_{t+1}^s - R_t)[(1 - \theta_p) + \theta_p \tilde{\phi}_{t+1}^j(1 - \zeta_{t+1})\nu_{t+1}^j + \theta_p(1 - \zeta_{t+1})\eta_{t+1}^j]}$$

$$N_{t+1} = \theta_p [(R_{t+1}^s - R_t)\tilde{\phi}_t + (1 + R_t)](1 - \zeta_t)N_t + \varepsilon Q_{t+1} S_{e,t}$$

当监管部门对商业银行实施宏观审慎监管时,银行净资本会随着逆周期资本缓冲计提比例 ζ_t 的上升而下降,从而对银行的信贷投放产生约束。为简单起见,在基准模型中,假定不存在宏观审慎政策,此时银行资本缓冲服从简单的 AR(1) 过程:

$$\ln\left(\frac{\zeta_t}{\bar{\zeta}}\right) = \rho_\zeta \ln\left(\frac{\zeta_{t-1}}{\bar{\zeta}}\right) + \varepsilon_t^\zeta$$

其中,$\bar{\zeta}$ 为资本缓冲的稳态值,ρ_ζ 为一阶自回归系数,ε_t^ζ 为资本缓冲冲击。

5. 简评

目前,关于货币政策、宏观审慎政策、财政政策协调性研究的不足在于:

(1) 各类政策仍是建立各自的政策目标函数,设计各自的政策工具,未统一于共同的宏观经济目标函数之下,政策工具之间的协调未得到体现。例如,财政政策函数多采用国外新凯恩斯模型方法,设计为简单的收支预算平衡式,忽略了有为政府在市场经济中积极投资、扮演企业角色的经济行为。货币政策函数直接设计为泰勒规则方程,未切实结合本国货币政策目标函数、政策工具方程求解货币政策规则方程,与国内长期践行的数量型货币政策及双调控机制明显脱节。

(2) 在建立宏观经济模型的时候,为了便于模型和数据处理,进行了可能与事实不符的处理或遗漏重要政策变量,导致模型与现实相去甚远,对政策实际制定和实施没有价值。一是宏观审慎政策工具,经验证具有一定有效性的主要是结构类工具,但在现有宏观审慎政策模型中一般主要考虑总量类工具,由于函数设计处理的困难,较少考虑结构类宏观审慎政策工具。二是忽略了地方政府部门不同于国家的经济行为,未具体考虑财政分权、金融分权等制度变量,而这些变量可能是解释中国经济增长的关键的制度性因素(何德旭、苗文龙,2021)。三是为了提高模型拟合效果,对模型结构参数的校准具有较大的弹性和主观性。

15.3.2 中央银行政策优化

从现代中央银行制度的标志性特征来看,中国基本上构建了较为完整的现代中央银行制度框架。但在金融适度分权改革环境下,地方政府、企业、银行、居民等市场主体的行为选择使现有的中央银行政策需要建设和改进,进而提高政策的精准性。根据现代中央银行政策面临的主要挑战,建议从以下方面开展实质性建设。

1. 准确量化可实现的中央银行政策目标

准确量化可实现的中央银行政策目标,把货币政策、宏观审慎政策、金融基础服务政策有机融合在一个统一的框架内。具体来说,这至少需要从两个方面进行优化:

(1) 根据社会福利损失最小化原则,将币值稳定、充分就业产出、金融稳定、国际收支平衡等目标有机融合在统一的目标函数中。

参考货币政策目标函数设计原则,现代中央银行政策实现多元目标应满足以下条件:实际通货膨胀率与最优通货膨胀率缺口的平方、实际产出与潜在产出缺口的平方、实际系统性金融风险与系统性金融风险阈值缺口的平方、实际汇率与最优汇率缺口的平方等之和达到最小。前面对于通货膨胀率缺口和产出缺口的讨论较多,汇率缺口在麦卡勒姆规则及其演变中也进行了比较充分的分析,这里主要考虑系统性金融风险缺口的设计。

根据货币政策的动态目标函数,这里尝试设计纳入金融稳定和国际收支平衡的现代中央银行政策前瞻性动态目标函数为:$\min E_t \sum_{i=0}^{+\infty} \beta_i (\mu_\pi \pi_{t+i}^2 + \mu_y y_{t+i}^2 + \mu_s s_{t+i}^2 + \mu_e e_{t+i}^2)$。其经济含

义为求解有关缺口平方和的动态最小值。β_i 为折现因子，π_{t+i} 为 $t+i$ 期通货膨胀缺口，y_{t+i} 为 $t+i$ 期产出缺口，s_{t+i} 为 $t+i$ 期系统性金融风险缺口，e_{t+i} 为 $t+i$ 期汇率缺口，μ_π、μ_y、μ_s、μ_e 分别为通货膨胀缺口、产出缺口、系统性金融风险缺口、汇率缺口的权重系数。再根据政策工具方程和经济约束方程，求解该动态目标函数的最优解。

（2）准确计算关键的基准经济变量。

在前述中央银行政策目标函数中，关键性基准变量有待进一步准确计算。

首先，值得关注的是对自然利率的计算。这一变量不仅决定着政策目标变量中潜在产出及产出缺口计算的准确程度，而且决定着政策工具中利率工具的实施标准，还决定着利率传导机制的效率。因此，探讨基于中国近 60 年（1975—2035 年）经济迅速发展和转型等事实数据，比较单变量退势法和多变量模型，比较"增长核算框架"生产函数法、半结构状态空间模型、宏观计量经济模型等方法，估计充分就业的潜在产出；进而基于半结构化混频模型，在新凯恩斯框架下，选择 1 年期存款利率、1 年期贷款利率、1 年期国债利率、Shibor 隔夜利率等，比较计算中国的自然利率。

其次，系统性金融风险界值的准确计算是创新点和关键点。这一变量不仅决定着政策目标中各缺口变量权重的准确程度，而且决定着政策工具的实施类型是影响经济运行的总量型工具，还是影响金融行业的结构型工具，抑或是针对系统重要性银行或影子银行等特定金融机构的个体型工具。因此，基于近年来的国际金融危机数据和国内金融波动数据，以及网络大数据信息和金融市场/金融部门联系等典型事实，计算国内多层复杂金融网络和全球多层金融市场网络，从空间维度准确计算系统性金融风险；计算全球货币市场/资本市场/外汇市场空间风险网络及其对中国金融体系的风险传染效应，进而结合所计算的国内金融部门系统性金融风险空间网络和银行部门系统性金融风险动态变化，确定系统性金融风险的界值。

最后，基于中国特色社会主义市场经济运行规律，在准确计算中国潜在产出、自然利率、最优通货膨胀率、最优税率结构等变量的基础上，准确估计利率走廊的上下限、利率体系的数量结构关系、产出缺口的利率弹性（货币增长率弹性）、产出的财政支出弹性和税率弹性、通货膨胀的利率弹性（货币增长率弹性）、汇率的利率弹性（货币增长率弹性）等参数，为精确量化现代中央银行制度提供必不可少的前提条件。

2. 提高中央银行政策工具的精准性

有机整合货币政策、宏观审慎政策、金融基础服务政策等中央银行政策工具，从总量影响、结构调整、个体监管等层面，计算政策工具与政策目标的数量关系。

（1）重新整合货币政策工具、宏观审慎政策工具、金融基础服务工具。

中央银行的许多政策工具既充当货币政策工具角色调控利率水平、信用规模和货币供应量，又充当宏观审慎政策工具角色保证金融机构的清偿能力，控制系统性金融风险，治理金融危机，维护金融稳定。这就需要围绕现代中央银行政策的最终目标和传导机制，将原有的货币政策工具、宏观审慎政策工具、国际收支平衡调控工具进行整合，避免中央银行政策工具之间的矛盾与冲突。这里可初步分为三类：

第一，总量型政策工具。这一类工具主要对整体金融行业的经营行为产生影响，进而影响货币供给总量和利率水平,对经济产出、价格、金融风险状况产生冲击。这一类政策工具主要有公开市场操作、法定存款准备金率、再贴现、留存超额资本、逆周期超额资本、跨周期风险拨备、流动性覆盖率等。中央银行采用这一类政策工具时,例如增加最后贷款人贷款、降低再贷款利率、提高法定存款准备金率、提高逆周期超额资本率、提高风险拨备率等,初始目的可能是控制系统性金融风险,维护金融稳定,但这同时对通货膨胀缺口产生显著影响,使币值稳定目标和金融稳定目标相冲突,即维护金融稳定的货币量和维护币值稳定的货币量之间产生了冲突(苗文龙,2007)。这就需要准确计算总量型政策工具对各个目标的数量影响。

第二,结构型政策工具。这一类政策工具主要对某类行业的经营行为、资产规模及结构产生影响,对经济总量和金融总量影响较小;例如,货币政策工具中的直接信用控制、间接信用指导等,以及宏观审慎政策工具中针对房地产业的政策工具(详细见表15.1)。

表 15.1　房地产业宏观审慎政策工具

序号	工　具	作　用
1	最大贷款价值比限制或贷款限制	降低房地产贷款增速,并在银行内部建立缓冲以防止潜在房地产贷款损失
2	最大债务收入比限制或其他借贷标准	根据房屋购买者的收入限制借款比例,从而限制银行房地产信贷,并引导家庭减少借款
3	房地产借贷的损失准备金率	增加银行发放房地产贷款的成本,从而减缓房地产信贷增长速度
4	房地产借贷的风险权重	增加房地产贷款风险权重,使贷款展期成本更高,并引导银行对潜在损失设立缓冲
5	对房地产部门的银行暴露头寸的限制	通过直接限制头寸暴露,降低房地产信贷增速,并降低银行因房价下跌可能产生的损失,有时也包括对外币标价的房地产贷款暴露头寸的限制

资料来源:Shim 等(2013)。

第三,个体型政策工具。这一类工具主要对特定金融机构的经营行为、资产规模和结构、盈利状况产生影响,对经济总量和金融总量影响较小。例如对系统重要性金融机构和重大影子银行的注资救助、接管清算、购买风险资产,以及提高此类机构的资本充足率、风险拨备率、缓冲资本率等。中央银行在实施结构型政策工具和个体型政策工具时,一方面需要辅助性计算此类工具对政策目标实现的冲击程度,另一方面需要关注和预判政策工具引发的连锁反应及其对经济总量的冲击,但很难将其纳入经济金融方程体系进行统筹计算。

(2)计算主要政策工具的经济原理方程及其与目标变量的数量关系。

在整合中央银行政策工具的基础上,构建和估计总量型政策工具的经济原理方程及其与政策目标之间的数量关系方程。根据《纲要》的相关设计,总量型政策工具主要通过货币供给调控机制和利率传导机制发挥作用。在双机制下,需要计算的函数方程主要包括:基准利率工具与产出缺口的数量方程、基础货币工具与产出缺口的数量方程、基准利率工具与通货膨胀缺口的数量方程、基础货币工具与通货膨胀缺口的数量方程、基准利率工具与系统性金融风险缺口的数量方程、基础货币工具与系统性金融风险缺口的数量方程、产出缺口与通货膨胀缺口的数量方程、系统性金融风险缺口与通货膨胀缺口的数量方程等。根据构建的相关方程采用结构参数估计方法进行估计。

3. 提高中央银行政策操作规则方程与政策组合的精准性

（1）提高中央银行政策操作规则方程的精准性。

根据前面建立的政策目标函数和政策工具约束方程函数，估计现代中央银行政策规则方程的参数，计算得到政策工具变量、政策传导机制变量与目标变量之间的数量方程。基于中国特色社会主义市场经济运行规律，在准确估计关键性基准变量和政策参数的基础上，整合利用价格型政策工具和数量型政策工具，准确量化和凝练政策规则操作方程，进而通过大数据分析、机器学习及人工智能计算等方法，模拟并引导社会公众预期，保持货币供应量、基准利率、社会融资规模产出缺口基本匹配，针对性解决反复出现的货币政策易松难紧问题，实现货币币值稳定、充分就业、金融稳定等目标。

简要而言，初步设计中央银行政策操作规则方程如下：

$$\psi\left(\frac{m_t}{m^*}\right) + (1-\psi)\left(\frac{r_t}{r^*}\right) = \psi\left(\frac{m_t}{m_{t-1}}\right)^{\rho_m}\left[\left(\frac{\pi_t}{\pi^*}\right)^{\psi_{m\pi}}\left(\frac{y_t}{y^*}\right)^{\psi_{my}}\left(\frac{s_t}{s^*}\right)^{\psi_{ms}}\left(\frac{e_t}{e^*}\right)^{\psi_{me}}\right]^{1-\rho_m}$$
$$+ (1-\psi)\left(\frac{r_t}{r_{t-1}}\right)^{\rho_r}\left[\left(\frac{\pi_t}{\pi^*}\right)^{\psi_{r\pi}}\left(\frac{y_t}{y^*}\right)^{\psi_{ry}}\left(\frac{s_t}{s^*}\right)^{\psi_{rs}}\left(\frac{e_t}{e^*}\right)^{\psi_{re}}\right]^{1-\rho_r}$$

其中，m_t 为货币供给增长率，r_t 为基准利率，m^* 为最优货币供给增长率，r^* 为自然利率，m_{t-1} 为 t 期货币供给增长率，r_{t-1} 为 t 期基准利率，π_t 为通货膨胀率，π^* 为最优通货膨胀率，y_t 为产出，y^* 为充分就业的潜在产出，s_t 为系统性金融风险水平，s^* 为系统性金融风险合适阈值，e_t 为有效实际汇率，e^* 为实际汇率最优值，ψ 为货币供给调节工具的权重，$1-\psi$ 为利率调节工具的权重，ρ_m 为货币供给增长率平滑的指数，ρ_r 为利率平滑的指数，$\psi_{m\pi}$ 为货币供给调节机制中通货膨胀率偏离值的权重指数，ψ_{my} 为货币供给调节机制中产出缺口偏离值的权重指数，ψ_{ms} 为货币供给调节机制中系统性金融风险偏离值的权重指数，ψ_{me} 为货币供给调节机制中汇率平滑的权重指数，$\psi_{r\pi}$ 为利率调节机制中通货膨胀率偏离值的权重指数，ψ_{ry} 为利率调节机制中产出缺口偏离值的权重指数，ψ_{rs} 为利率调节机制中系统性金融风险偏离值的权重指数，ψ_{re} 为利率调节机制中汇率平滑的权重指数。权重 ψ 和 $1-\psi$ 的确定，取决于实际经济情况。在 IS—LM—BP 分析框架下，当货币需求干扰的方差比较大时，LM 曲线比较陡峭，而且 IS 曲线比较平缓，利率的权重 $1-\psi$ 更大一些；如果总需求冲击的方差较大，LM 曲线平缓，IS 曲线陡峭，则货币供给的权重 ψ 大些；此外，根据普尔分析传递的基本信息，金融部门易变性的提高会增强利率导向的政策规则（瓦什，2001）。

（2）提高"双支柱"政策组合的精准性。

以金融适度分权下地方政府、银行部门、企业部门的行为函数为基础，构建量化的结构性货币政策和金融稳定政策组合函数，计算日常性货币政策函数和系统性金融风险防控函数、突发性金融稳定救助之间的数量关系，计算货币政策工具和金融稳定工具对实体经济周期、金融周期、金融风险跨市场传染的数量影响，针对性解决中央银行对系统性金融风险的统筹治理不足问题。

（3）提高中央银行政策与其他经济政策组合的精准性。

以金融适度分权下市场经济主体行为函数为基础，进一步精确量化"双支柱"政策函数与财政政策（税收及支出）函数、产业政策函数构成的结构方程，共同构建量化的经济政策组合结构函数，高度仿真、估测、调控地方政府、金融部门、企业的行为，建设金融、财税、监管等有效支持高质量实体经济的多元组合机制，推动形成以国内大循环为主体、国内国际双循环相互促进的新发展格局，提高双循环新发展格局下服务高质量实体经济的精度。

（4）提高国内宏观经济政策函数与其他大国经济政策函数的协调关系。

以本国量化"双支柱"政策与其他经济政策的组合函数为基础，进一步纳入经济大国的货币政策函数、金融政策函数、财政政策函数等，计算国际上重大经济政策调整对中国的影响，以及对全球经济结构和发展的影响，设计精确的国际共赢合作规则，提升国际金融治理能力和全球经济治理能力。

15.4 小结

在中国特色社会主义新时代，着力完善宏观经济治理体系是解决经济社会主要矛盾的关键举措。财政政策和货币政策作为宏观经济治理的主要手段，其协调性和经济调控效果受到财政分权和金融分权安排的影响。财政分权是激励地方政府的重要方法，中国经济从计划经济过渡到市场经济，财政体制经历了多次变革，中央与地方政府间的财政分权不断清晰和完善。金融分权涉及政府层级间金融分权、政府与市场间金融分权、同级政府部门间金融分权三个相互交织、相互影响的方面。在经济转型期，政府与市场间金融分权是趋势，但政府层级间金融分权决定着政府与市场间金融分权的效果。改革开放以来，中国政府层级间金融分权制度基本经历了金融分权凸显、金融集权强化、金融分权加强三个阶段，总体上具有显性集权、隐性分权特征。在财政分权日趋明朗的同时，金融是集权还是分权始终未能明确边界，造成金融显性集权、隐性分权与财政分权的不匹配。

财政分权和金融分权作用关系的内在逻辑在于，从宏观经济治理视角来说，在中央—地方两级政府主体下，中央经济政策与地方经济政策的目标和工具存在较大差异。这些差异使得财政分权在推进市场化改革、调动地方政府积极性的同时，也强化了地方政府在辖区市场上资源配置的权力，使其有更强的意愿和权力来竞争金融资源，这可能对市场化改革起到负向作用，制约金融功能的有效发挥和金融资源的优化配置，进而积累更多的金融风险。经验实证进一步表明，财政分权与金融分权的作用关系直接体现为财政金融两种资源配置手段的相互转化，并导致财政风险与金融风险的相互传染。

构建科学的宏观经济治理体系，需要提高货币政策和财政政策定位与协调的准确程度。具体而言，从顶层设计层面提高宏观经济政策制定的科学性，进而提高宏观经济治理的实际效果和国际经济治理的协调程度；明确地方政府的主要职责和行为边界，从执行层面提高宏观经济政策的实际效果，进而提高宏观经济政策执行机制的完善程度；在清晰的财政分权框架下进行适度的金融分权,从传导机制层面提高宏观经济治理各项政策的实施效果;不断提高统计数据质量,建立并完善宏观经济治理大数据库,充分发挥现代技术对宏观经济治理的辅助决策作用。

思考题

1. 如何用指标量化金融分权、财政分权?
2. 如何在宏观经济模型中合理描述金融分权变量和财政分权变量?

扩展篇
其他政策

16

支付结算政策——基于系统性风险的分析

支付结算是指单位和个人在社会经济活动中使用票据、信用卡和汇兑、托收承付、委托收款等结算方式进行货币给付以及资金清算的行为。《支付结算管理办法》规定,银行是支付结算和资金清算的中介机构。未经中国人民银行批准的非银行金融机构和其他单位不得作为中介机构经营支付结算业务。《非金融机构支付服务管理办法》规定,非金融机构支付服务,是指非金融机构在收付款人之间作为中介机构提供下列部分或全部货币资金转移服务:(1)网络支付;(2)预付卡的发行与受理;(3)银行卡收单;(4)中国人民银行确定的其他支付服务。网络支付,是指依托公共网络或专用网络在收付款人之间转移货币资金的行为,包括货币汇兑、互联网支付、移动电话支付、固定电话支付、数字电视支付等。预付卡,是指以营利为目的发行的、在发行机构之外购买商品或服务的预付价值,包括采取磁条和芯片等技术以卡片、密码等形式发行的预付卡。银行卡收单,是指通过销售点(POS)终端等为银行卡特约商户代收货币资金的行为。非金融机构提供支付服务,应当依据《非金融机构支付服务管理办法》的规定取得《支付业务许可证》,成为支付机构,接受中国人民银行的监督管理。银行、支付机构、中央银行账户系统等构成的支付结算体系是金融基础设施的主要构成,对金融稳定具有重要影响。本章主要介绍支付结算中系统性风险的来源、原因及计算等。

16.1 支付结算中的系统性风险

这一节主要探讨支付结算活动中系统性风险的来源。

16.1.1 系统性风险来源

支付结算活动中的系统性风险可以看作,在转账系统或更一般的金融市场中,某个参与者未能履行其债务而导致其他参与者或金融机构不能履行应尽债务责任(包括在转账系统中的结算责任)的风险(CPSS,2003c)。在支付系统中,系统性风险来自结算风险,即支付无法被结算的风险。结算风险包括信用风险、流动性风险、操作风险、业务风险,以及法律风险。

信用风险是指,在支付系统中,某个参与者无法履行其在支付系统中的债务而对其他成员造成不可预期的直接损失的风险。本金风险和条件性风险(即在对手尚未履行债务责任时,收款方就假设对手方已经履行责任而采取行动所产生的风险)都属于信用风险的范畴。外汇交易中的信用风险通常指外汇结算风险或赫斯塔特风险[①]。结算失败也会导致重置成本风险,即一方不能履行责任而迫使对手方在不利条件下重置交易(或当不存在可行的交易机会时取消交易)的风险。

流动性风险是指,一个参与者或者多个参与者持有的结算资产流动性不足,从而扰乱系统中流动性的流动,导致支付延迟或支付失败的风险。操作风险是指,由于支付系统(或其核心组成部分)操作过程中的技术性失误或其他因素致使支付被迫中断而对系统参与者造成损失的风险。业务风险是指,支付系统(或其核心组成部分)在遇到财务压力时延迟或终止提供服务而造成损失的风险。法律风险,即由于非预期的法律或条例的实施或契约无法得到强制执行而造成损失的风险,也可被归入结算风险。表 16.1 给出了一些可能造成上述风险的事例。

表 16.1　不同时间触发的风险分类

风险种类		风险事件	事　例
信用风险		结算成员破产	结算成员遭受重大金融损失
		结算代理方破产	结算代理方遭受重大金融损失
流动性风险		结算成员未能及时发起支付指令	结算成员承担高流动性成本
商业风险		基础设施供应商破产	基础设施供应商面临高成本的项目超支
		基础设施供应商因财务原因撤回所提供的服务	
操作风险	系统外部	灾害	恐怖袭击、自然灾害
		公用设施失灵	电力/水力停供、办公地点不可用
		网络受到外部威胁	黑客、拒绝服务供给等
		供应方违约	关键外包业务承包商违约
	系统内部	系统/网络故障	人为错误、软件故障、计算机病毒
		系统/网络承载力崩溃	处理能力受限
		雇员的不端行为	雇员欺诈、伪造、偷窃、敲诈,以及故意做出的未经授权的其他行为

16.1.2　系统设计与信用风险来源

银行间支付系统主要采用两种结算模式:延迟净额结算(DNS)和实时全额结算(RTGS)。

①　赫斯塔特风险(Herstatt risk)是指外汇交易因跨时区造成结算时间落差而导致的风险。

DNS能让用户用较少的流动性完成结算,但是可能在结算前的间隔期导致银行间信用风险暴露的积累。在RTGS设计中,结算是全额和实时的,这使得银行间风险暴露在系统中没有积累的机会,但其对流动性的要求更高。

1. 延迟净额结算

(1) 基本原理。

在DNS系统中,支付指令积累到一定时间后,其净额会被周期性地结算,通常为一天一次。轧差多数是多边的。银行所需的流动性只需要达到其支付的净债务额。

在DNS系统中对净流动性需求的大小,取决于支付指令发起与净额结算之间的时间间隔,以及参与者之间债务网络的性质。一般来讲,支付指令在结算之前积累的时间越长,其对冲指令被提交到系统中的可能性就越大。如果轧差过程不仅针对配对代理人(双边净额轧差),而且针对代理人"链"(多边净额轧差),流动性需求将显著降低(如表16.2)。

表 16.2 轧差对流动性需求的影响

结算类型	无轧差(全额转账)	双边净额轧差	多边净额轧差
	B3 2 ← ↗ 1 5 B1 —— 3 → B2	B3 2 ↙ 4 B1 —— 3 → B2	B3 ↑ 2 1 1 ↗ M ↖ 1 B1 B2
总的流动性需求	11	9	2

当支付系统中有 n 个银行,假设有 $n^2 - n$ 个双边净额头寸 $x^{i,j}$,它们服从均值为零的正态分布。$x^{i,j}$ 的预期和为零,其绝对值之和 $x = \sum \sum |x^{i,j}|$ 为正的期望值。在多边净额头寸的情况下,设银行 i 的多边净额头寸为 y^i,再对其绝对值进行加总得到 $y = \sum |y^i|$。可知,$\frac{E(x)}{E(y)}$ 与成比例。如果净额头寸结算有成本,例如流动性成本及其他交易成本,那么系统规模越大,采用多边净额轧差方式节约的成本就越多,收益以递减的比例增加(按平方根计算)。

(2) 信用风险来源。

在支付系统中,轧差要求实行针对代理人的法律依据充足的优先索偿权(Kahn and Roberds,2009)。如果银行在最终结算前的日间就贷记客户账户,那么它们实际上扩大了彼此的信用。如果之后有一家银行在需要履行净额债务责任时违约,这种风险就会出现。违约银行的违约金额越大,其余银行能够满足自身结算债务的可能性就越小(Chakravorti,2000)。判断单个银行违约对其他银行造成的影响时,不但要考虑违约银行的规模,还要考虑银行间风险暴露的网络结构(Bech and Soramäki,2005)。

(3) 信用风险管理。

DNS系统中的信用风险管理方法主要有:法律依据充足的轧差、净额结算的局部解退、准入标准、借方净额上限、损失分担和质押担保。

第一,法律依据充足的轧差。DNS系统减小信用风险暴露的最基本措施是拥有坚实的法律协议以确保双边或多边净额轧差安排的可执行性,确保在所有相关司法体系中都具有法律效力。

第二,净额结算的局部解退。在法律依据充足的轧差架构下,DNS 系统通常具有相应的规则和技术算法,使得即便在某参与者发生违约时也能实现结算价值的最大化。局部解退是一个可选方案:系统中幸存成员间的净额结算会被保留,但违约成员发出的部分或所有交易会从净额计算中被移除。尽管这一方案优于完全解除净额结算,但仍可能导致一些参与者面临大规模的非预期风险暴露,还可能触发间接违约。

第三,准入标准。以较高的财务要求来限制实体单位的成员资格可以减小因成员违约造成结算被解退的概率,从而能够增加系统的弹性。例如,成员资本被限定为收到严格审慎监管的实体、能够接入中央银行设施或者信用评级高于某特定阈值的实体。

第四,借方净额上限。DNS 系统允许参与者和系统运行者设置一家银行对另一家银行的(双边)信用风险暴露限额,或者对所有其他银行的(多边)信用风险暴露限额。系统运营者能够利用所有银行的双边限额信息来判断银行的风险,从而进一步限制单个银行的借方净头寸。如果限额能够实时调整,参与者就能够根据其他参与者的信用状况信息作出迅速反应。

第五,损失分担和质押担保。保护 DNS 系统、避免出现成员序贯违约的一种更为稳健的方法或许就是拥有适当的损失分担机制,即利用违约后的剩余资金和事前宣布的幸存银行出资份额来弥补出现的任何资金缺口。这个过程通常是通过要求成员共同为质押资金池出资来实现,这个资金池一般由系统结算代理机构持有和管理。

2. RTGS

在 RTGS 系统中,支付指令被提交到系统时,结算资产就完成了转移。其结果是,在银行间不会产生意想不到的信用风险暴露。相对于 DNS 系统,银行一般需要持有更多的流动性资产来保证支付能被无延迟地结算。

16.1.3 流动性风险

随着实时全额结算系统成为全世界大额支付系统的主流结算模式,人们关注的焦点自然地从信用风险转移到流动性风险。

1. 流动性成本和支付延迟的权衡

流动性成本取决于现存的质押体制和价格体制。在质押体制中,流动性短缺参与者的成本是持有合格有价证券并将其存放于结算机构(并且因此放弃的一些可能更有利的投资选择)的机会成本。在价格体制中,流动性短缺参与者面临从结算机构获得无担保透支的直接费用。

高流动性成本会促使银行延迟其支付,使银行等待接收流入支付来为它们的流出资金流提供资金(Angelini, 1998;Willison, 2005;Bech, 2008)。(1)这样的行为可能会打乱系统中的流动性循环,最后给银行客户带来福利损失。Furfine 和 Stehm(1998)指出,在极端情况下,支付延迟可能导致"僵锁",例如一些支付指令执行的失败阻碍大量其他指令的执行。(2)支付延迟也可能会扩大当日晚些时候运行中断的影响,造成在潜在的能力受限系统中大量支付不能被结算。(3)如果一些支付要求时间紧急,银行延迟支付,就会面临金钱上或声誉上的损失。(4)如果每个银行的支付行为在系统内都是可见的,延迟也可能引起其他参与者的负面反应。

2. 用博弈论方法模拟 RTGS 系统中的银行行为

一些研究使用博弈论方法来模拟增加流动性成本和延迟支付成本之间的权衡。Angelini(1998)模型的基本形式在已有文献中被用于分析不确定条件下的预防储备需求,用于"两银行—两时期"的情况时,每个银行的最优选择都是延迟它们的对外支付流,直到来自延迟支付的边际预期收益减少到流动性产生的边际成本。

Bech 和 Garratt(2003)采用"两银行—两时期"框架,考察在结算机构获得日间流动性的不同体制下支付系统中的银行行为,对于完全质押的日间信贷,博弈会产生囚徒困境,此时,流动性成本高于延迟成本时,银行具有延迟结算的动机。

Mills 和 Nesmith(2008)通过修改 Bech 和 Garratt(2003)的模型,考虑了延迟的另一种原因,即银行可能会扣留支付,以等待系统中其他银行提供资金能力的信息。如果获得的信息是其他银行有可能在日终不能支付,那么银行就不会提早支付,因为这样可能会导致隔夜透支。

3. 模拟和基于代理人的模型

使用博弈论方法,常常要对现实足够抽象并附加较强的假设。研究要不断考虑更为复杂的经济环境。

Beyeler 等(2007)构建了一个程式化模型,在该模型中银行使用简单规则来决定是立即支付还是延迟支付。分析表明,在系统流动性水平较低时,由于银行等待汇入支付流,排队支付的情况开始出现。当受到流动性约束的银行收到一笔汇入支付时,它可以释放一笔排队支付,随着接收行相继完成排队等待的支付而引发结算的连锁反应。因此,在系统流动性水平很低时,指令时间和结算时间相分离,而结算时间由于连锁效应而相互关联。

Renault 等(2007)将这个框架扩展为两个国家的大额支付系统通过同时加入两个系统的银行而联系起来的情况。这些银行使用外汇交易市场把流动性从一个系统转移到另一个系统。假设银行在有充足流动性时就会立即执行支付指令。此时,一个系统中的流动性可以溢出到另一个系统,特别是当两个系统被外汇市场中两种货币同步结算的结算管理连接起来的时候。

16.1.4 管理外汇、证券和衍生品交易清算与结算中的系统性风险

外汇、证券和衍生品交易清算与结算中的系统性风险包括外汇结算风险、证券结算中的本金风险、结算前的重置成本风险。

1. 外汇结算风险

外汇结算风险常被称为"赫斯塔特风险"。当外汇交易的两种不同货币不能同时分别结算时,外汇结算风险就会产生。交易的一方已经用货币 A 对其支付债务进行了最终结算,但没有收到相应的货币 B。该交易方就会相对其交易对手拥有等于其已支付全部本金的风险

暴露;如果对手方在履行债务前违约,该风险暴露就会形成真实的损失。外汇结算风险可以通过引入协调机制实现同步交易来化解,即所谓的两种货币"同时付款"(payment-versus-payment,PvP)交易。

十国集团中央银行在 1996 年对外汇结算风险的重要性进行了调查。调查表明,当外汇交易市场上一个主要参与者违约时,潜在的风险暴露很显著。私人部门和公共部门需要主动管理这类风险暴露,并在减轻外汇结算风险方面不断取得发展(CPSS,2007a),在 2006 年有三分之一的外汇交易结算存在本金风险。风险的降低一部分是由于采用了双边净额轧差,但其主要的创新之处还是在于主要货币外汇交易结算中同时付款机制的引入和广泛应用。尤其是,作为对 1996 年调查(CPSS,1996)的响应,一个全球性基础设施——持续连接结算系统(continuous linked settlement,CLS)——在 2002 年建立,以确保外汇交易的"同时付款"结算。

Kahn 和 Roberds(2001)分析系统对开展外汇交易的银行所施加的激励,并将其与通过代理银行网络进行结算的不同方式进行比较,得出 CLS 可以充当一个第三方担保机构,相对于双边安排而言,它能够对不履行行为处以更高的惩罚,从而降低银行在交易日和交易额应该被返回交易者的结算日(一般是 2 天)之间进行(策略性)违约的供给;也可以降低协调失败的可能性,使协调失败时无法结算的预期变为可自我实现。此外,通过引入所有银行交易都能被拒绝的安排,消除了针对部分交易进行选择性违约的任何激励。

Renault 等(2007)研究了 PvP 结算与参与国支付系统中支付执行的关联程度。该模型由两个对称的 RTGS 系统组成,每个系统结算不同币种的支付,两个 RTGS 系统通过少数几个大的全球银行连接起来,这些银行是两个系统的直接参与者,并且相互进行外汇交易。每个RTGS 系统都处理自己的本币支付,以及全球银行在外汇交易中的本币部分。结果表明,尽管 CLS 系统在降低风险方面具有重大作用,但它的引入加强了参与过支付系统的银行之间的相互依赖。这样的相互依赖将来可能会给支付系统的监管者带来巨大的挑战。

2. 证券结算中的本金风险

在证券交易中,如果交易的证券与现金未能实现协调结算,交易对手之间同样会产生类似的本金风险敞口。同样,如果一方在收到对方的现金或证券之后,在自己完全履行相应债务之前出现违约,风险就会形成。这样的风险可以通过实施"券款对付"(delivery-versus-payment,DvP)安排来化解。

DvP 机制的目的是在交易的证券和现金之间尽可能建立最强的联系,从而以类似于外汇交易中 PvP 机制的方式消除本金风险。CPSS(1992)确定了三种不同的结算模型,这些模型可被证券结算系统用于为证券交易提供 DvP 机制以消除本金风险:

(1)模型 1:以逐笔全额为基础同步结算证券和资金转账指令的系统。

(2)模型 2:以逐笔为基础结算证券转账指令,但在处理周期末基于净额结算资金转账指令的系统。

(3)模型 3:基于净额结算证券与资金转账指令,证券和资金的最终转账都发生在处理周期末的系统。

在使用模型 1 和模型 3 的系统中,DvP 机制是通过确保现金和证券的同步处理来实现的。所不同的是,在模型 2 中,要强制在全额证券部分和净额现金支付部分之间建立联系,需要更为复杂的设计。CPSS(1992)详细讨论了这三种方法,并得出结论认为,这三种方法都可以消除本金风险,但每一种方法又可能引发其他形式的结算风险。这可能是由于某一方参与者需要(和可能无法)为交易的证券和(或)现金提供资金,即流动性风险。而且,DvP 结算不能消除重置成本风险,即交易对手在结算前违约,而另一方不得不放弃未结算交易的所有未实现收益。

3. 衍生品结算前的重置成本风险

衍生品交易通常涉及在未来指定时期交付现金或证券的义务。就性质而言,这些合约存在较长的结算前时段——通常大约几个月,在这期间代理人会面临重置成本风险。这种风险是交易的一方在结算前违约,从而导致该交易被重置可能带来的损失。中央对手方(central counterparty,CCP)是在外汇衍生品交易市场上首先被引入的,其后被逐步引入其他市场,以通过质押担保、互助化和多边敞口轧差来管理这类风险。这类方法虽然可以化解这类风险,但它们也会把重置成本风险集中到 CCP。因此,CCP 是否有健全的机制和充足的金融资源是管理该风险的关键。

当清算所作为一个法定交易对手介入市场交易的双方之间时,它就充当了 CCP 的角色,从而成为交易双方所作契约承诺的担保者。这与双边清算或非集中清算不同,参与者在所有债务结算完成之前都存在信用风险暴露。

CCP 最初是为了支持期货和其他衍生品交易所的交易而出现的。对于衍生品合约(包括远期、期货、互换、期权),交易对手是否违约显得尤为重要,因为合约推迟了相当部分债务的履约。就本质而言,由于这些合约存在很长的结算前时间,代理人被暴露在重置成本风险之下,特别是对于交易所交易的合约,代理人可能不愿意承受这种对手风险,因此中央对手清算得以作为替代方式而出现。通过这种方式,清算所既充当了每个卖方的买方,又充当了每个买方的卖方。这样,CCP 就能够保障双方都履行合约,而合约的每一方仅仅只对 CCP 存在信用风险暴露(Bernanke,1990)。

CCP 的一个更主要好处是它便利了"对冲结算"。这意味着一个企业在与任何其他市场参与者达成一笔金额相同、方向相反的交易时,可以消除一个头寸。如果 CCP 的结算缺失,达成一笔对冲合约可以中和市场风险,但除非是与原交易对手达成对冲合约,否则就会形成额外的对手风险。有了 CCP,对冲结算使得市场风险和信用风险都可以被消除。相对于在双边清算市场上提供信用风险防护措施的成本而言,CCP 通过提供合约的多边净额轧差,可以帮助市场参与者节约采用相同措施所要付出的总成本。

由 LCH.Clearnet 运作的利率互换市场上的一家中央对手方 SwapClear,在 2008 年 9 月成功地应对了其参与者——雷曼兄弟特殊金融公司(Lehman Brothers Special Financing Inc.)——出现的有序违约,价值 9 万亿美元的资产组合通过风险中性化和 SwapClear 成员间的竞争性拍卖被接手下来。这个事件说明了在 OTC 衍生品市场上 CCP 清算的潜在收益和在低流动性的定制市场上建立稳健完善的违约处理流程的重要性。

CCP 采用的风险管理工具主要包括:

(1)收取保证金。收取保证金是 CCP 重置成本风险管理的一个核心要点,即为 CCP 过去和预期未来价格变动的风险敞口提供担保。初始保证金的设置一般是与交易合约的价格波动性联系在一起的,以确保每日的价格变动只会以极低的概率耗尽初始保证金。在设置初始保证金以实现最低覆盖水平时,一些新的问题就会出现,包括价格变动的非正态分布和非线性合约组合。过去的价格变动是利用变动保证金的收取和分配来补偿的,因此 CCP 参与方的头寸是盯市的。拥有亏损头寸的参与者必须要向 CCP 交纳资金,随后这些资金将会被分配给那些有盈利头寸的参与者。

(2)频繁的头寸盯市。CCP 管理重置成本风险的另一个方式就是较为频繁的头寸盯市,以使发生在盯市间的价格变动尽可能相对较小。但是盯市会带来管理成本,例如为头寸定价、告知成员支付义务和处理保证金支付。在现实中,盯市通常是每天一次,且日内追加保证金通知也只会发生在价格波动增长时。

(3)加入一定的准入条件。CCP 可能也会加入一定的准入条件,例如任何寻求成为清算成员的企业都需要满足一定的信誉度门槛标准。如果采用这样的最低标准,清算结构就会出现分层,通常涉及一条财务担保链。例如,清算成员必须为其客户签订的合约提供担保,清算所会进一步要求客户向清算成员缴纳保证金,而清算成员向清算所缴纳保证金。在这种安排下,清算成员成为非清算成员的法定对手方,而清算所则成为清算成员的法定对手方。

(4)缴纳违约资金。CCP 最后一项抵御重置成本风险的措施通常是要求成员缴纳违约金。通过将这些资金组成一个保险池,CCP 能够在保证金不足和重置成本风险显现时使其损失由参与者共同分担。

还有很多研究分析了重置成本损失管理相关的均衡问题,以及这些均衡问题反过来是如何根据不同类型清算安排而形成的。感兴趣的读者可进一步学习。

16.2 支付结算系统治理政策与规则

根据前文,系统性风险在此定义为,在转账系统或更广义的金融市场中,某个参与者不能履行偿债义务,导致其他参与者或金融机构不能按期清偿债务(包括转账系统中的结算债务)的风险(CPSS,2003c)。系统性风险外部性的潜在来源产生于支付结算系统。一些文献从支付系统的公共所有权、管理和监督、私人共同所有权等三个方面进行研究,对中央银行干预支付系统所采用的不同形式的成本和收益进行评估。

16.2.1 支付系统的所有权、治理与管理

1. 支付系统的公共所有权和补贴

公共所有权是公共部门降低支付系统性风险最直接的手段。通过对风险减轻技术的投资,公共所有人能够完全内部化系统性风险的外部性,从而避免代理问题。当私人部门无法提供服务时,政府当局会有意识地把构建公共所有权作为建立某个系统的中间步骤。但是,

公共所有权的应用范围通常被限制在支付系统的公共组成部分上；更普遍地，结算银行往往继续负责其所拥有的接入系统以及流动性管理的质量。当某个系统归公共所有时，提供服务的成本是否能够从使用者那里得到补偿、怎样补偿？

公共所有权存在不可行情形。对于跨境运行的系统，公共所有权可能不是一个合适的选择。前文提及的持续连接结算系统（CLS）选择的监管模式是合作监管（cooperative oversight），纽约联邦储备银行在 CLS 的监管中起主导作用，并向中央银行委员会报告，该委员会由 CLS 支持的所有结算货币发行中央银行组成。同样，合作监管模式也在 SWIFT[①] 中得到应用。在对 SWIFT 的监管中，比利时国家银行起着主导作用。

联合公共所有权的典型实例是 TARGET2，主要由欧元体系的中央银行共同所有。由于 TARGET2 起源于公共部门，它的决策权分散在不同的公共部门机构中。欧洲中央银行管理委员会负责该支付系统的运营管理。加入该系统的各国中央银行在某些事务方面具有附加的权限，同时，它们有权在与 TARGET2 相关的所有问题上向管理委员会提出建议。法兰西银行、德意志联邦银行、意大利银行等三家建立 TARGET2 系统的中央银行负责该系统的未来发展。

2. 目标干预

目标干预使用特定的政策工具来处理特定的市场失灵问题。比如，对银行的审慎性监管，其目的之一就是降低银行倒闭的可能性以及倒闭可能造成的影响。目标干预应用最突出的案例就是通过改变系统设计来降低结算风险，例如大额支付系统中 RTGS 系统的引入、证券结算系统中 DvP 的引入、外汇交易市场结算中 PvP 的引入等。

目标干预的监管者行为越来越受国际标准《系统重要性支付系统核心原则》《证券结算系统建议》《中央对手方建议》的影响。这些核心原则用来处理特定的系统重要性系统中的市场失灵问题，监管强度与系统的系统重要性成比例。

3. 谁应该去干预

由于扮演最终结算资产的角色，以及出于维护货币与金融稳定的目的，中央银行极其关注支付结算系统中系统外部性的解决方法。为了达到这个目标，许多中央银行拥有或者运营国家大额支付系统的某些组成部分。

中央银行参与干预的形式和程度的不同多由历史原因造成，但可能也与文化差异和风险承受能力的不同有关。例如，部分中央银行认为，只有中央银行才有权在它自己的账户中改变账面记录，因此中央银行应该拥有至少是运营使用中央银行货币结算的联合基础设施的相应部分。另一部分中央银行则将其账户的操作外包给私人部门，比如在私营的证券结算系统中，促成证券和资金的同时转移。

但是，没有必要完全依靠中央银行解决所有市场失灵问题。不同国家中央银行利益的准确边界是不同的，这反映了中央银行管辖权限的差异性，以及中央银行和其他公共权威部门责任划分的不同。

---

① SWIFT（Society for Worldwide Interbank Financial Telecommunication），即环球同业银行金融电信协会，它为 200 多个国家和地区的金融机构和市场基础设施提供信息服务。

16.2.2 中央银行对支付结算系统的监管实践

1. 监管目标

为了实现中央银行货币与金融稳定的目标,通常需要设定监管范围,即评估特定支付结算系统对于金融稳定和整体经济正常运行的重要性。测算系统重要性的因素包括:系统处理的交易金额和笔数、系统的设计、当系统崩溃时替代支付媒介可用性。图 16.1 描述了中央银行对零售支付系统、中央对手方、证券结算系统、大额支付系统等不同的金融基础设施组成部分所施加的直接影响是如何变化的。

图 16.1　中央银行对金融基础设施的影响

中央银行最关注大额支付系统。这些系统一般使用中央银行货币结算每一笔支付交易,中央银行往往作为结算银行,对其施加相当大的影响。同时,中央银行也常常运营这类支持性基础设施的主要组成部分。

尽管监管的主要目标是评估,并在必要的情形下,降低支付系统的系统性风险,但监管也需要在一定程度上权衡系统效率的问题,例如系统能否以合理的成本,及时、可靠地完成支付。在许多国家,中央银行的监管职责已经被明确地法定化。不同中央银行对支付系统的法定监管权力略有不同,表 16.3 以加拿大、日本、英国、美国和欧元区为例进行说明。

表 16.3　中央银行对支付系统的法定监管权力

标　准	加拿大	日本	英国	美国	欧元区
法律规定的监管职责	√	√	√		√
系统有义务向中央银行提供信息	√		√	√	
系统参与者有义务向中央银行提供信息			√	√	
支付系统必须有中央银行颁发的执照和授权				√	
中央银行必须批准支付系统的运行规则,或者对其施加影响				√	
中央银行可以设定支付系统成员资格条件	√			√	
强制执行权(能够颁布法规、进行罚款、执行民事或刑事制裁)	√		√	√	√

注:(1)中央银行的法定权力只适用于一部分支付系统,例如具有系统重要性的系统。(2)联邦储备委员会对不同的支付结算系统具有不同的监管职责(例如那些被特许为银行组织的系统)。而对于其他的系统,联邦储备委员会没有类似的管辖权。联邦储备委员会负责监管那些日总结算量在 50 亿美元以上的系统,以及那些联邦储备委员会负有法定义务或运营义务的直接负责的系统。联邦储备委员会对联邦储备会员银行也有法定监管权力。(3)打勾选项适用于欧洲中央银行。(4)这与中央银行结算账户的准入条件是有区别的。

2. 实施监督

各国中央银行采用共同的原则指导其监管活动。巴塞尔支付结算体系委员会在 2001 年发布了大额支付系统方面的 10 项核心原则。这些原则规定了一组最低标准,涵盖法律风险(核心原则 1)、金融风险(核心原则 2)、操作风险(核心原则 7),以及效率(核心原则 8)、准入标准(核心原则 9)和治理(核心原则 10)。具体如下:

(1) 在所有相关的司法管辖范围内,系统应具备健全的法律基础。

(2) 系统的规则和程序应当使参与者清楚地认识到,其加入该系统所承担的各种金融风险的影响。

(3) 系统应当清晰地制定管理信用风险和流动性风险的各种规程,规程要详细说明系统运营者和参与者各自的职责,并为管理和控制这些风险提供恰当的激励机制。

(4) 系统应当在生效日及时提供最终结算,最好是在日间,最迟在日终完成。

(5) 在具有最大单一结算债务的参与者不能结算的情况下,采取多边净额轧差结算的系统应当至少有能力保证及时完成当日结算。

(6) 用于结算的资产最好是对中央银行的债权;如果使用其他资产作为结算资产,这些资产应当没有或几乎没有信用风险和流动性风险。

(7) 系统应当确保高度的安全性和运营可靠性,并具有及时完成当日处理的应急安排。

(8) 系统应当提供一种对用户具有实用性、在经济上具有高效性的支付方式。

(9) 系统应当制定客观、公开披露的参与标准,允许公平、公开的系统接入。

(10) 系统的治理安排应该是有效的、负责任的和透明的。

因此,除了考虑因系统设计而产生的风险之外,监管还涉及系统运行的法律框架和规则,以及对运行规程和运行环境的评估,同时,还包括对系统及其成员风险管理规程变换的审查。为了消除、降低或更好地管理所有识别出的结算风险、业务风险和操作风险,中央银行应根据按照核心原则评估出来的结果,对系统的规则、设计、运行或者法律框架,提出改进意见。

16.3 小结

本章主要介绍了支付结算中信用风险、流动性风险、操作风险等系统性风险的来源和化解。支付结算系统的系统性风险来源包括:大额支付结算系统的延迟净额结算、实时全额结算等系统设计对信用风险的影响;大额支付结算系统中中央银行日间信贷政策、日间担保机制、流动性循环机制、混合支付系统设计等因素对流动性风险的影响;外汇结算风险、证券结算中的本金风险、衍生品结算前的重置风险管理等。针对支付结算系统中的市场失灵问题及其对系统性风险的影响,目前主要从支付系统的所有权、目标干预监督、共同所有权和外部利益相关者的整合、中央银行围绕监督目标实施监管等方面进行探索和防控。

思考题

1. 从支付结算系统角度来说,系统性风险包括哪些?

2. 从支付结算系统角度来说,系统性风险与系统性金融风险有什么关系?

3. 支付结算系统性风险的量化防控方法有哪些?

17

反洗钱政策——基于宏观视角的洗钱风险分析

洗钱风险评估分为三个层面：一是国家洗钱风险评估，二是金融机构洗钱风险评估（可以包括机构自主开展的金融业务洗钱风险评估、金融产品洗钱风险评估等），三是洗钱风险的监管评估（监管机构对金融机构洗钱风险及其管理的评估）。第一层面的国家洗钱风险评估内容包括后两个层面。国家洗钱风险评估对提高一个国家反洗钱资源配置效率和反洗钱有效性具有重要意义，但国内外这方面的研究文献极为匮乏。

本章主要介绍三方面内容：一是以金融行动特别工作组（FATF）的新《40条建议》以及IMF、世界银行的国家洗钱风险评估方法为基础，以预防和打击洗钱行为为主线，构建一个用威胁和漏洞来描述的国家洗钱风险评估基本框架，并分解为非法所得清洗威胁、金融监测漏洞、调查漏洞、起诉漏洞和判决漏洞。二是结合FATF的有效性评估指标和本章建立的评估框架，对欧洲安全合作组织（OSCE）探索的反洗钱数据统计指标进行分析归类，创新建立国家洗钱风险评估指标体系，提出"威胁乘以漏洞"的国家洗钱风险评估计算公式。

17.1 国际经验与建议

国际组织、监管当局、监测主体等都面临两个不可回避的难题：一是国内洗钱风险究竟有多大，如何准确评估一国面临的洗钱风险；二是反洗钱体系对降低洗钱风险的作用如何体现。国家洗钱风险，即一国面临的被利用洗钱的风险。

鉴于国家洗钱风险评估的重要性，沃尔夫斯堡集团（Wolfsberg Group）于2006年发布了《风险为本的洗钱风险管理指引》，指导机构识别客户及交易的潜在洗钱风险，并提出了相应的措施和控制方法。2008年，各国陆续提出完成这一任务的日程，并试图在1—2年内完成。2010年，FATF发布《全球洗钱恐怖融资威胁评估报告》，在对原有40条建议充实和完善的基础上提出了新建议，并基于对洗钱犯罪类型的研究，挖掘洗钱犯罪的社会、地域、经济、文化和行为等方面的特征,创新式建立了分层次、立体交叉的洗钱及恐怖融资分析评估体系;同时,要求金融机构和特定非金融机构,通过有效地配置资源更准确地控制洗钱风险。2012 年,FATF 通过了新的《反洗钱、反恐怖融资和防扩散融资国际标准》(即新《40 条建议》),其中对反洗钱与反恐怖融资的风险为本要求进行了明确和全面论述。世界银行、IMF 和 FATF 分别对新《40 条建议》,特别是洗钱风险,进行了系统性分解和重构,设计出一国洗钱风险评估的方法体系。

世界银行(2013)提出的第一代国家洗钱风险评估模板包括五个评估领域,主要包括 ML/TF 威胁分析,以及司法/法律/制度框架、经济与地理环境、金融机构、特定非金融机构(DNFBPs)的漏洞研究。每一块内容都需要用精选的指标来刻画;同时,使用对称的风险评估结构,对 ML 风险和 TF 风险进行独立评估。在第一代评估方法的基础上,世界银行(2013)又提出了第二代评估体系。评估内容主要是洗钱威胁评估和国家漏洞评估。前者是估计需要清洗的非法资产规模及其变化;后者是评估国家的漏洞和脆弱性,侧重分析导致其脆弱性的主要原因,且根据脆弱性属性不同,又划分为部门脆弱性和国家打击能力缺陷。其中,部门脆弱性又进一步细分为银行部门、证券部门、保险部门、其他金融机构、特定非金融机构等方面。

IMF(2013)提出一国洗钱风险水平主要取决于洗钱事件威胁和现行风险控制体系水平,通过测量采取控制措施后的洗钱风险状况,估算不同国家、地区或行业的洗钱风险高低。IMF 提议的国家洗钱风险评估框架主要包含风险事件、风险模块、结果描述三个方面。洗钱风险来源于三类事件:一是犯罪分子持有非法所得并实施清洗行为的意愿;二是实施洗钱行为被发现和制裁的概率;三是实施洗钱行为的违法成本高低。每个风险模块均界定了特定的风险因素,以及相应的风险因素在特定时期内影响风险事件发生的概率和现有控制措施的有效性。通过对每一个风险因素指标进行分析和赋值,计算出的总分体现国家洗钱风险水平。

FATF(2013)从评估原则、组织与信息、评估阶段等方面提出国家洗钱风险评估的思路和方法。其中强调,高级别的政治支持、监管部门和执法部门的有效协作、风险信息的顺利收集是国家洗钱风险评估的前提条件。在满足前提条件的基础上,分阶段进行评估:一是风险鉴定。这一阶段主要从国家内部犯罪威胁评估、洗钱类型分析报告、执法部门信息收集等方面衡量分析洗钱威胁,从国际互评估报告、监管部门的监管报告、反洗钱义务机构的风险评估等方面评估反洗钱体系的脆弱性。二是风险分析。这一阶段主要从洗钱行为性质,洗钱行为来源,洗钱行为对消费、投资、储蓄、价格、就业、金融流动性、金融机构利润、金融部门信誉、腐败、犯罪等方面的影响加以分析。三是风险评价。这一阶段主要依据评估目标准确描述风险结构状况,并采取具有针对性的风险控制措施。尽管如此,各国仍很难依据这些方法框架估测本国洗钱风险状况,因为缺少合理的评估指标和准确的风险数据。

OSCE(2012)认为,全面和高质量的数据对评估和改进反洗钱/反恐怖融资体系至关重要,并设计出覆盖 ML/TF 风险的六张表格,对样本数据和指标体系进行比较清晰的界定。令人遗憾的是,各国仍无法准确厘清 OSCE 统计指标对国家洗钱风险评估体系的具体用意和作用。即使是其设计者也声称,这只是"评估、比较、减缓(国家洗钱风险)的基础"。美国、西班牙、新加坡等国家官方披露的《国家洗钱风险评估报告》都欠缺一个具有内在逻辑关系的统一框架,而且未实现对框架内关键部门、关键环节的量化评估。

国内关于国家洗钱风险评估的研究同样较为欠缺。唐旭等(2011)以收集掌握的洗钱案例为基础,系统描述了中国的洗钱类型、主体、行业和地区分布特征。苗文龙(2014)在归纳IMF、世界银行等国际机构提出的评估思路的基础上,初步构建了洗钱威胁、监测漏洞、调查漏洞、起诉漏洞、制裁漏洞的评估主线。因此,无论是在国内抑或是在国际上,国家洗钱风险评估体系和计量方法都亟待实质性突破,需要更准确地衡量风险水平,挖掘数据之间的关系和风险意义。

17.2 风险为本的洗钱风险评估:宏观视角

17.2.1 新《40条建议》及有效性评估

国家洗钱风险评估的最终目的是提高本国反洗钱体系的有效性。FATF的新《40条建议》提出了界定一国反洗钱体系完善程度的两个标准:一是技术合规,二是技术合规基础上的有效性。新《40条建议》是反洗钱、反恐怖融资最权威的理论性原则,是指导和评价一国反洗钱体系的基础。随着各国陆续开展反洗钱工作,国际组织及各国当局发现,按照新《40条建议》建立的反洗钱体系并达到技术合规,只能证明一国具备了反洗钱基本要素,但不一定能发挥预防或降低洗钱风险及上游犯罪的作用。

FATF(2013)提出,"技术合规评估可以反映有效的反洗钱和反恐怖融资体系是否存在法律和制度基础。一个被评定为技术合规性差的国家不可能拥有一个有效的反洗钱和反恐怖融资体系(当然也不能认为技术合规的国家就一定有效)"。并在此基础上,FATF提出有效性评估——"预定的结果及实现的程度",即金融体系和经济体减轻洗钱、恐怖融资和扩散融资的风险和威胁的程度。这涉及现有如下因素的预期结果:政策、法律和强制性手段;司法、监督或智力活动的规划;执行一系列减轻洗钱、恐怖融资和扩散融资风险的措施。

为了评估有效性,FATF采取了一种对确定结果进行分级的方法。在最高等级中,反洗钱和反恐怖融资体系是为了"防止金融系统和广义经济受到洗钱、恐怖融资和扩散融资的威胁,加强金融部门的完整性,有助于安全和保密"。为了在国家反洗钱和反恐怖融资体系整体评价和其中某个部分的运行情况评价之间取得适当平衡,FATF对于有效性的评价主要基于11种近期效果,它们代表了有效的反洗钱和反恐怖融资体系需要达到的关键目标;FATF还建立了三个中期效果来代表反洗钱和反恐融资体系需要达到的主要目标。最终效果、中期效果和近期效果的关系如表17.1所示。

表 17.1　最终效果、中期效果和近期效果的关系

最终效果：
防止金融系统和广泛经济体受到洗钱、恐怖融资和扩散融资的威胁，加强金融部门的完整性,有助于安全和保密

中期效果	近期效果	新 40 条相关建议
政策、协调与合作减轻洗钱和恐怖融资风险	(1) 洗钱和恐怖融资风险被知晓,并且用来打击洗钱、恐怖融资和扩散融资的适当的国内协调措施被采用	
	(2) 国际合作所提供的适当的信息、金融情报及证据,帮助打击罪犯及其资产	与 36—40 有关,与 9、24、25、32 少部分相关
犯罪的收益和支持恐怖主义的资金被阻止在金融体系或其他部门之外,或被其发现。	(3) 监管者对金融机构及特定非金融行业和职业进行适当的监督和管理,使其遵守与风险相一致的反洗钱和反恐怖融资要求	与 14、26—28、34 、35 有关,与 1、40 少部分相关
	(4) 金融机构及特定非金融行业和职业充分执行与风险相应的反洗钱和反恐融资要求,对可疑交易进行报告	与 9—23 相关,与 1、2、26 少部分相关
	(5) 法人及法律制度安排不被误用来洗钱和恐怖融资,主管部门可无障碍地获取受益所有权的信息	与 24、25 有关,与 1、10、37、40 少部分相关
洗钱风险被发现和制止,罪犯被制裁,违法收益被没收。恐怖主义融资被发现和制止,恐怖分子被剥夺资源,资助恐怖分子的人受到制裁,进而有助于防止恐怖活动。	(6) 在对洗钱和恐怖主义融资的调查中,金融情报和其他相关信息被主管部门合理地使用	与 29—32 有关,与 1、2、4、8、9、34、40 少部分相关
	(7) 洗钱罪及洗钱行为被调查,犯罪者被起诉并被给予有效的、适当的、劝诫性的制裁	与 3、30、31 有关,1、2、32、37、39、40 少相关
	(8) 犯罪收益和犯罪工具被没收	与 1、4、32 有关,30、31、37、38、40 少部分相关
	(9) 为恐怖融资犯罪被调查,资助恐怖主义者被给予有效的、适当的、劝诫性的制裁。	与 5、30、31、39 有关,1、2、32、37、40 少部分相关
	(10) 恐怖分子、恐怖组织和为其融资者被禁止募集、转移和使用资金,并被禁止滥用非营利组织	与 1、4、6、8 有关,与 14、16、30—32、37、38、40 少部分相关
	(11) 根据安理会有关决议,与大规模杀伤性武器扩散相关的个人或组织被禁止募集、转移和使用资金	与 7 有关,与 2 有少部分相关

　　资料来源:FATF:《基于 FATF 建议对技术合规性和反洗钱及反恐怖融资体系有效性评估的方法》,2013 年,第 15 页。

17.2.2　风险评估方法

　　结合世界银行、IMF 和 FATF 的评估框架,基于新《40 条建议》和有效性评估指标,本章设计国家洗钱风险评估的主要思想、主要因素和主要环节具体如下。

　　1. 评估的主要思路

　　国家洗钱评估的目的是提高反洗钱体系有效性,控制洗钱行为。国家洗钱风险是一国发生洗钱及恐怖融资的可能性,风险大小取决于一国上游犯罪状况及其洗钱需求和洗钱风险防范体系的漏洞。后者同时也决定着一国面临的跨境洗钱风险状况(FATF,2012;杜金富,2012)。国家洗钱风险评估分解为对上游犯罪状况、洗钱需求的判断和对风险防范体系漏洞的剖析。前者是潜在洗钱的规模数据,后者是在一定漏洞下对洗钱行为遏制失败的概率数据。

2. 评估的主要因素

评估包括两大类因素:一是威胁因素。洗钱威胁即试图洗钱/恐怖融资的需求,又分为国内非法获得资产规模和跨国非法获得资产规模。二是漏洞因素。风险防范漏洞取决于腐败程度和洗钱没有被制裁两个方面。腐败是决定风险防范体系效率的基础因素。根据洗钱进程,洗钱行为没有被制裁可能是因为洗钱没有被发现,或者没有被调查,或者没有被起诉,或者没有被宣判,或者洗钱及非法所得资产没有被追究,其对应的漏洞分别为监测漏洞、调查漏洞、起诉漏洞、宣判漏洞、资产追究漏洞(IMF,2013;FATF,2013;苗文龙,2014)。其中,根据监测部门不同,监测漏洞分为金融机构监测漏洞、特定非金融机构监测漏洞和金融情报中心监测分析漏洞。金融机构监测漏洞和特定非金融机构监测漏洞取决于机构监测能力、监管当局监管力度以及监测线索处理效率(监测到的洗钱行为没有被制裁)。

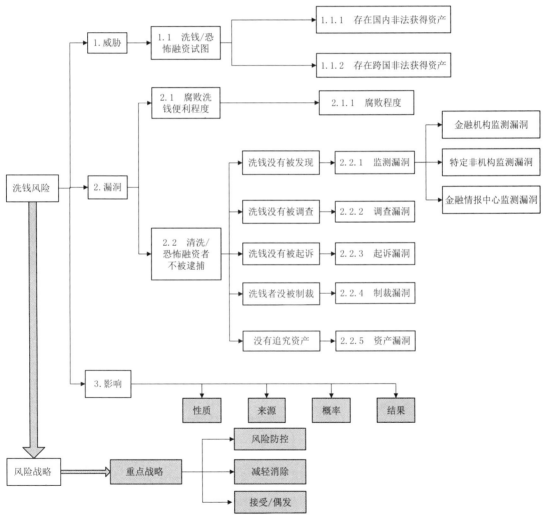

图 17.1　国家洗钱风险评估与风险战略

资料来源:根据世界银行、IMF 和 FATF 等的国家洗钱风险评估方法整理。

3. 评估的主要环节

评估包括三个主要环节:一是对洗钱风险防范进行清晰定位,否则缺少后期深入持续开展风险控制的动力,影响整个洗钱风险控制体系的效力。二是确定洗钱风险衡量指标,否则难以确定洗钱需求及风险预防漏洞,难以准确观察洗钱风险防范的效果。三是数据收集,没有数据支撑的风险评估都不可实现。国家洗钱风险评估的简要思路概括为图17.1。

17.2.3 风险评估指标

1. 洗钱威胁的量化与判断

威胁评估旨在估计一国潜在的需要清洗的非法资产规模。后者从源头上决定了一国或地区面临的洗钱风险的高低。由于洗钱的地下性和隐蔽性,人们很难直接测算出数量和趋势。洗钱风险威胁取决于洗钱上游犯罪状况。上游犯罪分为两部分:一部分是已被立案或判决的,另一部分是未被发现的。被立案或判决的上游犯罪的非法所得必然以某种形式或通过某种途径进行清洗(藏匿),其涉案金额描述了一部分洗钱风险;未被发现的上游犯罪及洗钱行为规模,可暂且通过反洗钱监测体系甄别的可疑交易规模进行初步判断。因此,可利用以下两方面的数据来描述潜在的洗钱威胁:一是洗钱上游犯罪规模,二是可疑交易规模(图17.2)。

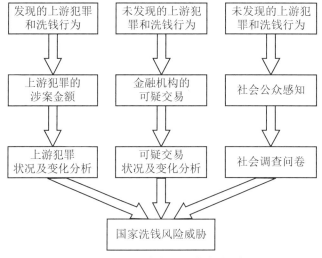

图 17.2 国家洗钱风险的威胁评估

(1) 洗钱相关的可疑交易总规模。

首先,洗钱相关的可疑交易总规模可从三个参数指标进行观察:

洗钱相关的可疑交易总规模=每份可疑交易涉及金额加总=洗钱相关的可疑交易报告数×接收的洗钱相关的可疑交易报告的平均金额(美元);

恐怖融资相关的可疑交易总规模=每份恐怖融资交易涉及金额加总=洗钱相关的恐怖

融资交易报告数×接收的洗钱相关的恐怖融资交易报告的平均金额(美元);

高洗钱风险资产规模:大额现金交易总规模＝大额现金交易加总＝大额现金交易笔数×平均每笔交易额。

其次,在可疑交易的范畴内,集中判断跨境的可疑交易。这包括两个指标:

$$出境大额现金交易总规模＝出境大额现金交易加总$$
$$＝出境大额现金交易笔数×平均每笔交易额$$
$$入境大额现金交易总规模＝入境大额现金交易加总$$
$$＝入境大额现金交易笔数×平均每笔交易额$$

利用可疑交易规模观察洗钱威胁的优点是,可疑交易经过金融机构的甄别判断,是业内人士对潜在洗钱行为的判断和分析,具有全面调查问卷的特征。但其依赖于两个条件,一是需要金融机构能积极主动开展反洗钱工作,二是需要金融机构具备较高的甄别洗钱交易的能力。这些指标与新《40条建议》有效性评估近期效果 1 相关。

(2) 洗钱犯罪及上游犯罪案例数据。

与经济收益相关的上游犯罪案例数,包括资金规模和人员规模。其优点是,能根据国内经济犯罪的历史趋势,预测未来一段时期的规模和结构,并估计出待清洗资产规模的下限(因为有相当部分未发现的非法行为及非法所得);其缺点是没有计入有非法所得但未被宣判的案例数据。

在此基础上,根据跨境数据,观察本国犯罪所得到国外洗钱的规模,以及本国面临的国外洗钱威胁。指标包括:接收的国外请求数和发送到国外的请求数。这与新《40条建议》有效性评估近期效果 2 相关。

接收的国外请求数包括接收到国外情报机构和执法机关的请求数、接收国外引渡请求数、接收国外司法协助请求数。这一指标反映了国外非法所得到国内清洗的规模。当这一指标值较高时表明,本国面临的国际洗钱威胁规模较大,本国潜在的洗钱风险防控的漏洞也较大。

发送到国外的请求数包括发送到国外情报机构和执法机关的请求数、发送国外引渡请求数、发送国外司法协助请求数。这一指标反映本国非法所得到国外清洗的规模。当这一指标值较高时表明,本国犯罪所得较多,本国的洗钱防范漏洞较少。

2. 反洗钱体系漏洞的量化与判断

各国现有的反洗钱体系形式可能有所差别,但一般都是设立五条主要防线来预防和遏制洗钱行为。五条防线分别是:监测防线、调查防线、起诉防线、宣判防线、非法资产追究防线。漏洞指标可初步分为防线内部漏洞判断指标和防线之间衔接漏洞指标。

(1) 洗钱进程各环节内的漏洞指标。

首先是监测防线的漏洞指标:

$$线索分析率＝分析的可疑交易量/接收的可疑交易量$$

线索分析率主要评估金融机构经认真甄别后向金融情报中心报送的可疑交易数据,情报中心对接收的可疑交易数据做进一步研究排查。在监测防线运行效率较高的情况下,线索分析率取值为 1,即情报中心能及时排查分析所有接收的可疑交易线索。如果这一比率太低,则可能表明两个问题:一是金融情报机构线索分析效率可能较低,二是金融机构报送的可疑交易数据质量可能较低。当然,如果比率取值接近 1 也可能存在一种问题,那就是虽然金融机构报送的可疑交易数据质量很高,情报中心能处理所接收数据,但可疑交易数据太少,与宣判案例数据不匹配,可能漏报了很多洗钱线索。从数据规律可以判断出,这一比率过低反映出洗钱风险防线的漏洞较大。

$$线索利用率 = 被执法、政府或其他机关利用的涉嫌洗钱可疑交易量/金融情报机构分析的涉嫌洗钱可疑交易量$$

线索利用率主要评估金融情报机构排查分析的可疑交易数据被执法机关、政府,以及其他相关机关利用的情况。在线索分析成效较高的情况下,线索利用率取值为 1,即金融情报中心研究排查后的所有可疑线索都被相关机关有效利用。如果这一比率太低,则可能表明两个问题:一是情报分析中心甄别能力可能有限,难以排查出洗钱线索;二是情报中心与相关机关之间的衔接机制作用有限。

这些指标与新《40 条建议》有效性评估近期效果 3、4、5、10、11 相关。

其次是调查防线的漏洞指标:

$$调查洗钱及上游案件结构比 = 调查的洗钱案件数/调查的上游案件数$$

调查洗钱及上游案件结构比主要评测调查机关调查的洗钱案件数与调查的洗钱上游犯罪案件数之间的关系。之所以将有关犯罪界定为洗钱的上游犯罪,原因在于一般情况下它们都与犯罪目的——获取非法所得及收益——相关。因此,调查的洗钱案件数与调查的上游案件数应当比较接近。当上游犯罪不是为了经济利益时,与洗钱无关,这种情况较少。调查洗钱及上游案件结构比取值接近于 1。如果这一比值太低,则可能至少表明两个问题:一是调查机关对洗钱犯罪和上游犯罪的认识和重视程度严重不平衡;二是洗钱案件调查尚未成为上游犯罪调查的有力方法。

$$调查可疑交易报告使用率 = 调查的案件中可疑交易报告数据的利用数量/调查的洗钱案件中涉及的可疑交易报告数量$$

调查可疑交易报告使用率主要评测报送过可疑交易报告的调查洗钱案件中,有多少调查利用了可疑交易报告。这反映了可疑交易报告在调查中实际发挥作用的大小。如果这一比值太低,则至少表明两个问题:一是调查机关未能掌握有关的可疑交易数据;二是调查机关未能有效利用监测部门分析的可疑交易报告。

这与新《40 条建议》有效性评估近期效果 6、9 相关。

再次是起诉防线的漏洞指标:

$$起诉洗钱及上游案件结构比 = 起诉的洗钱案件数/起诉的上游案件数$$

起诉洗钱及上游案件结构比主要评测起诉机关起诉的洗钱案件数与起诉的洗钱上游犯罪案件数之间的关系。起诉的洗钱案件数与起诉的上游案件数应当比较接近。起诉洗钱及上游案件结构比取值接近于 1。如果这一比值太低,则可能至少表明两个问题:一是起诉机关对洗钱犯罪和上游犯罪的认识和重视程度严重不平衡;二是洗钱案件起诉法律依据不充分或起诉成本较高。

$$起诉可疑交易报告使用率 = \frac{起诉的洗钱案件中可疑交易报告数据的利用数量}{起诉的洗钱案件中涉及的可疑交易报告数量}$$

起诉可疑交易报告使用率主要评测报送过可疑交易报告的起诉洗钱案件中,有多少起诉利用了可疑交易报告。这反映了可疑交易报告在起诉环节实际发挥作用的大小。如果这一比值太低,则至少表明两个问题:一是起诉机关未能掌握有关的可疑交易数据;二是起诉机关未能有效利用监测部门分析的可疑交易报告。

$$调查的洗钱案中最终以其他犯罪起诉的比例 = \frac{其他犯罪起诉的案例数}{调查的洗钱案件数}$$

调查的洗钱案中最终以其他犯罪起诉的比例,主要评测调查的洗钱案件在起诉环节遇到的障碍,这与下文情报调查起诉率互补。在洗钱防控体系非常完善的情况下,它的取值应接近于零。当这一比值过高时,至少表明起诉环节对洗钱犯罪的防控依据仍不充分、措施漏洞较多。

这与新《40 条建议》有效性评估近期效果 7 相关。

接着是宣判防线的漏洞指标:

$$宣判洗钱案件结构比 = 宣判的洗钱案件数 / 宣判的上游案件数$$

宣判洗钱案件结构比主要评测宣判机关宣判的洗钱案件数与宣判的洗钱上游犯罪案件数之间的关系。宣判的洗钱案件数与宣判的上游案件数应当比较接近。宣判洗钱及上游案件结构比取值接近于 1。如果这一比值太低,则可能至少表明两个问题:一是宣判机关对洗钱犯罪和上游犯罪的认识和重视程度严重不平衡;二是洗钱案件宣判法律依据不充分或起诉成本较高。

$$宣判可疑交易报告使用率 = \frac{宣判的洗钱案件中可疑交易报告数据利用的数量}{宣判的洗钱案件中涉及的可疑交易报告数}$$

宣判可疑交易报告使用率主要评测报送过可疑交易报告的宣判洗钱案件中,有多少宣判案例利用了可疑交易报告。这反映了可疑交易报告在宣判环节实际发挥作用的大小。如果这一比值太低,则至少表明两个问题:一是宣判机关未能掌握有关的可疑交易数据;二是宣判机关未能有效利用监测部门分析的可疑交易报告。

这与新《40 条建议》有效性评估近期效果 7 相关。

最后是非法资产所得追查漏洞指标:

$$非法资产所得追查率 = 追回的非法资产 / 非法资产所得总规模$$

非法资产所得追查率主要评测洗钱行为犯罪判决后对非法资产追回的情况。如果非法所得全部追回,这一比值应等于 1,即犯罪分子在犯罪及洗钱过程中没有捞到任何好处,而且面临刑事处罚,这必然对其他意图洗钱的人员起到显著的震慑作用。如果比值过低,则至少表明在追回非法所得上有法律漏洞或执行漏洞。这与新《40条建议》有效性评估近期效果8相关。

(2)洗钱防线衔接的漏洞指标。

首先是"监测—调查"衔接漏洞指标:

金融情报分析使用率＝调查的洗钱案件数/情报分析确定洗钱案件数

金融情报分析使用率主要评测洗钱监测判断后的洗钱案件有多少被洗钱立案调查。它主要反映监测防线与调查防线之间的衔接程度。如果洗钱风险防控效率较高,这一比值应接近1,即准确监测到的洗钱案件都被洗钱立案调查。如果比值过低,则至少表明两个问题:一是监测准确度太低,未能立案调查;二是衔接机制不顺畅,监测到的洗钱线索未能向下一防线传递并实现防堵。这与新《40条建议》有效性评估近期效果6、9相关。

其次是"调查—起诉"衔接漏洞指标:

情报调查起诉率＝起诉的洗钱案件数/调查的洗钱案件数

情报调查起诉率主要评测洗钱调查后的洗钱案件有多少被洗钱起诉。它主要反映调查防线与起诉防线之间的衔接程度。如果洗钱风险防控效率较高,这一比值应接近1,即准确监测基础上的调查洗钱案件都被洗钱起诉。如果比值过低,则至少表明"调查—起诉"衔接机制不顺畅,监测到的洗钱线索未能向下一防线传递并实现防堵。这与新《40条建议》有效性评估近期效果7相关。

最后是"起诉—宣判"衔接漏洞指标:

情报起诉宣判率＝宣判的洗钱案件数/起诉的洗钱案件数

情报起诉宣判率主要评测洗钱起诉后的洗钱案件有多少被裁定洗钱。它主要反映起诉防线与宣判防线之间的衔接程度。如果洗钱风险防控效率较高,这一比值应接近1,即在准确监测基础上的起诉洗钱案件都被裁定洗钱。如果比值过低,则至少表明"起诉—宣判"衔接机制不顺畅,监测到的洗钱线索未能从起诉防线向下一防线传递并实现防堵。其原因可能是:反洗钱法律依据不完善、不充分,判决机制有问题。这与新《40条建议》有效性评估近期效果7相关。

综上所述,本章设计的洗钱威胁评估指标及反洗钱体系漏洞指标与新《40条建议》有效性评估的对应关系归纳为表17.2。

表17.2　国家洗钱风险评估指标与FATF洗钱风险控制有效性近期效果关系对应表

项　　目	指　　标	近期效果
洗钱威胁	(1)洗钱相关的可疑交易总规模 (2)恐怖融资相关的可疑交易总规模 (3)大额现金交易总规模 (4)洗钱相关的跨境可疑交易总规模 (5)接收的国外请求数 (6)发送到国外的请求数	1、2

续表

项　目		指　标	近期效果
洗钱漏洞	监测	(7) 线索分析率 (8) 线索利用率	3、4、5、10、11
	调查	(9) 调查洗钱及上游案件结构比 (10) 调查可疑交易报告使用率 (11) 金融情报分析使用率	6、9
	起诉	(12) 起诉洗钱及上游案件结构比 (13) 起诉可疑交易报告使用率 (14) 调查的洗钱案中最终以其他犯罪起诉的比例 (15) 情报调查起诉率	7
	宣判	(16) 宣判洗钱案件结构比 (17) 宣判可疑交易报告使用率 (18) 情报起诉宣判率	7
	资产追回	(19) 非法资产所得追查率	8

3. 计算方法

洗钱风险目前多被分解为威胁和漏洞。威胁和漏洞各分为大和小,则威胁和漏洞的所有简单组合有"威胁大、漏洞大""威胁小、漏洞大""威胁大、漏洞小""威胁小、漏洞小"四种。不同组合的风险结果是:"威胁大、漏洞小",洗钱很难实现,结果是洗钱风险低;"威胁小、漏洞大",由于没有洗钱需求,结果仍是洗钱风险低;"威胁小、漏洞小",结果是洗钱风险低;"威胁大、漏洞大",则洗钱风险高。因此,两者不是加和关系,而是乘积关系。同时,还需考虑政府腐败问题。这一问题是基石,从根本上决定着风险控制体系的效率。

苗文龙和张菁华(2018)将国家洗钱风险表示为:国家洗钱风险＝洗钱威胁×防控漏洞。防控漏洞表现为洗钱行为成功的总概率 π。只要上游环节有一个存在漏洞,洗钱行为没有被发现或处理,那么其他几个环节的防控就都是徒劳的。第一环节洗钱行为被监测到的概率为 π_1,$1-\pi_1$ 表示监测环节漏洞指标;第二环节洗钱行为监测到并被调查的概率为 π_2,$1-\pi_2$ 表示调查环节漏洞指标;第三环节洗钱行为被起诉的概率为 π_3,$1-\pi_3$ 表示起诉环节漏洞指标;第四环节洗钱行为被制裁的概率为 π_4,$1-\pi_4$ 表示宣判环节漏洞指标。监测到的洗钱行为能够成功被调查的概率为 π_5,$1-\pi_5$ 表示"监测—调查"的衔接漏洞;调查了的洗钱行为被成功起诉的概率为 π_6,$1-\pi_6$ 表示"调查—起诉"的衔接漏洞;起诉了的洗钱行为被成功判决的概率为 π_7,$1-\pi_7$ 表示"起诉—宣判"的衔接漏洞。

洗钱行为被有效预防打击的总概率为:

$$\pi=\pi_1\times\pi_2\times\pi_3\times\pi_4\times\pi_5\times\pi_6\times\pi_7 \tag{17.1}$$

此时,国家洗钱风险估计的计算公式为:

$$国家洗钱风险＝洗钱威胁\times(1-\pi_1\times\pi_2\times\pi_3\times\pi_4\times\pi_5\times\pi_6\times\pi_7) \tag{17.2}$$

4. 数据统计难题

国际经验证明,国家洗钱风险评估相关数据收集存在较大困难。IMF 的一个小组在

2010 年和 2011 年做了一项调查,收集了 156 个国家包括互评估报告、具体评估报告和进程报告中可以计量的反洗钱/反恐怖融资数据。研究结果说明大部分数据显示了可用性。在多种反洗钱/反恐怖融资指标中,研究者选取了 8 种共同的指标,发现 156 个国家中仅有 25 个国家始终坚持报告 8 种中的 7 种数据,另外,对恐怖融资数据的收集严重缺乏,这反映出有用数据的缺乏是全面评价反洗钱/反恐怖融资体系的关键阻碍。统计的具体难题如下,这些问题在中国也不同程度存在。

一是多元利益主体。金融情报机构、执法机构、检察部门、司法系统、报关部门、监管部门、民营部门,相关的数据都是分散的,需要去收集数据并通过很多政府部门和非政府部门予以验证、确认。

二是数据不兼容。由于大多数机构趋于采用它们自己的定义和方法去收集、分析、加工和记录信息,体系之间的差异可能变大。结果常常是相似或有关的数据类型采用了不同的报告方法,在不丢弃某些数据的情况下不能被统一。

三是概念上存在争议。由于对构成反洗钱/反恐怖融资体系的指标缺乏清晰的、国际公认的概念认知,机构之间的内在差异有时会加重。结果是,通用的术语如调查或起诉可能被一个机构看作案例,而被另一个机构看作自然人,当一个机构将发布的没收决议数量作为没收来记录时,另一个机构可能记录的是实际没收的财产价值。

四是制度差异。反洗钱/反恐怖融资体系旨在识别洗钱和恐怖融资活动的调查、起诉和定罪,冻结和没收犯罪所得。许多国家的数据收集功能仅仅局限于跟踪导致起诉、定罪、资产冻结、没收的调查活动的数量,在通过刑事司法体系和资产限制进程追踪可疑交易报告时可能会面对更多的困难。

五是指导有限。在应该收集哪些特定数据方面由于缺少国际共识和指导,准确和有用的数据收集工作更具挑战。为避免用狭隘的方法去约束各国,国际标准具有灵活性,但这一特征有时会导致工作无组织和数据收集过于简单。

17.3 小结

本章以 FATF 的新《40 条建议》以及 IMF 和世界银行的国家洗钱风险评估方法为基础,构建了一个用威胁和漏洞来描述的国家洗钱风险评估基本框架,并分解为非法所得清洗威胁、金融监测漏洞、调查漏洞、起诉漏洞和判决漏洞;结合 FATF 的有效性评估指标和本章建立的评估框架,对 OSCE 探索的反洗钱数据统计指标进行分析归类,创新式建立国家洗钱风险评估指标体系,将有关指标进行组合,提出威胁乘以漏洞的国家洗钱风险评估计算式。

思考题

1. 如何准确计量一个国家、一个地区、一个机构面临的洗钱风险？
2. 洗钱风险与金融风险、系统性金融风险有什么关系？

参考文献

巴曙松、左伟、朱元倩:《金融网络及传染对金融稳定的影响》,《财经问题研究》2013 年第 2 期,第 3—11 页。

包全永:《银行系统性风险的传染模型研究》,《金融研究》2005 年第 8 期,第 72—84 页。

保罗·萨缪尔森、威廉·诺德豪斯:《经济学(第 19 版)》,萧琛等译,商务印书馆 2013 年版。

卞志村:《开放经济下的最优货币政策、MCI 及在中国的检验》,《数量经济技术经济研究》2008 年第 4 期,第 17—28 页。

陈国进、蒋晓宇、赵向琴:《货币政策、宏观审慎监管与银行系统性风险承担》,《系统工程理论与实践》2020 年第 6 期,第 1419—1438 页。

陈梦根、赵雨涵:《中国银行业跨境联系的测度与分析——兼论国际银行业网络结构的动态特征》,《经济研究》2019 年第 4 期,第 49—66 页。

陈梦根:《金融危机与信息缺口:统计解析》,《统计研究》2014 年第 11 期,第 15—23 页。

陈卫东、王有鑫:《跨境资本流动监测预警体系的构建和应用》,《国际金融研究》2017 年第 12 期,第 65—74 页。

崔建军:《中国货币政策有效性问题研究》,中国金融出版社 2006 年版。

段颖龙:《东周钱币起源"契券"考》,《中国社会经济史研究》2015 年第 1 期,第 1—13 页。

范云朋、尹振涛:《数字货币的缘起、演进与监管进展》,《征信》2020 年第 4 期,第 6—12 页。

方意:《系统性风险的传染渠道与度量研究——兼论宏观审慎政策实施》,《管理世界》2016 年第 8 期,第 32—57 页,第 187 页。

封北麟、王贵民:《货币政策与金融形势指数 FC 基于 VAR 的实证分析》,《数量经济技术经济研究》2006 第 11 期,第 142—150 页。

弗雷德里克·S.米什金:《货币金融学》,中国人民大学出版社 2006 年版。

弗里德里希-冯-哈耶克:《货币非国家化》,姚中秋译,新星出版社 2007 年版。

傅勇、李良松:《金融分权影响经济增长和通胀吗——对中国式分权的一个补充讨论》,《财贸经济》2017 年第 3 期,第 5—20 页。

郭树清:《打好防范化解重大金融风险攻坚战》,《人民日报》2018 年 1 月 17 日第 8 版。

海曼·P.明斯基:《稳定不稳定的经济——一种金融不稳定视角(中文修订版)》,石宝峰、张慧卉译,清华大学出版社 2015 年版,第 61—68 页。

何德旭、苗文龙:《国际金融市场波动溢出效应与动态相关性》,《数量经济技术经济研究》,2015 年第 11 期,第 23—40 页。

何德旭、苗文龙:《怎样建立中国现代金融体系》,《财经智库》2018 年第 3 期,第 5—16 页,第 139 页。

何德旭、苗文龙:《数字货币的经济学解读及我国发展策略》,《经济纵横》2020 年第 6 期,第 2 页,第 18—25 页。

何德旭、苗文龙:《财政政策、货币政策与宏观经济治理》,《中国社会科学》2021 年第 7 期,第 163—185 页。

何德旭、王学凯:《地方政府债务违约风险降低了吗?——基于 31 个省区市的研究》,《财政研究》2020 年第 2 期,第 9—26 页。

何德旭、王学凯:《积极应对新冠肺炎疫情肆虐下的全球债务风险》,《财经智库》2020 第 2 期,第 19—31 页,第 140—141 页。

何德旭、余晶晶、韩阳阳:《金融科技对货币政策的影响》,《中国金融》2019 年第 24 期,第 62—63 页。

何德旭、郑联盛：《影子银行体系与金融体系稳定性》，《经济管理》，2009 年第 11 期，第 20—25 页。

何德旭：《加快推进现代中央银行制度建设》，《证券时报》2019 年 12 月 18 日。

何德旭等：《中国金融稳定：内在逻辑与基本框架》，社会科学文献出版社 2013 年版。

和文佳、方意、荆中博：《中美贸易摩擦对中国系统性金融风险的影响研究》，《国际金融研究》2019 年第 3 期，第 34—45 页。

黄达：《金融学》，中国人民大学出版社 2003 年版，第 371—372 页。

黄继承、姚驰、姜伊晴、牟天琦：《"双支柱"调控的微观稳定效应研究》，《金融研究》2020 年第 7 期，第 1—20 页。

纪志宏、周黎安、王鹏、赵鹰妍：《地方官员晋升激励与银行信贷——来自中国城市商业银行的经验证据》，《金融研究》2014 年第 1 期，第 1—15 页。

加里·戈登：《银行的秘密：现代金融生存启示录》，陈曦译，中信出版社 2011 年版，第 50—52 页。

贾俊雪、秦聪、张静：《财政政策、货币政策与资产价格稳定》，《世界经济》2014 年第 12 期，第 3—26 页。

贾康：《中国财政体制改革之后的分权问题》，《改革》2013 年第 2 期，第 5—10 页。

贾彦东：《金融机构的系统重要性分析——金融网络中的系统风险衡量与成本分担》，《金融研究》2011 年第 10 期，第 17—33 页。

江小涓：《创新管理方式完善宏观经济治理体制》，《经济日报》2020 年 6 月 2 日，第 8 版。

姜波克：《国际金融学》，高等教育出版社 2002 年版，第 183—199 页。

姜哲、王繁荣、吴晓勇等：《跨境资本流动宏观审慎管理的相机抉择机制研究》，《金融经济学研究》2019 年第 3 期，第 25—40 页。

卡尔·E.瓦什：《货币理论与政策》，陈雨露主校译，中国人民大学出版社 2001 年版。

卡尔·E.瓦什：《货币理论与政策（第四版）》，彭兴韵、郑黎黎、曾刚译，格致出版社 2019 年版。

凯恩斯：《就业、利息和货币通论》，商务印书馆 1983 年版。

凯文·多德：《竞争与金融——金融与货币经济学新解》，丁新娅、桂华、胡宇娟等译，王志芳、周业安等校，中国人民大学出版社 2004 年版。

劳伦斯·H.怀特：《货币制度理论》，李扬、周素芳、姚枝仲译，王传纶、李扬校，中国人民大学出版社 2004 年版，第 68—69 页。

劳伦斯·哈里斯：《货币理论》，中国金融出版社 1989 年版，第 173 页。

李成、马文涛、王彬：《我国金融市场间溢出效应研究——基于四元 VAR-GARCH（1，1）-BEKK 模型的分析》，《数量经济技术经济研究》2010 年第 6 期，第 3—19 页。

李成、王彬、马文涛：《资产价格、汇率波动与最优利率规则》，《经济研究》2010 年第 3 期，第 91—102 页。

李守伟、何建敏、庄亚明：《银行同业拆借市场的网络模型构建及稳定性》，《系统工程》2010 第 5 期，第 20—24 页。

李文红、蒋则沈：《分布式账户、区块链和数字货币的发展与监管研究》，《金融监管研究》2018 年第 6 期，第 1—12 页。

李一花、乔栋：《金融分权、保增长压力与地方政府隐性债务》，《现代财经（天津财经大学学报）》2020 年第 8 期，第 59—72 页。

刘斌：《最优前瞻性货币政策规则的设计与应用》，《世界经济》2004 年第 4 期，第 12—18 页。

刘红臻：《宏观经济治理的经济法之道》，《当代法学》2021 年第 2 期，第 59—68 页。

刘磊、张晓晶：《中国宏观金融网络与风险：基于国家资产负债表数据的分析》，《世界经济》2020 年第 12 期，第 27—49 页。

刘新华、郝杰：《货币的债务内涵与国家属性——兼论私人数字货币的本质》，《经济社会体制比较》2019 年第 3 期，第 58—70 页。

刘新华、线文:《货币的本质:主流与非主流之争》,《经济社会体制比较》2010 年第 6 期,第 174—181 页。

吕炜、王伟同:《中国的包容性财政体制——基于非规范性收入的考察》,《中国社会科学》2021 年第 3 期,第 46—64 页,第 205 页。

马君潞、范小云、曹元涛:《中国银行间市场双边传染的风险估测及其系统性特征分析》,《经济研究》2007 年第 1 期,第 68—78 页。

马克思:《资本论(第二卷)》,郭大力、王亚南译,人民出版社 1975 年版,第 393 页。

马勇、吕琳:《货币、财政和宏观审慎政策的协调搭配研究》,《金融研究》2022 年第 1 期,第 1—18 页。

曼瑟尔·奥尔森:《集体行动的逻辑》,上海人民出版社 1999 年版。

米尔顿·弗里德曼:《货币的祸害》,安佳译,商务印书馆,2006 年版。

苗文龙:《金融稳定与货币稳定——基于信息约束经济中央银行独立性的分析》,《金融研究》2007 年第 1 期,第 163—174 页。

苗文龙:《现代货币数量论与中国"高货币化"成因》,《数量经济技术经济研究》2007 年第 12 期,第 108—116 页,第 156 页。

苗文龙:《中国银行体系亲周期特征与金融稳定政策》,《数量经济技术经济研究》2010 年第 1 期,第 67—82 页。

苗文龙:《财政分权、政府双重理性与最优财政政策》,《制度经济学研究》2012 年第 3 期,第 37—52 页。

苗文龙:《金融危机与金融市场间风险传染效应——以中、美、德三国为例》,《中国经济问题》2013 年第 3 期,第 89—99 页。

苗文龙:《互联网金融:模式与风险》,经济科学出版社 2015 年版。

苗文龙:《信息约束、协调成本与金融监管模式选择》,《制度经济学研究》2016 年第 4 期,第 65—86 页。

苗文龙:《政治金融周期与大国货币政策效应》,《当代财经》2018 年第 3 期,第 46—55 页。

苗文龙:《跨境资本流动宏观审慎监管框架与效果检验》,《当代财经》2021 年第 3 期,第 53—65 页。

苗文龙、何德旭:《金融适度分权与金融稳健发展》,《中国社会科学(内部文稿)》2018 年第 3 期,第 4—15 页。

苗文龙、何德旭:《金融适度分权与中国金融治理体系建设》,《中国社会科学(内部文稿)》2020 年第 1 期,第 4—24 页。

苗文龙、闫娟娟:《系统性金融风险研究述评——基于宏观审慎监管视角》,《金融监管研究》2020 年第 2 期,第 85—101 页。

莫里斯·阿莱:《无通货膨胀的经济增长》,何宝玉、姜忠孝译,北京经济学院出版社 1992 年版。

潘功胜:《外汇管理改革发展的实践与思考——纪念外汇管理改革暨国家外汇管理局成立 40 周年》,《中国金融》2019 年第 2 期,第 9—13 页。

钱先航、曹廷求、李维安:《晋升压力、官员任期与城市商业银行的贷款行为》,《经济研究》2011 年第 12 期,第 72—85 页。

钱小安:《中国货币政策的形成与发展》,上海人民出版社 2000 年版,第 2—3 页。

钱小安:《货币政策规则》,商务印书馆 2002 年版。

萨伊:《政治经济学概论》,商务印书馆 1963 年版,第 144 页。

苏嘉胜、王曦:《宏观审慎管理的有效性及其与货币政策的协调》,《财贸经济》2019 年第 9 期,第 65—83 页。

孙天琦、王笑笑:《内外部金融周期差异如何影响中国跨境资本流动?》,《金融研究》2020 年第 3 期,第 1—20 页。

孙天琦、王笑笑、尚昕昕:《结构视角下的跨境资本流动顺周期性研究》,《财贸经济》2020 年第 8 期,第 70—85 页。

谭小芬、张凯、耿亚莹:《全球经济政策不确定性对新兴经济体资本流动的影响》,《财贸经济》2018 年第 3 期,第 35—49 页。

谭小芬、左振颖：《经济政策不确定性对跨境银行资本流出的影响》，《世界经济》2020 年第 5 期，第 73—96 页。

王文甫、王召卿、郭枌沂：《财政分权与经济结构失衡》，《经济研究》2020 年第 5 期，第 49—65 页。

王永红：《数字货币技术实现框架构想》，《中国金融》2016 年第 8 期，第 14—16 页。

王志强、李青川：《资本流动、信贷增长与宏观审慎监管政策——基于门限向量自回归的实证分析》，《财贸经济》2014 年第 4 期，第 38—47 页。

魏革军：《金融治理若干问题的思考》，《中国金融》2020 年第 9 期，第 21—23 页。

威廉·配第：《赋税论——献给英明人士》，商务印书馆 1984 年版，第 108 页。

谢星、封思贤：《法定数字货币对我国货币政策影响的理论研究》，《经济学家》2019 年第 9 期，第 54—63 页。

徐春骐、周建、徐伟宣：《外商直接投资与我国三次产业技术进步相关关系研究》，《中国管理科学》2005 年第 2 期，第 118—123 页。

徐华、魏孟欣、陈析：《中国保险业系统性风险评估及影响因素研究》，《保险研究》2016 年第 11 期，第 3—15 页。

徐欣：《系统性风险传染的波动性研究—基于金融网络动态关联的视角》，《南方经济》2018 年第 12 期，第 40—56 页。

徐忠：《新时代背景下中国金融体系与国家治理体系现代化》，《经济研究》2018 年第 7 期，第 4—20 页。

徐忠、贾彦东：《中国潜在产出的综合测算及其政策含义》，《金融研究》2019 年第 3 期，第 1—17 页。

徐忠、贾彦东：《自然利率与中国宏观政策选择》，《经济研究》2019 年第 6 期，第 22—39 页。

徐忠、张雪春、丁志杰、唐天：《公共财政与中国国民收入的高储蓄倾向》，《中国社会科学》2010 年第 6 期，第 93—107 页，第 222 页。

徐忠、邹传伟：《区块链能做什么、不能做什么？》，《金融研究》2018 年第 11 期，第 1—16 页。

徐忠、邹传伟：《金融科技——前沿与趋势》，中信出版社 2021 年版。

许友传：《金融体系的结构脆弱性及其系统性风险》，《复旦学报（社会科学版）》2018 年第 4 期，第 129—141 页。

亚当·斯密：《国民财富的性质和原因的研究》，商务印书馆 1972 年版，第 267 页。

杨子晖、周颖刚：《全球系统性金融风险溢出与外部冲击》，《中国社会科学》2018 年第 12 期，第 69—90 页，第 200—201 页。

姚前：《法定数字货币对现行货币体制的优化及其发行设计》，《国际金融研究》2018a 年第 4 期，第 3—11 页。

姚前：《共识规则下的货币演化逻辑与法定数字货币的人工智能发行》，《金融研究》2018b 年第 9 期，第 37—55 页。

姚前、汤莹玮：《关于央行法定数字货币的若干思考》，《金融研究》2017 年第 7 期，第 78—85 页。

易纲：《坚守币值稳定目标　实施稳健货币政策》，《中国金融家》2019 年第 12 期，第 25—28 页。

易纲：《建设现代中央银行制度》，《人民日报》2020 年 12 月 24 日第 9 版。

殷波：《投资时机、资产价格与最优利率政策：对中国货币政策有效性的再解释》，《世界经济》2009 年第 3 期，第 26—33 页。

袁鹰：《开放经济条件下我国货币政策规则的选择与运用》，《金融研究》2006 年第 11 期，第 90—102 页。

约翰·罗：《论货币和贸易——兼向国家供应货币的建议》，商务印书馆 1986 年版。

詹新宇、刘文彬：《中国式财政分权与地方经济增长目标管理——来自省、市政府工作报告的经验证据》，《管理世界》2020 年第 3 期，第 23—39 页，第 77 页。

张杰：《金融分析的制度范式：制度金融学导论》，中国人民大学出版社 2017 年版，第 361—393 页。

张亦春：《货币本质的科学表述问题》，《学术月刊》1984 年第 1 期，第 15—18 页。

张宇燕：《全球化、区域化和平行体系》，《世界经济与政治》2020 年第 1 期，第 1 页。

赵进文、黄彦：《中国货币政策与通货膨胀关系的模型实证研究》，《中国社会科学》2006 年第 2 期，第 45—54

页,第 205—206 页。

赵胜民、张瀚文:《资本流动宏观审慎政策有效性研究——基于包含国内外金融机构的 DSGE 分析》,《财政研究》2020 年第 8 期,第 156—169 页。

郑挺国、王霞:《中国产出缺口的实时估计及其可靠性研究》,《经济研究》2010 年第 10 期,第 129—142 页。

中国人民银行、中国银行保险监督管理委员会:《系统重要性银行附加监管规定(试行)》,http://www.pbc.gov.cn/huobizhengceersi/214481/3868581/3868587/4360747/index.html,2021 年 10 月 15 日。

中国人民银行、中国银行保险监督管理委员会:《系统重要性银行评估办法》,http://www.pbc.gov.cn/huobizhengceersi/214481/3868581/3868587/4138131/index.html,2020 年 12 月 3 日。

中国人民银行:《参与国际基准利率改革和健全中国基准利率体系》,http://www.pbc.gov.cn/zhengcehuobisi/125207/125213/125440/125835/4079810/index.html,2020 年 8 月 31 日。

中国人民银行:《宏观审慎政策指引》,http://www.pbc.gov.cn/huobizhengceersi/214481/3868581/3868584/index.html,2021 年 12 月 31 日。

中国人民银行:《中国货币政策执行报告》,2009 年第 2 季度。

中国人民银行西安分行课题组:《基于影子银行视角的我国系统性金融风险测度及预警研究》,《金融发展研究》2018 年第 11 期,第 13—22 页。

中国人民银行西安分行课题组:《我国影子银行的系统性金融风险测度与防范研究——基于影子银行资产负债表的视角》,《金融发展研究》2017 年第 11 期,第 9—17 页。

周人杰:《"直达机制"完善宏观经济治理》,《人民日报》2020 年 12 月 10 日,第 5 版。

祝继高、饶品贵、鲍明明:《股权结构、信贷行为与银行绩效——基于我国城市商业银行数据的实证研究》,《金融研究》2012 年第 7 期,第 48—62 页。

邹传伟:《区块链与金融基础设施——兼论 Libra 项目的风险与监管》,《金融监管研究》2019 年第 7 期,第 18—33 页。

Acemoglu, D., A. Ozdaglar and A. Tahbaz-Salehi, 2015, "Systemic Risk and Stability in Financial Networks", *The American Economic Review* 105(2): 564—608.

Acharya, V. V., 2009, "A Theory of Systemic Risk and Design of Prudential Bank Regulation", *Journal of Financial Stability* 5(3): 224—255.

Acharya, V. V., L. H. Pedersen, T. Philippon and M. Richardson, 2017. "Measuring Systemic Risk", *The Review of Financial Studies* 30(1): 2—47.

Acharya, V. V. and M. P. Richardson, 2009, *Restoring Financial Stability: How to Repair a Failed System*, Wiley Finance, New York University.

Adam, K. and R. Billi, 2006, "Optimal Monetary Policy under Commitment with a Zero Bound on Nominal Interest Rates", *Journal of Money, Credit, and Banking* 38(7): 1877—1905.

Adrian, T. and M. K. Brunnermeier, 2016, "CoVaR", *American Economic Review* 106(7): 1705—1741.

Adrian, T., and N. Liang, 2018, "Monetary Policy, Financial Conditions, and Financial Stability", *International Journal of Central Banking* 14(1): 73—131.

Akinci, O. and J. Olmstead-Rumsey, 2018, "How Effective are Macroprudential Policies? An Empirical Investigation", *Journal of Financial Intermediation* 33(1): 33—57.

Alchian A. and B. Klein, 1973, "On a Correct Measure of Inflation", *Journal of Money, Credit and Banking* 5(1): 173—191.

Aldasoro, I., D. D. Gatti and E. Faia, 2015, "Bank Networks: Contagion, Systemic Risk and Prudential Policy", CESifo Working Paper Series.

Allen F. and D. Gale, 2000, "Financial Contagion", *Journal of Political Economy* 108(1): 1—33.

Altavilla, C., G. Carboni and R. Motto, 2015, "Asset Purchase Programmers and Financial Markets: Lessons from the Euro Area", European Central Bank Working Paper 1864.

Alter, A., B. Craig and P. Raupach, 2014, "Centrality-based Capital Allocations and Bailout Funds", *International Journal of Central Banking* 237: 329—377.

Anderson, H., M. Paddrik and J. J. Wang, 2019, "Bank Networks and Systemic Risk: Evidence from the National Banking Acts", *American Economic Review* 109(9): 3125—3161.

Andrade, P., C. Cahn, H. Fraisse and J. S. Mésonnier, 2019, "Can the Provision of Long-Term Liquidity Help to Avoid a Credit Crunch? Evidence from the Eurosystem's LTRO", *Journal of the European Economic Association* 17(4): 1070—1106.

Angelini, P., 1998, "An Analysis of Competitive Externalities in Gross Settlement Systems", *Journal of Banking & Finance* 22(1): 1—18.

Angeloni, I. and E. Faia, 2013, "Capital Regulation and Monetary Policy with Fragile Banks", *Journal of Monetary Economics* 60(3): 311—324.

Apel, M. and S. Viotti, 1998, "Why is an Independent Central Bank a Good Idea", *Sveriges Riksbank Quarterly Review* 2: 5—32.

Ariyoshi, A., K. F. Habermeier, B. Laurens, I. Ötker, J. I. Canales-Kriljenko and A. Kirilenko, 2000, "Capital Controls: Country Experiences with Their Use and Liberalization", International Monetary Fund Occasional Paper 190.

Arregui, N., J. Benes, I. Krznar, S. Mitra and A. O. Santos, 2013a, "Evaluating the Net Benefits of Macroprudential Policy: A Cookbook", forthcoming(Washington: International Monetary Fund).

Arregui, N., J. Scarlata, M. Norat and A. Pancorbo, 2013, "Addressing Risk Concentration and Interconnectedness: Concepts and Experiences", Washington: International Monetary Fund.

Arregui, N., M. Norat, A. Pancorbo, J. G. Scarlata, E. Holttinen, F. Melo, J. Surti, C. Wilson, R. Wehrhahn and M. Yanase, 2013b, "Addressing Risk Concentration and Interconnectedness: Concepts and Experiences", International Monetary Fund Working Paper No.2013/199.

Arsov, I., E. Canetti, L. E. Kodres and S. Mitra, 2013, "Near-Coincident Indicators of Systemic Stress", IMF Working Paper, forthcoming(Washington: International Monetary Fund).

Artzner, P., F. Delbaen, J. M. Eber and D. Heath, 1999, "Coherent Measures of Risk", *Mathematical Finance* 9(3): 203—228.

Baba, C. and A. Kokenyne, 2011, "Effectiveness of Capital Controls in Selected Emerging Markets in the 2000's", IMF Working Paper No.11/281, December.

Bagehot, W., 1873, *Lombard Street: A Description of the Money Market*, William Clowes and Sons.

Bailey, M. J., 1956, "The Welfare Costs of Inflationary Finance", *Journal of Political Economy* 64(2): 93—110.

Bakker, B. B., G. Dell'Ariccia, L. Laeven, T. Tsuruga, D. O. Igan and H. Tong, 2012, "Policies for Macrofinancial Stability: How to Deal with Credit Booms", International Monetary Fund.

Barrell, R., E. P. Davis, D. Karim and I. Liadze, 2010, "Bank Regulation, Property Prices and Early Warning Systems for Banking Crises in OECD countries", *Journal of Banking and Finance* 34(9): 2255—2264.

Barro, J. B., and D. B. Gordon, 1983, "A Positive Theory of Monetary Policy in a Natural Rate Model", *Journal of Political Economy* 91(4):589—610.

Basel Committee on Banking Supervision, 2013, "Global Systemically Important Banks: Updated Assessment

Methodology and the Higher Loss Absorbency Requirement".

Batini, N. and J. Pearlman, 2002, "Too Much Too Soon: Instability and Indeterminacy with Forward-Looking Rules", Unpublished Working Paper, Bank of England, July.

Batini, N., and A. Haldane, 1999, "Forward-Looking Rules for Monetary Policy", in *Monetary Policy Rules*, J. Taylor. (ed.), University of Chicago Press: 157—192.

Battiston, S., D. D. Gatti, M. Gallegati, B. Greenwald and J. E. Stiglitz, 2012, "Liaisons Dangereuses: Increasing Connectivity, Risk Sharing, and Systemic Risk", *Journal of Economic Dynamics and Control* 36(8): 1121—1141.

Bauer, M. and G. Rudebusch, 2014, "The Signaling Channel for Federal Reserve Bond Purchases", *International Journal of Central Banking* 10(3): 233—289.

Bech, M. L. and K. Soramäki, 2005, "Gridlock Resolution and Bank Failures in Interbank Payment Systems, in Liquidity, Risk and Speed in Payment and Settlement Systems—a Simulation Approach", Bank of Finland Studies E: 31—2005.

Bech, M. L. and R. Garratt, 2003, "The Intraday Liquidity Management Game", *Journal of Economic Theory* 109(2): 198—219.

Bech, M. L., 2008, "Intraday Liquidity Management: A Tale of Games that Banks Play", *Economic Policy Review* 14(2): 7—23.

Benigno, G. and L. Fornaro, 2013, "The Financial Resource Curse", CEPR WP. May.

Benigno, G. and P. Benigno, 2003, "Price Stability in Open Economics", *Review of Economic Studies* 70(4): 743—764.

Benigno, P., 2004, "Optimal Monetary Policy in a Currency Area", *Journal of International Economics* 63(2): 293—320.

Benoit, S., J. E. Colliard, C. Hurlin and C. Pérignon, 2017, "Where the Risks Lie: A Survey on Systemic Risk", *Review of Finance* 21(1): 109—152.

Berentsen, A., G. Menzio and R. Wright, 2011, "Inflation and Unemployment in the Long Run", *American Economic Review* 101(1):371—398.

Berg, A. and R. N. Coke, 2004, "Autocorrelation-Corrected Standard Errors in Panel Probits:An Application to Currency Crisis Prediction", IMF Working Papers.

Bernanke, B. S. and Y. Gertler, 2001, "Should Central Banks Respond to Inviolation in Asset Prices?", *American Economic Review* 91(2): 253—257.

Bernanke, B. S., 1990, "Clearing and Settlement during the Crash", *Reviews of Financial Studies* 3(1): 133—151.

Bernanke, B. S., 2009, "A Letter to Sen. Bob Corker", *The Wall Street Journal*.

Bernanke, B. S., 2020, "The New Tools of Monetary Policy", *American Economic Review* 110(4): 943—983.

Bernanke, B. S., M. T. Kiley and J. M. Roberts, 2019, "Monetary Policy Strategies for a Low Rate Environment", Board of Governors of the Federal Reserve System Finance and Economics Discussion Series 2019-009.

Beyeler, W., R. Glass, M. Bech and K. Soramäki, 2007, "Congestion and Cascades in Payment Systems", *Physical A: Statistical Mechanics and its Applications* 384(2): 613—718.

Bianchi, J. and E. Mendoza, 2013, "Overborrowing, Financial Crises, and Macroprudential Policies", IMF Working Paper No.11/24, February 2011.

Bianchi, J. and E. G. Mendoza, 2015, "Optimal Time-Consistent Macroprudential Policy", SSRN Electronic Journal.

Bianchi, J., 2011, "Overborrowing and Systemic Externalities in the Business Cycle", *American Economic Review* 101(7): 3400—3426.

Billio, M., M. Getmansky, A. W. Lo and L. Pelizzon, 2012, "Econometric Measures of Connectedness and Systemic Risk in the Finance and Insurance Sectors", *Journal of Financial Economics* 104(3): 535—559.

Blancher, N., S. Mitra, H. Morsy, A. Otani, T. Severo, and L. Valderrama, 2013, "Macroprudential Policy: A Practical Approach to Systemic Risk Monitoring", forthcoming(International Monetary Fund).

Blinder, A. S., 1995, "The Strategy of Monetary Policy", Paper Read at the Minnesota Meeting, Minneapolis.

Borio, C. and H. Zhu, 2012, "Capital Regulation, Risk-Taking and Monetary Policy: A Missing Link in the Transmission Mechanism?", *Journal of Financial Stability* 8(4): 236—251.

Borio, C. and P. Lowe. 2003, "Imbalances or 'Bubbles?' Implications for Monetary and Financial Stability", in *Asset Price Bubbles*, Hunter, W. C., G. G. Kaufman and M. Pomerleano(ed.), MIT Press.

Boschen, J. F. and L. O. Mills, 1991, "The Effects of Countercyclical Monetary Policy on Money and Interest Rates: An Evaluation of Evidence from FOMC Documents", Federal Reserve Bank of Philadelphia Working Paper, No.91-20.

Brainard, L., 2015, "Normalizing Monetary Policy when the Neutral Interest Rate Is Low", Speech at The Stanford Institute for Economic Policy Research 2015(2), 1st.

Brainard, W., 1967, "Uncertainty and the Effectiveness of Policy", *American Economic Reviews* 57(2): 411—425.

Brayton, F., T. Laubach and D. Reifschneider, 2014, "The FRB/US Model: A Tool for Macroeconomic Policy Analysis", FEDS Notes(blog).

Brown, M., S. T. Trautmann and R. Vlahu, 2017, "Understanding Bank-Run Contagion", *Management Science* 63(7): 2272—2282.

Brownlees, C. T. and R. F. Engle, 2011, "Correlation and Tails for Systemic Risk Measurement", *SSRN Electronic Journal*.

Brownless, C. and R. F. Engle, 2017, "SRISK: A Conditional Capital Shortfall Measure of Systemic Risk", *The Review of Financial Studies* 30(1): 48—79.

Brunnermeier, M. K. and Y. Koby, 2017, "The 'Reversal Interest Rate: An Effective Lower Bound on Monetary Policy", Unpublished.

Brunnermeier, M., G. Gorton and A. Krishnamurthy, 2014, *Liquidity Mismatch Measurement*, *Risk Topography: Systemic Risk and Macro Modeling*, Chapter 7, University of Chicago Press.

Bundick, B., T. Herriford and A. L. Smith, 2017, "Forward Guidance, Monetary Policy Uncertainty, and the Term Premium", Federal Reserve Bank of Kansas City Research Working Paper 17-07.

Buss, A., 2013, "Capital Controls and International Financial Stability, A Dynamic General Equilibrium Analysis in Incomplete Markets", European Central Bank WP No.1578, August.

Caballero, R. J, and G. Kamber, 2019, "On the Global Impact of Risk-off Shocks and Policy-Put Frameworks", National Bureau of Economic Research Working Paper 26031.

Caballero, R. J. and A. Simsek, 2013, "Fire Sales in a Model of Complexity", *Journal of Finance* 68(6): 2549—2587.

Cahill, M. E., S. D'Amico, C. Li and J. S. Sears, 2013, "Duration Risk Versus Local Supply Channel in

Treasury Yields: Evidence from the Federal Reserve's Asset Purchase Announcements", Board of Governors of the Federal Reserve System Finance and Economics Discussion Series 2013-35.

Cahn, C., J. Matheron and J. G. Sahuc, 2017, "Assessing the Macroeconomic Effects of LTROs during the Great Recession", *Journal of Money, Credit and Banking* 49(7): 1443—1482.

Calomiris, C. W. and M. Carlson, 2017, "Interbank Networks in the National Banking Era: Their Purpose and Their Role in the Panic of 1893", *Journal of Financial Economics* 125(3): 434—453.

Campbell, J., C. L. Evans, J. Fisher, and A. Justiniano, 2012, "Macroeconomic Effects of Federal Reserve Forward Guidance", *Brookings Papers on Economic Activity* 43(1): 1—80.

Cardarelli, R., S. Elekdag and S. Lall, 2010, "Financial Stress and Economic Contractions", *Journal of Financial Stability* 7(2): 78—97.

Carlson, M., K. Lewis and W. Nelson, 2014, "Using Policy Intervention to Identify Financial Stress", *International Journal of Finance and Economics* 19(1): 59—72.

Carvalho, C., E. Hsu and F. Nechio, 2016, "Measuring the Effect of the Zero Lower Bound on Monetary Policy", Federal Reserve Bank of San Francisco Working Paper 2016-06.

Castro, C. and S. Ferrari, 2014, "Measuring and Testing for the Systemically Important Financial Institutions", *Journal of Empirical Finance* 25: 1—14.

Cecchetti, S. G., 1999, "Legal Structure, Financial Structure, and the Monetary Policy Transmission Mechanism", *Economic Policy Review* 5(2): 9—28.

Chakravorti, S., 2000, "Analysis of Systemic Risk in Multilateral Net Settlement Systems", *Journal of International Financial Markets, Institutions and Money* 10: 9—30.

Chamon, M. and M. Garcia, 2013, "Capital Controls in Brazil: Effective?", mimeo, IMF.

Chan-Lau, J. A., M. A. Espinosa-Vega, K. Giesecke and J. A. Solé, 2009, "Assessing the Systemic Implications of Financial Linkages", Global Financial Stability Report: Responding to the Financial Crisis and Measuring Systemic Risks, chapter 2. IMF.

Chari, V. V. and R. Jagannathan, 1988, "Banking Panics, Information, and Rational Expectations Equilibrium", *Journal of Finance* 43(3): 749—761.

Chen, H., V. Curdia and A. Ferrero, 2012, "The Macroeconomic Effects of Large-Scale Asset Purchase Programmes", *Economic Journal* 122(564): F289—F315.

Cheung, Y-W. and R. Herrala, 2014, "China's Capital Controls: Through the Prism of Covered Interest Differentials", *Pacific Economic Review* 19(1): 112—134.

Christian S., S. Sanya and H. Weisfeld, 2014, "Effectiveness of Capital Outflow Restrictions", IMF Working Papers 14(8), January.

Chung, H. T., E. Gagnon, T. Nakata, M. O. Paustian, B. Schlusche, J. Trevino, D. Vilan and W. Zheng, 2019, "Monetary Policy Options at the Effective Lower Bound: Assessing the Federal Reserve's Current Policy Toolkit", Board of Governors of the Federal Reserve System Finance and Economics Discussion Series 2019-003.

Churm, R., M. Joyce, G. Kapetanios and K. Theodoridis, 2018, "Unconventional Monetary Policies and the Macroeconomy: The Impact of the UK's QE2 and Funding for Lending Scheme", *Quarterly Review of Economics and Finance* 80: 721—736.

Cifuentes, R., G. Ferrucci and H. S. Shin, 2005, "Liquidity Risk and Contagion", *Journal of the European Economic Association* 3(2—3): 556—566.

Claessens, S., 2014, "An Overview of Macroprudential Policy Tools", IMF Working Paper WP/14/2014.

Claessens, S., S. R. Ghosh and R. Mihet, 2013, "Macro-Prudential Policies to Mitigate Financial System Vulnerabilities", *Journal of International Money and Finance* 39(12): 153—185.

Clarida, R. H., J. Gali and M. Gertler, 1999, "The Science of Monetary Policy: A New Keynesian Perspective", *Journal of Economic Literature* 37(4): 1661—1707.

Clarida, R., J. Gali and M. Gertler, 2002, "A Simple Framework for International Monetary Analysis", *Journal of Monetary Economics* 49(5): 879—904.

Clement, P., 2010, "The Term 'Macroprudential': Origins and Evolution", BIS Quarterly Review March 2010.

Clements, B. and H. Kamil, 2009, "Are Capital Controls Effective in the 21st. Century? The Recent Experience of Colombia", IMF Working Paper 09/30.

Cohen, D. and K. A. Hassett, 1997, "Inflation, Taxes, and the Durability of Capital", Federal Reserve Board Finance and Economics Discussion Series No.53.

CPSS, 1992, "Delivery versus Payment in Securities Settlement Systems", Bank for International Settlements, Basel.

CPSS, 1996, "Settlement Risk in Foreign Exchange Transactions", CPSS Publications No.17, Bank for International Settlements, Basel.

CPSS, 2003c, "Glossary of Terms used in Payments and Settlement Systems", Bank for International Settlements, Basel.

CPSS, 2007a, "Progress in Reducing Foreign Exchange Settlement Risk", CPSS Publications No.81, Bank for International Settlements, Basel.

Curdia, V. and M. Woodford, 2010, "Credit Spreads and Monetary Policy", *Journal of Money, Credit, and Banking* 42(S1): 3—35.

De G., J., S. Edwards and R. Valdes, 2000, "Controls on Capital Inflows: Do They Work?", *Journal of Development Economics* 3(1): 59—83.

de Kock., G. S. P. and T. Nadal-Vicens, 1996, "Capacity Utilization-Inflation Linkages: A Cross-Country Analysis", Federal Reserve Bank of New York Research Paper No.9607.

De N., G., F. Giovanni and L. Ratnovski, 2012, "Externalities and Macro-Prudential Policy", IMF Staff Discussion Notes No.12/05.

De Santis, R. A., 2019, "Impact of the Asset Purchase Programme on Euro Area Government Bond Yields Using Market News", *Economic Modelling* 86: 192—209.

Debortoli, D., J. Galíand L. Gambetti, 2019, "On the Empirical(Ir)Relevance of the Zero Lower Bound Constraint", National Bureau of Economic Research Working Paper 25820.

Degryse, H. and G. Nguyen, 2007, "Interbank Exposures: An Empirical Examination of Systemic Risk in the Belgian Banking System", *International Journal of Central Banking* 3(2): 123—172.

Del Negro, M., M. Giannoni and C. Patterson, 2012, "The Forward Guidance Puzzle", Federal Reserve Bank of New York Staff Report 574.

Dell'Ariccia, G. and R. Marquez, 2013, "Interest Rates and the Bank Risk Taking Channel", *Annual Review of Financial Economics* 5(1): 123—141.

Dell'Ariccia, G., D. Igan, L. Laeven, H. Tong, B. Bakker and J. Vandenbussche, 2012, "Policies for Macrofinancial Stability: How to Deal with Credit Booms", IMF Staff Discussion Note 12/06(Washington: International Monetary Fund).

Demid, E., 2018, "Fiscal and Monetary Policy: Coordination or Conflict?", *International Economic Journal*

16(4): 541—571.

Devereux, M. B. and J. Yetman, 2014, "Capital Controls, Global Liquidity, and the International Policy Trilemma", *Scandinavian Journal of Economics* 116(1): 158—189.

Di Maggio, M., A. Kermani and C. Palmer, 2015, "Unconventional Monetary Policy and the Allocation of Credit", Unpublished.

Diebold, F. X. and K. Yilmaz, 2014, "On the Network Topology of Variance Decompositions: Measuring the Connectedness of Financial Firms", *Journal of Econometrics* 182(1): 119—134.

Drechsler, I., A. Savov and P. Schnabl, 2018, "Liquidity, Risk Premia, and the Financial Transmission of Monetary Policy", *Annual Review of Financial Economics* 10(1): 309—328.

Drehmann, M. and M. Juselius, 2012, "Do Debt Service Costs Affect Macroeconomic and Financial Stability?", BIS Quarterly Review, September.

Drehmann, M. and N. A. Tarashev, 2011, "Systemic Importance: Some Simple Indicators", BIS Quarterly Review, March.

Drehmann, M. and N. A. Tarashev, 2013, "Measuring the Systemic Importance of Interconnected Banks", *Financial Intermediation* 22(4): 586—607.

Drehmann, M., C. Borio and K. Tsatsaronis, 2011, "Anchoring Countercyclical Capital Buffers: The Role of Credit Aggregates", *International Journal of Central Banking* 7(4).

Driffill, J., G. E. Mizon and A. Ulph, 1990, "Costs of Inflation", in B. M. Friedman and F. Hahn(eds.), *The Handbook of Monetary Economics vol.2*, Elsevier: 1012—1066.

Eberly, J. C., J. H. Stock and J. H. Wright, 2019, "The Federal Reserve's Current Framework for Monetary Policy: A Review and Assessment", National Bureau of Economic Research Working Paper 26002.

Edison, H. and C. Reinhart, 2001, "Stopping Hot Money: On the Use of Capital Controls during Financial Crises", *Journal of Development Economics* 66(2): 533—553.

Edwards, S. and R. Rigobon, 2005, "Capital Controls, Exchange Rate Volatility and External Vulnerability", NBER Working Paper 11434.

Edwards, S., 1999, "How Effective are Capital Controls?", *Journal of Economic Perspectives* 13(4): 65—84.

Eika, K. H., N. R. Ericsson and R. Nymoen, 1996, "Hazards in Implementing a Monetary Conditions Index", *Oxford Bulletin of Economics and Statistics* 58(4): 765—790.

Eisenberg, L. and T. H. Noe, 2001, "Systemic Risk in Financial Systems", *Management Science* 47(2): 236—249.

Elsinger H., A. Lehar and M. Summer, 2006, "Risk Assessment for Banking Systems", *Management Science* 52(9): 1301—1314.

Engen, E. M., T. Laubach and D. Reifschneider, 2015., "The Macroeconomic Effects of the Federal Reserve's Unconventional Monetary Policies", Board of Governors of the Federal Reserve System Finance and Discussion Series 2015-005.

Erceg, C. J., D. W. Henderson and A. T. Levin, 2000, "Optimal Monetary Policy with Staggered Wage and Price Contracts", *Journal of Monetary Economics* 46(2): 281—313.

Ericsson, N., E. Jansen, N. Kerbeshian and R. Nymoen, 1998, "Interpreting a Monetary Conditions Index in Economic Policy", BIS Conference Papers, Vol.6.

Eser, F., W. Lemke, K. Nyholm, S. Radde and A. L. Vladu, 2019, "Tracing the Impact of the ECB's Asset Purchase Program on the Yield Curve", European Central Bank Working Paper 2293.

Estrella, A. and F. S. Mishkin, 1998, "Rethinking the Role of NAIRU in Monetary Policy: Implications of Model Formulation and Uncertainty", NBER Working Paper No.6518.

Eyraud, L. and L. Lusinyan, 2013, "Vertical Fiscal Imbalances and Fiscal Performance in Advanced Economies", *Journal of Monetary Economics* 60(5):571—587.

Farhi, E. and I. Werning, 2014, "Dilemma not Trilemma? Capital Controls and Exchange Rates with Volatile Capital Flows", *IMF Economic Review(Special Volume in Honor of Stanley Fischer)* 62(4): 569—605.

FATF, 2013, "Prepaid Cards, Mobile Payments and Internet-Based Payment Services. Guidance for a Risk-Based Approach".

Femia, K., S. Friedman and B. P. Sack, 2015, "The Effects of Policy Guidance on Perceptions of the Fed's Reaction Function", Federal Reserve Bank of New York Staff Report 652.

Fernald, J. G., R. E. Hall, J. H. Stock and M. W. Watson, 2017, "The Disappointing Recovery of Output after 2009", *Brookings Papers on Economic Activity* 48(Spring): 1—58.

Fernández, A., A. Rebucci and M. Uribe, 2013 "Are Capital Controls Prudential? An Empirical Investigation", NBER WP No.19671.

Feroli, M., D. Greenlaw, P. Hooper, F. S. Mishkin and A. Sufi, 2017, "Language after Liftoff: Fed Communication Away from the Zero Lower Bound", *Research in Economics* 71(3): 452—490.

Feyzioglu, T., P. Nathan and T. Elod, 2009, "Interest Rate Liberalization in China", IMF working paper 09/171.

Fiorentini, G., A. Galesi, G. P. Quirós and E. Sentana, 2018, "The Rise and Fall of the Natural Interest Rate", Working Papers.

Fogli, A. and F. Perri, 2015, "Macroeconomic Volatility and External Imbalances", *Journal of Monetary Economics* 69: 1—15.

Francesco C., R. Luca and S. Ranil, 2004, "International Financial Contagion in Currency Crises", *Journal of International Money and Finance* 23(2): 51—70.

Fratzscher, M., 2012, "Capital Flows, Push versus Pull Factors and the Global Financial Crisis", *Journal of International Economics* 88(2): 341—356.

Fricke, D. and T. Lux, 2015, "Core-periphery Structure in the Overnight Money Market: Evidence from the E-mid Trading Platform", *Computational Economics* 45(3): 359—395.

Friedman, M. and A. J. Schwartz, 1963, *A Monetary History of the United States: 1867—1960*, Princeton University Press, pp.50.

Friedman, M., 1968, "The Role of Monetary Policy", *American Economic Review* 58(1): 1—21.

FSB and BIS, 2009, "Guidance to Assess the Systemic Importance of Financial Institutions, Markets and Instruments: Initial Considerations"(Washington: International Monetary Fund).

FSB, 2012, "Strengthening Oversight and Regulation of Shadow Banking", Consultative Document, November(Basel: Financial Stability Board).

FSB, IMF and WB, 2011, "Financial Stability Issues in Emerging Markets and Developing Economies", Report to the G-20 Finance Ministers and Central Bank Governors (Washington: International Monetary Fund).

Furfine, C. H. and J. Stehm, 1998, "Analyzing Alternative Intraday Credit Policies in Real Time Gross Settlement Systems", *Journal of Money, Credit, and Banking* 30(4):832—848.

Furfine, C. H., 2003, "Interbank Exposures: Quantifying the Risk of Contagion", *Journal of Money, Credit and Banking* 35(1): 111—128.

Gagnon, J. E., 2018, "QE Skeptics Overstate Their Case", Peterson Institute for International Economics, Realtime Economic Issues Watch(blog).

Gagnon, J. E., M.Raskin, J. Remache and B. P. Sack, 2011, "The Financial Market Effects of the Federal Reserve's Large-Scale Asset Purchases", *International Journal of Central Banking* 7(1): 3—43.

Gali, J. and T. Monacelli, 2008, "Optimal Montary and Fiscal Policy in a Currency Union", *Journal of Internatioal of Economics* 76(1): 116—132.

Gandy, A. and L. A. M. Veraart, 2017, "A Bayesian Methodology for Systemic Risk Assessment in Financial Networks", LSE Research Online Documents on Economics 215—229.

Garratt, R., L. Mahadeva and K. Svirydzenka, 2011, "Mapping Systemic Risk in the International Banking Network", Bank of England Working Papers.

Geanakoplos, J. and L. Pedersen, 2011, "Monitoring Leverage", Cowles Foundation Discussion Paper 2011, 113—127, Yale University.

Geanakoplos, J., 2010, "Solving the Present Crisis and Managing the Leverage Cycle", *FRB of New York Economic Policy Review* 16(1): 101—131.

Gertler, M. and P. Karadi, 2011, "A Model of Unconventional Monetary Policy", *Jounal of Monetary Economics* 58(1): 17—34.

Gertler, M. and P. Karadi, 2013, "QE 1 vs.2 vs.3…: A Framework for Analyzing Large-Scale Asset Purchases as a Moneatary Policy Tool", *International Journal of Central Banking* 9(S1): 5—53.

Giese, J., B. Nelson, M. Tanaka and N. Tarashev, 2013, "How Could Macroprudential Policy Affect Financial System Resilience and Credit? Lessons from the Literature", Financial Stability Paper No.21, Bank of England.

Giglio, S., B. Kelly and S. Pruitt, 2016, "Systemic Risk and the Macroeconomy: An Empirical Evaluation", *Journal of Financial Economics* 119(3): 457—471.

Gilchrist, S., and E. Zakrajšek, 2013, "The Impact of the Federal Reserve's Large-Scale Asset Purchase Programs on Corporate Credit Risk", *Journal of Money, Credit and Banking* 45(S2): 29—57.

Glasserman, P. and H. P. Young, 2015, "How Likely Is Contagion in Financial Networks?", *Journal of Banking & Finance* 50: 383—399.

Goodfriend, C. A. E., 2000, "Can Central Banking Service the IT Revolution?", London School of Economics, Mimeo, June.

Goodhart C. A. E., 1995, "Price Stability and Financial Fragility", In *The Central Bank and the Financial System*, MIT Press.

Goodhart, C. A. E., 1993, "Price Stability and Financial Fragility", Draft Conference Paper. London School of Economics.

Goodhart, C. A. E., 1994, "What Should Central Banks Do? What Should be Their Macroeconomic Objective and Operations?", *Economic Journal* 104(427): 1424—1436.

Goodhart, C. A. E., 2008, "The Boundary Problem in Financial Regulation", *National Institute Economic Review* 266(1): 48—55.

Goodhart, C. and K. Hofmann, 2001, "Asset Prices, Financial Conditions, and the Transmission of Monetary Policy", Paper prepared for the conference on "Asset Prices, Exchange Rates, and Monetary Policy", Stanford University, March 2—3, 2001.

Gourio, F., A. K. Kashyap and J. Sim, 2017, "The Tradeoffs in Leaning against the Wind", National Bureau of Economic Research Working Paper 23658.

Grace J., C. Kenny and Z. Wei Qiang, 2003, "Information and Communication Technologies and Broad Based Development: A Partial Review of the Evidence", In World Bank Working Paper, Technical Report 12.

Greenwood, R., A. Landier and D. Thesmar, 2015, "Vulnerable Banks", *Journal of Financial Economics* 115(3): 471—485.

Greenwood, R., S. G. Hanson and J. C. Stein, 2016, "The Federal Reserve's Balance Sheet as a Financial-Stability Tool", in 2016 Economic Policy Symposium Proceedings. Jackson Hole, Federal Reserve Bank of Kansas City.

Grossman, R. S., 1992, "Deposit Insurance, Regulation and Moral Hazard in the Thrift Industry: Evidence from the 1930's", *American Economic Review* 82(4): 800—821.

Gust, C., E. Herbst, D. López-Salido, and M. E. Smith, 2017, "The Empirical Implications of the Interest-Rate Lower Bound", *American Economic Review* 107(7): 1971—2006.

Hahm, J. H., H. S. Shin and K. Shin, 2013, "Noncore Bank Liabilities and Financial Vulnerability", *Journal of Money, Credit and Banking* 45(S1): 3—36.

Hallett, A. H. and L. Piscitelli, 1999, "EMU in Reality: The Effect of a Common Monetary Policy on Economies with Different Transmission Mechanisms", *Empirica* 26(4): 337—358.

Hallman, J., R. D. Porter and D. H. Small, 1989, "M2 Per Unit of Potential GNP as an Anchor for the Price Level", Board of Governors of the Federal Reserve System Staff Study 157.

Hallman, J., R. D. Porter and D. H. Small, 1991, "Is the Price Level Tied to the M2 Aggregate in the Long Run?", *American Economic Review* 81(4): 841—858.

Hanson, S. G., A. K. Kashyap and J. C. Stein, 2011, "A Macroprudential Approach to Financial Regulation", *Journal of Economic Perspectives* 25(1): 3—28.

Heedon K. et al., 2013, "The Interaction of Monetary and Macroprudential Policies—Background Paper", Paper No.10/170(Washington: International Monetary Fund).

Hicks, R., 1937, "Mr. Keynes and the 'Classics': A Suggested Interpretation", *Econometrica* 5(2): 147—159.

Holston, K., T. Laubach and J. C. Williams, 2017, "Measuring the Natural Rate of Interest: International Trends and Determinants", *Journal of International Economics* 108(S1): S59—S75.

Hosios, A. J., 1990, "On the Efficiency of Matching and Related Models of Search and Unemployment", *Review of Economics Studies* 57(2): 279—298.

Houben, A., R. Molen and Peter Wierts, 2012, "Making Macroprudential Policy operational", IMF working paper.

Huang, D., Y. Pan and J. Z. Liang, 2013, "Cascading Failures in Bipartite Coupled Map Lattices", *Applied Mechanics & Materials* 198—199: 1810—1814.

Huang, X., H. Zhou and H. Zhu, 2012, "Assessing the Systemic Risk of a Heterogeneous Portfolio of Banks during the Recent Financial Crisis", *Journal of Financial Stability* 8(3): 193—205.

Ihrig, J., E. Klee, C. Li and J. Kachovec, 2018, "Expectations about the Federal Reserve's Balance Sheet and the Term Structure of Interest Rates", *International Journal of Central Banking* 14(2): 341—390.

Illing, M. and Y. Liu, 2006, "Measuring Financial Stress in a Developed Country: An Application to Canada", *Journal of Financial Stability* 2(3): 243—265.

IMF, 2009, "Responding to the Financial Crisis and Measuring Systemic Risks", Global Financial Stability Report, April.

IMF, 2010, "Liquidity Risk Charges as a Primary Macroprudential Tool", DSF Policy Paper Series, No.1,

January(Amsterdam: Duisenberg School of Finance).

IMF, 2011, "Macroprudential Policy Tools and Frameworks", IMF Working Paper.

IMF, 2011a, "Macroprudential Policy: An Organizing Framework"(Washington: International Monetary Fund).

IMF, 2012, "Republic of Poland: Technical Assistance Report—Macroprudential Framework"(Washington: International Monetary Fund).

IMF, 2013, "Key Aspects of Macroprudential Policy", IMF Working Paper.

IMF, 2013, "The Interaction of Monetary and Macroprudential Policies"(Washington: International Monetary Fund).

IMF, 2014, "An Overview of Macroprudential Policy Tools", IMF Working Paper 14/2014.

IMF, 2018, "The IMF's Annual Macroprudential Policy Survey-Objectives, Design, and Country Responses", Working paper.

IMF, FSB and BIS, 2016, "Elements of Effective Macroprudential Policies-Lessons from International Experience", Working paper.

Innes, A. M., 1913, "What is Money?"*The Banking Law Journal*(5):394.

Ivailo, A., E. Canetti, L. Kodres and S. Mitra, 2013, "Near-Coincident Indicators of Systemic Stress", IMF Working Paper No.2013/115.

Iyer, R. and J-L. Peydró, 2011, "Interbank Contagion at Work: Evidence from a Natural Experiment", *Review of Financial Studies* 24(4): 1337—1377.

James, C., 1991, "The Loss Realised in Bank Failures", *Journal of Finance* 46: 1223—1242.

James, J. A., J. McAndrews and D. F. Weiman, 2013, "Wall Street and Main Street: The Macroeconomic Consequences of New York Bank Suspensions, 1866—1914", *Cliometrica* 7(2): 99—130.

Jeanne, O. and A. Korinek, 2010, "Excessive Volatility in Capital Flows: A Pigouvian Taxation Approach", *American Economic Review* 100(2): 403—407.

Jordan, D. J., D. Rice, J. Sanchez, C. Walker and D. H. Wort, 2010, "Predicting Bank Failures: Evidence from 2007 to 2010", Mimeo.

Jorge A. C-L., M. Espinosa, K. Giesecke and J. A. Solé, 2009, "Assessing the Systemic Implications of Financial Linkages", In *Global Financial Stability Report: Responding to the Financial Crisis and Measuring Systemic Risks*, chapter 2. IMF.

Kahn, C. M. and W. Roberds, 2001, "Real-Time Gross Settlement and Costs of Immediacy", *Journal of Monetary Economics* 47(2): 299—319.

Kahn, C. M. and W. Roberds, 2009, "Why Pay? An Introduction to Payment Economics", *Journal of Financial Intermediation* 18(1): 1—23.

Kaminsky, G. and C. Reinhart, 1999, "The Twin Crises: The Causes of Banking and Balance-of-Payments Problems", *American Economic Review* 89(3): 473—500.

Keen, M. and R. D. Mooji, 2012, "Debt, Taxes, and Banks", IMF Working Paper No.2012/048.

Keynes, J. M., 1971, *A Tract on Monetary Reform*, Macmillan.

Khalil M., L. Abid and A. Masmoudi, 2019, "Credit Risk Modeling Using Bayesian Network with a Latent Variable", *Expert Systems with Applications* 277(1): 157—166.

Kiley, M. T., 2018, "Quantitative Easing and the 'New Normal' in Monetary Policy", Board of Governors of the Federal Reserve System Finance and Economics Discussion Series 2018-004.

King, M., 2000, "Challenges for Monetary Policy: New and Old", Seminar Papers for Monetary Policy

Rules by the IMF March 2000.

Kiss, H. J., I. Rodriguez-Lara and A. Rosa-Garcia, 2018, "Panic Bank Runs", *Economics Letters* 162: 146—149.

Klein, M. W. and J. C. Shambaugh, 2015, "Rounding the Corners of the Policy Trilemma: Sources of Monetary Policy Autonomy", *American Economic Journal: Macroeconomics* 7(4): 33—66.

Kontonikas, A., and A. Montagnoli, 2006, "Optimal Monetary Policy and Asset Price Misalignments", *Scottish Journal of Political Economy* 53(5): 636—654.

Korinek, A., 2011, "The New Economics of Capital Controls Imposed for Prudential Reasons", IMF WP 11/298.

Krishnamurthy, A., and A. Vissing-Jorgensen, 2011, "The Effects of Quantitative Easing on Interest Rates: Channels and Implications for Policy", *Brookings Papers on Economic Activity* 42(Fall): 215—265.

Krishnamurti, D. and Y. C. Lee, 2014, "Macroprudential Policy Framework—A Practice Guide", A World Bank Study 87810.

Kurt, G. L., 2020, "Policy Language and Information Effects in the Early Days of Federal Reserve Forward Guidance", *American Economic Review* 110(9): 2899—2934.

Kydland, F. E. and E. C. Prescott, 1977, "Rules Rather than Discretion: The Inconsistency of Optimal Plans", *Journal of Political Economy* 85(3): 473—491.

Le Fort, G. and C. Budnevich, 1998, "Capital Account Regulations and Macroeconomic Policy: Two Latin Experiences", In *Capital Account Regimes and the Developing Countries*, G. K. Helleiner(ed.), United Nations Conference on Trade and Development.

Leitemo, K., 1999, "Targeting Inflation by Constant Interest Rate Forecasts", Norge Bank Arbeidsnotat No.13.

Lelyveld, I. V. and D. I. Veld, 2014, "Finding the Core: Network Structure in Interbank Markets", *Journal of Banking & Finance* 49(C): 27—40.

León, C., C. Machado and M. Sarmiento, 2018, "Identifying Central Bank Liquidity Super-spreaders in Interbank Funds Networks", *Journal of Financial Stability* 35: 75—92.

Levy-Carciente, S., D. Y. Kenett, A. Avakian, H. E. Stanley and S. Havlin, 2015, "Dynamical Macroprudential Stress Testing Using Network Theory", *Journal of Banking & Finance* 59: 164—181.

Lim, C. H., A. Costa, F. Columba, P. Kongsamut, A. Otani, M. Saiyid, T. Wezel and X. Wu, 2011a, "Macroprudential Policy: What Instruments and How to Use them? Lessons from Country Experiences", IMF Working Papers.

Lim, C. H., F. Columba, A. Costa, P. Kongsamut, A. Otani, M. Saiyid, T. Wezel, and X. Wu, 2011b, "Macroprudential Policy: What Instruments and How to Use Them, Lessons from Country Experiences", IMF Working paper 11/238(Washington: International Monetary Fund).

Lo Duca, M., G. Nicoletti and A. V. Martínez, 2016, "Global Corporate Bond Issuance: What Role for US Quantitative Easing?", *Journal of International Money and Finance* 60(February): 114—150.

Longworth, D., 2010, "Warding Off Financial Market Failure: How to Avoid Squeezed Margins and Bad Haircuts", C. D. Howe Institute, Backgrounder No.135.

LoPez-Espinosa, G., A. Moreno and A. Rubia, 2012, "Short-Term Wholesale Funding and Systemic Risk: A Global CoVaR Approach", *Journal of Banking & Finance* 12: 3150—3162.

Lucas, R. E., 1972, "Expectation and the Neutrality of Money", *Journal of Economic Theory* 4(2): 103—124.

Lucas, R. E., 2000, "The Welfare Costs of Inflation", *Econometrica* 68(2): 247—274.

Lund-Jensen, K., 2012, "Monitoring Systemic Risk Based on Dynamic Thresholds", IMF Working Paper 12/159(Washington: International Monetary Fund).

Magud, N. E., C. M. Reinhart and K. S. Rogoff, 2018, "Capital Controls: Myth and Reality", *Annals of Economics and Finance* 19(1): 1—47.

Marcellino, G. M. and A. Musso, 2010, "Real Time Estimates of the Euro Area Output Gap: Reliability and Forecasting Performance", European Central Bank Working Paper Series 1157.

Martinez-Jaramillo, S., B. Alexandrova-Kabadjova, B. Bravo-Benitez and J. P. Solórzano-Margain, 2014, "An Empirical Study of the Mexican Banking System's Network and Its Implications for Systemic Risk", *Journal of Economic Dynamics and Control* 40: 242—265.

McCallum, B. T., 1986, "Some Issues Concerning Interest Rate Pegging, Price Level Determinacy, and the Real Bills Doctrine", *Journal of Monetary Policy* 29: 173—204.

McCallum, B. T., 1997, "Issues in the Design of Monetary Policy Rules", NBER Working Paper No.6016.

McCallum, B. T., 1984, "Monetarist Rules in the Light of Recent Experience", *American Economic Review* 74(2): 388—391.

McCandless, G. T. Jr. and W. E. Weber, 1995, "Some Monetary Facts", *Quarterly Review*, *Federal Reserve Bank of Minneapolis* 19(3): 2—11.

McGuire, P. and N.Tarashev, 2006, "Tracking International Bank Flows", BIS *Quarterly Review* 2006 December 27—40.

Meltzer, A. H., 1999, "The Transmission Process", Paper Prepared for Conference on the Monetary Transmission Process: Recent Developments and Lessons for Europe March 1999.

Menger, C., 1892, "On the Origin of Money", *Economic Journal* 2(6): 239—255.

Mills, D. C. and T. D. Nesmith, 2008, "Risk and Concentration in Payment and Securities Settlement Systems", *Journal of Monetary Economics* 55(7): 1593—1611.

Miniane, J. and J. Roger, 2007, "Capital Controls and the International Transmission of U. S. Money Shocks", *Journal of Money, Credit, and Banking* 39(5): 1003—1035.

Minoiu, C. and J. A. Reyes, 2013, "A Network Analysis of Global Banking: 1978—2010", *Journal of Financial Stability* 9(2): 168—184.

Minsky, H. P., 1995, "Financial Factors in the Economics of Capitalism", *Journal of Financial Services Research* 9(3—4): 197—208.

Mistrulli, P. E., 2011, "Assessing Financial Contagion in the Interbank Market: Maximum Entropy Versus Observed Interbank Lending Patterns", *Journal of Banking & Finance* 35(5): 1114—1127.

Mitra, S., J. Benes, S. Iorgova and K. Lund-Jensen, 2011, "Towards Operationalizing Macroprudential Policies: When to Act?", Global Financial Stability Report(International Monetary Fund).

Modigliani, F., and L. Papademos, 1975, "Targets for Monetary Policy in the Coming Year", *Brookings Papers on Economic Activity* 1975(1): 141—163.

Montiel, P. and C. Reinhart, 1999, "Do Capital Controls and Macroeconomic Policies Influence the Volume and Composition of Capital Flows? Evidence from the 1990s", *Journal of International Money and Finance* 18(4): 619—635.

Montinola, G., Y. Qian and B. R. Weingast, 1995, "Federalism, Chinese Style: the Political Basis for Economic Success in China", *World Politics* 48(1): 50—81.

Mulder, C. B., P. D. Imus, L. E. Psalida, J. Gobat, R. B. Johnston, M. Goswami and F. F. Vazquez, 2009,

"Addressing Information Gaps", IMF Working Paper.

Nakov, A., 2008, "Optimal and Simple Monetary Policy Rules with Zero Floor on the Norminal Interest Rate", *International Journal of Central Banking* 4(2): 73—127.

Nathan, C., 2018, "Uncertainty, Capital flows, and Maturity Mismatch", *Journal of International Money and Finance* 88(6): 260—275.

Neely, C. J., 2010, "Unconventional Monetary Policy Had Large International Effects", Federal Reserve Bank of St. Louis Working Paper 2010-018G.

Neely, C. J., 2016, "How Persistent Are Unconventional Monetary Policy Effects?", Federal Reserve Bank of St. Louis Working Paper 2014-004.

Nelson, E. and K. Nikolov, 2003, "UK Inflation in the 1970s and 1980s: The Role of Output Gap Mismeasurement", *Journal of Economics and Business* 55(4): 353—370.

Nelson, E., 1999, "Direct Effects of Base Money on Aggregate Demand: Theory and Evidence", Bank of England.

Nelson, W. and R. Perli, 2005, "Selected Indicators of Financial Stability", *Irving Fisher Committee's Bulletin on Central Bank Statistics* 23: 92—105.

Nier, E. W., J. Osiński, L. I. Jácome and P. Madrid, 2011, "Institutional Models for Macroprudential Policy", IMF Staff Discussion Note 11/18 and Working Paper 11/250(Washington: International Monetary Fund).

Nier, E., 2011, "Macroprudential Policy—Taxonomy and Challenges", *National Institute Economic Review* 216(1): R1—R15.

Orphanides, A., 2003, "The Quest for Prosperity without Inflation", *Journal of Monetary Economics* 50(3): 633—663.

Osiński, J., K. Seal and L. Hoogduin, 2013, "Macroprudential and Microprudential Policies: Towards Cohabitation", forthcoming(Washington: International Monetary Fund).

Ottonello, P. and T. Winberry, 2020, "Financial Heterogeneity and the Investment Channel of Monetary Policy", *Econometrica* 88(6): 2473—2502.

Phelps, E. S., 1973, "Inflation in the Theory of Public Finance", *Swedish Journal of Economics* 75(1): 67—82.

R. A. Chumacero, M. Laban and B. Larraín, 1997, "What Determines Capital Inflows? An Empirical Analysis for Chile", Kennedy School of Government Faculty Research Working Paper Series R97-09, Harvard University.

Raskin, M., 2013, "The Effects of the Federal Reserve's Date-Based Forward Guidance", Board of Governors of the Federal Reserve System Finance and Economics Discussion Series 2013-37.

Ravenna, F. and C. E. Walsh, 2011, "Welfare-Based Optimal Monetary Policy with Unemployment and Sticky Prices: a Linear-Quadratic Framework", *American Economic Journal: Macroeconomics* 3(2): 130—162.

Ravenna, F. and C. E. Walsh, 2012a, "Monetary Policy and Labor Market Frictions: A Tax Interpretation", *Jouranl of Monetary Economics* 59(2): 180—195.

Ravenna, F. and C. E. Walsh, 2012b, "Screening and Labor Market Flows in an Model with Heterogenous Workers", *Journal of Money, Credit, and Banking* 44(2): 31—71.

Reinhart, C. and T. Smith, 1998, "Too Much of a Good Thing: The Macroeconomic Effects of Taxing Capital Inflows." In *Managing Capital Flows and Exchange Rates: Perspectives from the Pacific Basin*, R.

Glick(ed.), 436—464, Cambridge University Press.

Renault, F., M. L. Bech, W. Beyeler, R. Glass and K. Soramäki, 2007, "Congestion and Cascades in Coupled Payment Systems", paper presented at "Payments and Monetary and Financial Stability", ECB-Bank of England Conference 12—13 November 2007, European Central Bank and Bank of England.

Rey, H., 2013, "The Federal Reserve's Balance Sheet as a Financial-Stability Tool", in 2013 Economic Policy Symposium Proceedings. Jackson Hole, Federal Reserve Bank of Kansas City.

Rey, H., 2015, "Dilemma not Trilemma: The Global Financial Cycle and Monetary Policy Independence", NBER Working Paper No.21162.

Richardson, G., 2007, "The Check Is in the Mail: Correspondent Clearing and the Collapse of the Banking System, 1930 to 1933", *Journal of Economic History* 67(3): 643—671.

Rincon, H. and J. Toro, 2010, "Are Capital Controls and Central Bank Intervention Effective?", Borradores de Economia No.625. Central Bank of Colombia.

Roberts, J., 2014, "Estimation of Latent Variables for the FRB/US Model", Federal Reserve Board FEDS, Working Paper No.2014-46(November).

Sack, B., 2000, "Does the Fed Act Gradually? A VAR Analysis", *Journal of Montary Economics* 46(1): 229—256.

Salsman, R. M., 1990, "Breaking the Banks: Central Banking Problems and Free Banking Solutions", American Institute for Economic Research.

Sargent, T. J. and N. Wallace, 1975, "Rational Expectations, the Optimal Money Supply Instrument, and the Optimal Money Supply Rule", *Journal of Political Economy* 83(2): 241—254.

Schuler, K., 1992, "The world history of free banking: An overview", in K. Dowd(ed.), *The Experience of Free Banking*, Routledge: 7—47.

Shibuya, H., 1992, "Dynamic Equilibrium Price Index: Asset Price and Inflation", *Monetary & Economic Studies* 10(1): 95—109.

Shim, I., B. Bogdanova, J. Shek and A. Subelyte, 2013, "Database for Policy Actions on Housing Markets", BIS Quarterly Review.

Shimer, R., 2005, "The Cyclical Behavior of Equilibium Unemployment and Vacancies", *American Economic Review* 95(1): 25—49.

Shin, H. S., 2009, "Securitisation and Financial Stability", *Economic Journal* 119(536): 309—332.

Shin, H. S., 2010, "Non-Core Liabilities Tax as a Tool for Prudential Regulation", Policy memo.

Sims, E. R. and J. C. Wu, 2019, "Evaluating Central Banks' Tool Kit: Past, Present, and Future", National Bureau of Economic Research Working Paper 26040.

Smaga, P., 2014. "The Concept of Systemic Risk", LSE Research Online Documents on Economics 61214, London School of Economics and Political Science, LSE Library.

Smets, F., 1997, "Financial asset prices and monetary policy: Theory and evidence", BIS Working Paper No.47.

Smith, V. C., 1936, *The Rationale of Central Banking*, P. S. King: 37—52.

Soderstrom, U., 2002, "Monetary Policy with Uncertain Parameters", *Scandinavian Journal of Economics* 104(1): 125—145.

Soramäki, K., M. Bech, J. Arnold and R. Glass, 2007, "The Topology of Interbank Payment Flows", *Physical A: Statistical Mechanics and its Applications* 379(1): 317—333.

Spelta, A. and T. Araújo, 2012, "The Topology of Cross-border Exposures: Beyond the Minimal Spanning

Tree Approach", *Physic A: Statistical Mechanics and its Applications* 391(22): 5572—5583.

Sphan, P. B., 1996, "The Tobin Tax and Exchange Rate Stability", *Finance and Development* 6(2): 24—27.

Stein, J. C., 2013, "Overheating in Credit Markets: Origins, Measurement, and Policy Responses", Presentation at the Restoring Household Financial Stability After the Great Recession: Why Household Balance Sheets Matter Symposium: Federal Reserve Bank of St. Louis, February 7.

Svensson, L. E. O., 1999, "Inflation Targeting as a Monetary Policy Rule", *Journal of Monetary Economics* 43(3): 607—654.

Svensson, L. E. O., 1999, "Price Level Targeting vs. Inflation Targeting", *Journal of Money Credit and Banking* 123: 625—631.

Svensson, L. E. O., 2016, "Cost-Benefit Analysis of Leaning Against the Wind", National Bureau of Economic Research Working Paper 21902.

Svensson, L., 2003, "what is wrong with Taylor roles?", *Journal of Economic Literature*.

Swanson, E. T. and J. C. Williams, 2014, "Measuring the Effect of the Zero Lower Bound on Medium- and Longer-Term Interest Rates", *American Economic Review* 104(10): 3154—3185.

Swanson, E. T., 2017, "Measuring the Effects of Federal Reserve Forward Guidance and Asset Purchases on Financial Markets", National Bureau of Economic Research Working Paper 23311.

Tarawalie, B., M. Sissoho, M. Conte and R. Ahortor, 2013, "Fiscal and Monetary Policy Coordination in the WMAZ", WAMI Occational, Paper Series 1—4.

Taylor, J. B., 1980, "Aggregate Dynamics and Staggered Contracts", *Journal of Political Economy* 88(1): 1—23.

Taylor, J. B., 1993, "Discretion Versus Policy Rules in Practice", *Carnegie-Rochester Conference Series on Public Policy* 39(1993): 195—214.

Taylor, J. B., 1998, "An Historical Analysis of Monetary Policy Rules", NBER Working Paper No.6768.

The Federal Reserve Board, 2020, "Conducting Monetary Policy", https://www.federalreserve.gov/monetarypolicy.htm, 2020-12-31.

The Wolfsberg Group, 2013, "Wolfsberg Guidance on Mobile and Internet Payment Services".

Tobin, J., 1971, "Commercial Banks as Creators of Money, Essays in Economics", Macroeconomics 1, North-Holland Publishing Company.

Upper C., and A. Worms, 2004, "Estimating Bilateral Exposures in the German Interbank Market: Is There A Danger of Contagion?", *European Economic Review* 48(4): 827—849.

Varotto, S., and L. Zhao, 2018, "Systemic Risk and Bank Size", *Journal of International Money & Finance* 82: 45—70.

Wallace, N., 1981, "A Modigliani-Miller Theorem for Open-Market Operations", *American Economic Review* 71(3): 267—274.

White, L. J., 1989, "The Reform of Federal Deposit Insurance", *Journal of Economic Perspectives* 3(4): 11—29.

Wicksell, K., 1898, *Interest and Price*, McMillan.

Willison, M., 2005, "Real-Time Gross Settlement and Hybrid Payment System: A Comparison", Bank of England Working Paper, No.252.

Woodford, M., 1999, "Optimal Montary Policy Inertia", *The Manchester School* 67: 1—35.

Woodford, M., 2012, "Methods of Policy Accommodation at the Interest-Rate Lower Bound", in 2013 Economic Policy Symposium Proceedings，Jackson Hole，Federal Reserve Bank of Kansas City.

Woodford，M.，2016，"Quantitative Easing and Financial Stability"，National Bureau of Economic Research Working Paper 22285.

Wright，J. H.，2011，"What Does Monetary Policy Do to Long-Term Interest Rates at the Zero Lower Bound?"，National Bureau of Economic Research Working Paper 17154.

Xavier，G.，2020，"A Behavioral New Keynesian Model"，*American Economic Review* 110(8)：2271—2327.

Yellen，J.，2015，"The Economic Outlook and Monetary Policy"，Speech at The Economic Club of Washington：Washington D. C.，2015(12)，2nd.

Zedda，S. and G. Cannas，2017，"Analysis of Banks' Systemic Risk Contribution and Contagion Determinants through the Leave-One-Out Approach"，*Journal of International Money & Finance* 112：105—160.

图书在版编目(CIP)数据

宏观视角的中央银行政策/苗文龙编著.—上海:
格致出版社:上海人民出版社,2022.12
ISBN 978 - 7 - 5432 - 3390 - 4

Ⅰ.①宏… Ⅱ.①苗… Ⅲ.①中央银行-研究 Ⅳ.
①F830.31

中国版本图书馆 CIP 数据核字(2022)第 180236 号

责任编辑 程筠函
装帧设计 路 静

宏观视角的中央银行政策
苗文龙 编著

出 版 格致出版社
上海人民出版社
(201101 上海市闵行区号景路 159 弄 C 座)
发 行 上海人民出版社发行中心
印 刷 常熟市新骅印刷有限公司
开 本 787×1092 1/16
印 张 22.5
插 页 2
字 数 514,000
版 次 2022 年 12 月第 1 版
印 次 2022 年 12 月第 1 次印刷
ISBN 978 - 7 - 5432 - 3390 - 4/F・1463
定 价 88.00 元